# 苏式教育吴中样本
## ——苏州市吴中区特级教师教育思想录

主编　陆为民

副主编　程朝阳　钱家荣

苏州大学出版社
Soochow University Press

图书在版编目(CIP)数据

苏式教育·吴中样本：苏州市吴中区特级教师教育思想录 / 陆为民主编. —苏州：苏州大学出版社，2018.9(2018.12 重印)
　ISBN 978-7-5672-2597-8

　Ⅰ.①苏… Ⅱ.①陆… Ⅲ.①中小学—教育工作—文集　Ⅳ.①G63-53

中国版本图书馆 CIP 数据核字(2018)第 194245 号

| | |
|---|---|
| 书　　名： | 苏式教育·吴中样本——苏州市吴中区特级教师教育思想录 |
| 主　　编： | 陆为民 |
| 责任编辑： | 金莉莉 |
| 装帧设计： | 刘　俊 |
| 出版发行： | 苏州大学出版社(Soochow University Press) |
| 社　　址： | 苏州市十梓街1号　邮编：215006 |
| 网　　址： | www.sudapress.com |
| E - mail： | 113633488@qq.com |
| 印　　装： | 常州市武进第三印刷有限公司印装 |
| 邮购热线： | 0512-67480030　**销售热线**：0512-65225020 |
| 网店地址： | https://szdxcbs.tmall.com/(天猫旗舰店) |
| 开　　本： | 787mm×1092mm　1/16　**印张**：20.5　**字数**：499千 |
| 版　　次： | 2018年9月第1版 |
| 印　　次： | 2018年12月第2次印刷 |
| 书　　号： | ISBN 978-7-5672-2597-8 |
| 定　　价： | 58.00元 |

**凡购本社图书发现印装错误，请与本社联系调换。服务热线：0512-65225020**

# 做一个研究型的教师(序)

时值盛夏,锦绣吴中进入瓜果飘香的季节。吴中区教育局的同志送来《苏式教育·吴中样本——苏州市吴中区特级教师教育思想录》(以下简称《吴中样本》)书稿,让我品尝到甘甜芬芳的一枚枚精神硕果,也引发了我关于研究型教师的思考。斯腾豪斯说:"教师应成为批判地、系统地考察自己的实践的研究者,以便更好地理解自己的课堂和改善自己的教学实践。"那么,怎样才能做一个研究型的教师呢?《吴中样本》恰好给了生动的解释。

教师为什么做研究?按照中国传统教育的观点,最本源的动力要比斯腾豪斯的认识更深刻。中国传统教育思想认为,"学以为己",学习者的学习、从教者的研究,都应有"本己"的追求。孔子当年就感叹:"古之学者为己,今之学者为人。"为己,是为自己内心世界的丰沛、道德境界的提升、人格形象的丰满,是要沿着君子、仁者、圣人的路往上走。学习、做学问,"有益于身,有用于世",自然会让渡到对社会的贡献。"今之学者为人",是为别人怎么看自己,是与人比较功名利禄的长短。师者的研究,从本质上看是为自己的研究,为教育人生的研究,当然也就包含了斯腾豪斯的意思。有些老师一段时间很努力,也取得一些成绩,但走着走着就停下来了,很重要的原因,是他们功利性的目标达到了,于是前行的动力失去了。有些老师一路拾级而上,借用陈健老师的文章题目"向着太阳歌唱",包括吴中的一批特级教师,有的已至暮年,但仍然不失豪气,仍然在学习、研究中,在引领他人中享受教育人生,在本源上树立了"本己"的价值意向。

教师做什么研究?如果一个教师有了研究意识,"一切景语皆情语""处处留白皆学问"。但大而言之,有其基本的内容维度,按照帕克·帕尔默的观点,教师自身的完整,在三个方面的内在统一,就是认识学生、认识知识、认识自我。也许有些凑巧,吴中区的特级教师提供的案例,恰好让我们看到他们在这三方面探索的身影。先说认识学生,陈伟骏老师对区域推进素质教育的执着、民族情怀与国际视野兼备的倡导,王海起老师对温暖教育的追求,钱家荣老师倡导"全人教育",陈泽诞老师对学生主体的关注、关心、关照,徐正黄老师"胸中有结构,心中有学生",以及"全体都有"的爱生情怀、儿童立场,反映了这批吴中区教师队伍的领军人才对学生的关爱、对"新人"的向往。再说认识知识,李建郡老师"执本求原",胡长树老师从审美入手,唐晓芳、金复耕老师着力语用,徐德郁老师倾心于语感,反映着他们对语文学科各自独特的理解。叶惠民老师对学生思维的关注,孟晓庆老师对结构的认识,张善贤、张飞老师对实验教学的研究,曹锁海的"问题导向",等等,也都在某一方面抵达学科的本质。又说认识自我,赵季康老师自律律人,沈俊方老师对教学基本功的锤炼,周岳老师在体验教学中调整着自身,李建红老师育人育己,蒋俊祁老师的工匠精神,高本大老师在人生格局的完善中锻造教学风格,张洪鸣老师为了"问不倒"、为了不止于"问不倒"而对理论书籍的系统阅读,都体现着吴中区特级教师对自身完善的努力。当然,很多老师所做的还不止一个方面,比如吴金根老师的"打开",打开自己的胸怀,打开学生的心灵,打开知识的世界,打开教学的空间,创新的不是某一点,而是一片新天地。周永沛老师的"走心语文"有发趣、品味、生情、开思的教学要则,这四要则其实都关乎对学生、对知识、对自身的理解与发现。也正是如此,人们可以感受到周永沛老师研究心得的丰厚。人们经常说教学个性、教学风格,这是与教师研究的内容选择紧密联系的。教师的研究,以上面说到的这三种关系为主,同时还拓展、衍生出诸如与课程的关系、与时代的关系、与地域的关系、与技术的关系,等等。杰出的师者正是在这种关系的松紧、疏密、显隐、强弱、主次等联系中形成教学个性、教学风格。他们选择一点或多点,又以其他的点、面作为依托和支撑,于是井掘深处见甘泉,卓然成家了。哪怕只是以上的简单列举,我们就能见出大概。

  教师怎样做研究?《吴中样本》告诉我们:一是立足课堂。在这本书中,每位老师都提炼了教学案例,他们对教学主张的阐说,也都是来自课堂真切的感受、深刻的体验。他们经验的感人,一是来源于生动的"烟火气"。名教师的教学人生是由一节一节的课垫就高度的,正是"实践—反思—研究"的螺旋式上升,使他们的生命如牟宗三先生所说,展现出"向上翻"而不是"向下坠"的姿态。二是问题导向。加拿大著名学者迈克尔·富兰说:"问题是我们的朋友,因为我们只有深入问题之中,才能够提出创造性的解决办法。问题是通向更加深入的变革和达到更为满意状态的途径。"特级教师们的研究,都是基于他们对教育教学现场问题的发现。正是通过解决问题和创新,他们对教育教学规律有了进一步的理解。三是方式选择。研究方法是指在研究中发现新现象、新事物,或找出新理论、新观点,揭示事物内在规律的工具和手段。一线教师大多采用行动研究的方法,吴中区的特级教师们也是如此;但他们已不仅限于此,他们间或采用了调查研究、经验筛选、数据统计的方式,这都是难能可贵的。四是经验提炼。杰出教师的研究,总是能超越经验的,而凝练和呈现在《吴中样本》这里,表现为三个角度,这似乎有推及一般的价值。这三个角度就是:教育哲学,以专业公开的教育哲学为依托,作为个人信仰或价值标准而存在,如周永沛老师的"入心",李建郡老师的"尚文",吴金根老师的"打开",等等;实践模式,基于长期实践、认可或创造的能体现教育规律的教学模式和方法,如周永沛老师的教学四要则,周岳老师的体验教学,徐正黄老师的合作型教学,曹锁海老师的问题导向自主学习,等等;教学风格,个人对学科本质独特的理解和表达,如高本大老师情感激发的特色,唐晓芳老师的语文味,孟晓庆老师的灵动课堂,等等。这些经验深化、升华后的表达,使经验从个人化走向公共的、专业的产品,可以与更多同行分享,也意味着他们在培育学生的同时,将研究的理论成果贡献于社会。

  近些年来,吴中区非常重视教师队伍的建设,有着向往未来的整体规划,进行教师专业成长的机制创新。组织特级教师思想录的编写,只是若干举措中的一种,意在让特级教师将自己在数年的教学实践中形成的教学经验、教学观点等,经过总结,提炼成为具有特色的教学思想,并用实际案例作为支撑,为一线教师的专业成长提供启发和借鉴。"春种一粒粟,秋收万颗子。"我想,这本书的出版,不仅将成为研究吴中教育人和吴中教育的重要资料,成为研究苏州教育的重要资料,而且一定会催生吴中区教师的发展出现逐浪排空的壮阔景象。有幸作为本书的第一批读者,我在热烈祝贺的同时,热切地期望着!

杨九俊<br>2018 年 7 月 12 日

作者杨九俊,系江苏省教育学会会长,江苏省教育科学研究院、江苏第二师范学院研究员,语文特级教师。

# 目 录

## 周永沛
我的语文教学认知——兼论"走心语文" ………………………………………… 2
《火刑》教学设计 ………………………………………………………………… 5
《诗词八首》教学设计 …………………………………………………………… 9

## 周 岳
我的语文教学"体验"观及其实践 ……………………………………………… 12
《项脊轩志》情感内核探微与教学设计 ………………………………………… 16
江苏高考"小说(类)阅读"试题分析与教学建议 …………………………… 20

## 李建邡
做一根有思想的苇草——我的"尚文"语文教育探索 ………………………… 25
《江南的冬景》教学设计 ………………………………………………………… 31

## 胡长树
是课—不是课—仍是课——我的"三境"语文教学 …………………………… 37
做学生自主学习的促进者 ………………………………………………………… 43
寻找想象之翼——中学生观察想象作文能力培养教学设计 …………………… 46

## 金复耕
我的"本真自得"语文教学 ……………………………………………………… 50
《卜算子·咏梅》教学设计 ……………………………………………………… 54
《枣核》教学设计 ………………………………………………………………… 57

## 徐德郁
我的小学生语感能力培养主张 …………………………………………………… 61
《鱼游到了纸上》教学设计 ……………………………………………………… 65
《绝句》教学设计 ………………………………………………………………… 68

## 高本大
- 情感激发:我所追求的语文教学风格 … 72
- 《忆秦娥·娄山关》教学实例 … 77
- 《清平乐·村居》教学实例 … 81

## 唐晓芳
- 植根语苑绽芳华——唐晓芳老师小学语文阅读教学 … 84
- 沉浸文字　感悟风格　走近作家——《夹竹桃》教学设计 … 87
- 简简单单教语文　扎扎实实为学生——《船长》教学设计 … 90

## 赵季康
- 自律律人的教学主张 … 94
- 我校是怎样进行数学竞赛选手培训的 … 95
- "线面关系"习题训练教学设计 … 98

## 王海赳
- 高效　自能　智慧成长——我的数学教学之梦 … 102
- 做温暖的教育 … 109
- 浅谈在新课程背景下高中数学教师如何上课 … 111

## 吴金根
- "教育的行者"吴金根与课堂"三学"教学 … 115
- 《解决问题的策略》教学实录 … 120
- 《平移和旋转》教学实录 … 124

## 叶惠民
- 叶惠民和他的"三算"结合教学 … 130
- 重视口算训练,培养良好思维 … 131

## 孟晓庆
- 课堂生成灵动,灵动成就课堂 … 134
- 《有趣的拼搭》教学设计 … 142
- 《认识千米》教学设计 … 144

## 陈伟骏
- 为培养民族情怀与国际视野兼备的学子而追梦——我的外语教学观 … 147

漫步纽约大都会艺术博物馆——用2018年高考原题上一节阅读课 …………… 153

## 陈泽诞
　　让英语学习真发生——我的中学英语教学探索 ………………………………… 160
　　提高中学英语课堂教学质量的要素分析 ………………………………………… 169
　　试论高三英语复习训练的有效策略 ……………………………………………… 173

## 张善贤
　　张善贤的初中物理实验教学创新 ………………………………………………… 177
　　五件自制教具作台柱的电压课不同凡响——《电压》课堂教学设计 ………… 181

## 张　飞
　　实验·问题·进阶·素养——张飞的物理课堂教学主张及实践 ……………… 186
　　整合资源以优化问题　情境体验以唤醒思维——以"波的干涉"为例 ……… 194
　　基于实验情境驱动　发展高阶思维能力——以"探究影响单摆的周期因素"为例
　　………………………………………………………………………………………… 200

## 徐正黄
　　合作型物理课堂的主张与实践 …………………………………………………… 207
　　让学生体验探究　触摸人文——牛顿第一定律的教学例说 …………………… 212
　　电感和电容对交变电流的影响——"建构—合作学习"物理课堂例说 ……… 216

## 郭瑞春
　　由情激趣，以趣激学——我的有效化学教学主张与实践 ……………………… 222
　　用"整体观"复习硫及其化合物 ………………………………………………… 226
　　《金属的腐蚀和防护》教学设计 ………………………………………………… 232

## 曹锁海
　　"问题导向"和三段式教学——曹锁海的中学政治课教学改革 ……………… 237
　　中学思想政治课教学优化谈 ……………………………………………………… 238

## 薛亚春
　　我的教学主张——"不要背"的政治老师 ……………………………………… 240
　　叩问生死矛盾，探寻生命意义 …………………………………………………… 243
　　问题教学中的问题从何而来——以"走进文化生活"为例 …………………… 246

## 沈俊方

沈俊方的智慧地理教学主张：提高地理课堂教学质量 重在练好教学基本功 …… 250

《等温线和等压线的判读方法》教学实录 …… 252

## 张洪鸣

"问不倒哥哥"和小学科学启蒙教育 …… 262

《热胀冷缩》教学实录和评析——启发式"四动"课堂教学案例 …… 264

《测定脉搏》教学实录 …… 266

## 陈　健

向着太阳歌唱——我的教育观 …… 274

"走"出来的舞步——体育舞蹈华尔兹的教学实录 …… 279

走进多彩的世界——"体育与健康"夏令营活动教学设计 …… 284

## 李建红

学思践悟知行融合的教学追求 …… 289

《库存现金日记账的设置和登记》教学设计 …… 292

《通用记账凭证的填制与审核》教学设计 …… 295

## 蒋俊祁

"工匠"精神的教学主张和教学追求 …… 298

《日光灯电路的安装与认识》教学设计 …… 301

《照明电路的安装》教学设计 …… 303

## 钱家荣

钱家荣的"全人教育"主张及实践探索 …… 306

《人生拍卖》教学设计 …… 312

《记忆方法训练》教学设计 …… 315

## 后记 …… 320

周永沛

周永沛　1966年毕业于江苏师范学院(今苏州大学)中国语言文学系，1994年被评为江苏省中学语文特级教师。先后在四川中江以及江苏滨海、吴县和苏州木渎等地的中学任教语文，曾担任苏州市吴中区教育科学研究室主任、吴县市教育学会副会长，现任苏州市中学语文教学研究会理事长、苏州市语言学会副会长、吴中区教育学会副会长、苏州大学文学院硕士生导师、中国语文报刊协会课堂教学分会学术委员会委员、江苏省语言学会常务理事、苏州市教育学会理事。从教多年来，执着于语文教学和教育科研工作，治学严谨，孜孜不倦。凡授课和演讲，章法清晰，精练传神；凡研究和撰文，深刻有据，颇多创见。因长期秉持"趣、味、情、思"的"四字"语文课堂观从事教学，形成了思路严谨、思维灵动、思想深刻的"三思"教学风格和"走心语文"的教学主张。在各地所做的多种教育专题的讲座500余场次，积极倡导中小学教师应把"上出一堂好课，写出一篇美文"作为矢志追求的从教目标。其研究涉及作家论、阅读学、写作学、语法学、教学法和教育管理等诸多领域，还爱好诗词创作，发表撰著300余万字。论文有《陶渊明伟大论》《漫话板书格》《文言文的判断句式》《说明文写作要略》《"尚文"语文教学体系的基本课堂形态》《漫话校本研究的内涵》等500余篇，编著有《阅读训练之路》《语感训练》《延伸作文示例》《中学作文万题典》《语文教学的苏州味道》《人文治校的芳草路》等90余种；个人专著《语文教学芹献集》于2000年11月由陕西人民出版社出版；《从教笔存》(4卷本)于2014年3月由光明日报出版社出版。其中有些论文和专著还荣获过国家级、省级、市级的各类奖项。主持和参与了"普通中学实施劳动技术教育的实践和研究""普通教育渗透职业技术教育因素的实践研究""语感能力训练的理论探讨和实践研究"等10多项国家级、省级、市级课题的研究，其中有些成果发表于核心期刊或收入中央教科所编辑的全国教育科研成果集中。

# 我的语文教学认知
## ——兼论"走心语文"

自中华人民共和国成立以来，在历次教学改革中，语文学科一直是最为热闹、最为敏感、最有争议，也是最让人莫衷一是的学科。虽然有许多钟情于语文教改的前辈和同行从理论和实践上进行过不少可贵的探索，开展过不同形式、不同规模的教改实验，提出过一些可资借鉴的教学主张和教学建议，在一定程度上推动了语文教学的发展，但由于语文学科教学内容的宽泛性、教材体例的多变性、教学方法的多样性、教学目标的模糊性、教学评价的随意性，致使语文教改总是迈不开大步走向硕果累累的理想天地，难以获得有效的实践提升和真正意义上的理论繁荣。

综观多年来的语文教改状况，有一种现象是不可思议的，似乎有凌空蹈虚之嫌，那就是有了一点教学心得，便浅尝辄止，大而化之地提出为某种理论，既无深厚的语文教学实践基础，又未经过科学、严密的理性论证，更未经过实践的有效检验，便名之曰"××语文"，诸如智慧语文、情智语文、诗意语文、温暖语文、活用语文、自然语文、简约语文、深度语文之类，不下百余种，弄得人们眼花缭乱、无所适从。王力先生说："例不十，法不立。"大量的"例"，就是雄厚的实践基础。有了这样的实践基础，据以进行认真的、全方位的、系统的、深度的分析和归纳，才能从中提炼出内涵深刻、逻辑严谨、合乎规律、具有普遍意义的"法"，亦即"理论"来。总之，一个教学主张的提出、一个教学思想体系的建立，不能凭着支离破碎的认识来支撑，也不能凭着东拼西凑的观点来拼装，更不能凭着花里胡哨的只言片语来装潢，而应该有着自己新颖独到的核心理念、合乎规律的逻辑架构、系统严谨的理论阐释和有血有肉的实践支持。就是说，它必须具有新颖性、独特性、系统性和实践性的特点。而上述名目繁多的"××语文"，除少数尚能自圆其说，尚有借鉴价值外，其中不少都缺乏扎实的实践基础，没有下足够大的立论功夫，就急于进行标签式的理论命名，因此，总是让人感到十分玄乎，似乎是无源之水、无本之木。

当然，搞教学，做学问，还要懂得大道至简的道理。语文教师进行语文教学改革，也应该懂得这种教学辩证法。我在这里强调语文教师提出语文教学主张，建立语文教学思想体系，必须建立在深厚的实践基础之上，必须进行深入的理性论证，必须追求新颖性、独特性、系统性和实践性，并不是提倡烦琐主义，而是提倡严谨的治学态度和实事求是的科学精神。这并不违背大道至简的教学辩证法。

我认为，从大道至简的教学辩证法出发，从语文教学的实质和效果出发，作为语文教学，不管你教学内容多么宽泛、繁博，教学体例怎么变来变去；不管你教学方法如何巧妙、灵动，教学目标怎样体现三维要求；不管你谈什么工具性、人文性，还是工具性和人文性的统一，都要达到一个目的：走心，或曰入心。就是说，要让学生在教学过程中经历一次浸润、熏陶、濡化和淬炼，从而让语文知识和学生的心灵融合，让语文教学与学生的心理健康教育牵手。总之，只有让教学内容走进学生心里，深入学生心中，留存学生心底，教学才能算得上是真正的到位。可以认为，这种"走心"的语文课，才是实实在在的语文课，才是彻彻底底的语文课，才是教有成效、学有所得的语文课,才是大道至简的语文课。

我虽然并不怎么喜欢"××语文"的提法,但是如果听凭从众心理的支配,将上面说到的这种语文教学称为"走心语文",想必还是能够言之成理的。理由何在?其一,在于其核心内涵的定位是"让语文知识和学生的心灵融合,让语文教学与学生的心理健康教育牵手"。其二,在于其教学目标的定位是"教有成效,学有所得"。其三,在于其教学过程强调了语文知识的浸润、语文气质的熏陶、语文素养的儒化和语文能力的淬炼。其四,在于我长期的教学实践始终坚持用"走心"的理念进行教学设计,从事课堂教学。其五,在于有以下四个以"心"为内核的教学要则的支撑。

教学要则之一:发趣。宋儒程颐《二程遗书》有言:"未见意趣,必不乐学。"意思是说,在教学的时候,如果不能让学生发现学习内容本身的乐趣,那么学生必定不乐意去学习。这就告诉人们,教学内容本身是有着许多"内生趣点"的,尤其是语文教材。"内生趣点"是特别多的,语文教师一定要善于发掘教学内容本身的"内生趣点",让其成为激发学生学习动机的原动力,发自内心地热爱学习,从而自觉地沉浸在浓厚的兴趣中去钻研、去探索,而不能单靠采用"放噱头、逗乐子"的外加方法去引起学生的学习兴趣。

教学要则之二:品味。品味的最初意思是品尝味道。任何事物都有其本来特有的未经过人为添加的味道。即以食品而言,鸡有鸡味,肉有肉味,善于烹饪的厨师总是会通过巧妙的制作,保持住食品的原汁原味。这样的食品供人品尝后会让人觉得余味无穷。语文教师也要像高明的大厨那样,在教学过程中巧妙地把握住教学内容的原味,并带领学生品尝、玩赏其原味,这样学生就一定会在心中产生深切的体验,感受到语文课的魅力。如果在教学中靠着凭空添加"味精",就会原味尽失,虽不至于味同嚼蜡,至少也会有兴味索然之感,绝对不会是有滋有味的,教学效果肯定是好不到哪里去的。

教学要则之三:生情。清代学者魏际瑞在《答友人论文书》中说:"夫所以为文者非他,则情是也……故曰,无情者不得尽其辞。"的确,文章不是无情物,它是人的情感的文字载体。人的情感上来了,就会有诉诸文字的冲动,情动于中而形于言了。语文课是要教文章的,教文章就必然要扣触到文章的情感。作为语文教师,教学中绝不能少了"情"字。第一,要善于汲取并生发出文章的内置情感,让文章的内置情感散发出摄人心魄的情愫,弥漫于课堂之中,这叫作生"文情"。第二,又要善于引导和激发学生去感受文章的内置情感,融入文章的内置情感,与文章的内置情感沟通、碰撞和交流,直至产生共鸣,这叫作生"生情"。第三,还要善于调动自己的情感,用精心的教学安排和充满激情的教学语言授课,让自己情感的溪流在课堂上哗哗地流淌,渗透进文章中,渗透进学生的心坎里,这叫作生"师情"。这样,课堂上便会呈现出一种文、生、师三者情感交融的状态。试想,这样的课堂,三情融一,三情相生,将是一种什么样的教学风景。这样的课,教学效果还会差吗?

教学要则之四:开思。这里的"思",说的是"思维"。谁都知道,语文课堂教学的思维是贯穿于教学过程始终的。有的课,学生思维活跃,气氛浓烈,教学效果好;有的课,学生思维板滞,气氛沉闷,教学效果差。为什么?关键在于一个"开"字,思维是需要"开"的。开,就是打开,就是启发。《礼记·学记》云:"开而弗达则思。"意思是,教师的教学,要注重启发而不要把答案和盘托出。那么,学生就会开动脑筋去思考,进入一个积极的思维过程。因为语文教材是由一篇篇文章组成的,每一篇文章又有各种不同的思路,要理解这些文章,其思维路线和方法是各不相同的,有时需要形象思维,有时需要逻辑思维;有时需要发散思维,有时需

要聚合思维;有时又需要想象思维、综合思维,甚至辩证思维,不一而足。因此,语文教师一定要锤炼多种多样的、灵动的"开思"本领和技巧,可以就教材的内在思路而"开思",可以就学生的学习路径而"开思",也可以通过创新教学流程而"开思"。当前坊间流行的"思维导图"也不失为一种有效的"开思"方法。但是需要强调的是,不论是何种"开思"方法,都要在整个教学过程中指向学生的心理体验和思维能力的提升。

　　写到这里,不妨回看一下,我摆出了"走心语文"的五个理由,特别是对第五个理由又从四个方面做了较为详细的论述,这是想证明"走心语文"的概念能够成立的可能性。但是否能够成立,是否凌空蹈虚,当然还需要更多的教学实践做进一步的深度检验。

　　我说过自己并不怎么喜欢"××语文"的提法,但众多"××语文"提法的出现是客观存在的事实,黑格尔在其名著《小逻辑》里说,"存在的就是合理的",既然存在的事实有其合理性,我们就不能罔顾事实而一概地排斥;相反地,要抱着面对现实的态度去思考、去探讨、去研究,从其能够存在的土壤上去发现其存在的缘由,为语文教学的发展寻觅新的生长点。也正是基于这样的考虑,我才趁势凑个热闹,将自己对于语文教学的认识和从教体会概括为"走心语文",作为一种教学主张,写在这里,以供同行们参考,并借此为中国语文教学的发展添上一片砖瓦。

# 《火刑》教学设计

**教学目的：**

（1）学习课文布局谋篇上的写作特点；

（2）了解中世纪科学和宗教神权的尖锐斗争，学习布鲁诺为追求科学和发展真理而勇于献身的伟大精神。

## 第二教时

**教学要点：**

讲析课文第三、四段，解释体现布鲁诺性格特点词语的本义、引申义和比喻义，探讨题目"火刑"的含义，总结课文。

**教学内容和步骤：**

### 一、检查作业

指名复述课文第一段，要求：①用自己的语言；②完整流利；③最好带有感情色彩。

### 二、读讲第三段

（1）指名朗读本段，思考：这一段可分为几个层次，各个层次分别写了什么内容？

（2）学生讨论，教师小结：这一段可分为两层。第一层，从"沉重的铁门"→"'异端'还没有屈服"，写布鲁诺走上法庭静听宣判时的情景。在法庭上，尽管宣判书连篇累牍地对布鲁诺极尽侮蔑之能事，并且阴险、虚伪地宣称要求世俗政权"尽可能惩戒得温和一些，切勿流血"，但布鲁诺神态平静，用清晰的语言揭穿宣判者色厉内荏的面目，致使他们面面相觑，无言以对。在这一层里，作者巧妙地将被宣判者和宣判者对比起来描写，突出了布鲁诺的凛然正气。第二层，从"火刑在二月十七日举行"→"知道我的价值的"，写布鲁诺惨遭火刑、英勇殉道的悲壮场面。尽管火刑场上十字架高高耸立，烈火熊熊燃烧，尽管布鲁诺的脸色由于长期的牢狱生活变得苍白，但他智慧的眼睛凝望着遥远的天空，像是看到了科学的前途和人类的进步。尽管火焰和浓烟包围着他，但他留下了声震寰宇的临终壮语："火并不能把我征服，未来的世界会了解我，知道我的价值的。"在这里，作者通过描绘残忍的火刑场面来衬托布鲁诺临终的豪言壮语，有力地突出了他为追求科学、捍卫真理而把生死置之度外的献身精神。"民不畏死，奈何以死惧之"，布鲁诺正是无所畏惧的勇士。

板书参考：

```
              ┌ 被宣判者 ┌ 神态平静
       ┌ 在法庭上┤        └ 语言清晰  ┐对比着写,突出布鲁诺的凛然正气
       │        │ 宣判者  ┌ 阴险、虚伪┘
殉道 ──┤                 └ 色厉内荏
       │        ┌ 火型场面┌ 十字架高耸
       └ 在刑场上┤        └ 烈火熊熊  ┐衬托着写,突出布鲁诺的献身精神
                └ 临终壮语             ┘
```

### 三、读讲第四段

指名概述本段内容并分析这段结尾的作用。明确:这一段为全文的结穴之笔,写布鲁诺永生。作者先用"三百年过去了"从上文承接下来,然后以景物描写呼应开头,给人一种山河依旧的感受,从而衬托出布鲁诺的思想得以广泛传播。接着,怀着对伟大科学家崇敬的心情,交代人民为了纪念布鲁诺,特地在罗马百花广场为他树立铜像,举行揭幕典礼的活动,说明布鲁诺虽死犹生。最后以排比句式作议论,点明科学的前进和胜利,揭示了科学的发展规律和巨大力量,使人产生科学最终战胜了愚昧、谬误和黑暗的欣慰感和胜利感。

板书参考:

```
      ┌ 山河依旧──衬托着写,指出布鲁诺思想的广泛传播
永生 ─┤ 树立铜像──交代人民对布鲁诺的崇敬与怀念
      └ 科学在前进──排比着写,揭示科学的发展规律和巨大力量
```

### 四、指导学生找出课文中表现布鲁诺性格特征的词语,并解释这些词语的本义和在课文特定情境下的引申义和比喻义,进而学习如何选择恰当词语来表情达义

(1) 学生划词语,按上述要求做出恰当解释。
(2) 教师归纳。(参考下表)

| 词语 | 本 义 | 课文引申义或比喻义 | 表现布鲁诺什么样的特点 |
|---|---|---|---|
| 异端 | 儒家对儒家以外的学识、学派的称呼,后指不符合正统思想的主张或教义 | 中世纪宗教势力对反对《圣经》教义者的称呼 | 反对宗教势力,坚持科学真理 |
| 抽搐 | 指肌肉抽动 | | 坚韧不拔的意志 |
| 贪婪 | 爱财叫贪,爱食叫婪 | 刻苦学习,潜心研究 | 执着追求真理的精神 |
| 抨击 | 演奏乐器时的弹击动作 | 用语言文字攻击 | 敢于反对教会的叛逆性格 |
| 滔滔不绝 | 形容水势浩大 | 比喻发表言论像流水一样连续不断,形容口才极好 | 积极宣传科学真理的热情 |
| 臆测 | 凭主观猜测 | 借指大胆设想 | 在科学研究上敢于大胆设想的精神 |
| 凛然 | 严厉的样子 | | 威武不屈的浩然正气 |
| 殉道 | 为道义而死 | 为捍卫科学真理而牺牲 | 大无畏的献身精神 |

### 五、讨论题目"火刑"的含义

(1) 学生相互讨论。

(2) 教师小结:课文以"火刑"为题,准确恰当,富有深意。首先,"火刑"二字触目惊心,使人想象受刑者那种难以忍受的情景,唤起读者阅读文章的欲望。其次,以"火刑"为题,有力地暴露用刑者的野蛮和残忍,使读者认识到中世纪宗教神权和科学的斗争的激烈和尖锐。更重要的,以"火刑"为题,使读者从布鲁诺受火刑时的从容自若,想到他为捍卫科学真理而表现的坚强不屈的意志和伟大的献身精神,启示读者:"火刑"毁灭的仅仅是布鲁诺的躯体,而他高尚的人格、天才的思想、光辉的名字、伟大的形象,却在烈火中得到永生。

### 六、归纳主题思想

(1) 学生各自归纳。

(2) 教师行间巡视,然后归纳:本文记叙了意大利唯物主义思想家、科学家布鲁诺一生的遭遇,真实地反映了中世纪科学和宗教神权的斗争,有力地揭露了宗教势力的暴行,热情地歌颂了布鲁诺为追求、捍卫科学真理而献身的精神,深情地表达了人民对布鲁诺的敬仰和怀念。

### 七、探讨写作特点

(1) 剪裁得当,结构严谨。课文所以能够在4 000余字的短小篇幅中反映出深刻的社会内容,勾画出布鲁诺的伟大形象和精神面貌,是和作者剪辑材料的精当、叙述的详略有致、结构安排的严谨分不开的。布鲁诺的一生写不胜写,为了突出他坚持真理、坚韧不拔、敢于献身的思想性格,作者紧紧扣住文题,着重剪取了油刑、创立宇宙理论和火刑等主要场面加以详写,不惜字斟句酌。对于布鲁诺撰写的《诺亚方舟》短文、16年的流亡生活和被捕经过等次要材料,则采用略写方法,穿插于详写之中,起着丰富内容和衬托的作用。因为本文是纪传体散文,对于布鲁诺的生平必须有所交代,所以简略介绍了他的幼年生活和8年牢狱生活。从结构看,本文采用了倒叙结构。先写后发生的事,即囚房受刑,后写50年的生活经历。倒叙完毕,再回到当时的"法庭上"一节,与前面的"囚房受刑"相衔接。运用倒叙,先从囚房的斗争写起,便于揭示矛盾的尖锐性,引起悬念,从而揭露宗教法庭的凶残、奸险、狠毒的反动面目,突现布鲁诺坚信并捍卫科学真理的斗争精神。运用倒叙,便于集中力量写好布鲁诺在科学上的伟大成就,显示他在科学发展史上敢于斗争、勇于献身的精神。此外,开头和结尾用写景遥相呼应,每个环节之间用恰当的时间词句串联过渡,就更增强了结构的严谨性。

(2) 对比鲜明,叙议结合。布鲁诺的形象之所以高大,文章主题之所以深刻而富有教育意义,是和作者大量运用对比手法,把叙述和议论有机结合起来写分不开的。课文有这样几种对比写法:①环境对比,如课文开头,一边写春意萌动的景象,一边写黑暗、阴森的囚房,对比何等鲜明,使人不由想到当时黑暗的社会现实。②性格对比,如写到僧侣生活时,一边写别的僧侣过着驴子式的生活,不学无术,只会重复《圣经》教义;一边写布鲁诺热情、敏感,追求科学真理,撰写短文抨击教廷。这种鲜明对比正表现了布鲁诺的叛逆性格。③学说对比,课文多次把哥白尼的观点和布鲁诺的新观点对比起来写,反复强调布鲁诺比他的老师走得更远,这就突出了他既善于继承前人的学说,又敢于创新的可贵精神。④形象对比,课文不仅注意刻画布鲁诺的形象,也很注意其对立面形象的描绘,如描写受刑场面,就同时写了受刑者和用刑者的肖像、语言和行动;"在法庭上"一节又同时写了被宣判者和宣判者的神态和语言,两相对照,烘云托月,更鲜明地展现出布鲁诺的精神面貌。课文中有时先叙后议,有时先议后叙,有时边叙边议,都很好地起到了突出形象、画龙点睛、深化主题的作用。如篇末的议论,就热情洋溢地颂扬了布鲁诺的伟大功绩和深远影响,阐明了科学必胜的道理,升华了主题。

### 八、布置作业

学习本文谋篇布局的方法,以"为真理献身的人"或"为祖国献身的人"为题,选取生活中或历史资料中生动感人的实例,写一篇作文,不超过千字。

# 《诗词八首》教学设计

**教学目的:**

领会诗词中写景、叙事的方法,体会作者是如何通过写景、叙事抒发感情的,提高阅读和欣赏古代诗词的兴趣和能力。

**教学要点:**

学习《石壕吏》,简单介绍作者,解读诗歌题目,讲读全诗,当堂背诵。

**教学内容和步骤:**(第一课时)

## 一、教师导语

这8首诗词是从三国到南宋期间的作品,都是名家名篇。从形式看,诗主要有四言乐府诗、五言古体诗、七言古体诗、五言绝句、七言绝句、五言律诗和七言律诗7种,词主要有单调和双调两种;从内容看,有写景抒怀、忆事抒怀、叙事讽世和送别诗、田园诗等几种。学习这8首诗词可以开阔眼界,认识我国古典诗歌的卓越成就,培养阅读和欣赏古典诗词的兴趣和能力。

## 二、解读《石壕吏》

(1)了解时代背景。

板书诗歌的题目和作者后,要求学生阅读注①,并借助提问使学生明确:①这首诗反映的是唐代"安史之乱"中唐军平乱溃败,滥抓壮丁,人民家破人亡的苦难生活;②诗中写的是杜甫亲眼看见的事实,这是一首叙事诗。

(2)学生自读:对照注释,查字典,相互讨论,教师巡回指导。注意古今含义不同的词:①走:逃跑;②致辞:讲话,同现在举行某种仪式时的"致词",意思有所不同;③书:信;④二男:两个儿子,现代汉语中"二"作序数,跟"两"的用法要分清;⑤且:姑且,暂且;⑥去:离开;⑦前途:前面的路程,现在都用"前途"来比喻将来的光景。

(3)朗读全诗,注意读音和句子的停顿。重点正音的字为:逾(yú)、戍(shù)、妪(yù)、炊(chuī)、咽(yè)。

(4)读讲全诗。

提问一:第一节写了什么事实?

学生读讲,教师归纳:第一节是第一段(板书加点字,下同),写诗人昏夜投宿石壕村、遇到差吏捉人的事实。作者先交代了时间、地点,再以"夜捉人"的事件揭露当时残酷的兵役制度。接着,以"老翁"翻墙逃避、老妇出门应付的情景,写"夜捉人"带来的紧张恐怖气氛。"夜捉人"三个字,揭露十分深刻。不说征兵,而说捉人,不在白天捉,而在夜间捉,兵役扰民的严重危害可见一斑。

提问二:第二、三两节各写了什么内容?第三节可分为几个层次,各层大意是什么?在结构上,这两节有什么联系?

学生试讲,教师小结:第二、三节是第二段。第二节以差吏和老妇一呼一啼、一怒一苦的鲜明对比,写出了差吏的凶暴和老妇的可怜,揭示了尖锐的阶级对立。第三节写老妇的悲诉。可分为三层:①前五句写出征者的惨况和老妇的伤叹,她三个儿子死了两个,足见当时战乱的残酷。"存者且偷生,死者长已矣"是老妇感极而悲之语,使人不忍卒读;②中间四句,写家居者的惨况,反映了战乱频繁、农村经济备受破坏、人民生活极度困难的社会现实;③后四句,写老妇被催逼甚紧,迫不得已,以身应役,揭露当时兵役的苛酷已到了无以复加的地步。这首诗的第二节是从差吏和老妇两个方面略写,第三节是从老妇一个方面详写。第三节紧承"妇啼一何苦",明写老妇的悲诉,暗写差吏的凶暴,照应了"吏呼一何怒"。总之,第二段正是以老妇家丁男俱尽、生活贫困的悲惨遭遇,采用详写和略写、明写和暗写相结合的写法,有力地揭示了战乱残酷的社会现实。

提问三:第四节描绘了怎样的情景?诗人当时心情怎样?

学生齐读,教师讲析:第四节是第三段,描绘了一阵骚乱之后乍然沉寂凄凉的景象。老妇被抓,家人啜泣,石壕村笼罩着沉重的悲剧气氛。"暮投"时翁妇俱在,"天明"离开时却只能独别老翁了,诗人心情之沉痛,可以想象。

(5)指定学生口头归纳主题。

主题:这首叙事诗描述了石壕村一家人的悲惨遭遇,反映了唐代安史之乱时期人民在兵役重压下家破人亡的悲惨遭遇,表现了诗人同情苦难的人民、反对黑暗政治的思想感情。

(6)讨论"思考和练习二"的问题,明确这首叙事诗材料详略安排适当的特点。诗人的投宿和告别、差吏的深夜捉人、老翁的仓皇逃避等都只做了简略的交代,而老妇的话语则写得非常详细,她诉说了儿子的不幸、存者的窘困,在万般无奈下不得不请求让自己去应役。这一段话,把她全家的悲惨遭遇和差吏捉人的凶狠彻底地揭露出来了。诗人用自叙的手法写了他亲自看到的这幕悲剧,更加真切感人。

(7)齐读全诗。

### 三、布置作业

(1)课内:熟读《石壕吏》,并按照"思考和练习二"的要求改写。

(2)课外:预习《观沧海》《送元二使安西》《别董大》和《过故人庄》。

附:板书设计

```
一段    昏夜投宿,差吏捉人——兵役扰民

                          ┌略写┤吏——呼、怒
                          │    └妇——啼、苦
二段    丁男俱尽,生活贫困┤
                          │    ┌出征者惨况
                          └详写┤家居者惨况
                               └老妇应役

三段    沉寂凄凉,独别老翁——心情沉痛
```

**周岳**

周岳　1978—1981年在江苏师范学院苏州地区师资专科班中文专业学习,1981—1994年在东山中学任教,1987—1989年在江苏教育学院中文专业学习(本科),1992—1994年任东山中学校长,1994—2014年在东吴外国语高等师范学校、江苏省外国语学校任教。曾任东吴外国语高等师范学校、江苏省外国语学校副校长。曾任江苏省第13批特级教师评审委员会委员、语文学科组副组长。

先后被评为吴中区首批教育科研学术带头人、苏州市语文学科带头人、吴中区首批名教师、苏州市名教师、江苏省特级教师、江苏省首批教授级中学高级教师;获江苏省优秀教育工作者、江苏省优秀班主任荣誉称号。

教学研究的主要方向:中学语文课程与教学。在国家、省级教育期刊杂志上发表《教育研究的实践定位》《应重视对教学体验的研究——"角色"理论对课程与教学论学科建设的启示》《对课堂教学中教师主导作用的再认识》等论文百余篇;参编《写作教程》等教学类书5种;出版专著《石湖畔的教育沉思》《东吴外师建校记要》;参与省级课题"苏南发达地区小学英语师资培养研究""构建和谐型学校的实践研究",主持省级课题"语文美育实践及研究";参编江苏省五年制师范语文教材及教学参考书,参与制定并主持修订《江苏省五年制师范英语教育专业课程方案》,主持"江苏省五年制师范英语教育专业课程方案和实践"课题,并获2013年江苏省教学成果一等奖。

# 我的语文教学"体验"观及其实践

## 一、我的语文课堂教学"体验"观

什么是语文教学?站在教师的角度思考有关问题,我以为语文教学应该是教师根据语文课程及其教材,引导学生学习语言及其文化,以提高他们的听、说、读、写能力,是一种有素养的教育活动。

于是,中学生学习语文,教师应该重在培养他们在一定语境中为表情达意的需要而如何遣词造句、谋篇布局的语用能力,其中包括阅读理解,也包括写作与说话。同时,教师也应该不断地积累自身的教学"体验",以形成自己的语文教学观。

1998年,我和学校同仁一起进行"江苏省五年制师范英语教育专业课程方案和实践"的课题研究;2000年,受江苏省教育厅师资处委托,我主持修订课题中的课程方案;2003年我参编江苏省五年制师范《语文》教材。其间,在基础教育新课程思想的指导下,我按自己对语文教学的理解,一边修订课程方案、选编教材,一边试教拟入选教材的课文。其中包括省、市公开课"解读癫狂""听听那冷雨""项脊轩志"等。据此,撰写了一定数量的教学论文,如《〈听听那冷雨〉抒情主体人称之再剖析》《古诗鉴赏中的"换位"与"移情"》《对课堂教学中教师主导作用的再认识》等。后经提炼总结,在《江苏教育研究》上发表了题为《课堂教学应重视教学体验》的论文,阐述了我对语文课堂教学的理解和认识。

1. 课堂教学应尽可能创设有利于学生体验的教学情境

在教学中,教师应尽可能创设与教学内容相应的教学情境,引发学生已有或可能有的生活经验,去体会、理解教学内容。即使是说理性较强的教学内容,如议论文,其实也有具体的思辨情境,关键在于教师能否将之转化为具体的教学情境。如果受教育者已感受不到自己正在受教育,那说明教育者已实施了成功的教育。这时候的课堂教学,学生常常会产生这样的感觉:怎么这么快就下课了。这就意味着教学不仅是一种目标明确、组织严密的认识活动,更是一种陶冶、一种"切己体察"的真切体验。

课堂教学需构建良好的师生关系,这种师生关系不是单纯的"授—受"关系,而是通过对话、沟通而达成平等、理解、欣赏的"我—你"关系。师生在这种"我—你"的对话关系中,展开教学,教师主要在于引导,学生主动投入,积极参与,在教师的潜移默化中,增加了知识,发展了能力。

2. 课堂教学研究应研究教师的教学体验

在课堂教学中,师生间的互动、交流是否和谐、有效,是决定一堂课成功与否的关键。因此,研究课堂教学,就应该研究教学交流,尤其是教师在教学交流中的体验。

(1)教师与学生的交流。课堂教学中,教师与学生的交流除了知识交流外,还应该包括以知识内容为载体的情感交流。可以这么说,师生情感交流,关键在于教师。因为在课堂教学中,学生情感体验的获得往往是在与教师的情感交流中获得的。教师恰当地营造教学情感氛围,可使学生沉浸在与教学内容相应的情感氛围中,既加深了学生对教学内容的认识,又使其情感得到了熏染,收到了"润物细无声"的绝佳效果。

(2) 教师与教材的交流。教师教学必须吃透教材。熟悉教材,备好教案,是上好课的基本条件。教材不熟悉,说一句话要看三四回教案,想使课堂节奏流畅自然也就无从谈起。课堂上那些尊重学生、不看教案且能讲得生动形象的教师最受学生的欢迎。实际上,教师在课堂上虽不常看教材、教案,但他无时无刻不在回忆教材、教案的内容,与教材、教案进行潜在的交流,并根据教学的实际情况,尤其是学生的情况,组织语言及非言语表达,默默调控着教学的节奏。只有这样,教师与教材、教案的潜在交流才会显得自然而轻松,展现出教师课堂上的风采与魅力。

(3) 教师自我的交流。这主要体现在教学反思中,既包括教学中的自我调控,也包括教学后的反思。课堂教学前,教师根据课程、教材设计教案;教学中,根据教案进行教学。在具体的教学过程中,实际情况肯定与教案中的设想有差异,于是,教师就根据具体情况随时调整教案,同时也在不断地调整着自身。由于课堂教学是一个不断深入的过程,因此,教师保持新鲜、真切的感受是交流的最佳状态。课堂教学后,一个善于研究的教师肯定会去反思自己在教学中的表现,特别是自己在教学过程中的心理、情绪及行为表现。为什么当时的教学情况跟教案设计产生了差异,原因何在? 在当时的教学情况下,自己为何做了这样的变动或调整,调整时自己又采用了怎样的语言或非语言行为,这样的变动、调整和语言或非语言行为处理是否得当,怎样处理才更高明? 这种教师的自我交流,应是课堂教学中教师自身研究最为重要的部分,也是一位教师走向成熟的必要途径。我就是在不断反思—实践的过程中,逐渐形成了"重语言,重体验"的语文教学特色。其中的"重语言"既包括语言是学习的重点,也包括教师须重视教学语言;"体验"指教师与学生在教学交流中的共生体验。

## 二、我的语文"课程—教材—教学"观及其实践

承前所述,2000 年我主持修订《江苏省五年制师范英语教育专业课程方案》,2003 年参编该课程中的语文教材。在教材定稿前,我把自己负责部分的每篇课文都做了关于教学的解读分析,如《〈记念刘和珍君〉内容、写作思路及文体归属》《解读"癫狂"》《"倒金字塔"佳构一例》等;同时,在高中进行公开课教学,部分还撰写了教学后记,以论文的形式发表,录入本书的《〈项脊轩志〉情感内核探微与教学设计》《江苏高考"小说(类)阅读"试题分析与教学建议》就是当时教学及其反思的记录。2012 年,我对这次长达 10 年的"课程—教材—教学"研究,做了一次较为系统的总结,撰写了万余字的教育研究论文——《一次'课程—教材'建设的回顾与思考》,发表于《江苏教育研究》,阐述了我的"课程—教材—教学"观。2013 年,以此为主要成果之一的"江苏省五年制师范英语教育专业课程方案和实践"课题研究获江苏省教学成果一等奖。

### 1. 关于课程

我认为课程由三个部分构成——课程标准、以教材为主体的课程资源和学校中所有教育教学活动的安排与进程。其中课程标准由国家统一制定,它规定了某一学科的课程性质和内容目标,但没有规定为实现这样的目标必须使用什么教材。只要是有利于实现课程及其目标的教材,各省、市都可以编写开发,还留有一定比例的校本课程,鼓励各所学校自主开发。课程标准对教学提出了指导性的建议,但建议是非常原则的。因为从学校层面看,课程就是为实现培养目标而安排的教育教学活动及其进程,所以,各个学校对教育教学活动的

安排不可能是完全相同的,进程也不可能是绝对同步的,课程的最终呈现肯定是"校本化"的。

2. 编写教材

编写一套质量上乘的教材不是一件容易的事。从学科的知识体系看,各册教材间,同册教材内各单元间,内容的衔接须符合学科逻辑:知识衔接成梯度,且符合认知规律。从教材与教学的角度看,作为教材的编写者,在编写教材的任何一个环节时,都应时时想着教学,想着教学中的教师,想着教学中的学生,想着教学中所开展的各项活动。一句话,编写教材需考虑到教学实际,尤其须考虑到学生的学习。如果所编教材不适合学生学习,所设想的教学活动不切合教学实际,即使是一套知识体系非常完备的教材,也不能说是一套好教材。是否适合教学,是否适合学生学习,是衡量一本教材质量好坏的主要标准。

(1) 按文体分编单元。普通高中语文课程标准在"阅读与鉴赏"方面设定了教学目标,如"能阅读理论类、实用类、文学类等多种文本""了解诗歌、散文、小说、戏剧等文学体裁的基本特征及主要表现手法"。在"交流与表达"方面也设定了教学目标。如"进一步提高记叙、说明、描写、议论、抒情等基本表达能力,并努力学习运用多种表达方式"。其实,这些有关"阅读"和"表达"的教学目标与"文体"都有内在的关联。学生学习的应该是规范的书面语言。因此,为培养学生"阅读与鉴赏"和"交流与表达"的能力,在编写教材的过程中,选文时,应注意对文体的选择;设题并设计教学活动时,需兼顾文体特点。

(2) 教学目标序列化。教材是教学双方开展教学活动的重要凭借。教师教,主要依据教材;学生学,也主要凭借教材。因此,教师教学需订有教学目标,学生学习也需明确学习目标。尽管这些教学目标在教材中并不直接呈现,但是作为一名教材编写者,在编写语文教材时,对本套教材中每一单元、每一册以及整套教材的教学目标的序列得思考成熟。有了教学目标总体统照下的单篇课文的教学目标,教材才会既显现学科知识的系统性,又体现教学目标的系统性;有利于教师教,更有利于学生学。

编写语文教材,在选文前,首先需把这序列考虑清楚。如果说,高中语文课程分为必修和选修两部分,以必修为基础,而且在知识与技能间更注重技能训练,那作为教材的编写者在编选必修教材之时,必须先列出了高中生语文技能训练的序列,做好了各序列技能训练的进程安排后,才可以进入选文阶段。编写教材包含了三项工作:一是"选",二是"编",三是"写"。"选"是放眼光,放出眼光选文;"编"是动大脑,如何设计教学问题,展开教学活动,以提高学生阅读理解和写作表达的能力;"写"才是用手,动手编写教材。三者中,"编"最重要。因为没有大脑的"编","选"就不会有敏锐的眼光;没有大脑的"编",手"写"就无从下笔。设计教学问题、教学活动的前提条件是什么?一是对教学目标序列的把控;二是对学生学习过程以及学生学习情况的了解;三是对教学规律和教学方法的掌握。尽管最后的劳动成果——在教材中呈现最多的并不是"编",因为在教材中占篇幅最多的是所选作者的课文,而不是编者编写的内容,真正属于编者的也就是在课文后所设计的教学问题和教学活动;但是教材中最有价值的部分,就是隐含在课文背后的"选编"劳动,以及单元前的导言、课文后的教学设计和教学活动。而支撑这一切的,就是对教学目标序列的总体建构。

3. 关于教材与教学

教材与教学的上位概念是课程。制定课程标准既包括了选择怎样的课程内容,即选择多少门学科,以及各门学科的内容构成;也规定了教学各学科内容应达到的标准。规定了课程的内容,也就回答了教师"教什么"、学生"学什么"的问题;规定了课程标准,也就明确了课程的目标。

而如何教,才能达到课程标准所规定的要求,需由教材和教学来完成。课程标准描述的是学生的学习结果,没有指定教材,也没有限定教师的教学内容,因而它不直接规范教学材料,而是通过描述学生的学习结果间接影响教学材料的编写。尽管课程标准对学生学习结果的描述中也暗含了课程内容,但它不能直接作用于教师和学生,成为学生学习的直接对象。课程内容只有通过"教材化",即通过具体的"文本"材料将课程内容表现出来,学生的学习内容才有了具体可感的物质材料——教材。而且学生学习课程内容、学习教材并不是教学的目的,教学的真正目的是教师引领学生通过对教材的学习以实现课程学习目标。

因此,从这个意义上讲,教材是教师引导学生学习以实现课程目标的核心教学材料。从教学实践看,同样的教材内容可以衍生出多样的教学内容,而同样的教学内容也可以通过不同的教材内容予以实现。教材内容如何转化为教学内容和转化成什么样的教学内容取决于具体的课程和教学目标、具体的教学情境,它蕴含着教师对教材内容的演绎和创造。这实际上是教师对教材"二次开发"的过程。

因此,在编写教材的过程中,编写者必须时时处处想着教学内容,想着教学中的具体情境,想着如何为教师与学生创造出一大片开阔的教学地带,让教师在这片开阔的教学地带中创造性地设计教学活动,引领学生走向课程目标。于是在教材编写的过程中,当编写者根据学科课程标准,初定了教材的内容框架,初选了课文,提出了导向性的教学建议,设计了开放性的教学活动后,应该先让一些学校的学生试用一下教材,让教师试教一下其中的课文。听听教师使用后的感受,以便及时调整教材中的教学建议或教学设计。如有可能,教材编写者也应试用一下教材,因为亲身实践,感受最深。同时,听听学生的意见和建议,因为教材主要是由学生使用的,学生的感受应该最真。尤其是选文,最需听听学生的感受。因为"教材也无非是个例子",如果有两篇按课程标准、教学目标和选文标准都可以入选的文章,究竟哪篇入选,就更应该听听教师的意见和学生的感受。贴近社会生活、学生学习的实际,也应是选编教材所追求的目标之一。

这是我从课程的角度对教材编写及其教学的实践体验,在一定程度上反映了我的"课程—教材—教学"观。

# 《项脊轩志》情感内核探微与教学设计

江苏版高二语文教材(必修五)建议教学《项脊轩志》时采用"文本研习"形式,并设计了这样一个研习的切入点——《项脊轩志》中作者写道,"予居于此,多可喜,亦多可悲",说说作者因为什么而觉得可喜,又因为什么而觉得可悲,它是怎样表达这些感情的?初想,这是一个如何理解《项脊轩志》的情感内核及其表达的问题;再仔细思量,发现教学中更重要的问题应该是如何引导学生"说说"。这就涉及这堂"文本研习"的教学设计的问题了。

先探究《项脊轩志》"悲""喜"情感的内核问题。

我在备课时曾查阅了一定数量的相关资料,不少文章都认为,文中归有光的"喜"是因修葺了项脊轩而生的自足自乐之喜,写"喜"是为了写"悲",并借用清代人梅曾亮"借一阁以寄三世之遗迹"来概括此"悲"。但我反复研读,总觉得在归有光情感的深处还有一种成分没有引起我们足够的注意,这就是归有光苦苦追求功名的"喜"与"悲"。捕捉作者在字里行间隐藏的这种复杂的情感,有助于我们更好地赏析归有光的《项脊轩志》。

先从项脊轩这一屋名的出处说起,归有光的远祖归道隆曾居住于江苏太仓的项脊泾,年轻的归有光不仅把"项脊"用作自己的书斋名,而且用作自己的别号——"项脊生"。一方面我们可以理解他有追念先祖的意思;另一方面我们也可以看到,归有光从小就立下了要博取功名、光宗耀祖的志向。因为从"项脊"两字字面意思理解,既有屋室逼仄,形如"项脊"的自谦,更有要成为家族顶天立地之脊梁的自励与宏愿。

如果要问,是什么原因促使归有光在少年时代就立下了如此志向的?这又需从归氏家族的祖辈说起。归有光祖母的祖父在明宣宗宣德年间曾任太常寺卿,归氏家族也属官宦世家、书香门第。这在《项脊轩志》中借"大母"之口已有所暗示。"此吾祖太常公宣德间执此以朝,他日汝当用之!"时至归有光出生,家道已中落。"先是,庭中通南北为一,迨诸父异爨,门外多置小门墙,往往而是。东犬西吠,客逾庖而宴,鸡栖于厅。庭中始为篱,已为墙,凡再变矣。"归有光写这一段话,是充满着忧虑、悲哀和厌恶的感情色彩的。家道中落,难以改变,而"诸父异爨",内部割据,不思重振门庭,整日里只闻"东犬西吠",只见"鸡栖于厅",真是家门不幸!而"吾家读书久不效"则更是一种深层次的悲哀。年轻的归有光尽管怨恨却也无奈。这就更加深了他要勤奋读书、考取功名的念头。因为只有这样,才能改变家族的面貌,才会有新的气象出现。而"大母""顷之,持一象笏至",望孙成才的急切心情溢于言表,"他日汝当用之"的殷切期待对当时的归有光可以说是刻骨铭心的,这就更坚定了他欲勤奋读书、博取功名、重振门庭的志向。再加之"老妪"转述"先妣"在世之日"儿寒乎?欲食乎?"的殷殷之情,更让少年的归有光感受到了母爱的分量和家族情感的厚重与力量。

课文第四节最后一句"殆有神护者"后面,编者删掉的那一段文字——项脊生曰:"蜀清守丹穴,利甲天下,其后秦皇帝筑女怀清台。刘玄德与曹操争天下,诸葛孔明起陇中。方二人之昧昧于一隅也,世何足以知之?余区区处败屋中,方扬眉瞬目,谓有奇景。人知之者,其谓与坎井之蛙何异!"正是作者立志发愤读书、博取功名、重振门庭、光宗耀祖的一种反映与表现。有些教学参考资料将此理解成"作者以坎井之蛙自喻,自我解嘲""和盘托出自己生不得志的感慨"。我以为这在一定程度上误解了归有光原文的内容。归有光虽身处陋室,却自谓"有奇景",把自己比作未成名时的"蜀清"和"孔明",并非"自我解嘲",而是在含蓄地嘲笑别人"燕雀"不知"鸿鹄之志",竟将"鸿鹄"当成"坎井之蛙"。当然,归有光的"鸿鹄之志"更多的是包含了他作为一个封建士子"修身、齐家、治国、平天下"全部的读书理想,但"家""国"是并举的,其中欲重振门庭的"齐家"之想,更是他发愤读书、博取功名的最初动因。更何况,归有光当时年纪也只不过十八九岁,应试的失利尚没有打击他的年少气盛,他对明天的"奇景"应该是满怀信心的。

于是,归有光修葺项脊轩,"扃牖而居""久不见若影""竟日默默在此,大类女郎",发愤苦读。"儿之成,则指日可待乎!"有了价值取向的苦读也就成了"喜"。修葺后的项脊轩尽管也仍是一个"室仅方丈,可容一人居"的"旧南阁子",但正如刘禹锡"陋室"不"陋"一样,归有光在此苦读,"借书满架,偃仰啸歌,冥然兀坐,万籁有声",满院光景"亦遂增胜""珊珊可爱",充满着自足自乐之"喜"。

"后五年,吾妻来归""时至轩中,从余问古事,或凭几学书",归有光又度过了一段虽清苦却又美好的读书时光,但生活的本质总是一场"悲剧"。"其后六年,吾妻死,室坏不修。其后二年,余久卧病无聊,乃使人复葺南阁子,其制稍异于前。然自后余多在外,不常居。"当"皇天不负苦心人",归有光35岁终于中举时(尽管称不上功成名就,但毕竟迈出了攀登功名的第一步),回头看看自己十八九岁时所写的文章:"借书满架,偃仰啸歌"的读书时光让他记忆犹新("喜");母亲和祖母的关爱与期待使他回想时大放悲声。"瞻顾遗迹,如在昨日,令人常号不自禁。"("悲")今天,总算是能给她们在天之灵以几分慰藉了;昔日被人视为"坎井之蛙"的日子即将结束,归有光依稀看到了"奇景"的曙光("喜")。可是,项脊轩虽"轩凡四遭火,得不焚,殆有神护者",但问"儿寒乎?欲食乎"的"先妣"早逝了("悲"),嘱托"他日汝当用之"的"大母"已亡了("悲"),"从余问古事,或凭几学书"的爱妻夭折了("悲")。"人已去,屋空留。"唯"庭有枇杷树,吾妻死之年所手植也,今已亭亭如盖矣"("悲")。怎不令他黯然神伤,长叹不已。"捷报飞来当纸钱。"瞬间之"喜",早化成了无尽之"悲"。"此情可待成追忆,只是当时已惘然"呀!于是,只有提笔续写《项脊轩志》了。

至此,犹如归有光补写《项脊轩志》附记一样,也该补叙一下以上分析的理论基础了。关于《项脊轩志》的写作时间,一般人认为,正文是归有光在十八九岁时所写,附记是30岁以后补写的。部编教材高中语文第二册《教师教学用书》认为:"附记当作于35岁迁居之前,可能是迁居前由于翻检书箧,触及旧稿,引起了对亡妻深深的怀念,因而补写的。"我赞同这一说法,但觉得似乎还应该另有一种可能,即归有光35岁终于中了举人后,整理迁居时,补写了附记。

归有光35岁才中举人,这对博学多才的归有光当然是不公平的。而归有光考运一直很糟糕。在中举人后,又连续8次考进士不第,直到60岁才中进士,后官至南京太仆寺丞。我们无从查考归有光是考了多少次才中了举人,但从35岁的年龄来看,他一定是经历了不少挫折。因此,35岁终于中了举人,既让归有光心里不是滋味("悲"),又给了归有光以新的信心和希望("喜")。否则,就不会有考进士考到60岁的矢志不渝。同样,我们也无从查考归有光在补写附记时是否修改了正文,但是作者重续旧文应该是有感而发的,并且必将此时与彼时的情绪相衔接。因此,从这样的推想来看他补写《项脊轩志》附记时的心态(结合他的家庭经历),我们对文中"喜""悲"的情感也就有了以上新的解释。

所以,我以为,《项脊轩志》"悲""喜"情感的内核是归有光作为一个封建士子欲重振门庭、光宗耀祖而对功名不懈追求的一种"家""国"理想与信念。这是理解《项脊轩志》"悲""喜"之情的关键。

据此,我上了一堂公开课。教学思路是这样的:在解决课文语言知识的基础上,从研习文本入手——根据教材建议的切入点"说说作者因为什么而觉得可喜,又因为什么而觉得可悲,它是怎样表达这些感情的?",设计了若干问题,以"读文本—求印证—研究探索—归结论"的阅读方法,请学生以课文内容为佐证,或提问,或讨论,引导学生思考,让学生发表看法,进行研究性学习。课堂教学实录过程及研讨结果如下:

(1) 导入从略。(假设为拍摄电视剧《归有光与项脊轩》提供一个合理、可信的故事脉络而研读《项脊轩志》)

(2) 归氏家族原本是一户怎样的人家?课文中哪些内容能加以说明?——归家原本是一户官宦人家。"大母""顷之,持一象笏至,曰:'此吾祖太常公宣德间执此以朝,他日汝当用之!'"

(3) 后来归氏家族发生了怎样的变化?课文中哪些内容能加以说明?——家道中落。"先是,庭中通南北为一,迨诸父异爨,门外多置小门墙,往往而是。东犬西吠,客逾庖而宴,鸡栖于厅。庭中始为篱,已为墙,凡再变矣。"

(4) 在封建社会中,一户官宦人家,要改变这情况,重振门庭的唯一捷径就是博取功名。那归氏家族将此希望寄托于谁身上了?课文中哪些内容能加以说明?——归有光。"比去,以手阖门,自语曰:'吾家读书久不效,儿之成,则可待乎!'""儿寒乎?欲食乎?"

(5) 这"博取功名,重振门庭"的深深之望与殷殷之情,归有光感受到了吗?课文中哪些内容能加以说明?——感受到了。"语未毕,余泣,余亦泣。""瞻顾遗迹,如在昨日,令人长号不自禁。""轩凡四遭火,得不焚,殆有神护者。"

(6) 对此,归有光付诸怎样的行动?课文中哪些内容能加以说明?——修葺项脊轩,发愤苦读。"余扃牖而居,久之,能以足音辨人。""一日,大母过余曰:'吾儿,久不见若影,何竟日默默在此,大类女郎也?'"

(7) 在项脊轩中如此苦读,归有光感到了"苦"和"悲"吗?课文中哪些内容能加以说明?——没有,反而感到了"喜""乐"。"……日影反照,室始洞然……旧时栏楯,亦遂增胜。借书满架,偃仰啸歌……庭阶寂寂……珊珊可爱。"

(8) "余既为此志"中的"既"作"已经"解。那归有光后来的生活有了什么变化?这又是一段怎样的日子?课文中哪些内容能加以说明?——"吾妻来归",一段幸福的伴读生活。——"后五年,吾妻来归,时至轩中,从余问古事,或凭几学书。"

(9) 这段幸福的生活只过了几年,其后又发生了怎样的变化?课文中哪些内容能加以说明?——妻死,归有光病,不常居项脊轩。"其后六年,吾妻死,室坏不修。其后二年,余久卧病无聊,乃使人复葺南阁子,其制稍异于前。然自后余多在外,不常居。"

(10) 此时,项脊轩的人、事已发生了怎样的变化,唯有什么还可以作为这段历史的见证?——母早逝,大母已亡,儿夭折。唯"庭有枇杷树,吾妻死之年所手植也,今已亭亭如盖矣"。

(11) 归结:归有光祖籍江苏昆山,出身于一个家道中落的官宦人家,单丁一脉,承载着家人对他能担负起重振门庭之任的深深关切与殷殷厚望。可久读无果,35岁才中举。当其时,母早亡,大母已逝,儿也夭折。整理文稿,往事历历在目,人已去,屋空留,唯"吾妻死之年所手植"之"枇杷树""亭亭如盖矣",怎不叫人感伤、嗟叹?!

本次公开课气氛相当活跃,尤其是思维的活跃。学生都在研读文本、都在思考、都愿站起来"说说",也都能"说说",比较好地体现了课堂教学"师生""生生""合作、交流、探究"的特点。

如果说,本次课堂教学的"教学设计",经实践检验,有以上一定的成功之处的话,那如何能更好地将"教学设计"转化成"课堂教学"的现实?我有以下几点体会。

第一,在教学设计方面:

(1)教学设计必须有一个明确的教学指向,所有设计的问题均为这"指向"所统摄。本次教学设计的指向为"理解归有光在《项脊轩志》中所体现的'悲''喜'情感的内核"。所有问题的设计均围绕这"指向"而展开。

(2)教学是一种"双边"交流活动。教师备教材、备教法,还要备学生。教师应该最了解学生。虽然封建科举制度与现代高考制度、"书包翻身""重振门庭"与现代人的人生价值是有本质区别的,但归有光彼时的"追求"与如今的高中学生,尤其是来自农村或家有坎坷的学生的愿望,是存在一定的共鸣点的。

(3)问题的设计须有梯度,并且是有"序"渐进、自成逻辑的。以上9个问题的设计较好地体现了这一点。

(4)问题设计的起点须有一个明晰的切入口。本次教学设计的起点问题的切入口为"探究归有光家庭原来及现在的情况"。

(5)设计问题,由学生思考、讨论、回答,必须给学生以方法。发散思维也需有思维的逻辑起点及思维的工具方法,否则,这样的思考是杂乱而无效的。本次课堂教学采用的教学形式为"文本研习",因此引导学生思考采用的方法是"读文本—求印证—研究探索—归结论"的研究性阅读方法。

第二,在课堂教学过程中:

(1)教师的角色定位要得当。课堂教学的主人是学生,学生研读的对象是文本,教师所起的作用犹如中央电视台2套《对话》栏目的主持人陈伟鸿,在"观众"(学生)与"访谈对象"(文本)之间,起一个"穿针引线"的桥梁"导向"作用。

(2)教师的语言和情态要有亲和力。尽管课堂教学的形式是多种多样的,教师的语言和情态也须是多样化的,但教师语言的亲和力永远是课堂教学之必须。因为,这是创设和谐、互动的课堂氛围的基本保证。

(3)教师需有教学的智慧。课堂教学是随机的,总会有即时的"火花"产生。而学生这种瞬时的"火花"是最有价值、最可贵的,教师要善于捕捉之,"引燃"之,以形成"高潮"。这就是教学的智慧。

(4)教师需动"情"投入。教师自己进入了课堂教学的情境,学生才有可能被引导着进入相应情境。《项脊轩志》这类抒情性强的课文尤需如此。否则,情不自动于中,怎能引动以人。

以上是我在教学《项脊轩志》时的一点思考与实践,现总结于此,作为教学研究的些许积累。

# 江苏高考"小说(类)阅读"试题分析与教学建议

## 一、江苏省高考"小说(类)阅读"试题分析

### 1. 关于"小说(类)"

目前各省的高考语文试卷一般分为三大部分:语言文字运用、阅读与理解和写作。阅读与理解分古诗文和现代文。现代文含文学类文本和论述或实用类文本。文学类文本目前只选散文和小说。

散文按题材分,大体有叙事、写景、感思和记人四类。前三类题材的散文大多采用由"物"生"思"的构思方法,且高考阅读与理解的散文文本大多选自这三类题材的散文,因此,建议高中语文教学将这三类题材的散文合成一个大单元——专题教学或复习。这在《江苏高考"散文阅读"试题分析与教学建议》(《文学教育》2013年第1期)中已有分析。

本文讲小说。高考语文试卷的"小说(类)"选文,既选择了典型的小说,也选择了记人类题材的散文。以江苏省高考语文试卷为例。2010年、2011年分别选了小说《溜索》和《这是你的战争》;2008年、2012年分别选了记人类题材的散文或者说用小说笔法写成的散文《侯银匠》和《邮差先生》。合称其为"小说(类)"。

把这两类文章合称为"小说(类)"的原因:小说与记人类散文的题材类型相同,同为记事写人;而且如果把在叙事中描述细节、在细节描写中刻画人物以表达思想情感,看成一种写作方法的话,那么记人题材的散文与小说都采用了这种方法,也就是人们通常所说的小说笔法;更为重要的是,高中语文教学的主要任务之一是培养学生的阅读、写作能力。而要培养学生阅读记事写人文章的能力和在叙事写人中表达思想情感的写作能力,都需要阅读大量的同类文章,其中包括小说,也包括记人类题材的散文。

因此,所谓小说(类),也就是指以在叙事中刻画人物为主旨的同"类"文学体裁,其中包括小说和记人类散文。

### 2. 江苏省高考"小说(类)阅读"选文分析

当然,记人类题材的散文或者说用小说笔法写成的散文与小说还是有差异的。一方面,小说有完整的故事情节(开端—发展—高潮—结局);记人类题材的散文虽也叙事,但所叙之事是若干个相对独立的情节,缺少一个完整的故事结构。另一方面,小说侧重于在情节叙写中刻画人物以反映社会生活和表达思想;记人类题材的散文更注重在叙事怀人中表达作者的情思。

先看记人类题材的散文。《侯银匠》截取了侯银匠女儿侯菊出嫁前后的情节片段,正面描写了侯菊精细、勤劳的品质,侧面描写了侯银匠,一种由他所真切感受到的——在平淡中略带苦涩的人生况味:"侯银匠忽然想起两句唐诗,那是他錾在银簪子上的。想起这两句诗,有点文不对题:姑苏城外寒山寺,夜半钟声到客船"——意味深长地表现出了一位父亲对于女儿的无尽思念和对自家人生况味的真切体悟,在默默中感染了读者。

《邮差先生》描写的是邮差先生在小城中送信时悠然自得的心态、尽职尽责的工作态度

以及对所有写信人和收信人的体贴热情。从文中"邮差先生"对小城阳光的感受和感慨看，此文旨在表现小城和平、安详的生活，间接表达了作者对和平安宁的生活的向往之情。

再看小说。《溜索》讲述了一个一支驮队如何飞渡峡谷的故事。情节有开端——"领队也只懒懒说是怒江，要过溜索了"；有发展——"领队瞟一眼汉子们，一个精瘦短小的汉子站起来，走到索前……大家正睁眼望，对岸一个黑点早停在壁上"；有高潮——"我战战兢兢跨上角框……猛一送，只觉……已到索头"；有结局——"回身却见领队早已飞到索头，抽身跃下，走到汉子们跟前"。

文中有对峡谷险峻气势的描写(渲染、烘托)，也有对牛不肯挪动半步甚至流泪发抖的恐惧(侧面映衬)和"我"过溜索时"战战兢兢"神情的描述(对照、反衬)，这些描写和描述都是为了突出领队及其汉子们粗犷豪迈、勇敢无畏的精神气概，表现人在自然面前团结协作、接受挑战、战胜艰险的深刻意蕴，张扬原始、野性的阳刚之美。

《这是你的战争》节选自宗璞所写的长篇小说《野葫芦引》第三卷《西征记》，题目是选者后加的。节选部分写的是该校几位师生参加了因抗战需要而征调大四年级男生入伍动员大会后的反响和表现。重点描写了历史系教授孟弗之和工学院学生、中文系蒋姓学生，以及萧子蔚和生物系学生澹台玮这两组对话场景，将以学术为名逃避战争的懦夫和为了抗战宁愿放弃心爱的学术的爱国青年的言行进行了对照。

以上实例分析说明：记人类散文与小说尽管体裁不同，但它们的题材类型相同，都是在记事写人；写作方法相同，都注重在叙事中描述细节，在细节描写中刻画人物以表达思想或情感。

因此，建议将记人类题材的散文与小说组成一个单元——"小说(类)"单元，专题教学或复习。

## 二、对"小说(类)阅读"教学的建议

建议按"在叙事中描述细节，在细节描写中刻画人物以表达思想或情感"的"小说笔法"：情节安排—景物、环境描写—细节刻画人物—表达思想情感，切入该类文体的阅读教学，从特点和作用两个角度思考相关的问题，引导学生按规律阅读该类文体的文章。具体如下：

(1) 按小说和记人类题材的散文，精选教学例文，设计阅读理解试题。

(2) 在课堂教学中，按学生考场答题的实际情境，重点引导学生在阅读小说和记人类题材的散文的过程中掌握阅读此类文章的最基本的思考方法。

① 在粗读中思考并判定：

文中描写了哪几个人物？主要描写哪一个？为何还要描写其他几个？

第2、3问如一时难以回答，可留待下一步思考：如文中描写了两个或两个以上的人物，且无明显主次，则需考虑人物间的"对比、比照"等问题；如主次分明，则需考虑"衬托、映衬"等问题，有时还需考虑特例——描写不多的反倒是被衬者——主要人物。

② 在细读中圈划、思考并判定：

• 文章在叙述情节的过程中描述了哪些关于人物神态、动作和语言的细节？这些细节描写对于刻画人物形象或表现人物性格有什么作用？

第1问：可先在选文中圈画出相应的细节描写。第2问中"或"前后两个问题问法有异，

但本质相同,关键是须针对试卷中所问的问题做具体的回答。

• 文章在叙述情节的过程中有关于景物或环境的描写吗?是怎样描写的?这些景物或环境有什么特点?这些描写有什么作用?

第1问中的"环境"主要指对于主要人物而言的人际(社会)环境。第2问:主要指描写了什么景物,运用了什么修辞手法。第4问:主要指景物或环境描写对于渲染气氛、烘托人物的作用。

③ 在精读中思考:

• 如果文章为表达对所述人事的情思而淡化了情节,这样处理情节有什么好处?文中某一个情节有什么作用?

好处:淡化了情节,有助于形成作品的抒情风格。"某一情节"在试卷题目中定有明确所指。作用:或伏笔,或铺垫,或照应,或为下文情节展开提供依据。

• 文章如此述说情节、刻画人物是为了表达一个怎样的思想,还是对所写人物寄寓了怎样的情感?

"或者"前的问法适用于小说;"或者"后的问法适用于记人类题材的散文。回答须扣住原文的内容。

(3) 帮助学生归纳并理解小说知识尤其是小说中常见的表现方法和修辞手法,在训练中规范学生的答题用语。

(4) 在以上阅读过程中思考的问题与试题的对应关系。

① 文中描写了哪几个人物?主要描写哪一个?为何还要描写其他几个?

2008年《侯银匠》:小说题为"侯银匠",但写侯菊的文字偏多,请结合全文探究作者这样安排的理由。

② 文章在叙述情节的过程中描述了哪些关于人物神态、动作和语言的细节?这些细节描写对于刻画人物形象或表现人物性格有什么作用?

2010年《溜索》:文中写领队比较分散,请统观全文,简要分析领队形象。

2011年《这是你的战争》:文中的手帕细节描写表现了人物什么样的情感活动?请具体说明。

2012年《邮差先生》:文中两处画线的句子写出了邮差什么样的性格?请简要分析。

③ 文章在叙述情节的过程中有关于景物或环境的描写吗?是怎样描写的?这些景物或环境有什么特点?这些描写有什么作用?

2008年《侯银匠》:小说中的花轿与刻画侯菊的形象有密切关系,请简要分析。

2010年《溜索》:文中画线部分描写了峡谷险峻气势,请分析其表现特色。本文用不少笔墨写牛,这对环境描写和人物描写各有什么作用?请探究文中自然景物叙写的深刻寓意以及对表现人物的作用。

2012年《邮差先生》:请简要概括这篇小说中小城生活的特点。

④ 如果文章为表达对所述人事的情思而淡化了情节,这样处理情节有什么好处?文中某一个情节有什么作用?

2008年《侯银匠》:小说第2段("侯银匠中年丧妻……很精到"),对全文情节展开有什么作用?请具体说明。

2011年《这是你的战争》:文中第3节师生问答的内容,与上下文的人、事叙述有何关联?

2012年《邮差先生》:作品叙述舒缓,没有太强的故事性,这样写对表现小说的内容有什么作用? 试作探究。

⑤ 文章如此述说情节、刻画人物是为了表达一个怎样的思想,还是对所写人物寄寓了怎样的情感?

2008年《侯银匠》:文中画线的两处,分别表现了侯银匠什么样的情感?

2010年《溜索》:本文写了驮队飞渡峡谷的故事,请探究其中的深刻意蕴和作者的情感取向。

2011年《这是你的战争》:孟弗之与蒋姓学生、萧子蔚与澹台玮的对话场景,对比鲜明,请从学生形象和对话情景两个方面加以分析。

2012年《邮差先生》:"这个小城的天气多好!"请分析小说结尾处这句话的含义和作用。

由此可见,本文建议的教学思路与高考语文试卷"小说(类)阅读"试题的设计思路基本相同。

另外,建议试卷在设计"阅读与理解"的题目时,别直称记人类题材的散文为小说(如2008年的《侯银匠》和2012年的《邮差先生》),因为记人类题材的散文虽然也是在叙事写人中表达思想或情感,题材类型和写作方法都与小说相同,但它毕竟是散文(至少不是典型的小说),所以建议借鉴2010年的《溜索》和2011年的《这是你的战争》的处理方法,不说所选之文是什么文体,文后的试题用语则暗示了一定(关于阅读或写作)的思考导向。

李建邡

李建邡　江苏省苏州人。江苏省中学语文特级教师、江苏省首批教授级中学高级教师、苏州市名教师、苏州市优秀专业技术拔尖人才。教坛执鞭近40载，原任江苏省木渎高级中学副校长，兼任苏州大学硕士生导师、苏州市中语会副会长、苏州市语言学会副会长。先后被评为全国先进工作者、全国模范教师、全国师德先进个人、江苏省劳动模范、江苏省先进教育工作者等，曾获江苏省"五一"劳动奖章。多年来，积极从事教育教学研究工作，已发表教育教学论文近200篇，其中获省级以上奖项10余项。先后出版了《语文教学散论》《教苑漫录》《学海津逮》《古典诗歌的鉴赏和教学》《语文教学论笺》等语文教学专著，还参加了《中学语文教案》《名卷导航》《双向通高考精练》等20余种教学研究和教学参考资料的编写工作。作为特约编委，参与了《中国语文教师优秀论文集成》《名师导学 ABC》《中国当代语文教学研究文库》的编辑工作。

# 做一根有思想的苇草

## ——我的"尚文"语文教育探索

  我从事语文教育工作近40载。回首这漫长而又短暂的语文教育生涯,我感慨万千。语文是我生命中不可或缺的重要元素,语文教学使我领略到了人生道路上让我愉悦、使我感奋的美好风光。多少年来,我静心教书、潜心育人、用心耕耘,依凭自己对语文的一片挚爱之情,收获着成功和快乐。在语文教育的世界中,我感受到了学生生命成长给我带来的幸福,也体味到了学生语文素养提升给我带来的喜悦。

  今天,我在不断实践和反思中一路行走,一路探索,我逐渐意识到,语文教育是一种融合师生双方智慧的精神活动。对一位语文教育工作者而言,首先必须具有的是触摸脉搏的人文关怀、感悟人生的深刻思想、洞晓事理的聪明头脑、飞扬跳荡的炽热情感和润泽生命的教育智慧。而其中润泽生命的教育智慧又主要集中表现在对语文课程意义的叩问、对语文教育规律的探求、对语文教育方法的创新、对教师自身价值的追求诸方面。在语文教育中,这种润泽生命的教育智慧更多地体现在合乎规律的自由创造的生命活动之中。因为思想,创造才富有活力;因为智慧,生命才得以润泽。教育思想,是我们教师不可或缺的重要的施教之法宝。因此,多少年来,我一直期盼自己能成为"一支有思想的芦苇",自觉地就语文教学的诸多问题进行比较深入的思考和探索,并由此而获得了一种幸福的体会和令自己欣慰的探求成果。

## 尚文以达人

  "尚文"是我语文教学的一贯主张。其核心要义或者说基本思想,就是强调语文教学要崇尚文化学习,注重文化的涵育,以使学生丰富文化积淀,提升文化品格,丰富他们的精神文化家园,实现"达人"的教学目标。我一直认为:语文是人类最重要的交际工具,又是人类文化的重要组成部分,语言文字有着非常深厚的文化历史积淀,有着鲜明而又多元的文化心理特征,它是认识世界、阐释世界的意义载体和价值体系,语文应该构建人的文化精神世界。语文教学不仅是"语言"和"技能"的训练,而且承担着人类文化传承和建构的重大使命。因此,语文教学必须超越功利性的局限,从精神和文化的拓展、从人的发展高度加以实施。

  我在个人专著《语文教学论笺》中,就非常集中地体现了这一语文教学的文化观。知名语文特级教师周永沛先生在《李建邡语文教学体系的基本课堂形态》一文中明确指出:"30多年来,建邡先生就是高擎着'尚文语文'的大旗,本着'语文教学文化观'的教学理念,从事语文教学实践,开展语文教学研究,寻觅生趣盎然的理想课堂,逐步地建构起了自己'尚文'的语文教学体系。"周先生在综合分析的基础之上,对本人在"尚文"语文教学体系统摄下的六类语文课堂形态做了详尽的阐发:即道德课堂、审美课堂、自主课堂、民主课堂、体悟课堂和探究课堂。这些课堂教学的形态都在一定程度上体现了我的"尚文"思想。

  在语文教学领域里,我认为"尚文"的语文课堂绝对不能让道德教育缺席,要特别重视道德课堂的建构,因为它是我"尚文"语文体系中的重要课堂形态,是重铸人文精神以"立德"

"立人"的主要路径。正是基于这种认识,我本着教师之善,充分地挖掘文本材料和生活元素中隐藏着的审美道德因素,自觉地担负起对学生进行道德价值引领的重任,加强对学生的审美道德教育,使语文课堂教学臻于道德境界。

在具体的道德课堂的建构过程中,我一般采用以下策略。

首先,我能充分发掘和利用文本所体现的道德价值的教育元素。就苏教版高中《语文》教材必修三为例,该教材第三单元"号角,为你长鸣"所选录的文章,都具有丰富的道德教育元素。文天祥的《指南录后序》抒写了"壮心欲填海,苦胆为忧天"(《赴阙》)的爱国情怀和道德操守,张溥的《五人墓碑记》彰显了五烈士义薄云天的刚烈之气和伸张正义的道德之光,而《品质》《老王》则反映了不同国度中普通的下层民众的道德风范;靴匠格斯拉和三轮车夫老王这两个艺术形象,都有着极为可贵的诚实、坚韧的道德力量。我有意识地引导学生认真分析揣摩,通过具体的语言情景,加深对艺术形象的感受,使学生获得一定的审美意趣,并形成道德价值的正确评价。

其次,我能想方设法设置丰富的道德教育情境:或主题演讲,或问题讨论,或合作探究,或师生对话,或短剧表演,或深情诵读,或图片展示,或音乐渲染。这些形式不同的情境设置、不同教学手段的使用,主要是通过视觉、听觉、触觉等途径让学生感知,这既可以激发学生的学习兴趣,又可以让学生自觉地进入文本所体现的道德境界,从而增强学生对不同道德观和各种文化现象的感受能力和审视能力。比如,在教学《廉颇蔺相如列传》一文时,我要求学生在认真阅读,把握人物形象特征的基础上,将课文情节、内容重新整合,把文中涉及的三个故事编成课本剧。蔺相如顾全大局、不计个人恩怨的可贵品质和廉颇知错能改的实事求是的精神,通过"负荆请罪"的故事情节和同学们惟妙惟肖的表演,得到了充分而又形象的展示。这样的情境设置,既加深了对人物形象的感知,又很好地起到了道德引领的作用。

另外,我又能引导学生强化内省的个性习得功能。我认为:学生的自我反省、个性习得是道德价值认同的一种常见方法。所谓个性习得,乃是从学生个体的思想情感、性格以及生活经历等具体情况出发,以文本所塑造的完满的理想道德人格为依据,对学生自己的道德人格逐渐加以影响和引领。在语文课堂教学中,学生与文本进行对话,思想产生碰撞,就自然会产生个人的独特体验,这种独特体验往往是形成道德价值取向的关键。比如,我执教《渔父》一课时,就巧妙地抓住了文本中关于生和死的人生选择问题,并通过司马迁、屈原和渔父三个人不同的人生选择的比较,让学生在充分思考的基础上,发表自己对三个人物的独特见解。有的学生充分肯定了司马迁忍辱负重、隐忍求生以图大业积极的人生选择;也有的学生高度褒扬了屈原固守大义、不甘蒙受世俗尘埃而宁为玉碎不为瓦全的伟大人格;还有的学生肯定了渔夫吟啸烟霞、高蹈遁世以待时机的智慧之举。这样的思维碰撞,都是学生自己领悟的颇具价值的个性习得,它有助于学生确立积极向上的生活态度和通达乐观的人生态度。

总之,只有采用多元的道德课堂建构策略,才能使学生产生道德价值的认同感,并将之内化为自己的道德价值观念,从而促使他们自我文化品格的提升,实现学生生命主体的健康发展。

## 循路以识真

语文教育具有自身的规律。我们在实施教学的过程中,应该自觉探寻和遵循它的基本规律。这样,语文教学才能彰显其本真的特征,语文教学也才能真正实现从必然王国到自由王国的飞跃。在具体的实践和研究中,我始终把着眼点放在语文教学——阅读和写作的"两翼"上。

在阅读教学方面,我发现学生的阅读能力不够理想,花时颇多而收效甚微。面对这一现状,我决意要在阅读教学的研究上下一番功夫,我首先对中学生阅读现状做了一番个案调查。找不同类型、不同层面的中学生进行交谈,请他们说说自己的阅读方法,讲讲自己在阅读中的最大困惑,了解他们对攻克阅读难题的各种需求。

于是我开始查阅各种资料,尤其是阅读各种阅读学理论的著作,专门研究阅读教学的方法,试图从理论层面上切入,寻找攻克阅读实践中种种难关的"金钥匙"。同时,我开始自觉地投入阅读实践,找各种文学作品进行欣赏,找难易度不同的文章进行阅读,进而归纳总结出一个个容易操作的具体方法。在课堂教学时,或者引领学生一起进行研究和思考,"循路识斯真",步步推进,自得结论;或者将自己的研究过程展示给学生,让学生触类旁通,学会自己去开辟解决阅读问题的通衢大道。

在摸着阅读教学的"石头"过河中,我发现了"少、慢、差、费"的根子在于讲风太盛,学生根本没有自我思考、比较、感悟、鉴别的时间,更没有沿波溯源、见仁见智这一自由联想和想象的空间。为此我在一次江苏省语文骨干教师培训班上明确提出:阅读教学必须发挥学生的主体作用,变讲堂为学堂;必须明确具体的目标教学,变无序为有序;必须实行多元开放的教学,变死水为活水;必须优化课堂教学的方法,变低效为高效。我的这些观点得到了同仁普遍的认同。为了提高阅读教学的效率,我将阅读能力进行不同层级的分解,和同事共同撰写了实践性和操作性较强的系列性资料。在此基础上,又结合个人的教学实践和高考阅读能力的要求,对阅读技巧做了有益的探讨,和同仁合作撰写有关提高阅读能力方面的专著——《学海津逮——中学生阅读技巧便览》。在这部专著中,我们对25种阅读技巧做了具体而又详尽的分析和阐发,比如,品味意境、逆向求异、含英咀华、探求意蕴、捕捉文眼、参证求解等,这对中学语文教师从事阅读教学具有一定的启发作用,对解决语文教学中长期存在的阅读教学效率低下、中学生阅读能力较差等问题无疑产生了一定的影响。同时,我把自己多年来对阅读教学研究的一些成果形诸笔墨,写就了《语文教学中"体悟"阅读的原则和方法》《文学作品意境的透析》《中学生创造性阅读漫谈》等有关阅读教学的专题论文。这对探求阅读教学之路径、领悟阅读教学真谛无疑是有积极的效应的。

在作文教学方面,我也做过比较深入的探究。我深切地体会到:学生要提升写作能力,关键是他们要有写作的自我意识,即在学生自身支配之下发挥自我的能动作用。因此,我想方设法让学生在整个写作思维过程之中,充分发挥自己的主观能动性,并由此产生写作的心理动机、内在情感的表达需求、写作情感迸发的愿望。而在这过程中,学生对生活的观察和体验是至关重要的。因此,我在作文教学中,有意识地引导学生做生活的有心人,使他们从更深层次、更新的角度去观察生活、认识生活,并将获得的有价值的写作材料进行去粗取精、去伪存真的艺术处理:写观察日记,写生活片段,写内心体验。个性鲜明的人物、丰富多彩的生活情景、五彩纷呈的自然景观、层出不穷的社会万象,都可以成为学生观察、体验的客观对象。在这种自我意识的驱使下,学生的观察就更加细致,体验便更为深入,他们的写作能力的提升也就非常显著。

同时,学生写作情感的培养也是十分重要的。因为它是学生整个写作思维活动的中心环节和动力系统。写作情感,就是由写作动机、写作需求形成的写作激情,它作用于学生的整个写作活动。如果说,确立观察和体验的自我意识是学生写作的基础性环节,那么,激发写作情感是学生开启写作思维的关键性环节。因此,我着力强化学生的写作情感的培养,激发他们写作的浓厚兴趣,使他们产生强烈的写作欲望和冲动。在作文教学过程中,我经常改变常规作文教学的形式和程序,采用体现"自我意识"的开放型作文训练形式:或改变命题形式,给学生写作以更大的空间和更多发挥的自由;或采用各种活动方式,诱导学生进行多元思维,激发学生强烈的表达欲望;或设计特定的教学情境,引领学生变"无意注意"为"有意注意",引发学生写作的冲动。这些举措,能有效地引发学生产生"笼大地于形内,挫万物于笔端"的写作冲动,大大提升了写作教学的效率,学生的作文水平都得到了很大的提升。在这过程中,我也初步摸索出了一条符合写作教学规律的作文教学的有效路径。

## 推陈以出新

我国的语文教学源远流长,有着丰富的语文教学文化遗传。我一直这样认为:我们的今天是昨天的延续,因此我们当下进行语文教学离不开语文教学优秀传统的继承,我们应该在教学实际中,不断地弘扬优秀的语文教学传统,使之在我们新一代语文人身上继续传承。同时,我还意识到,时代在不断地发展,社会在不断地进步,我们面对的教育环境、教育目标和教育对象都在不断地发生变化,这就要求我们的语文教学必须与时俱进,随时而化,要在吸纳语文教育的优秀文化传统精粹的基础之上,推陈出新,以走出一条适合现代社会需要的语文教育之路。

即以古典诗歌的教学为例。古典诗歌的教学是语文教学的重要内容,千百年来,前人在古典诗歌的阅读和鉴赏方面积累了丰富的经验:如熟读成诵、咬文嚼字、沿波讨源及刘勰的"玩味"说、"披文以入情"说,曾国藩的"涵咏"说等。这些经验对于古典诗歌的学习是行之有效的。对中学生来说,学习古典诗歌是很重要的功课,然而,由于学生的生活经验、认知经验和生活方式存在着差异,他们在阅读同一首诗时感受会有所不同,从中所窥见的艺术世界也不尽相同。因此,我们指导学生学习古典诗歌,形成基本的鉴赏能力,有较大的难度。这就形成了一个两难的问题。如何破解这个难题,已成为我多年以来进行探究和实践的一个重要课题。我在具体的教学过程中,一方面注意根据当代中学生这一特殊的阅读主体学习发展需求的特点,从认识论及其方法论着眼,结合前人有益的学习经验,从创设有效的鉴赏和教学的样式入手,梳理古典诗歌学习的基本要素,构建古典诗歌鉴赏和教学之间的通道。这种努力凝聚着对传统文化的经验守成和现代教学的创新,体现了本人对古典诗歌学习鉴赏和实践路径的一种有益的探求。

前几年,我根据自己的教学实践,撰写并出版了《古代诗歌的鉴赏和教学》一书。在这本书中,本人将传统的诗歌教学方法和现代阅读教学理念有机结合起来,不断引领学生在古典诗歌的艺术天地里披花拂柳,进入令人愉悦的古典诗歌鉴赏和教学的审美境界。我认识到,有效的学习活动通常包含着许多复杂的样式,这些样式是由多种要素构成的复合体。它既是一种求知的方法,又是一种思考和选择的方法。比较案例,其样式应更具有结构性和常态性;比较模式,其样式应更具有灵活性和生成性。在古典诗歌鉴赏和教学活动中,适宜的样式是不可或缺的。我根据对学生的兴趣、态度、学习动机及情感、智力需求的了解,综合了相关的教学理论、内容、方法,创设了多种鉴赏活动和教学活动的样式。我统整古典诗歌的内容和形式的要素,进行了比较合理的分类:写景抒情、山水田园、托物寓意、写人叙事、咏史怀古、送别怀思、边塞征战、浪漫游仙等。其特点是既符合诗情,也符合学情,大致有序,基本可依,眉清目秀,不枝不蔓。就具体的鉴赏样式而言,能从具象形式(语言、意象、表现手法等)入手,综合使用驱遣想象、沿波讨源、细研技巧等鉴赏方法,使学生逐步进入了鉴赏文本的艺术境界。就古典诗歌的教学样式而言,它具有一定的常态性和可操作性。本人根据教学中常见的教学形态,经过精心选择后梳理为诵读体味式、系统讲授式、合作探究式、比较阅读式和活动体验式等教学样式。每一样式重点突出,集中用力,展现了教学的具体过程、主要环节。有专家指出:"前二者是以传统教学经验的传承为主,后者则是在新课程背景下对古典诗歌教学的拓展和探求,体现了守成和创新这两种视界的融合。"应该说,推陈出新,融合古今语文教学的理念和方法,这对培养和提升中学生古典诗歌的阅读和鉴赏能力是有积极意义的,同时对学生语文素养的整体提升也具有不可小觑的作用。

## 执本以求原

陈钟梁先生认为:"文本的阅读,永远是语文教学的本质和主流。"此话诚然。古往今来,文本是进行语文教学不可替代的重要载体。而在文本的解读方面,古人给我们留下了非常宝贵的经验。其中一个重要的方面,就是执本以求原,披文以入情。

当代著名散文家刘亮程的代表作《寒风吹彻》,是一篇表达人生体验的具有浓厚哲学意味的散文佳作。其中有这样的议论:"每个人都在自己的生命中,孤独地过冬。我们帮不了谁。我的一小炉火,对这个贫寒一生的人来说,显然杯水车薪。他的寒冷太巨大。"从表面意思来看,作者的表述似乎过于绝对,有以偏概全之嫌。但是我在教学中注意引导学生联系具体的语境加以揣摩,让学生体味到作者固有的生活体验和独特的内心感悟。父亲不通人情地对"我"严词责备,母亲由于困窘的生活以致对年老多病的姑妈采取"漠视"的态度,都表明这样的客观事实:在当时极度恶劣的社会环境中,每一个极为渺小的生命个体必然是孤独无助的,因此"我们帮不了谁"的现状也必然是很难改变的。也就是说,我们每一个人的一生都要经受寒风吹彻,无法逃避。我有意识地引导学生据此做深入的思考,学生便能更深层地理解作者的深刻内蕴:在现实社会中没有任何的"救世主",人们要走出生活的窘境,唯有依凭自己坚韧不拔的意志,主动地去寻找自救的方法和路途,进而改变悲苦的人生命运。这样执本求原,披文入情,学生才能真切地感悟到作者对生活和人生的哲学思考。

从语文教师的角度来看,执本以求原,还有一层特殊的含义:所谓"本",就是语文学本身。综观语文学科体系,凌驾于教师、学生和课本之上的,还有语文学这个本体。但是透视当下的语文教学界的现状,语文教师忽视语文本体的现象非常严重,这就必然给语文教学带来不利的影响。因此,我认为,作为一名语文教师,对语文专业知识的研究是必不可少的,我曾就文章写作、语言运用、诗文鉴赏、古代汉语等做过一些专门的研究,在各类报纸杂志上发表了近百篇有关语文专业知识的文章。我早期发表的有关语言学方面的小文,如《说"孚"》《〈国殇〉质疑录一》等,在语意的推求和词义的考订方面提出了新的见解,而这些见解又是依托足够的材料分析比较以后做出的,非单文孤证、师心自用的。同时,我根据自己的兴趣,曾就古代汉语做过系统的研究,特别就"六书"做了论说,中学语文教材中只讲"象形、会意、指事、形声"四种造字方法,而把"转注"置而不说,"假借"与"通假"混为一谈,"六书"成了"四书",我便引用现代人的研究成果,做出了推求,找出了规律性的东西,指出转借"是汉字孳乳而产生的,这种造字法大大地增加了汉字字符的数量,而假借这种造字法,节制了汉字无限制地发展",还了这两种造字法的名分。我的这些看法,得到了语文界专家学者的高度评价。专家指出:"对这种语文知识的研究,是一种'执本求原'的努力,它似乎与中学语文教学没有直接的关联。其实,执本求原占据了语文教学研究的制高点,取得了高屋建瓴之势。"

  在语文教育的路途中,我仅仅是一位且行且思的跋涉者。近几年来,我并没有满足于业已取得的微小的成绩,在实践和理论方面进一步探索语文教育的智慧,出版了几部语文教学方面的专著,撰写了一些研究论文,这些都体现了本人在语文教育中对教育智慧的探索。如今,我一路探索,也一路感受,一路耕耘,也一路收获。我以为,只有自己真正用心地沿着既定的语文教育探索之路走下去,使自己真正成为"一支有思想的芦苇",你才有可能不断地积聚教育智慧,你才有可能欣赏到语文教育道路上令人愉悦的璀璨风景。

# 《江南的冬景》教学设计

## 一、新课导入

由白居易的《忆江南》导入。

江南好,风景旧曾谙,日出江花红胜火,春来江水绿如蓝,能不忆江南?

## 二、文本研习

(一)学生谈对文本的总体感受

(二)文本共写了几幅画面(讨论)

(三)尝试给每幅画面命名

学生可直接采用相关段落中的词语进行命名,也可以对段落的相关信息进行整合加以命名。命名过程中尽量放手去筛选相关信息,教师只在必要时做适当的点拨。经过师生讨论,明确如下:

曝背谈天图　江南植物图　寒村微雨图　江南雪景图　旱冬闲步图

(四)选点突破,局部赏析

针对上述 5 幅画面,引导学生讨论哪一幅最精彩,并简要说明理由。尽管欣赏的理由各不相同,学生喜欢的画面可能比较集中。具体有 3 幅,分别是江南植物图、寒村微雨图、江南雪景图。教师引导学生对这 3 幅画面进行详细地赏析,赏析时要求学生针对每幅画面,回答教师提出的具有思维梯度的一组问题:

(1)写了哪些景物?　　　　　(2)景物有何特点?

(3)作者感受如何?　　　　　(4)运用何种手法?

(五)学生可就以上问题进行自主体悟,最后老师归纳总结,并进行比较

教师讲析、总结:

1."江南植物图"的鉴赏

通过讲析逐步呈现图表内容。

| 图景 | 景物 | 景物特点 | 作者感受 | 表现技法 |
|---|---|---|---|---|
| 山野植物图 | 白色的芦花<br>红色的乌桕叶<br>雪白的乌桕籽<br>赭色的野草 | 色彩亮丽<br>和煦温暖 | 生机含蓄<br>莫名其妙 | 映衬对比 |

2."寒村微雨图"的鉴赏

(1)通过讲析逐步呈现图表内容。

| 图景 | 景物 | 景物特点 | 作者感受 | 表现技法 |
|---|---|---|---|---|
| 寒村微雨图 | 小桥流水人家<br>孤村细雨烟树<br>乌篷茅屋酒客 | 朴素、淡雅<br>朦胧、悠远 | 情调悠闲<br>胸襟洒脱<br>得失俱亡<br>宠辱不惊 | 素描点染 |

（2）对其中有关牵涉的典故的作用进行讨论。

3．"江南雪景图"的鉴赏

（1）边讲解边呈现图表内容。

| 图景 | 景物 | 景物特点 | 作者感受 | 表现技法 |
|---|---|---|---|---|
| 江南雪景图 | 围炉对酒<br>月映梅花<br>美酒飘香<br>柴门犬吠<br>行人投宿<br>雪中红梅 | 淡雅、幽静 | 美丽、有趣 | 引用写意 |

（2）比较阅读，用郁达夫《北平的四季》中有关写雪的文字与本语段进行比照（主要从表现手法和表达效果方面加以比较）。

（3）学生根据诗句，引发想象，进行艺术的再创造，然后由学生用自己的语言具体描述江南雪景。

（六）联系本单元编排体现的人文内涵，体味人与自然的密切关系。（学生讨论）

> 1．曝背谈天
> 2．冬郊散步
> 3．茅屋酒客
> 4．围炉共饮
> 5．风雪夜归

> 人与自然的和谐相处，他们是风景的构成要素，江南的冬景因此具有更深广的人文内涵。

（七）写作特点的分析总结

1．讨论江南的冬景有什么特征

明确：明朗、湿润、悠闲、美丽

2．本文写了一些对比，作者主要进行哪些对比，这些对比手法的作用是什么

| 序号 | 内容 | 作用 |
|---|---|---|
| 对比1 | 北方的冬天<br>江南的冬天 | 突出江南的冬天晴暖、湿润，可爱得很 |

续表

| 序 号 | 内 容 | 作 用 |
|---|---|---|
| 对比 2 | 江南的冬天<br>北方的夏夜 | 表明江南冬景明朗情调 |
| 对比 3 | 闽粤的冬景<br>江南的冬景 | 更明确区域界定 |
| 对比 4 | 江南的寒郊散步<br>德国的寒郊散步 | 突出晴和的江南冬日给人的特异恩惠 |

3. 文本体现了郁达夫的散文风格,请学生归纳总结

全文语调舒缓,恰似江南冬天的悠闲;语言清晰、纯朴,和江南冬景的清朗相得益彰。声调平和,叙述节奏徐缓,有利于作者从多角度反复描写对象,实现景物描写的绘画美。画家刘海粟对此深有感触:"青年画家不精读郁达夫的游记,画不了浙皖的山水;不看钱塘、富阳、新安,也读不通达夫的妙文。"这是对郁达夫写景的高度评价。

### 三、作业布置

课外写一篇题为"故乡的秋"的散文。

要求:(1) 抓住故乡之秋的特征、摄取具有典型意义的画面加以描写。

(2) 采用对比、点染等表现技巧,加强艺术表现力。

(3) 字数不少于 700 字。

**课堂教学点评:**

### 一、从教师"教"的层面看

#### (一)教师注重调动学生的学习积极性

学生是教学过程中的主体,学生对学习的积极性态度是学生主体性的基础。李老师在课堂上注重调动学生的学习积极性,善于引导学生,鼓励和激励他们主动进行学习,努力培养学生积极的学习态度。如引导学生直接采用相关段落中词语尝试给每幅画面命名或对段落的相关信息进行整合加以命名,就是典型一例。课堂上,教师还通过对"江南植物图""寒村微雨图""江南雪景图"景物及其特点的呈现,将《北平的四季》和《江南的冬景》在表现手法和表达效果方面进行比较,让学生用自己的语言具体描述江南雪景的艺术创造活动,增加了教学的趣味性,引发了学生的兴趣。而且,在本课的整个教学过程中,在教学的各个环节上,教师一直注意引导和调动学生,尽力使学生保持积极的学习状态,就连课尾还请学生归纳郁达夫散文的特征和风格。

#### (二)教师注重引导学生直接参与教学活动

学生在课堂教学中的参与程度如何,在一定意义上决定了一堂课的成功与否。教师的教,是为了学生的学,是为了不教。本课中,李老师很注重学生对教学过程和教学活动的积极参与。他采用多种方式,让全体学生直接参与教学活动,通过师生互动和生生互动,共同

完成教学任务。如学生谈对文本的总体感受,学生对画面的命名,针对画面让学生谈"写了哪些景物?""景物有何特点?""作者感受如何?""运用何种手法?",牵涉典故作用的讨论,江南雪景的艺术再造,人和自然关系的体味,江南冬景特征和郁达夫散文风格的归纳等。

### (三) 教师注重采取灵活多样的教学方式和方法

多种方法和方式适用的意义在于组织教学,引导、调动学生参与教学。方法的选择和运用,目的是为了激发学生思维,促进学生思考。本课采用诵读法和讨论法,应该说是符合学生认知水平的。李老师还在教学中创造性地将自己教的方法与学生学的方法有机结合起来,在教学中有意识地注重对学生学习方法的指导。如引导学生直接采用相关段落中的词语和对段落相关信息的整合来命名画面;又如讲析"江南植物图"后,让学生依照同样的程式呈现"寒村微雨图"和"江南雪景图"中景物、景物特点、作者感受和表现技法;教师通过对单元编排的人文内涵和文本中"曝背谈天、冬郊散步、茅屋酒客、围炉共饮、风雪夜归"等情境的体验、体味,让学生认识到"人与自然的和谐相处……江南的冬景因此具有更深广的人文内涵"的道理。

### (四) 教师注重对问题的研究

课堂教学的真正意义,不仅是使学生掌握学科的基础知识,还要使学生在学科学习中发现问题、探索问题、研究问题和解决问题,从而使其形成对相关问题的正确认识,并掌握认识问题的科学方法。李老师在该课教学中开展研究性学习,突出教学过程中的问题性、参与性、体验性和实践性,给学生机会,引导学生独立、自主学习和探究,促使学生在学习中不断发现问题。印象最为深刻的有两处。其一是引导学生自主体悟和详细赏析 3 幅画面后回答教师提出的具有思维梯度的一组问题:即 3 幅画面写了哪些景物? 景物有何特点? 作者感受如何? 运用何种手法? 其二是引导学生从语调、语言、声调、节奏等方面探究郁达夫的散文风格,并以此结尾,使教学达到情景交融、天人合一的境界。

### (五) 教师注意面向全体

"教师应尊重学生人格,关注个体差异,满足不同学生的学习需要……使每个学生都得到充分发展。"李老师在课堂教学中重视学生在认知水平上的差异,着眼于帮助和指导全体学生按照适合自身特点的方式获得最优发展。如李老师让学生自主选择 5 幅画面中的至爱,并要求简要说明理由。这时,不同学生由于认知水平、生活经历、个人爱好不同,各自选择至爱的画面,并能滔滔不绝地说明理由;又如李老师在引导学生鉴赏了"江南植物图""寒村微雨图""江南雪景图"后,要求学生根据诗句,发挥想象,进行艺术再创造,自行描述江南雪景。这时,全体学生积极参与,写成自己的创造性文本,并且在原有基础上有所发展。

### (六) 教师能够全面把握教学任务

教学任务在新课标中表现为知识与能力、过程与方法、情感态度与价值观的三维目标,三维目标应是整体的。李老师的本课教学任务是这样设计的:①欣赏自然之美,提高审美品位。学习捕捉自己对万物独特的审美感悟,并用美的形式把它们表达出来。②体会郁达夫的散文风格。③体味散文构思特点,学会从语言技巧和文章意蕴等方面赏析散文。这说明李老师在课堂中既注重过程与方法、情感态度与价值观,也重视对基础知识的传授,包含向学生介绍了大量必要的背景知识,从而保证了课堂互动和学生探究的深入。

### (七) 教师把握了教学内容的重点

一堂课的时间有限,需要选定重点内容,组织重点活动。李老师在课堂中重点引导学生对江南植物图、寒村微雨图和江南雪景图进行具体的鉴赏,培养了学生感受美、鉴赏美和表现美的能力。我以为,李教师此后要求学生对《北平的四季》和《江南的冬景》两篇文章在表现手法和表达效果上的比较、学生自主描述江南雪景、江南冬景的特征归纳和郁达夫散文风格的归纳时,学生都能做到言辞达意,且富有感情,这无不是重点突破后自然带动的结果。

## 二、从学生"学"的层面看

### (一) 从学生的情绪看

本课堂中,学生的情绪是饱满的,学生保持了良好的注意力,学生兴趣一直很浓厚,热情也很高,师生之间形成了情感双向和谐交流的良好氛围,达到了教学共振的效果。我认为,本课中,学生情绪高涨处有:命名画面名称时、申诉最精彩画面理由时、回答梯度问题时、讨论牵涉典故作用时、学生自描江南雪景时、讨论人和自然关系时、归纳郁达夫散文风格时等。

### (二) 从学生的活动看

(1) 本课堂中,学生活动的广度理想。课堂中,学生的每一种感官都积极、主动地参与到教学活动中,不仅是他们的听、说、读、写俱全,而且他们的观察能力、情感体验等方面也得到锻炼和发展,还有学生的参与度达到100%。

(2) 本课堂中,学生参与方式多样:有谈文本总体感受时的小组参与,有鉴赏理由申诉时的小组讨论,有自描江南雪景时的独立思考,有"故乡的秋"一文的独立创作,有人和自然关系的集体讨论,有郁达夫散文风格的全班归纳等。

(3) 本课堂中,学生的参与品质很好。广大学生能善于倾听,理解他人发言,并能及时抓住重点,能很好地与同伴沟通。特别值得一提的是学生的问题意识强,能质疑发问,发表不同的意见。如5幅画面中不同的至爱和理由的申诉,江南冬景不同特征的争鸣和相互完善,郁达夫散文风格的争鸣等。

(4) 课堂中,学生参与效果好。表现为:100%的学生具有较强的学习主动性;100%的学生能根据诗句,引发想象,自描江南雪景的状况;100%的学生能抓住景物特征,摄取有典型意义的画面,采用对比点染技巧,描写景物。

总之,我认为李老师的这堂课是扎实的、充实的、本实的、平实的、真实的一堂好课,充分表现出一位教育大家和语言大师的应有风范。

点评:浙江省温州市名师,温州市瓯海第一高级中学校长　项洪文

# 胡长树

胡长树　1982年7月毕业于安徽省淮北煤炭师范学院中文系,获学士学位。1982年8月,先后任教于吉林市辽源矿务局二中、江苏省徐州一中、江苏省苏州木渎高级中学。1998年荣获徐州市语文学科优秀教师、徐州市青年名教师称号,2001年在北京师范大学参加国家级骨干教师培训,2002年荣获徐州市名教师、江苏省特级教师称号。1996年起长期担任语文教研组长,在徐州一中主持实施了省级科研课题"中学生语文素质教育实验研究",并通过省级鉴定。在木渎高级中学主持实施了苏州市重点课题"新课程条件下高中语文课堂教学师生互动策略研究"并通过鉴定,获得好评,被认为对贯彻落实新课标精神、优化和创新语文课堂具有重要的现实意义,值得推广。

从事中学语文教学30多年,其语文教学以"丰富的知识性、浓厚的文学性、多彩的情感性、生动的趣味性和灵活的创新性"见长。坚持素质教育和创新教育,致力于打造互动式课堂、创新型课堂。坚持有语文味的教学、有生活的写作教学,倡导学生读书,突出文学熏陶。重视教学研究,先后撰写并发表论文数十篇,先后两次获得过江苏省论文一等奖,培养过苏州市高考文科第一名和获得国家级作文竞赛一等奖的优秀学生。

# 是课—不是课—仍是课
## ——我的"三境"语文教学

从教30年,欲说"思想"好困惑。实践自不必说,成败得失,还有个劳苦功高之词;说到教育思想,我却是诚惶诚恐,甚至尴尬窘迫。我有教育思想吗?如果说有,那承载我教育思想的又是什么呢?孔子思想耀古今,《礼记·学记》足千秋;苏联著名教育家苏霍姆林斯基思想享誉世界,《给教师的一百条建议》是真正的教育宝典;叶圣陶成为一代宗师,"教是为了不教"成为教师们遵从的经典。就是和同道相比,我也汗颜。我还没有一本书可以证明我是有思想的,所以我只能说我是有想法的。追求无止境,教学有境界。教学30年,我也算是在摸索并攀登语文教学的境界,至于我达到了怎样的一种境界,山有高低,水有深浅,我就不揣浅薄,从山水说教学,从课堂和学生话境界。

唐代禅宗大师青原行思提出参禅的三重境界:参禅之初,看山是山,看水是水;禅有悟时,看山不是山,看水不是水;禅中彻悟,看山仍然是山,看水仍然是水。

我的语文教学生涯也可以套用这三重境界。

### 一、教学之初,看课是课,看生是生(1982—1995)

初为人师,我还怀着对语文教学的好奇与新鲜,对语文课堂和学生都用一种简单的眼光来看待,在我的眼里课堂就是课堂,学生就是学生。课堂上老师要遵从教材,跟着教参走,学生跟着老师走。老师就是老师,在课堂上我说什么就是什么。凭借那么一丁点才华自以为教得很高明,似乎还原了课堂和教材的真实。实际上真山真水真非我,是山是水是虚我。也就是说这个阶段我的教学还远不是真正的我,那只是遵从教材的我、教参的我。

不过在这一阶段,一个追求的目标和名师的梦想开始产生。

我找到了一个十分崇拜并终身学习的榜样——上海特级教师于漪。

早在大学毕业前夕,我的教学实习指导老师赠我一本评述语文特级教师于漪教学经验的书《中学语文教学探索》,从此于漪便成为我终身仰慕与学习的榜样。

于漪最值得我学习的几个方面如下:

1. "学高为师,身正为范",正直做人,执着追求。于漪说:作为教师,对教育的爱不能停留在一般的爱,这种爱要达到入迷的程度。

2. 全面育人,爱生如子。她说:"师爱超越亲子之爱、友人之爱。"

3. 富有激情、重视熏陶的教学风格。

于漪在教学中,凭借自己富有激情的个性特点,以声情并茂的教学语言、循循善诱的巧妙手法,把学生的思维引入特定的课堂氛围和课文所描绘的情境之中,进而使学生的思想得以升华,情感得以陶冶,即"熏陶感染塑心灵"。

我一开始只注重学习于漪的富有激情、语言优美的教学风格,但那样只能学到皮毛。教育是爱的事业。一个教师如果没能拨动爱的琴弦,学生是难以引起共鸣的。为什么在课堂上于漪总能充满教学激情?什么是教学激情?它应该是指教师在教一堂课时以坚定的自信心、充足的知识储备、周密的课堂设计、全神贯注的工作热情为前提,对所授课程内容有深刻的理解,并由此率先产生强烈的情感体验,然后通过语言、表情乃至动作引发学生的想象力,把他们引入作品所规定的情境的一种教学状态。教学激情不是一种激动而短促的情绪状态,也不是浮泛的做作的虚情假意;相反,教学激情有赖于教师整体人格结构、知识结构、教育智慧、审美理想的全部参与。于漪老师说得好:"让学生对课堂产生持久的魅力,首先在于教师对生活有执着的追求,在课堂中倾注自己的爱。"

这一时期上过许多公开课,反响很好,名声渐起,自我感觉也很不错,但离名师的标准还差得很远。由于处在"看山是山,看水是水"的初级阶段,所以没能形成自己所谓的教育思想。

## 二、教有悟时,看课不是课,看生不是生(1996—2009)

我的语文教学的第二阶段:力求摆脱语文教学故步自封、逐步僵化的困境,我开始用心去体会语文教学的新思路和对语文课堂及学生新的理解,这时的课不再是单纯意义上的课,学生也不是单纯意义上的学生了。课堂上我已经不再满足于知识的灌输和传授,而是注重了素质教育和创新能力的培养。这时候"看课不是课",而是素质教育的阵地;"看生不是生",那是有创新能力的生命。

这一阶段也开始逐渐形成我的注重素质教育和创新教育的思想,我不遗余力地践行。

### (一)重视素质之书香熏染

1996年我担任教研组长,开始了我的第一次省级科研课题的研究"中学生语文素质教育实验研究",主要研究文学阅读对学生语文素质的提升作用。开始倡导并推行"开发课前,强化课内,拓展课外"的语文素质特色教育系列活动。所谓"开发课前",即开展课前3分钟演讲,立足培养学生口头语言表达和演讲能力,也同时培养学生关注生活、关注社会、关注世界以及组织简练的语言表达和突出中心话题等能力。"拓展课外"活动,即开展课后读写笔记活动,2004年后,我又把"开发课前、拓展课外"活动带到了木渎高级中学,我们开展过读写笔记展评活动,让学生在读书和写作中不断接受书香的熏染和实现语文素养的提升。

### (二)重视素质之作文写生

作文的根在哪里?语文老师都知道,根在生活,但能够大胆践行的就不多了。学生能够深入生活的机会不多,敢于抓住机会,便能开掘出作文的写作源泉。1999年深秋时节,我带两个班110多名学生骑自行车去离市区几十里之外的大山中去观察写生。那时校园意外伤害事故已经影响很大,谁还敢带学生外出,我还敢,这便是源于一种对素质教育的执着和对培养学生写作能力的责任。2007年之后,我又带领过两届学生在校园里观察奇石,想象作文。"花若解语还多事,石不能言最可人。"学生从真实生活中来的文字和由此产生的想象力是惊人的。

### (三)创新教育之课堂模式

2000年,我在徐州一中倡导和推行新的语文课堂教学模式:"导读—探究—创新。"根据主体性教育理论、现代创造教育理论和新课程标准,"为创造性而教"是教育改革和教育现代化的目标。创造教育是素质教育的核心。创造教育能激发受教育者的创新精神,培养受教育者的创造力,发掘受教育者的潜在能力,弘扬受教育者的主体精神,促进受教育者的个性健康而又全面的发展。模式就是要通过导读探究达到创新的目的。

学生是语文学习的主人,教师是学习活动的组织者和引领者。语文教学应激发学生的学习兴趣、主动意识和进取精神,倡导自主、合作、探究的学习方式,努力培养学生的创新精神。"导读—探究—创新"模式体现的正是这种现代的语文教育理论。

(1) 关于"导读":创设情境,激发兴趣,引导学生喜爱读,主动读,认真读;指导学生变换读法,发展语感,激活思维,加深体验;指导学生重点深入读,发现疑难读,有感情地读,提高效率读。

(2) 关于"探究":理解感悟,探讨研究。体会构思妙处,揣摩语句含义。感受文学形象,品味语言艺术。获得思想启迪,享受审美乐趣。

(3) 关于"创新":在自主学习中能善于发现,敢于质疑。在鉴赏评价中能进行反思批判,表达独立的见解。在语言运用中能尝试新法,大胆创意,多角度发散,多样化实践。

三者关系:"导读"侧重阅读过程的展开,"探究"侧重阅读过程的深入,"创新"是在导读和探究的基础上实现创新精神和创新能力的培养。

通过这一模式的推广,培养了一大批理念新、素质高、敢创新的年轻教师,我自己更是受益匪浅。

### (四) 素质创新教育之新课程精神

2007年,在我的推动下,我们语文组开始实施苏州市市级重点课题"新课程条件下的中学语文课堂教学师生互动策略研究"。

**1. "互动"可以营造课堂民主、和谐的氛围**

"互动"促使师生的角色都发生了变化。教师不再只是知识的传授者和管理者,教师平等地参与学生的学习与研究,成为发掘资源的向导、寻求真知的组织者、学生学习的指导者;学生也不再是无奈的听众、教师的配角,而是地位相同、人格相等的对话者、学习的伙伴。师生形成了真正的学习共同体,在民主、和谐的教学情境中,敞开心扉,平等交往,达到互动互学的目的。

"蹲下来,才能听见花开的声音。"

**2. "互动"可以使学生成为课堂的主人**

课堂是培养学生语文素养的主阵地。新课程要求教师实现由重"教"向重"学"的转变、由重"结果"向重"过程"的转变、由重"传授"向重"指导"的转变、由重"模式化"向重"个性化"的转变。如此一来,学生拥有了学习的主动权,成为课堂的主人。他们在教师营造的有巨大吸引力的情感场中,主动动脑、动口、动手,探究知识的奥秘,思考人生的真谛,感悟事物的本质,认识生活的道路。

**3. "互动"可以促进师生的情感交流**

良好的师生互动关系具有爱生尊师、心理相容、教学相长等特点。教师对课文的情感影响着学生,学生对课文的感受感染着教师。师生心意相通,互相促进,投入了热情,投入了个性,投入了情感,投入了整个生命。教师、学生、作者的思想感情在互动中彼此交融。

**4. "互动"可以让课堂生动起来**

没有了课堂里的正襟危坐,没有了一问一答式"绳索"的牵引,学生活动在自由的时空里,释放着自主学习的激情,享受着自我表现的喜悦,创造着五彩缤纷的生活。在对话、讨论、操作、质疑、表演、诵读、辩答等师生共同的活动中，人人各抒己见，既可认同，也可争辩，共同体验着学语文、用语文的快乐，感受着生命成长的意义，享受着自我实现的满足，分享着彼此的知识、思考、见解、情趣。

（五）素质创新教育之实践活动

丰富多彩的校园文化是学生培养写作才华的沃土，多年来我任教过的学校都在我的倡导和推动下坚持举办诗歌周、戏剧节活动。每次活动学生都参与踊跃，学生自编、自创、自导、自演。我的舞台我做主，我的舞台我精彩。学生的艺术才华和创新能力得到前所未有的释放和展示。尤其是从2007年开始的"首届木中读书节"活动，取得了空前的成功。这次活动的主题是"阅读，使苏州更美丽；书香，使校园更和谐"。活动期间我们举办了黑板报评比、读书小报评比、读书记录卡评比、读书与作文比赛、诗歌朗诵比赛、读书报告会等活动，极大地解放了语文课堂，拓宽了学生的学习空间，提高了学生的语文实践能力和写作能力。

（六）素质创新教育之思想结晶

这一阶段是我教学成长和教育思想逐渐形成的黄金时段，我不仅倡导、组织、推动了大量的素质创新教育活动，而且教学研究也收获甚丰。体现我的素质创新教育思想的论文先后发表和获奖。如《作文教学与素质教育》《新时期呼唤创造型教师》《做学生自主学习的促进者》等。

## 三、教中彻悟，看课仍是课，看生仍是生（2010—2016）

这是我的语文教学的第三重境界，一种洞察语文教学真谛后的返璞归真。人生的经历积累到一定程度，不断的反省，对世事、对人生、对语文教学的理解、对自己的事业追求都有了一个清晰的认识。如苏轼所言"少小时须令气象峥嵘，彩色绚烂，渐老渐熟，乃造平淡"，知道自己追求的是什么，要放弃的是什么，这时，看山还是山，看水还是水，只是这山、这水，看在眼里，已有另一种内涵了。

随着真切的感性经验的增加，人的认识更加辩证——不但理解了本质，也更深刻地理解了表象。心灵感悟的存在与客观的存在得到完美的统一——山水依旧，课堂和学生依旧，而作为教师的我渐入天地境界的通透与豁达，语文教学也进入到一个远离功利、追求本真、平淡致远的境界。

语文教学的本真是什么？积30年实践和认知，我以为那就是语文味。虽然课堂还是那个课堂，学生还是那个学生，但有了真正的语文味，就有了语文的真正生命和生态和谐。

什么是"语文味"呢？

语文味包括文化品位和语言品味。语言品味是语文的根本，文化品位是语文的大树。根深才能叶茂。

什么是语文的文化品位？

所谓"文化品位"，是指人类创造的物质财富和精神财富的总和，也特指精神财富的档次、质量。语文课的文化品位，即体现为入情入境地品读文本，悟情悟理，达到工具性和人文性的统一。

文以载道是语文的基本特点，所以引导学生把书读懂、读深、读透尤为重要。引导学生品味语言文字背后蕴含的人文的东西，帮学生打好人生的底子，建立起自己的精神家园。所以引导学生在领悟语言文字的同时,深挖文本中的思想内容,使语文教育的人文性和工具性达到和谐统一的"读透"很重要。

(一)提升语文教学的文化品位

一堂有文化品位的语文课,能引导学生走进一个丰富而美好的精神世界。

需要提升教师的文化品位,需要挖掘文本的文化品位,需要提升课堂的文化品位,需要提升作文的文化品位。

1. 语文教学的审美追求

2002年参加北京师范大学国家级骨干教师培训,我写的论文就是《语文阅读教学审美教育层次论》。语文审美教育,就是通过进入语文教育领域的千姿百态的美好事物,特别是通过语文美、语文教学美等独有形态的形象吸引和情绪感染,培养健康高尚的审美观,树立正确的审美标准,提高学生的审美能力,最终培养出全面和谐发展的完美的人格。

语文阅读教学是语文教育的主流形式,语文审美教育的任务也主要由阅读教学来完成。语文阅读还有个深浅的问题。高层次的阅读,绝非是仅仅探寻和领悟文章的主题思想、表层性地解释文章的结构,或是解析文章的技巧,而是要切入文章的深层感情领域和内层境界里,与作者的灵魂在生生不息的生命律动中对话,在能动性参与的"忘我"与"同化"之境中达到心灵的默契。也就是说,阅读主体真正深入的参与行为,并非只是对文章形式的表层把握,而是抵达文章的深层世界的心灵投注,在生命体验的深渊中,品尝生命意义的甘泉。语文阅读教学的审美教育就是要引导阅读主体一步步走进阅读客体的深层次,并不断培养和提升阅读主体的审美层次。

2. 文化品位之作文写作

让苏州文化点亮苏州学子写作的天空。

文化是人文精神的载体和基石,人文精神是文化的灵魂。

苏州是积淀丰厚的"文化高原"(陆文夫语),苏州学子理应浸润于地方文化资源的芳泽之中,受益于文化传统的熏陶。应该把苏州传统文化和人文资源优势转化为教育的优势、学生的人文素养优势和学生写作的优势,让千年姑苏、时代传承的人文精神闪亮在写作之中。

(二)品味语文味

"语文味"是语文课堂的灵魂,更是语文教学所应该追求的一种境界。这一理念在我国学术界的正式提出是在2001年,由广东深圳的程少堂先生首创。他认为,"所谓语文味,是语文教育过程中,以共生互学的师生关系为前提,主要通过情感激发和语言品味等手段,让人体验的一种令人陶醉的审美快感。"

所谓的语文味,即是语文的文学蕴味,包括语文、文学、形象、构思、意境、哲学、情趣等蕴味,也即语文美。所以语文课应有浓厚的语文味。而语文教学的过程,就是引导学生去体验、去发现、去感悟语言文字之美和作者情感之美、文章意境之美。要领悟语文的美,首先必须从语言入手,从品味语言达到超越语言,着眼于培养学生语文素养的形成,引领学生获得感受,体验情感,理解见解,使之转化为智慧,最终积淀文化,形成自己丰富的精神世界。

如何才能让语文真正的富有"语文味"? 一是要抓住语文的根——语言文字;二是要捕捉语文的魂——民族文化;三是要点燃语文的命——独特情感。

1. 课堂语文味的追求

如何让教师上出语文味？

(1)"读"出语文味。阅读贵在"读",教材中的许多课文景美、境远、情深,需要反复诵读。潜心读书,接受熏陶,享受乐趣,促进语文素养的发展。

(2)"嚼"出语文味

语文教学要培养学生感受、领悟、把握语言文字的能力,语文的味道又是"嚼"出来的。语文课堂如果缺乏必要的咬文嚼字、字斟句酌,则教学难免会因缺乏关键点的开掘与深挖而显得浮华和浅薄,语文的味道也就注定会被冲淡和稀释。

(3)"品"出语文味

语文教学的魅力是什么？一是"读",二是"品"。"品"就是品味、体悟、学习、鉴赏。语文课堂要组织学生品味文字、品味关键词句在表情达意方面的作用、品味作者的表达方法与表达效果,尤其要品味富有表现力的语言,看看语言是怎样的丰富、优美、生动、形象,是如何有特点、有魅力、有活力。在品味语言中,培养学生的语文素养,激发对祖国语言文字的热爱。

"语文味"是回归常态的语文教学的一种自然流露。在课改的大潮中,我们应该崇尚"真实、扎实、朴实"的充满"语文味"的生态课堂,语文课就是要"学语习文",就应该充满"语文味"。"语文味"越正,语文课就越有滋味。倘若我们的语文课真正具有语文味,那我们的学生一定能够在丰富多彩的语文天地里,感受语文的无穷魅力。

说到这里,我不禁自问,这些是我的思想吗？我不过是某种教育思想的执行者或实践者而已,换句话说,是先进的教育思想使我获得了一种与时代同步的教育理念并成为自己的自觉行动。我只是一个教育者,而远非一个教育家;我只是一个思想者,而远非一个思想家。

作为一个教育者,我有了30年逐渐形成的教学风格;作为一个思想者,我有了对语文教学本质的理解和教学特色的执着追寻。那就是：

丰富的知识性、浓厚的文学性、多彩的情感性、灵活的创新性。

丰富的知识性——不满足于一桶水,更要常流常新;

浓厚的文学性——有文学的翅膀,才有语文诗意的飞翔;

多彩的情感性——有情感才有语文的生命、课堂的生命;

灵活的创新性——有创新才有活力,才有发展和独特的生命。

看山还是山,"登东山而小鲁,登泰山而小天下"所表现的心态,具有向上伸张的精神欲求,是孔子弘远理想、精进生命的一种象征。孔子的"泰山之志"激励了我30年的不断攀登追求。

看水还是水,"虚静推于天地,通于万物,此之谓天乐"。这种"天乐"的境界,就是人回归自然后获得自由的境界,是一种"心与天游"的诗意情怀,就是庄子"秋水精神"的精髓所在。

庄子的"秋水精神"引领我看淡一切,追求一种逍遥无羁、与世间大美共舞的精神自由。海德格尔也主张:心境愈是自由,就愈能得到美的享受。我想语文教学之境界也当如此。

# 做学生自主学习的促进者

新的教育理念要求教师实现角色转变,努力塑造教师的一种新型角色——促进者。教师的角色不再是主要信息的传播者、讲授者或组织良好的知识体系的呈现者,其主要职能已从知识的传授者转变为知识的促进者。语文教师尤其如此。一本教材,学生已基本能够阅读并理解,或在老师的帮助下实现自主学习,老师偏要掰开揉碎,细嚼慢咽地讲解分析,学生就被剥夺了自主学习的权利,也就被掠走了学习的快乐。教师转换一下角色,把课堂还给学生,把快乐还给学生,会让学生真正体验到,原来语文学习是充满情趣、有滋有味的。下面以我设计的《胡同文化》的教案实例,谈一谈教师怎样做好学生自主学习的促进者。

## 一、促进学生兴趣的形成,创设丰富的教学情境

兴趣是学习的基础,是发现的前提。没有兴趣的学习无异于让学生受刑。现代心理学表明,不同的学习兴趣会产生不同的学习体验与学习期待,带着内在学习兴趣学习的学生能够积极主动地投入到学习过程中去。就每一篇课文的教学而言,激发学生的学习兴趣,应该从预习阶段开始。无兴趣的预习,只能是为了应付老师的随便翻翻,不会有认真的阅读,更难有主动的发现。

北京胡同和北京胡同文化,是北京之外的学生感到陌生的,或许有的学生认为不就是一些小街巷吗,有什么稀奇?对胡同文化就更觉得陌生。怎样使学生怀着一种好奇的心理去认真预习,我采取了亲身体验激趣法。我给学生讲了自己在北京逛胡同时无意中走进死胡同的一段趣闻。大意是去国子监参观,想走小胡同抄近路。从官书院胡同进去,再折往国学胡同。当时从胡同名字上判断,这里肯定通往国子监,没想到这是国子监后面的一条死胡同,只好折返重走。由此我联想到国子监、科举考试从20世纪初都走进了死胡同。我启发学生理解"走进死胡同"的隐喻义,即比喻事物发展的没路与失败。我进一步激疑道:"随着现代化大都市的推进,老北京的象征——胡同及胡同文化会不会也将走进'死胡同'呢?请同学们回去预习汪曾祺的散文《胡同文化》,看看你能得出怎样的认识。"这一番激疑立刻见效,我本来要求学生晚上回去或明天早读时预习,学生听我这么一说,已迫不及待地翻出了语文书。正式上课时,我为了进一步缩短学生与北京胡同及胡同文化的距离,消除文化差异与隔膜,我又采用了图片情景法。

## 二、促进学生对教学目标的认同

传统教学,教学目标都是由教师确定的,学生的任务就是配合教师,完成教师的教学任务。如影响了教师任务的完成,与教学目标相背离,教师就要干涉,就要制止,硬把学生拉到教师预先设好的目标圈子里,学生的自主性和创造性全被扼杀。教师作为促进者,应当充分尊重学生的主体地位,帮助学生确定适当的学习目标,只要是合理的,就应充分给以尊重和认定。即使不尽合理,也应充分发扬民主,促进学生对教学目标的认同。

《胡同文化》课前有阅读提示明确了学习重点,一是概括胡同文化的内涵,二是体会作者

对胡同文化流露的感情。被动学习形成了一种思维定式,就是阅读提示什么,就重点看什么;老师要求什么,就重点学什么,自己即使有新的想法也不愿说出来,反正你让学什么就学什么,但心理并不一定认同。作为学生自主学习的促进者,教师不应该去强制学生,应尽量征求学生的意见,即使是自己定的目标,也必须赢得学生最广泛的认同。

在上一个环节初步了解了什么是北京胡同之后,我引导学生进一步解读什么是"文化"。如果重复传授者的角色,直接告诉学生词典里的解释,学生被动接受"文化"的定义,实际上学生仍是不理解。我采用"头脑风暴法",让学生在"文化"一词前面加定语,随便加什么定语,加多少都可以。学生顿时来了兴趣,七嘴八舌,一会儿就说出十几种。如"语言文化""历史文化""敦煌文化""玛雅文化""饮食文化""服饰文化""茶文化""酒文化"等。我让学生根据这些文化(包括胡同文化)进行归纳,理解"文化"的意思,学生明白了所谓"文化"一般是指通过一定的物质形态所体现出来的精神内涵的东西。"胡同文化"即通过胡同这一外在的建筑形态所体现出来的北京市民的文化心态。我趁势让学生从文中找出作者对"胡同文化"的界定。学生很快从第五节中找出来。第五节有一句"胡同文化是北京文化的重要组成部分",我问学生北京还有哪些重要文化?学生说出了几种,如"京剧文化""曲艺文化""建筑文化"等。我肯定了学生的回答,抓住建筑文化启发学生,课文里有没有写到胡同属于建筑文化的内容。学生很快看到了文章前三节这方面的内容,同时也理解了写胡同的建筑是为下文写胡同的市民文化作铺垫。到这里,本文的重点内容就渐趋明朗了。我问学生同意不同意课文前面阅读提示里的两点学习重点,学生表示同意。也有学生说,这篇散文的北京话很有意思,我肯定了这名学生的语言敏感,并顺势指出作者的散文就是一种京味散文,学生说咱们也学学京味语言吧,我当即表示同意。

**三、促进学生阅读能力的提高**

教师作为促进者,在帮助学生确定了适当的学习目标后,还要帮助学生确认和协调达到目标的最佳途径,指导学生掌握学习策略,高效地进行学习。作为语文阅读教学,一个非常重要的方面,就是要指导学生学会阅读,培养阅读能力,而不是简单地记住方法,不是机械地操练习题,而是让学生自主地习得、感悟、探究。

《胡同文化》的第一个目标是概括胡同文化的内涵。我让学生浏览课文,快速筛选重要的信息。这一任务完成起来并不困难,学生很快就从书中划出来。我特意找一个学生谈谈他的阅读方法,学生说,就是找段落里的关键句。如"胡同文化是一种封闭的文化""北京胡同文化的精义是'忍'",等等。这些关键句领起全段,找到了它们,全段的意思就清楚了。我进一步追问学生,如果没有关键句又怎样才能快速筛选、准确概括呢?学生看第七节,试着用一句话概括,难度比找关键句大了,语言表达就不可能统一了。有的回答不得要领,概括的是段落大意:"胡同里的丰富的生活。"有的偏到某一个小的侧面,用本段最后一句回答:"各人自扫门前雪,休管他人瓦上霜。"我启发学生:一要从本段所写的主要事实出发探究本质,二要扣住市民文化这个中心去概括。学生很快概括出来:胡同里的市民心态是悠闲自得的。

概括了胡同文化的内涵,还不是太重要的。重要的是怎样感悟、体验这些内涵,这就要落实到明确学习目标时学生提到的京味语言上去,体味作者怎样通过京味语言具体描述胡同文化的内涵。我让学生自由朗读、体会,然后让朗读好的、体会深的同学范读,尤其是读

"'忍着吧!——穷忍着,富耐着,睡不着眯着!''睡不着眯着!'句话实在太精彩了!睡不着,别烦躁,别起急,眯着北京人,真有你的!"时,京味很足,赢得满堂掌声。最后让学生进一步体会作者正是用这些京味浓郁的语言巧妙地诠释了胡同文化的精义:安分守己,逆来顺受,一切世道纷乱都在忍受中化为胡同里的平静。品读语言,深化理解,这是学生得到的又一种阅读能力的培养,这恰恰又是母语文学教育最为重要的。

### 四、促进学生批判、创新精神的培养

阅读教学还应逐步培养学生探究性阅读和创造性阅读的能力,提倡多角度的有创意的阅读,利用阅读反思和批判等环节,拓展思维空间,提高阅读质量。如果说前面几个教学环节是围绕教学目标所进行的教学活动还带有某种封闭性的话,培养学生批判创新精神更具有开放性,因为这个环节已经从文本出发,拓展到学生的社会认知、生活体验层面,从而获得思想启迪和情感熏陶。

我喜欢在教完一篇教材之后,让学生来个"个性展示,思想放飞",目的就是要培养学生的批判创新精神。教《胡同文化》也不例外,我鼓励学生敢于"批判",敢于向名人说不,敢于说出与作者及文本不同的观点。教材里有作者对胡同文化的内涵及未来走向的观点,我们是不是都认同,你会有什么样的看法。这一"节目"往往是教学中最精彩的篇章,果不其然,学生的见解独特且不乏真知灼见。有个同学说:"作者说胡同文化是一种封闭的文化,我不完全同意。胡同里的人出门就见面,人与人充满亲情,这不是一种开放的邻里关系吗?完全不像我们现在住在高楼里,连一个单元对面屋里住的是谁都不知道,封闭的楼里人与人之间也是封闭的。"也有同学对此持不同意见,说:"作者说胡同文化是封闭的,是指胡同与外部世界的联系,在改革开放的年代还安于现状、逆来顺受,显然是落后的,所以胡同文化走向没落是必然的。"这一新的角度,深化了对胡同文化的认识。但也有同学不完全赞成胡同文化真的会完全消失的观点,认为:"一种文化只要不是糟粕,就有它可以继续存在的理由;只要北京还能保留一些老胡同,胡同文化就还有它得以保存的条件。"又有同学反对说:"即使还有北京胡同住,胡同文化的精义'忍',也必将被时代淘汰。"有关胡同文化的未来走向的大问题,不是短时间能争论清楚的,允许有不同的看法。但这种对文化现象的积极审视、敢于批判的精神是难能可贵的,而且可以进一步展开,促进学生创新精神的培养。

在这一节的最后,我启发学生,我们每个人都是在一定的文化环境、文化氛围中熏陶成长起来的,你是否像作者一样对自己的文化情有独钟或重视审视呢?同学们纷纷说出了自己家乡的种种文化,那神态亲切中又若有所思。我趁机鼓励学生说:"你对哺育你长大的家乡文化持一种什么观点,又怀有一种什么样的感情呢?请同学们回去写一篇这方面的随笔。"过去布置写作,学生总是一声叹息,这回却异口同声说:"好!"

做学生自主学习的促进者,是未来语文教师角色转换的必然趋势,尤其是当新课程产生以后,语文教师这一新的角色转变,也必将带来全新的语文教学,我们应尽快适应这一转变。

# 寻找想象之翼

## ——中学生观察想象作文能力培养教学设计

"写作是运用语言文字进行书面表达和交流的重要方式,是认识世界、认识自我、进行创造性表述的过程。写作教学应着重培养学生的观察能力、想象能力和表达能力,重视发展学生的思维能力,发展创造性思维。鼓励学生自由地表达、有个性地表达、有创意地表达,尽可能减少对写作的束缚,为学生提供广阔的写作空间。"这是《高中语文课程标准》对作文教学的经典表述。新的理念能否冲开写作教学中的种种束缚?能否突破囿于课堂闭门造车的单一模式?现在我们的作文教学与新课程要求相差甚远,升学的压力、安全的顾虑、自主时间的减少、就近写作资源的难觅等,写作教学的自由度越来越小,学生的写作空间也越来越小,写作也就只能畏缩在课堂书本一隅。走不出去,远离自然,疏远生活,缺少了自然与生活的源头活水,学生既没了写作兴趣,更没了写作灵感。

我校新校区是一个具有江南水乡园林特色的生态化的校园,校园里一河似练,两湖如镜,到处绿草如茵,鸟语花香,山水清音,美不胜收。

为配合校庆,学校购置了许多太湖石美化校园环境,使得原本具有生态美的校园更具魅力。这些太湖石虽难与苏州留园之冠云峰、苏州十中之瑞云峰、上海豫园之玉玲珑等江南名石相媲美,但也形态各异、各具神韵,与青青校园、莘莘学子相映成趣,更添和谐。

"大自然是儿童智慧的永恒源泉",这是苏联著名教育家苏霍姆林斯基的重要思想。现代著名教育家陶行知先生也认为:"我们要解放儿童的空间,让他们去接触大自然中的花草、树木、青山、绿水、日月、星辰……自由地对宇宙发问,与万物为友……"自然激活生命、开启智慧,自然之灵气可以激发创新之灵感,环境育人的内涵由此显现。

一块观赏佳石,就是一首无言的诗词、一副不朽的绘画、一曲无声的歌谣、一种不歇的舞蹈。观赏石美,美在哪里?既美在她的天然刻绘,美在大自然的鬼斧神工,更美在她与人的交流,美在人类赋予她的思想和灵魂,也许正是人类的参与——人的审美意识赋予了奇石以美学的生命,正是文化的渗透疏导,正是自然与科学、感性与理性的交融,在以一种视觉方式展示着艺术与科学映射的深层人文景观与人文精神,开拓着人们广阔的思维空间,使人类更深切、更真实地感受到观赏石的美与价值,也使观赏石以一种更为柔韧的生命力融入文明,融入人类文化历史。所以校园太湖石是极好的写作素材,探寻她蕴涵的玄机和灵魂,当会为学生写作打开灵感之门,从而培养学生观察能力、想象能力和创造性思维。既可以进一步深入研究观赏石承载的历史和文化精髓,又可以提升学生文化与文学的素养。

我设计了一次开放性的赏石作文课,基本设计如下:

## 一、教学目的

(1)学会观察和想象,培养观察和想象能力。

(2)学会有创意地表达,发展创造性思维。

## 二、认识奇石世界,石文化初步入门

(1) 奇石特质:天地之精气,结而为石。石乃地球造山运动之产物,为大自然之杰作。石,以云根地骨的坚实,以超越时空的永恒,历万劫而坚韧,饱经风霜而刻骨,火与水的熔炼,亿万年的磨砺,塑造了观赏石或魁梧挺拔的英姿,或玉树临风的气魄,或玲珑剔透的雅致……传统石主要有灵璧石、太湖石、英石、昆石等。

(2) 奇石价值:奇石,又称观赏石、雅石、供石、石玩。古人云:"山无石不奇,水无石不清,园无石不秀,室无石不雅。""赏石清心,赏石怡人,赏石益智,赏石陶情,赏石长寿。"

(3) 奇石审美标准:在悠久的奇石审美文化中,人们总结出了"瘦、透、漏、皱"四大审美标准。瘦,指石体苗条,呈迎风玉立之态;透,指石纹贯通剔透笼络;漏,指大孔小穴,贯穿相套,有八面玲珑之感;皱,指石面褶皱起伏,千姿百态。

## 三、了解奇石诗文,学习想象与表达

(1) 古代神话:女娲炼石补天,所补之处五彩缤纷,彩云流转。

(2) 我国的四大名著,它们的开篇不约而同地以石引文。《西游记》中的石猴出世,《红楼梦》(原名《石头记》)的"通灵宝玉"之说,《三国演义》中的玉国玺之说,还有《水浒传》中,用来镇一百零八个魔君的石头、石碑、石龟、青石板。

(3) 人们通过对石头的观赏,配以诗句,就不仅只是停留在简单而直观的层面观赏范畴,而是拓宽了视野,加入了深度,增加了联想和道出了人格,从不同角度感悟到石头内在的神韵。如白居易:"回头问双石:能伴老夫否?石虽不能言,许我为三友。"陆游:"花如解语还多事,石不能言最可人。"

## 四、校园奇石观赏,实地观察、体验、想象

(1) 校园奇石观赏。要求学生先走马观石,后下马观石,选择自己感兴趣的一两处石头仔细观察。

(2) 先观石之本体,注意变换角度,上下前后左右内外,所谓"横看成岭侧成峰,远近高低各不同"。

(3) 再看周边环境,远可山岭云空,近可碧树清溪,或遥相呼应,或相映成趣,找准位置,发现价值,揭示意义。

(4) 为石命名:选一处奇石命名,根据形象、神似、象征、寓意及与周边映衬关系等元素进行命名。命名可取一字,如"鹏""思"等;也可取多字,一般不超过四字,如"旋律""岁月""飞来石""瑞云峰""春山烟雨""云海扬帆"等。

(5) 选一石作观察想象示范,启发学生作举一反三体验。

教学楼的前面有一奇石,引导学生从正面看,有同学说像一只雄鸡,启发学生进行相似想象,马上有同学说像中国地图。老师再引导学生从侧面看,又很像一只展翅欲飞的雄鹰。形象有了,下一步是赋予形象以内涵,即为石命名。有位藏石名家说得好:"觅奇石难,为其起名更难,点睛之笔,可赋顽石以生命、启观者以遐思。"一个好命名,奇石内涵自见,所谓名副其实,实至名归。学生七嘴八舌,有命名"雄鸡报晓"的,有命名"中国腾飞"的,有命名"雄鹰展翅"的,等等。老师启发学生命名赋予内涵一定要有一个基础,那就是奇石所处的环境。

校园奇石就必须体现校园内涵,不然就是大而无当。名不正,则石不顺。于是学生再命名,"闻鸡起舞""鹏""翔"等既雅致又内涵丰富的名字纷纷出现。

**五、根据赏石作文,体现创意表达**

"花如解语还多事,石不能言最可人。"石本无意,造势在人,势在人为。通过赋予它一种寓意,使石头活起来,具有灵魂、生命和价值,达到石头与人的一种天人合一的完美结合,运用人们的智慧,借石抒情,石为心声,演绎大自然与人类的美妙和神奇,通过人的点化、悟性和智慧与石之"天机"的碰撞而获得灵感,达到点石成金、形神兼备、出神入化的境界,从而创造出神奇和辉煌。

在学生完成了观察、想象、体验、命名之后,下笔成文尚需有创意的表达,形成文字不只是体现语言的功力,想象力仍然要起重要的作用。如有位同学写的一篇《神翼》,该文不满足于写实,而是借助于神话传说"人都是失去了双翼的天使,落入凡间后,我们须用一生的时间来寻找属于自己的那一对翼,最终飞入无忧的天堂。"作者写自己在校园里寻到了这一对翼,感悟到这对翼对学子的意义:"翼,是飞翔的动力。让梦想起飞,就在校园,莘莘学子的梦想在这里腾飞!"

本次作文不就是在寻找这样的想象之翼吗?所以这篇作文也可以作为本次作文活动精神内涵的写照。

为了保证学生能达到本次作文的训练目的,老师又特别提出了四点要求:

(1) 调动想象,点石成金;展开联想,沟通奇石与校园学子的内在联系。

(2) 发挥创造性思维,奇石奇想,异想天开,看独到的视角,比非凡的创意。

(3) 运用各种描写手段,展开对奇石绘声绘色的描写。

(4) 引用诗文与传说,增添文章的文化含量与文学品位。

通过本次赏石作文训练,较好地体现了新课程关于作文教学的要求。一次寻找想象之翼的旅程,着实让学生收获颇丰,尤其是观察能力提高显著,涌现了不少独具创意和想象力的佳作。当然由于在"笼子"里关得太久了,乍一放飞,学生还不是太适应这种室外作文课,学生的想象力飞得还不是太高、不是太远。想象力和有创意的表达还有个不断寻找的过程,只有驱动读书与生活两个"轮子",学生的写作水平才能真正获得迅速提升。

好在现在的语文高考也正着力体现新课程精神,倡导学生把目光投向生活,把心贴近生活。解放作文教学的闭门造车,开启写作的广阔天地,腾飞学生的想象之翼,将不再是奢望。源头活水的汩汩流淌之日,便是学生作文迸发生命活力之时。

金复耕

金复耕　1984年7月毕业于江苏省新苏师范学校,1984年9月参加工作,1998年12月获南京师范大学中文本科文凭;高级教师、江苏省特级教师、苏州市名教师、苏州市学科带头人。

从教30多年来,从乡村学校到城区学校,担任过年级组长、教研组长、教科室主任、教导处主任、副校长、校长等职,一直从事语文学科的教学工作。先后荣获苏州市优秀教育工作者、苏州市教育科研先进个人等10多个荣誉称号;先后担任苏州市教育学会初中教育分会副秘书长、江苏省教育学会初中教育专业委员会理事、苏州市"青蓝文明岗"岗长、江苏省教科系统"工人先锋号"岗位负责人。

近20年来,在县区级以上业务竞赛中获奖10多次;承担市、区级公开教学及讲座交流50多次;主编《初中作文满分起步》《双向通智能点拨》等学生辅导用书20多本;在《中学语文教学参考》《上海教育科研》等期刊上发表论文40多篇;在全国、省、市级论文评比活动中荣获一等奖多次;主持、参与国家、省、市级课题研究8项。其中,主要承担的江苏省教育科学规划立项课题"初中生读书指导序列化研究"成果发表在"吴中教研"网站上,被多家教育网站转载;主持的市级课题"在语文教学中渗透综合实践活动的策略研究"成果荣获区一等奖,并入选《求索四集》;撰写的论文《阅读教学中写作背景资料的巧妙运用》《给初中文言文教学加点现代元素》被人大复印资料转载。致力研究、积极倡导"本真自得"语文教学,产生了一定的影响。

# 我的"本真自得"语文教学

## 语文教育理念

在30多年来的语文教育实践中,我坚持既育人又教书的原则,秉持"本真自得"的语文课堂教学理念,把握语文教育的四个注重点,突出语文教学的三个着力点,抓住语文课堂的两个切入点,聚焦语用训练这一个中心点。

四个注重点,可以说是我的语文教育的基本理念。具体来说,其一是注重语文味道的提纯——即注重语文教学的人情味和语文味的自然融合,让语文课始终姓"语"和姓"文";其二是注重语文课堂的优化——即注重立足语文课堂,实化课堂,活化课堂,乐化课堂,在45分钟内出效益;其三是注重语文教材的活用——即注重以教材为例子,引导学生掌握由点到面、由此及彼、触类旁通的学习方法,发展学生的思维能力和想象能力;其四是注重语文活动的落实——即注重语文综合性学习活动的组织与实施,让学生在丰富多彩的语文实践活动中扩大语文视野,锻炼语文能力,提升语文素养。

三个着力点,涉及语文教学的三大板块,体现了我的语文教学的基本做法。具体来说,一是在阅读教学中,着力培养学生的自读能力与自悟习惯。组织教学时,采用"自读—导读—拓展"分层递进的步骤,一步一步引导学生披文入情,探求文本真意,表达个性理解,促进学生"知情意行"协调发展。二是在作文教学中,着力指导学生真情作文与自能作文。作文训练中,采用"导引—导写—导改"的教学方法,倡导学生写真实,抒真情,力求做到情真意切,写有所得,练有提升。三是在语文活动中,着力探索"活"的形式与"实"的效果。在课堂内外,积极渗透综合实践活动,拓宽语文学习时空,引领学生学以致用,提升学生语文能力。

两个切入点,即把"情"和"意"作为语文教学的切入点,这既是我注重语文教学的人情味和语文味的具体表现,也是我语文课堂教学境界的重点追求。

一个中心点,即语用训练,这是语文学习的出发点,也是语文教学的落脚点,自然成为我语文课堂的聚焦点。

## 三点着力做法

第一,在阅读教学中,抓实三个环节,着力培养学生的自读能力与自悟习惯。

一是注重自读环节的落实。一方面,语文课堂教学要保证学生自读的时间。教师宁可少讲10分钟课,也要让学生有更多的时间预读课文,走进文本,自主学习。在教学过程中,一定要留给学生自由思考的余地,让他们真实地学习,自主地获取阅读的体验和感悟,习得阅读的经验和方法。另一方面,语文课上要教给学生自读的方法。学生的自主阅读也是有"法"可依的,如做笔记、写评点、提出质疑、创新设计等,教师应依据不同的文体特点给学生必要的学法指点。

二是注重导读环节的落实。语文课堂上,让"学"的同时,还需得教师的善"导"。教师的进退之道可以向导游借鉴一下,教师要像导游一样该吩咐的吩咐一下,该指点的指点一下,然后让游客们自己去游览体验;当然该讲解的时候也要讲解一下,该搀扶的时候也要搀扶一下。在教学活动中,教师既是组织者,又是引导者,还是助推者,教师既不能缺位,也不能越位。在学生自主阅读过程中,教师要注意营造有利于学生阅读实践的情境,创设阅读对话的氛围,善于组织学生互动学习,提供阅读交流的机会。

　　三是注重拓展环节的落实。文本阅读拓展可以创造阅读教学的新时空,生成意想不到的精彩。如同写作文一样,阅读拓展训练活动需立足阅读文本,巧妙构思。拓展要有缘起和承转,这样才能步步为营,翻转出另一片听、说、读、写的训练天地;拓展还要整合课堂教学目标,这样才不至于游离文本教学,扯远了收不回来。

　　以《木兰诗》的教学为例,我主要设计了"自读感悟—诵读品赏—拓展训练"三个教学环节。在学生了解诗歌故事、把握人物形象、体悟艺术特色之后,做了以下拓展训练:①假如你穿越到那个朝代,听说了花木兰的故事,想要写一则新闻,请你拟一个标题;②作为一名小记者,采访花木兰的时候,你最想问花木兰哪两个问题?第一题立足文本内容做适当的延伸,意在换一种方式概括故事情节。第二题则转到与古人对话上来,意在深入探究人物内心,从新的角度评析人物形象,解决疑难问题。这一拓展,确实开辟了一个新天地。有学生问:木兰,你为什么要替父从军?木兰,作为一名女子,十年征战中你遇到的最大困难是什么?还有学生问:木兰,替父从军时,你最担心的是什么?木兰,你为什么辞官不做?这些问题不仅是对文本内容的深度理解,同样也融入了学生的一些思考,有些问题确实是值得探究的。

　　第二,在作文教学中,运用两种策略,着力指导学生写出真情作文与自能作文。

　　真情作文,讲究"三真",即真诚、真实、真切。真诚是写作态度方面的要求,首先要引导学生真心诚意地对待自己的生活,真心诚意地对待自己的心声,真心诚意地对待自己的文字,然后要指导学生真心诚意地用文字来表情达意;真实是选材用料方面的要求,要求学生在习作中艺术地表现真实的生活,描写真实的细节,再现真实的体验,就要写真实,说真话;真切是语言表达方面的要求,要求学生在习作中融入自己的情感与思考,抒真情,见真知,力求做到情真意切。

　　自能作文,讲究"三自",即自由、自主、自觉。先说自由,一是注意写作形式的自由,平时倡导写日记、随笔、小练笔等;二是注意写作题材的自由,每次作文关注命题的自由度。关于自主,作文教学时,突出学生主体,坚持"一作"放手,作后指导,再作修改。至于自觉,主要是指通过常态化的训练,让学生在习作材料积累、方法习得、习惯养成等方面形成自觉。

　　在习作起步阶段,注重运用"习作例文导写法",引导学生习作快速入格。第一步,运用例文,引发情思。习作例文是阅读和写作的中介,是学生习作的前导。运用例文,以读引写,有利于点燃学生的写作激情,引导学生的积极思维。第二步,运用例文,导写习作。习作例文的导引作用不仅仅表现在习作之前,更主要的是渗透在习作进程之中。运用例文,全方位、多层次地进行导写训练,导练审题,导练构思,导练技法,有利于具体落实作文教学的各项目标。第三步,运用例文,评价得失。在评讲学生习作时,引用例文,结合起来,比较分析,有利于促成学生领悟写作之道,进而不断地对习作进行修改和完善。

　　在作文提高阶段,注意采用"多次写作导写法",推进学生作文全面升格。多次习作导写法的流程为"一作—指导—两作—评讲—三作—批阅",是一个反复而渐进的过程,具有明显的层级性。"一作"是尝试阶段,学生可以凭着个人的思路认识理解题意,可以不受局限地随意发挥。其中可能会出现一些有血有肉的佳作,也可能会出现一些"劣质产品",绝大部分习作仅是"毛坯"而已。"两作"是达标阶段,这一阶段为习作的定型提供了时间保证和具体辅助。学生可以依据习作的目标要求以及教师的指导评讲,认真纠偏,反复修改,甚至重做,在自我否定的基础上循序渐进,在师生互动的过程中步步提高。经过师生的共同努力,大部分学生的习作可算"合格品"了。"三作"是创优阶段。这一阶段可以通过典型引路、比较分析等手段,激励学生争取某些方面的新突破和再提高,写出自己得意的"精品"来。多次习作导写花费时间较多,投入精力较多,但对于整个作文教学过程来说,仍然是高效的方法。在具体操作过程中,每学期尽可能做好两三篇"多次习作",注意重点突破和全面提高的兼顾。每篇习作尽可能做到放手与限时相结合,注意习作的自由度和时间性的调控。每次习作尽可能把批改的精力转移到辅导上来,注意批改和讲评的实际效益。

第三,在语文活动中,联系课堂内外,着力探索"活"的形式与"实"的效果。

开展语文综合性学习活动是引导学生运用语文工具、形成语文能力、提升语文素养的一个重要抓手。组织语文综合性学习活动,必须坚持以语用为核心的导向,注意教材规定活动、课堂延伸活动、课外兴趣活动三位一体,讲究主题生成、方案预设、过程主导、效果评价等四个层面的策略。尤其要在"活"的形式上做文章,在"活"的推进上下功夫,这样才会有"实"的效果。例如,教材中有集体视听活动、当一次主持人等口语交际活动,如何组织此类语文活动,关键要注意就地取材,与时俱新。我曾以学校元旦文艺汇演为契机,结合视听活动,进行语言表达与运用方面的综合训练。活动要求有三个:①根据文艺活动主题、节目内容,写一段开场白,写一段串连词,写一段结束语;②推荐一个最喜爱的节目,并写出推荐理由;③作为获奖演员,写一段获奖感言。就这样抓住学校集体活动的机遇,立足学生耳闻目睹的素材,开展语文综合性学习活动,活动因题材鲜活、设计灵活而变得灵动起来。

## 自得语文课堂

课堂教学是师生之间、生生之间的多边活动,需要师生的合作、生生的互助。其中教师和学生都是课堂学习的主体,学生的任务是"学"和"习",教师的任务是"导"和"教"。理想的课堂教学应当是让学生充分"先学",课堂反馈学情,然后生成问题,引导学生自主学习探究,教师给予必要的学习"支架"、点拨引导、讲解提升。

我的语文课堂"激情、激知、求实、求活"。激情,就是以形象的语言创设学生的学习情境,激发学生自主学习的积极情感;激知,就是以智慧的方式激活学生的求知欲,激励学生主动探究的积极行为;求实,就是追求务实有效的课堂,以朴实的教学形式、扎实的读写训练,落实切实的教学目标;求活,就是追求灵动智慧的课堂,以随机的生成、适度的拓展、巧妙的变化,创造新奇的教学亮点。

我的语文课堂特别关注学生的"自主习得"。具体来说,注重落实四"引"四"自",即引导自问,引导自思,引导自悟,引导自习。

一是引导自问。语文课堂上怎样让学生大胆地发问,这是一个难点,也是语文教学不可忽略的一个方面。如何引导学生主动发问呢?究竟怎样导问呢?可以设计一份预习单,"逼"学生自主提问。我在预习单中专设"问题探究"板块,具体要求写下:"我初步思考的问题"和"我还需解决的问题";可以提供一些导学案例,引导学生学会根据文体来设问、立足文本来设问等具体方法;可以在课上设计"问学"环节,引导学生提问。

二是引导自思。语文学习关键就在"思",在于积极地思考。引导学生在语文学习中主动地、独立地思考,是语文教学的一个重要抓手。如何引导学生在语文学习中自主思考呢?不妨给学生提供一点套路,教学生一点思路。比如,这篇文章写了什么?是怎么写的?为什么这样写?还可以怎样写?以《卜算子·咏梅》的教学为例,在读懂毛泽东的咏梅词之后,在阅读陆游的咏梅词时,我们可以让学生迁移学法,现学现用,从感受画面、理解形象、体会情感、探究主旨、品味语言等方面提出疑问,思考解答,最后交流分享。

　　三是引导自悟。语文学习需要体悟。而体悟,必须由学生在充分体验的基础上生成,或会意,或共鸣,有所感,有所悟。体悟,需得一个过程,熟读精思,静思默想,是必要的途径。例如,教学《诗人谈诗》,我们可以暂且抛开曾卓的诗评《宁静而深沉的意境》,先让学生好好品读附录鲁藜的诗歌《一个深夜的记忆》,给他们一个充分自学的时间。学生读了几遍诗歌之后,产生以下几个问题:这首诗主要写了夜里的哪些景物?把诗中的景物前后联系起来看,究竟有什么关联?那诗中景物背后的意思到底是什么?这三个问题由表及里,层层深入,以此为抓手引领学生自学,启发他们深入阅读,联系思考,学生就能透过现象抓住本质的东西。这就是诗歌意境的感受过程,就是诗歌情理的感悟过程。

　　四是引导自习。孔子说:"学而时习之,不亦乐乎?"其中的"习"包括了温习、练习、思考、实践等方面的内涵。语文学习当然离不开"习",尤其是自习。语文以外的其他学科教材中大多有"小结"这一章节,语文教材则留下一个空白。这就需要学生自己去填补,这在设计意图上是语文自习的一项重要内容。要想真正把握课文,反思总结是非常重要的学习过程。学了一篇课文或一个单元,都应及时小结。以课文小结为例,学生可以对照课文训练重点、学习提示、课后练习等来进行,以自问自答的形式审视自己对于课文阅读理解的情况,想一想课文重点是如何逐步把握的,课文难点是用什么方法突破的,课文特点是怎样归纳出来的,反思一下还有哪些疑点,小结一下阅读的感受与收获。这样用心思考一番,及时整理一下,日积月累,必定能裨补缺漏,有所广益。

# 《卜算子·咏梅》教学设计

**教学目标：**

(1) 理解两首词中的梅花形象及其寓意。

(2) 体悟两首词在表情达意上的相同点和不同点。

(3) 品味两首词中精练优美的语言。

**教学时间：**

一教时

**教学过程：**

### 一、导入

同学们,我们刚学过《沁园春·雪》。回忆一下,毛泽东笔下的雪景是怎样的呢？在这样的冰天雪地中,还会开些什么花呢？有什么诗句为证？……梅花"凌寒独自开"的风姿让历代诗人为之赞叹。今天,我们一起来读读两首著名的咏梅词。板书课题"卜算子·咏梅"。下面,请同学们先看看毛泽东笔下的梅花。

### 二、自读体验

1. 大声朗读,说说初感

(1) 自由读课文。

(2) 指名读课文。

(3) 交流:毛泽东笔下的梅花给你什么印象？用一句话说说你的第一感觉。

2. 结合注释,自读理解

(1) 默读课文。

(2) 借助注释理解词的大意,有不懂的词句请提出来。

(3) 交流释疑。

示例:"风雨送春归"的理解:①风雨刚刚把春天送走了,飞舞的雪花又在迎接春天的来到。②风雨刚刚把春天送回来,飞舞的雪花也在迎接春天的来到。

(4) 齐读课文。

(5) 感受画面:请你用自己的话描述一下词中的几个画面。

(6) 提出疑问。

在初步理解词意的基础上,你还有什么问题需要提出来解决？

### 三、细读品味

1. 组织讨论

(1) 你认为词中哪两个字最能概括梅花的形象？词中梅花的形象是怎样的呢？

交流提示:"俏"表现出梅花傲寒俊俏、积极乐观的形象。梅花的形象寄托了作者积极乐观的思想感情。"笑"表现梅花的不居功自傲、谦逊无私。这是藐视困难的笑、面对胜利无比欣慰的笑、功成身退非常谦逊的笑、对未来充满信心的笑。

(2) 词中哪些地方点出了梅花的生活环境?这样写有什么作用?

交流提示:梅花独立在寒冷艰险的环境里——飞雪:寒冷的冬天;悬崖:险恶;百丈冰:寒。梅花凋零在山花烂漫的环境里——"桃树、杏树、梨树,你不让我,我不让你",而梅花"俏也不争春……她在丛中笑"。

交流提示:衬托手法。

风雪、悬崖、百丈冰(俏)——衬托梅花的傲寒俊俏、不怕困难的形象(形象美好)。

山花烂漫(笑)——衬托梅花的谦逊无私、乐观向上的品质(品格高洁)。

小结:梅花的品格——不畏严寒、凌寒独放、俏不争春、乐观谦虚。

2. 有感情地朗读课文

3. 引导探究

(1) 设问:这首词通过"咏梅"到底为了表现什么?

(2) 关注写作时间:1961年12月。

(3) 链接背景资料:这首词写于1961年12月,当时正值"三年困难时期",自然灾害严重,全国各地闹饥荒,国际上的反华势力对中国施加政治高压、经济封锁,国内有些人对国家前途丧失了信心,国家面临着严峻的考验。

联系诗句理解:"风雨送春归,飞雪迎春到。"从表面文字上理解,描写的是自然规律,即风风雨雨送走了春天,漫天飞雪又把春天迎来,实际上是写当时严峻的国际形势和国内现实,暗示人们所期望的生机勃勃的春天一定会到来。

(4) 齐读词的小序。

(5) 设问:这首词通过"咏梅"要表现的"意"究竟是什么?

交流提示:这首词通过对梅花形象的描绘,表现了梅花坚韧不拔的品格,对胜利充满信心和谦逊无私的精神,表达了作者的革命乐观主义精神和战胜一切困难的决心和信心。

## 四、比较欣赏

1. 由小序过渡

这首词是毛泽东读了南宋爱国诗人陆游的咏梅词后写的,说是"反其意而用之"。猜猜看,陆游咏梅词的"意"大概是怎样的?陆游的咏梅词究竟是怎么写的呢?想要表达些什么呢?下面,请同学们自读陆游的《卜算子·咏梅》。

2. 授之以法

在阅读之前,请同学们先想一想,一首词该怎么去读呢?

归纳投影:感受画面,理解形象,体会情感,探究主旨,品味语言。

3. 自读陆游的词,然后交流、讨论、释疑

(1) 自读感悟。

(2) 指名朗读。

(3) 说说词意。

(4) 组织提问释疑。

生成问题:这首词也可以用两个字来概括梅花的形象,你认为哪两个字比较合适?

梅花为什么而"愁"?

"香如故"表明了什么?

讨论归纳:梅花形象——寂寞凄凉,饱受摧残;消沉无奈,执着孤傲。

(5)齐读课文。

(6)链接背景资料:

陆游生活在日益衰败的南宋时代,一贯主张收复失地,是坚定的主战派。他屡遭主和派的排挤和打击,情绪消极低落,内心愁苦郁闷。

(7)引导探究:陆游词的"意":陆游的原词是他坚贞不屈的品格的写照,也流露出他自己的"愁怨"。

2. 比较赏析两首词

(1)朗读两首词。

(2)合作探究:这两首词在内容、写法等方面有哪些相同点和不同点?

讨论归纳:

相同点:①都写了梅花不畏严寒的特点;②都写了梅花不与群芳争春的特点;③都写了梅花的高尚品质;④都以花自比……

不同点:①形象不同。陆游的梅花是寂寞凄凉、饱受打击摧残的形象,表现了抗金抱负不得施展的孤寂心境,不与投降派同流合污的高尚情操。毛泽东词里梅花是傲寒俊俏、积极向上的形象,表现了革命乐观主义精神。②感情基调不同。毛泽东的词,感情基调是豪迈自信的;陆游的词是低沉孤高的。

(3)引导赏析:这两首词,你更喜欢哪一首呢?请选择其中的诗句,写一些赏析,表明自己喜欢的理由。

(4)小结:这两首词,虽然写的都是梅花,但由于毛泽东和陆游所处的时代不同、性格不同、经历不同、审美情趣不同,所以词的思想内涵也就明显不同。特别是毛词赞颂梅花不畏艰难险阻、凌寒独放的品格和不居功自傲的精神,表现了毛泽东的革命乐观主义精神和谦逊无私的品质,给人以胸怀广阔、志向高远、乐观向上的境界美。

3. 练习诵读

### 五、拓展延伸

1. 请你以"我也爱梅花……"为开头,写几句话

2. 交流评点

3. 结语

同学们,让我们一起拥有梅花那种"凌寒独自开"的勇气,拥有梅花那种"只把春来报"的自信,拥有梅花那种"俏也不争春"的谦逊,拥有梅花那种"只有香如故"的执着……做一个像梅花那样品格高尚的君子。课后请大家完成一个拓展写作题——请你引用有关梅花的诗句,写一段励志的话。

# 《枣核》教学设计

**教学目标：**

(1) 理解海外华人对故土的依恋之情以及独特的思乡方式。
(2) 体悟课文一线贯穿、设置悬念的构思和以小见大、以点带面的写法。
(3) 品味文中饱含深情的语言。

**教学时间：**

一教时

**教学过程：**

## 一、导入

同学们，我们都吃过枣子吧。吃枣子的时候，必须去除的是——枣核。你有没有想到小小的枣核还有文章可做呢？……今天，我们一起来看看萧乾的《枣核》，看看那小小的"枣核"到了异国他乡究竟有什么用处。板书课题"枣核"。

## 二、体验感悟

1. 自由轻声读课文，思考

(1) 简要概括课文的主要内容。
(2) 找出课文的主旨句。
(3) 提出课文理解方面的疑难问题。

2. 交流

(1) 概述课文主要内容：
"我"的同窗在美国家庭和事业都如意的情况下，托"我"捎带几枚生枣核给她试种，来寄托思乡之情。
(2) 找出主旨句：改了国籍，不等于就改了民族感情；而且没有一个民族像我们这么依恋故土的。
(3) 提出疑难问题。

3. 指名朗读课文

4. 强调结尾

5. 导读交流

(1) 研读讨论：
① 文中的"民族感情"具体指什么？
交流提示：依恋故土；思乡之情。

② 文中的"她"是通过哪些方式表达这种民族感情的？其中哪些做法和语言最让你感动？

交流提示：美籍华人的思乡之情具体通过栽种杨柳、种植睡莲、堆叠北海，追忆当年在北海泛舟的情景，要种家乡的枣树来体现的。

句子1：她说："家庭和事业都如意……可是我心上总像是缺点什么。"你能体会出她当时的心境吗？她究竟缺了点什么？

交流提示：

"心上总像是缺点什么"是对游子心境最朴实的描述。美籍华人身在异国他乡，心系故土山水。"都如意"只是物质上的富足，无法代替故乡的温暖，无法弥补心上的缺憾，无法消除浓浓的乡愁。

句子2：她说："我想厂甸，想隆福寺……"美籍华人为什么老是想这些呢？

交流提示：

这是故乡的记忆，最能代表故乡的风物。连用几个"想"字，集中表达了海外游子对故乡的思念。"这里一过圣诞，我就想旧历年。"过旧历年是我们中华民族的文化传统，"一"过圣诞，"就"自然而然地想旧历年，突出了海外游子浓浓的思乡之苦、深深的爱国之情。

句子3：她说："也许是没出息，怎么年纪越大，思乡越切。"像她这样是不是"没出息"呢？

交流提示：

我国传统的说法是"好男儿志在四方"，美籍华人思念故乡，所以说自己"没出息"。其实，怀念家乡是一种崇高的民族感情，具有思乡爱国之情的人是有志气、有出息的。

### 三、品味欣赏

**1. 品读点评**

(1) 文中叙写了美籍华人的那么多不平常的举动，却只是以小小的"枣核"为题，这样好不好？

交流提示：以"枣核"为线索。"枣核"是一条叙事的线索，更是一条凝聚着乡情的感情线索。

小结：

一线贯穿，一颗小小的枣核寄托了美籍华人深深的思乡之情。

追问1：课文紧扣普通的"枣核"来写，为什么会有引人入胜的效果？

交流提示：设置悬念的写法。开篇索要枣核，设下悬念：用途蹊跷。朋友得到枣核后如获至宝，用途仍秘而不宣。直到踏访后花园，在谈话中才说明索要枣核的原因：为解乡愁。全篇用枣核设置悬念，一线贯穿，扣人心弦。

追问2：课文对几颗小小的枣核反复渲染，是否有点小题大做？

交流提示：托物抒情、以小见大的写法。

(2) 课文写到第7段，已经解开了谜底，点明了题目，还要写第8至10段的内容，是否有必要？

交流提示：以点带面的写法。这是课文结构上的需要，课文写踏访后花园，当然要具体介绍后花园的布置；同时为少了枣树做好补笔，为索要枣核补写背景。这是表现主题的需要，这样写可以更加自然地引出主旨句。

2. 归结写法

设置悬念、一线贯穿、以小见大、以点带面。

## 四、质疑探究

1. 引导质疑

(1)"枣核"这条线索是否贯穿全文?

(2)结尾的表达是否过于直白?

2. 引导表达

结尾还可以怎样写?

写作交流评点

示例呈现:她告诉我,现在把枣核埋在花园里,肯定就能长出树苗来。哪一天枣树长高了,枝叶间挂满了枣子,满树的清香弥散开来,眼前仿佛就是总布胡同院里的情景了。

比较评价:这样改写,顺着第10段来写,既承接上文,又照应题目,还比较含蓄,有点诗意。当然,课文结尾直抒胸臆,掷地有声。

3. 齐读课文

## 五、拓展联系

1. 从结尾联系学过的歌《我的中国心》

我们中华儿女的民族感情是由来已久的。中国心、爱国情是有传统的,有渊源的。

2. 结语

是的,"不管怎样也改变不了我的中国心"。"一颗生枣核"就是一颗鲜活的"中国心",见证了浓浓的民族感情,见证了深深的思乡情结。让我们再一次齐声朗读一下课文的结尾!

## 徐德郁

徐德郁　1964年毕业于吴县木渎中学，1965年起先后任中学代课教师、小学民办教师，1980年获首批"民转公"。吴江师范函授毕业，江苏教育学院"教育管理"大专（自考）毕业，1984年赴江苏省小学语文教学研究班脱产学习半年。在木渎实验小学工作30多年，先后任教师、教研组长、年级组长、副校长之职。1999年调至吴县市（吴中区）教育督导室任督学，于2007年退休。

1996年被评为江苏省小学语文特级教师。先后获得吴县先进教育工作者、吴县知识分子先进工作者、吴县市有突出贡献的优秀教师、吴县市知名教师、苏州市名教师、苏州市三八红旗手标兵、江苏省"红杉树"园丁奖金奖、全国优秀教师等20多个荣誉称号。《江苏教育》《苏州教育》《苏州日报》《吴县日报》《小学教师培训》《园丁谱》、苏州人民广播电台等报刊、电视媒体多次报道其先进事迹。

秉持"一切为了每一位学生更好地发展"的教育理念，忠于事业，热爱学生。自觉学习教育教学理论，潜心钻研小学语文教学，在阅读教学、写作指导、小学生自学能力培养、小学生语感能力培养等方面勤于实践，深入探究，不断总结，形成了"遵循规律，讲究方法，追求低耗高效"的教学特色，并在教育杂志上发表了《关于小学语文教学"低耗高效"问题的几点思考》《要重视语感的培养》等论文10多篇。被聘为县首批兼职教科员。个人承担的"培养学生质疑问难能力的研究"课题获一等奖；主持和参与的省级立项课题"小学语文教学'低耗高效'教改实验研究"获吴县市"八五"教育科研成果评比一等奖，论文发表于《江苏教育研究》；"九五"课题"小学'低耗高效'教学综合实验研究"获江苏省"圣陶杯"科研成果二等奖。1997年受江苏省教育厅指派至苏北多个地区讲学，受到好评。

1993年至2002年任第八届、第九届全国人大代表。

1994年至1997年任吴县（市）政协副主席，1998年至2007年任吴县市、吴中区人大副主任。

# 我的小学生语感能力培养主张

语感,是比较直接、迅速地感悟语言文字的能力,是一个人语文素养的重要组成部分。著名教育家叶圣陶先生早就提出:"文字语言的训练,我以为最紧要的是训练语感。"在《语文课程标准》中,无论是在课程理念、课程目标中,还是在实施建议、评价建议中,都提到了对学生语感的培养。可见,对学生语文能力的核心因素——语感能力的培养,是每个语文教师责无旁贷的基本任务。

20世纪60年代,我刚踏上小学教师工作岗位时,即任教中高年级语文。记得那时学校常包场看电影,在电影院里,我发现了一个现象:影片中人物幽默的对白往往引起大家的哄笑,而有些学生虽观看认真,却一脸懵懂地问旁人为何发笑。再有,在晨会课上,我常让学生上讲台读《少年报》,有的学生读得十分流利,有的却断断续续。这些现象引起了我的深思。我在一本英语教学研究杂志上,第一次看到了"语感"这个词,弄懂了"语感"的意义。我琢磨:这些现象不就是"语感"的问题吗?我认真地学习了这篇有关语感培养的文章,大受启发。我就试着迁移到自己的语文教学中,在教每篇课文前,我都认真思考,怎样有意识地通过多种方法培养学生的语感能力。久而久之,自觉颇有收获。有一次,县语文教研员来我校,在翻阅教师学期总结时发现我写的《要重视小学生语感的培养》,觉得话题颇为新鲜,代投《江苏教育》,得以发表。自此,我投入这项"教科研"更为积极自觉了。几年后,我又写了《培养语感与提高语言表达能力》等文章。20世纪90年代初,吴县市教科室周永沛主任组织编写《语感训练》,由南京出版社出版,我有幸参与了编写。紧接着,我校进行了"小学语文教学低耗高效教改实验"的课题研究,我认为,长期以来语文教学偏重知识传授,忽视语感培养,实为语文教学高耗低效的一个重要原因,因此我将对"培养小学生语感能力"的专项研究纳入学校课题研究的实施之中。记得在1997年,我被江苏省教育厅指派到苏北几个地区讲学,主题就是"注重培养学生的语感"。如今我已退休多年,总觉得过去的所谓成绩均为过眼烟云,资料保存意识淡薄,加上当时技术条件所限,现只能凭借仅存的材料并尽力回忆,将自己在"小学生语感能力培养"方面的主要做法做一梳理和汇报。

## 一、求"活"求"准",切实改进词语教学

词语是组句成文的基础材料,作者的思想感情往往通过关键词语表达出来,因此阅读教学中词语教学的地位显而易见。对于词义的理解,当初传统的方法往往是抄注解。教师把词语注解口授给学生或者写到黑板上,学生抄到本子上,考试时再答到考卷上。有时,要求学生查字典,然后写出词义。我想,这种"搬运工"式的词语教学法怎能培养出学生的语感呢?必须改!学生抄来的注解或者在字典上查到的概念是死的,而文章中字词所表现的情境及思想感情是活的。因而,我在教学中就要求学生把重点放在理解词语在课文具体语言环境中的含义上。学生在预习课文时,往往机械地抄写、记忆词语注解。于是我就在课内从指导学生预习做起,反复强调,碰到陌生的字词,先要阅读课文语句,经过自己的思考、揣摩、领会,再查字典,然后根据字典的解释,回到原文中去,进一步求得理解。课堂上,我从不叫

学生抄注释,要求学生用自己的话解释词义。有些词义往往只可意会,就让学生联系上下文来讲,特别要注意词语在文章特定的环境里所表达的思想和感情色彩。如《穷人》一课中写到渔夫的家"温暖而舒适"。"舒适"一词,词典上一般注释为"舒服安逸",而在该文中仅是指"地扫得干干净净,炉子里的火没有熄,食具擦得闪闪发亮,挂着白色帐子的床上孩子们安静地睡着"。而这一切是靠主妇桑娜的勤快就能做到的,学生联系了词语上下文的内容,就会领悟到"温暖而舒适"在这里的真正含义,对于作者要表达的思想感情就会感到真实可信。

也许是数千年的文化积淀,也许是汉语言文字本身的特点,注定了我们的语文阅读教学必须"咬文嚼字",正如叶圣陶所说"一字未宜忽,语语悟其神",在引导学生阅读的过程中,我常常抓住一些体现文眼的关键词语、揭示中心的概括性词语、描写贴切传神的优美词语、适宜归类积累的成语等让学生"咀嚼",促使消化吸收。例如,在教学《鱼游到了纸上》时,我让学生找出描写聋哑青年专注地观察金鱼以及一丝不苟地画鱼的重点词语,细细品味、比较,从而感受到了青年身上的可贵品质。实践证明,这对于学生语感能力的提高大有裨益。

**二、入境入情,着力加强读的训练**

读,是学习语文的一个窗口,也是感受语言、训练语感的基本方式。小学生抽象思维能力较弱,要领悟语言文字所表达的内涵,应充分调动他们的形象思维。因此,我坚持训练学生读书时做到眼到、口到、心到,通过投入的、有效的阅读去感受语言的活力,发展形象思维能力。尤其是记叙文,我教学生用"读文想景"的方法,尽量将"形象的语言"变成"语言的形象",即在读书时能在脑海里浮现表象,形成如见其人、如闻其声的生动活泼的立体画面,对景物的层次、方位以及人物的活动,都有个较为明晰的印象。我注意教学的直观性,利用实物、挂图、画报等,调动学生生活积累,创设情境。课文凡有插图的,我就充分利用,辅助学生想象。如教学《蝉》一课,课文中写道:"这时,蝉表演一种奇怪的体操。它腾起身子,往后翻下来,头向下倒挂着,折叠着的翅膀打开了,竭力撑直。"这段文字描述的情景是学生在生活中从未见过的,我让学生读文看图,图文对照,学生一下子就明白了。而后一句"接着,尽力把身体翻上去,用前爪勾住那层旧皮……",我就教学生在脑子里"画连环画",通过想象,在读这段文字时,眼前仿佛出现了金蝉脱壳的动画电影,学生被此奇妙动人的情景吸引住了,读书更加津津有味。这样既加深了对文本的理解,又发展了学生的形象思维能力。持之以恒地训练,学生养成了习惯,即使课文中没有插图,学生渐渐地也能读文想景了。如《小站》一文围绕中心按车站的方位一层一层写,赞美车站工作人员的精心布置。教学时,我要求学生找出那些表示方位的词语,启发学生边读边根据方位想象小站的布置和环境,让北方山区一个小站的模样浮现在学生脑海之中……当然,而今教学设备已不可与二三十年前同日而语了,教师可以运用多媒体现代化声像手段,创设情境,帮助学生感悟文本语言,激发情感体验,培养学生语感能力就会更有效。

朗读是化无声的文字为有声的语言的一种阅读活动,典范文章的朗读,是培养语感的有效途径。小学生喜欢大声朗读,我就抓住这一重要的环节,着力培养他们的语感能力。多读,能让学生在读的过程中逐步加深对文章内容的理解,并受到感染与教育,即"内化"文本语言。同时,学生又通过朗读表达出自己的情感,再一次地给自己和别人以感染和教育,这是"外化"。语文课上,教师也往往能够通过听学生的朗读检验他们对课文的理解程度。因此,"以读为本"实在重要。通过课堂上各种形式的朗读,学生逐渐掌握文章的语气、节奏、句式,揣摩作者蕴含的思想感情,使课文在学生心中"活"起来。听和读是相辅相成的,要多听自己读,还要多听别人读,逐步培养学生对别人朗读说话的鉴赏能力。学生在多读多听中进行思索,设身处地去体会蕴藏于文字背后的东西,他们对语言文字的敏感性就会逐渐增强。如课文中有些人物的对话就是朗读训练的好材料,我启发学生边读边体会说者的"潜台词",就能读出人物的心情。如《忆铁人》第二节写铁人去托儿所时批评了一位阿姨,在回去的车上,一位干部对铁人说,那位阿姨是个好同志……接着课文写道:铁人睁大了眼,"哦?……咳!"。之后,便要司机把车掉头,开回托儿所。我要学生仔细体会铁人的神态、语言及省略号后面所包含的丰富感情,学生说这句话的意思是:"哦,原来是这样!咳!我真该死!错怪人了,得赶快回去赔礼道歉!"两个语气词、三个标点符号准确地传递出铁人当时无比的内疚。学生的想象符合情理,符合人物的身份。我让学生把这种真切的感受在朗读中表达出来,效果很好。铁人那种勇于承认错误、严格要求自己的品格,很自然地使学生受到了震撼和教育。总之,当学生对课文产生了真切敏锐的感受,激起了情感共鸣,他们也就在朗读中提高了语言感知能力。

### 三、自读自悟,凸显学生主体地位

学生是学习的主人,培养语感,无法强加,必须让学生在潜移默化中逐渐积累,在不断的探索实践中慢慢养成。教师恰到好处的点拨、指引是必要的,但由于学生情况各异,同读一篇文章,理解有深浅,感受不相同,所以我放手让学生自主读书,思考领悟,再让学生在讨论、交流中互相启发,共同探究,取长补短,相得益彰。这样既活跃了课堂气氛,又能激发学生学习的兴趣,促进语感能力的培养。如学古诗《塞下曲》时,我让学生反复诵读,揣摩意境。第一句"林暗草惊风",我引导学生领悟每个字所包含的意思,再各抒己见,进行讨论。学生的感受是个人的独特体验,是多元的。有的说,夜晚昏暗的树林有风吹动的感觉;有的说,树林黑乎乎的,月光透不进去;有的说,一阵阵风吹来,草叶颤动,发出窸窸窣窣的声音;有的说,仅仅五个字,写到了林、草、风,还有林中暗淡的光线、风吹草动的状态,多么丰富的内容啊;有的说,这里的"惊"字用得好,把树林里突然发现有猛虎的紧张气氛写出来了。通过交流,大家感受愈来愈深,学生从看似简单的语言中,理解了蕴含着的丰富的思想感情,体会到了古诗语言的凝练。在以后的古诗学习中,他们的自悟能力明显提高,记忆、背诵的效率也大为提高,阅读其他文体的文章同样如此。在学生的自主学习中,语感能力得到潜移默化的提升。

"学贵有疑",学生自读自悟中自然会遇到问题,而发现问题、解决问题的过程,正是学生语文能力提高的过程。我在所教班级三年级开始进行了一轮"培养质疑问难自学能力"的课题研究,觉得这与培养小学生语感能力是完全相辅相成的。

### 四、多读多写,聚焦语言积累运用

语文是一门学习语言文字运用的综合性、实践性课程。教语文,就得教学生感悟语言、积累语言、运用语言。我感到,培养学生的语感能力,必须在听、说、读、写的语言实践操作中求得效果,尤其是要在读与写的有机结合上下功夫。

众所周知,阅读是吸收,写作是表达。显然,读和写是互逆的过程,它们之间既相对独立又密切联系。语文课如果只重视阅读而不结合指导写作,或者习作指导脱离平时的阅读教学,都不是完整的语文课。其实,读写结合,除了思想上充分重视外,方法上还是有规律可循的,我在当年的一篇教学体会文章中这样归纳读与写的某些一一对应关系:

  读,想象入境,形成立体画面;写,回忆表象,描述准确具体。
  读,把握思路,增强时空观念;写,言之有序,表达条理清楚。
  读,揣摩比较,领悟字词内涵;写,遣词造句,注意运用确切。
  读,晓言动情,产生感情共鸣;写,恰如其分,表达真情实感。

  例如,学了《记金华的双龙洞》,学到作者按游览顺序写所见、所闻、所感的方法,就让学生写《游天平山》《动物园参观记》;学了课文中人物肖像描写的语句,就让学生写一段自我画像,在班级里做个"猜猜我是谁"的游戏……如此"从读知写,从读学写,以读促写",学生平时习得、积累的语感,通过读与写的反复实践,得到运用、强化、积淀和提高。

  此外,课内外阅读的结合对发展学生语感能力有着不可替代的作用。课内,我们通过那些文字优美的课文,让规范化的语言固化到学生的语言系统之中;课外,还应该鼓励学生在书海中遨游,去体会"读书百遍,其义自见""读书破万卷,下笔如有神"的乐趣。我让学生建"读书卡",交流读书笔记,出专题黑板报,设立班级"图书角",评选奖励"课外读书小标兵"……大量的语文实践活动,既丰富了学生的课余生活,也有效地丰厚了他们的积累,促进了语言运用能力的提高。

  实践使我深深体会到,小学是培养学生语感的黄金时期,抓住这一关键阶段,提高学生的语感能力,是语文教学实现低耗高效的重要手段,是学校落实素质教育的有效措施。自知以上所写无论从阐述的理论性、文字的时代感还是实例的新鲜度等各方面来衡量,均不能与"特"挂得上钩,仅是一名年逾古稀的曾辛勤耕耘于小语教学园地的"老园丁"对其钟爱的小语教学所做的些许回忆。但愿"老酒尚存余香",倘若对今天的年轻教师朋友有一点点启发,就是我最大的欣慰了!

# 《鱼游到了纸上》教学设计

**教材简析:**

　　《鱼游到了纸上》是人教版小学四年级的一篇课文。课文主要记叙了作者去杭州玉泉观鱼,看到一位聋哑青年,这位聋哑青年观鱼全神贯注,画出的鱼儿栩栩如生,就像在纸上游动一样。文章按事情发展顺序,以青年人"特别"的举止为线索,随着作者对他认识的不断深入,一位勤奋专注、画技高超的残疾人形象跃然纸上,作者的敬佩之情也油然而生。课文在写法上有两个特点:一是人物描写细致入微,对聋哑青年的外貌、神态、动作刻画传神;二是语言平实而含义深刻,很有启发性,令人回味无穷。教学本课要让学生从青年人做事勤奋、精神专注中受到感染,学习作者对人物的观察和描写方法。

**教学目标:**

　　(1)深入学习课文,体会文章的思想感情,感受青年做事勤奋、专注的品质。
　　(2)学习作者观察和描写人物的方法。
　　(3)有感情地朗读课文。

**教学重点:**(第二课时)

　　理解含义深刻的词句,学习作者观察和描写人物的方法。

**教学难点:**

　　理解"鱼游到了纸上"和"鱼游到了心里"的关系。

**教学过程:**

### 一、复习词语,回顾课文大意

　　(1)听写词语。
　　栏杆　厂徽　绣花　境界　聋哑人　清澈见底　赏心悦目　一丝不苟　融为一体
　　(2)出示词语,你能用上这些词语概括课文的主要内容吗?
　　小结:通过词语串联来概括课文的主要内容是一个好方法。
　　(3)导入新课:这节课就让我们再次走进课文,去感受聋哑青年爱鱼的忘我境界。
　　【设计意图:概括课文主要内容是小学中年级阅读教学的一个难点,以听写词语为抓手,既复习了生字词,又对概括主要内容进行了方法上的指导。】

### 二、品读感悟,体会人物品质

　　(一)学生自学课文,要求:
　　(1)默读课文,划出青年看鱼和画鱼的句子。
　　(2)读一读你划的句子,想一想你从哪些词句中体会到了青年爱鱼到了忘我的境界?

(二)同桌交流。

(三)组织学生交流讨论。(出示句子,抓关键词语理解句子内涵,指导品读)

**"看鱼"部分:**

(1)出示句子:他老是一个人呆呆地站在金鱼缸边,静静地看着金鱼在水里游动,而且从来不说一句话。

① 哪些词语让你感受到青年的认真专注?("老是"说明这个青年不是一次两次这样看鱼了,而是经常这样看鱼。"呆呆地"这个词说明他看鱼看得都入迷了。"静静地"和"从来不说一句话"可以看出青年看鱼看得非常认真。)

a. 启发学生联系生活体验:你看过鱼吗?你是怎么看的? b. 小结:与同学们看鱼的情况不同,青年……(引读),你想到了那些词语?(预设:专注、聚精会神、目不转睛等)

② 青年这么专注、忘我地看鱼,他会看些什么?(鱼的样子、颜色、身体结构、动态……)

③ 指名朗读,学生评。感受青年看鱼时的专注,并体会作者观察细致,通过神态描写表现人物特点的写法。

④ 齐读句子。

(2)出示句子:他告诉我,他学画才一年多,为了画好金鱼,每个星期天都到玉泉来,一看就是一整天,常常忘了吃饭,忘了回家。

① 说说你读完句子后的感受。

② 找出句中表示时间的词语,说体会。(一年多、每个星期天、一整天);为什么用了两个"忘了"?读好这些词语。

a. 出示补白句子,启发学生想象、说话:

假如这个星期天,风和日丽,他就这样一个人呆呆地站在金鱼缸边,静静地看着金鱼在水里游动。

假如这个星期天,寒风凛冽,他也——;假如这个星期天,烈日炎炎,他依然——

b. 师:为了画好鱼,不论春夏秋冬、严寒酷暑,聋哑青年都要来玉泉看金鱼,仔细观察鱼的一举一动。你感受到青年是个怎样的人?(坚持不懈、持之以恒、勤奋……)

③ 让我们一起再次走近这位青年,通过朗读感受他看鱼时的专注和勤奋。(齐读两个看鱼的句子)

④ 小结过渡:此时此刻,这样一位专注看鱼的青年就站在我们面前,他的眼里只有鱼,他的心里想的也是鱼,甚至连他自己仿佛也变成了一条鱼。

**"画鱼"部分:**

(1)出示句子:我挤过去一看,原来是那位青年在静静地画画。他有时工笔细描,把金鱼的每个部位一丝不苟地画下来,像姑娘绣花那样细致;有时又挥笔速写,很快地画出金鱼的动态,仿佛金鱼在纸上流动。

① 最让你留意的是哪些词语?你从这些词语中体会到了什么?

② 理解"一丝不苟",理解"工笔细描"和"挥笔速写"。

a. 出示"工笔细描"和"挥笔速写"的作品,对比理解。b. (出示金鱼图)仔细观察,这图上金鱼的哪个部分是"工笔细描",哪个部分是"挥笔速写"? c. 不管是工笔还是速写,都是那样逼真、传神,足见他画鱼已经到了出神入化的地步。你想到用哪些词语来夸赞青年的画?(栩栩如生、活灵活现、生动传神、惟妙惟肖……)

③ 师生合作朗读:你好像看到了怎样的画面?你看到了金鱼的哪些动态?(吐泡泡、追

逐嬉戏、甩尾巴……)

④ 学生一边读一边想象画面,体会青年的画技高超。(配乐齐读)

【设计意图:通过抓住关键词语品读词句来理解重点句子,在读中理解,在读中感悟青年画鱼一丝不苟的态度。】

——教师过渡:一条条鲜活的鱼跃然于作者笔下,活灵活现,栩栩如生。难怪那位围观的女孩会情不自禁地叫起来。

(2) 出示句子:"哟,金鱼游到了他的纸上来啦!"一个女孩惊奇地叫起来。

① 个别朗读,引导评价。指导学生抓住"哟""游""啦""!",从动作、神态、声调读出女孩的惊奇、赞叹的语气。

② 鱼真的能游到纸上吗?你是怎么理解女孩这句话的?

——教师过渡:她这一叫可是一石激起千层浪,围观的人都纷纷议论着,赞叹着。

(3) 出示句子:围观的人越来越多,大家赞叹着,议论着,唯一没有任何反应的是他自己。他好像和游鱼已经融为一体了。

① 围观的人都在赞叹什么?议论什么?(看插图,想一想他们可能会说些什么?)

出示:围观的人越来越多,大家赞叹着,议论着:一位阿姨_____地说:"_____"一位老爷爷_____地说:"_____"一个男孩_____地说:"_____"……

(引导学生进入角色,尽情表达对青年的赞叹之情。)

② 大家赞叹着,议论着,为什么他却没有一点儿反应?

预设:①因为青年是聋哑青年。(教师:面对一个身体有缺陷的青年,却能画出栩栩如生的鱼,你有什么话要说?)②因为他画鱼画得太专注了。

(除了因为他是聋哑人外,更重要的是他专心致志地作画,眼中所见,心里所想,笔下所画全都是鱼,仿佛自己也变成了一条游鱼。)理解"唯一""融为一体"。

【设计意图:充分利用文本插图,创设情境,让学生进入文中角色,由衷地发出对青年的赞叹,通过架设学生与文本对话的桥梁,让学生更深刻地感受青年高超的画技和身残志坚的高尚品格。】

(四) 体会"鱼游到了纸上"跟"先游到了他的心里"的关系。

(1) 青年画的鱼为什么能游到纸上?(带着问题默读课文)

(2) 青年自己是怎么认为的呢?(板书:游到了他的心里)

(3) "鱼游到了纸上"与"鱼游到了心里"是什么关系呢?

你能用"因为……所以……""只有……才……"或其他的关联词语把下面的两句话连起来说一说吗?

(4) 看板书总结:正因为聋哑青年长期细致地观察金鱼,他把金鱼的每个部位、每个细微动态都深深地印在了心里,所以他画的鱼才能栩栩如生,如同游到了纸上。

### 三、拓展延伸

你还知道谁也跟这位青年一样,画的画栩栩如生,如同游到了纸上?结合课前了解的资料说一说。(如郑板桥画竹、齐白石画虾、徐悲鸿画马等)

### 四、布置作业

收集关于学习勤奋、专注的词语或格言,背一背。

# 《绝句》教学设计

**教材分析：**

　　杜甫笔下的《绝句》构成了一幅完美的图画：两只黄鹂在翠绿的柳树梢上欢乐地歌唱，一行白鹭在晴朗的天空中自由飞翔。透过窗户看见西岭千年不化的积雪，门外江面上停泊着即将驶往东吴的客船。鸣叫的黄鹂、飞翔的白鹭、高山的积雪、待发的船只，"黄、翠、白、青"描绘出明丽的色彩，"千秋雪"表现出时间的永恒，而"万里船"又让人联想起广阔的空间。这首小诗对仗工整，朴实自然，一句一景，动静结合，有声有色，为我们展现了杜甫草堂周围多姿多彩、清新开阔的自然景观。同时，诗人愉悦的心情也蕴含于写景之中。

**教学目标：**

　　(1) 正确、流利、有感情地朗读课文，背诵课文。
　　(2) 学会本课的生字，认识一个多音字。了解诗句意思，并能用自己的话说说诗句描述的景象。
　　(3) 理解诗句内容，受到美的熏陶，感受诗人愉悦的心情。

**教学重点、难点：**

　　理解诗歌内容，受到美的熏陶，感受诗人愉悦的心情。

**时间安排：**

　　一课时

**教学过程：**

**一、复习旧知，导入新课**

　　(1) 引导学生背诵以"春"为主题的古诗。
　　(2) 简单介绍作者。
　　刚刚我们背诵的《春雨》是唐代大诗人杜甫写的。杜甫，他忧国忧民，人格高尚，诗艺精湛，被称为"诗圣"。今天，我们再来学一首杜甫写的诗，这也是一首描绘春天的诗。
　　(3) 板书课题：绝句。
　　(4) 交流学诗的方法：根据你以往学诗的经验，有哪些好办法？
　　【设计意图：古人常常以诗配画。开课伊始的这个环节让学生背诵古诗，既引出了主题"春"，又引出了诗人杜甫。三年级的学生已经积累了一些古诗，基于这样的学情，引导学生交流学诗的方法，为本节课学习做好铺垫。】

## 二、初读古诗,了解大意

(1)《绝句》这首诗哪些同学已经会读了?会读的同学读给同桌听听,不会读的同学轻轻地读一读,了解古诗大意。

(2) 要求一名学生朗读。

(3) 正音。

① 出示生字卡片:鹂。

齐读。

出示挂图,介绍:黄鹂,是一种会唱歌的美丽的小鸟。我们常说的"草长莺飞""莺歌燕舞",其中的"莺"指的就是黄鹂。

② 出示生字卡片:鹭。

齐读。

出示挂图,介绍:白鹭是一种水鸟,浑身羽毛洁白,在天空飞翔的身姿十分优美。

③ 这首诗里还有两个多音字,你都读准了吗?

行,还有一个读音是____。

泊,它的另一个读音是____。

④ 我们一起来读读这首诗。

(4) 刚刚你们只是读准了字音,读诗还要读出古诗特有的节奏,恰当的停顿能让古诗富有节奏感,古诗的停顿是有规律的。这是一首七言绝句,一般按"四三"停顿。

指名读。

【设计意图:根据学情,重点指导生字"鹂"和"鹭",以及多音字"行""泊"的读音。】

## 三、再读古诗,想象画面

(1) 第一句:两个黄鹂鸣翠柳,一行白鹭上青天。

① 要求一名学生朗读。其他同学仔细听,想象着这两行诗描绘的画面。

② 交流:

你从这两行诗中看到了怎样的画面?(重点指导:翠柳、鸣、青天)

出示投影片,辅助理解:

翠:翠是新绿。

鸣:叫。想象一下,黄鹂们在说什么悄悄话?

青天:蓝蓝的天空。

③ 用句式"春天来了!听,看,近处_____,好像在说;远处_____"练说诗句描绘的画面。

④ 指导朗读:黄绿相间,白蓝辉映,加上了明丽的色彩,画面变得更美了!

要求一名学生朗读或全班齐读。

(2) 第二句:窗含西岭千秋雪,门泊东吴万里船。

① 要求一名学生朗读。其他同学仔细听,想象着这两行诗描绘的画面。

② 交流:

从这一句诗中你又看到了一幅怎样的画面呢?(重点指导:含、西岭、千秋雪、东吴等)

观察插图,辅助理解:

"含":看图:此时的诗人正凭窗望着。这是窗户,好像一个画框镶在这幅"西岭千秋雪"的"画儿"的四周,"西岭千秋雪"这幅画面好像就包含在窗户里。所以这儿"含"就是包含的意思。

千秋雪:查查字典,为"秋"字选择正确的义项。

古诗中"百、千、万"等较大的数词,大多是虚指。这首诗中"千秋雪"表示时间之久。

西岭:指成都西边的岷山,因山高、空气稀薄,有终年不化的皑皑白雪。

东吴:指当时的吴国。

③ 用句式"诗人凭窗望着:远处_____;近处_____"练习说出诗句描绘的画面。

④ 指导朗读:如果说第一句描绘的画面是有声有色的,是动态的,那么这一句描绘的画面则是静静的,想象着画面让我们来读。

(3) 一句一景,有声有色,有动有静,有近有远。了解诗意后我们再来读读古诗,读出我们想象出的画面,读出古诗的韵味来。齐读古诗。

【设计意图:读懂环节,从学生已会的词句入手,点拨他们忽略的,指导他们未知的。引导学生在咬文嚼字中理解、品味语言,启发、引导学生发挥想象力,培养语感,想象的过程就是深入研读诗句的过程。】

### 四、联系背景,体会诗情

(1) 介绍写作背景:诗人写这首诗时,唐朝刚刚结束了一场战乱,老百姓们重新过上了太平的生活。作为一名忧国忧民的诗人,杜甫怎能不喜悦、不高兴呢!

(2) 体会诗中蕴含的情感,练习朗读。

【设计意图:学生学习古诗时,时空距离往往导致情感距离。所以不仅在理解诗句上咬文嚼字,从中领悟意境、体验情感,此外还引导学生结合查阅的资料,如诗人的人格特点、写作背景,理解诗人情之所系,情之所在。】

### 五、拓展延伸,练习巩固

(1) 我们学习古诗,不能停留在一首古诗上,我们要学会比照着读。除了这一首,杜甫在成都草堂还写了不少诗。我们欣赏杜甫的另一首描绘春景的古诗《绝句》。

出示《绝句》:迟日江山丽,春风花草香。泥融飞燕子,沙暖睡鸳鸯。

先请大家认真朗读这首古诗。

① 学生自由朗读。

② 我们要学会有效地利用工具书来学习古诗。请你们借助下面的注释试着解释诗句。

③ 交流:读着读着,你仿佛看到了哪些画面?

④ 一起来读读吧!读出春色的和谐而优美,读出饱经离乱漂泊之苦的诗人在安定和平的环境中的一份喜悦之情。齐读。

(2) 布置作业。

① 写一写:把课文《绝句》认真地书写在作业本上。

② 读一读:找一些描写春天的古诗读一读。

【设计意图:以"春"为主题,把几首杜甫相关的诗优化组合,在课前、开课伊始、课末尾、课后等环节呈现,以达到对诗意理解、写作特点品味的深化。】

高本大

高本大 1978年12月江苏省洛社师范学校文科班中师毕业,同年参加教育教学工作。经函授,获得汉语言文学大专及教育管理本科学历。1995年12月—2016年3月,任苏州市吴中区苏苑实验小学校长、党总支书记。先后获江苏省小学语文特级教师、中小学正高级教师、苏州市首批中小学教育名家、全国中小学教育督导评估专家等称号。

在30多年的从教生涯中,注重研究儿童学习心理、师生成长规律及科学办学工作,坚持构建"静而不闷、活而不乱、收而不僵、放而不野"的学本课堂,逐步形成个性鲜明的"情感激发"语文教学风格。

相继应邀赴北京、上海、浙江、广东、河南、云南、陕西、广西、江苏等地上语文示范课,做专题讲学180余节次;公开发表专业文章200余篇,正式出版《教海探航》《从教问道》专著两部,参与编写教育教学专著11部。

# 情感激发：我所追求的语文教学风格

## 一、我对风格及教学风格的理解

风格者，乃风貌、格调、风范、格局也。

风格，是后天赋予人类的一大财富；是人类财富中精神个体性的外在表现；是通过外在表现而展示的独特、稳定而持久的内部特征；是外在表现与内部特征两者交响中蕴就的艺术呈现；是一切艺术呈现所能企及的最高境界……与风格有着最密切关系的是个性。缘于个性所致，风格，可以适度模仿、借鉴，但难以完全复制、克隆。

较之于风格而言，教学风格，是风格族群中的分支，是对概括性风格的一种具体化。教学风格，是教师生命本性的自然流淌，是教师教学观的综合表露，是教师佩挂于身在整个教学旅程及课堂中的一枚徽章，是教师经过长期努力，其教学思想逐渐成熟后竖起的一根标杆……这样的教学风格，不仅体现在教师教学思想、教学道德、教学审美、教学方法等各个领域，也反映于教师言行举止、气质风度等诸多方面。只有对此种种准确拿捏，并有系统展示，教师才有可能真正形成属于自己的教学风格。

## 二、我所追求的语文教学风格

语文，是"文学"，更是"人学"。既属"文学"，更属"人学"的语文课，不免存有三种境界：人在课中、课在人中，这是第一种境界；人如其课、课如其人，这是第二种境界；人即是课、课即是人，这是第三种境界。排序越往后，课的痕迹越淡，境界越高。

要使"课无痕"，直至"无课"，要进入课的最高境界，基于自身优势、特长等形成并展示自己的教学风格至关重要。这是有志于在语文教学中一展自身风貌、格调、风范、格局的语文教师的共同追求，也是我近40年语文教学实践与研究的不息追求。追求中，我力主以生为本，力主教学相长，力主在尊重同行评价等基础上，做深入的思考、概括与提炼。同时，力避鹦鹉学舌，力避左右摇摆，力避在浅尝辄止中半途而废……其目的，就是为了求风格必须有的独特、稳定和持久，就是为了通过对独特、稳定、持久之"三求"，助得自身语文教学风格的最终形成。循此所求，我无愧于心地爱语文、学语文、教语文，我尽己所能地教学生学语文、会语文、爱语文。为了爱语文，我不离一线；为了学语文，我不懈钻研；为了教语文，教好语文，我不惜为自己、为学生"课备四遍"：1.先独立着备，形成基本框架；2.再参照着备，取人之长，补己之短；3.课中机动着备，随时调整，有效应变；4.课后反思着备，精益求精，以利后续教学……

如此对语文、对语文教学，以及在语文教学中对学生倾注的真切之情、深切之感，融汇出一股情感流。这股情感流，指向"融生于心"，指向使课"无课"，指向师生共创语文教学中的"情满课堂"。依凭这指向，以情作滋养，以感促生长，以此情感创立情感激发的语文教学风格，是我一如既往的明确追求。这追求，对逐步形成自身情感激发的语文教学风格所起的作用是深刻而强烈的。

### 三、情感激发语文教学风格的基本特征

情感,是人对外界刺激做出的心理反应。富有正面、积极意义的情感反应,必定沁人心肺、耐人寻味、引人入胜。

#### (一)以情感孕就语言,传准信息

情感绝非空洞的概念。情感是由心灵、神情、肢体、口头等多种呈现方式及语言所奏出的"交响乐"。而语言,恰恰是语文教学及情感传递中一种最为直接的体现。

把握内核、定准基调、饱含情感的课堂语言,往往只稍几句话,就能把学生带进所要学习的语文情境;往往只用个把问题,就能促使学生心潮翻涌、思绪万千;往往只需扼要点拨,就能点燃起学生智慧的火花,从而在课堂上演绎出一幕幕生动的场景……

于是,"用心锤炼语言",并使之富有情感特征及艺术个性,是我持之以恒的追寻。教激昂澎湃的课文,用豪迈奔放的语言;教深情脉脉的课文,用低吟浅唱的语言;教景美物华的课文,用绘声绘色的语言;教质朴自然的课文,用优雅淡定的语言……采用如此语言风格去打动、影响学生,并由此传递出信息交流的准确效果,是常驻我心头的享乐。

#### (二)以情感先声夺人,激活灵性

"对于语文教学而言,读书应该放在第一位。文章的精华在字句之中,字句之中有声情,有气韵,有见识,有抱负。只有读,让它先在你的嘴上活起来,然后才能在你的心上活起来。"尚友敬老先生不无道理的此话,让我对语文课堂上的读,以及通过声情并茂的读帮助实现语文教学的综合功能始终抱有信心。

对读,我略有专长;对我的读,多数学生都很喜欢;对指导学生的读,我能运用该用的方法……借助合乎文本内涵的多种形式的读,成为我以情感先声夺人、激活学生灵性及展示语文情感教学风格的重要表征之一。不管是《长征》《十六字令·山》,还是《落花生》;不管是《普通一兵》《小镇的早晨》,还是《清平乐·村居》,我均注重通过师生间的读,给予学生一种强烈、深沉的情感激发,让学生感受到文中跳动的脉搏,并带着高雅的审美意识和情操等进入对文本的本真感悟。所有的读,该庄重时沉稳,该豪放时爽朗,该幽默时诙谐,该抑扬时收放……目的就在于,要让课堂像磁场一样吸引学生,使浓浓的情意弥散、充盈整个教学过程。其间,积有很多个案,而个案中有学生写到的一段话让我感受至深:"全场没有一丝杂音,没有一缕风声,连呼吸声也压低到最小,'好一个安塞腰鼓!……'此时的课堂上,只有高老师朗读的声音,时急时缓,时扬时抑。越读越投入,越读越忘我……我们仿佛跟随着高老师来到了安塞,听到了如旋风、如乱蛙、如火花、如斗虎般豪放火烈的鼓声。朗读声一停,空气似乎凝结了,如安塞腰鼓奏响后戛然而止了一般。持续了好久,我们才缓过神来……"这是我上完《安塞腰鼓》后被学生定格的一个真实镜头。在这镜头面前,我并未为自己受到学生夸赞而沾沾自喜,却为学生能在如此朗读中凭灵性的激活有此感受、得此感悟而兴奋不已……

#### (三)以情感渲染气氛,感动学生

清朝学者张潮曰:"情必近于痴而始真,才必兼于趣而始化。"

以我之见,此"真",指本真。旨在本真地投注,该怎样就怎样,而不虚情假意。此"化",指演化。旨在演化中得取,该如何就如何,而不矫揉造作。要达此"真""化"共生的效能最大化,"痴""趣"为关键。见诸于"痴",我常能使自己在教学中忘却自我,使文本中的形象、情思

在自己身上得以再现;收效于"趣",我常能让学生在课堂上兴致盎然,并从中产生更多更深的情感共鸣……一句话,为使学生在课堂教学中汲取更多的营养,获得更多的力量,实现更多的生命张扬,我坚持着以情感渲染气氛,以自己的感动促成学生的感动。

作为一个性情中人,我曾为文本中十里长街上万众送别总理的情景而悲怆;曾帮文本中黄土高原上摇鼓的后生们而呐喊;曾被文本中娄山雄关"霜晨月"、红军指战员"从头越"的凄美、壮烈场面而震撼;曾让文本中桂林山水间展现出的迷人风光而陶醉……这所有的悲怆、呐喊、震撼、陶醉等一经化为真情流露,并使之灵动于课堂,学生受到的情绪感染、心灵感应及全程感动等也就不难如愿而行、如期而至。

语文课堂上这种种"情感"的渲染、挥洒与积淀,是形成并展示自身情感进而激发语文教学风格中的紧要一环。当如此情感的渲染、挥洒、积淀与学生、文本、教学合而为一,必能在课堂上显现风格自有的厚度与张力。

### (四) 以情感关注细节,震颤心弦

细节,大多源于文本中最能表达作者情感、最能催生学生情绪波澜的词句或段落。

要在情感细节的关注中体现应有的教学风格,这归功于教师以应有的情感及语言敏感,组织学生对文本的"文眼"进行深度的挖掘与开发,并就此"踏它个坑出来"。

此举一例:在教学《我的战友邱少云》一文时,我先让学生自学大致了解全文的内容,接着拎出"居高临下""纹丝不动"两个成语推导学生研习。就"居高临下",我发问:①这里的"临"是什么意思? ②谁在高处,谁在下方? ③这"高、下"情势对谁不利? ④面对如此形势,我志愿军潜伏部队必须怎么做才行? 紧接讨论、交流后,又展开对第二个成语的发问:①怎么理解"纹丝不动"? ②文中哪些句子写出了"纹丝不动"? ③烈火烧身时,邱少云为什么要"纹丝不动"? ④置身烈火中,邱少云为什么能"纹丝不动"? ⑤面对邱少云在烈火中"纹丝不动"的壮举,大家有哪些触动? 如此"牵一发而动全身"的逐层探究,实现着字、词、句、段、篇的系统串联,有助于学生对文本构建的现场实景生发真切感受,更能牵手学生随着心弦震颤,"沉入词语的情感世界",去更好地感知环境、把握事件、领悟人物、理解全文,从而使教学的整体效果在情感主导下得以如愿优化。

### (五) 以情感升华意境,提振神韵

如果把课堂教学比作一出戏,那么相关特有的教学环节不妨称为整出戏的高潮演进。这高潮的演进,旨在意境升华,神韵提振。

《长征》一课临结束时,我先按常规套路问学生是否都学明白了,同学们异口同声回答:"都学懂了"。此时,我出人预料地说:"不可能!"话语一出,全场愕然。接着,我情深意长地说:《长征》这首诗,需要我们学一辈子! 红军排除万难、勇往直前的精神,值得我们学习一辈子!"结尾如撞钟,这出乎意料又在情理之中的结语,既升华了文本的教学意境,也使学生的精、气、神得到了重要的提振。

再如,教学《高尔基和他的儿子》一文时,我不只满足于让学生体会到父爱子、子爱父的美好亲情,更通过层层引导,特别是两次模拟通话,让学生领悟到:这种爱是一种高层次的爱,是一种具有社会责任感的爱。这种爱,富含人性美。只有人性美,才会人生美。经此升华、提振,学生的情感体验才能达到更高的层阶,以情为主体、主线的教学风格的内在价值才能得到较好的体现。

### (六)以情感引领真学,激励生成

我始终牢记李政道博士的一句话:"求学问,需学问,只学答,非学问。"我之所以牢记这句话,是因为这短短12个字投射出一个深刻的哲理,那就是:只有以真情实感关注学生,关注学生的学习,才能让学生习得真学问;要激励学生习得真学问,必须关注生成;要见得生成,理当关注学生学会主动质疑;要让学生学会主动质疑,以老师提问引发学生思考,并让学生乐于提出"问题之后的问题",不失为一个窍门。

于是,在众多的课例中,我会伺机发此类之问:①看了这个课题,大家已经知道些什么?正在思考些什么?②在读这个词、这句话时,大家有没有碰到困难?有哪些困难?谁能说出来请同学们帮着解决?③学到这儿,特别爱思考的同学肯定还会有疑惑,谁来证实自己特别爱思考,特别能发现问题、提出问题,并解决问题?④学习不能"不懂装懂",如有真问题,不提真可惜,看谁有能耐可以把老师或同学问倒?……如此这般以情生问的磨砺与历练,既可擦亮学生学"问"、会"问"这把解决现实问题的制胜之钥,又可使课堂洋溢出一股浓浓的情感风范,促成一番生生的互动格局,以致在充满本色的生成气息中呈现出一种师情、生情、文情三情共振的怡人风格。

## 四、情感激发语文教学风格的成因分析

任何合乎科学定义的风格都会以一种系统格局呈现,而系统格局必由诸多核心要素组成。系统,讲究环环相扣,步步为营;要素,注重点点用心,项项落实。就本人情感激发的语文教学风格来说,其形成的动因主要有两个方面:

一方面,有机参照→不断积淀→长期自励→不断提炼→尽情展示,是我形成现有教学风格的意识、行为链。此链的演绎过程,为我情感激发语文教学风格的形成打下了有序的发展之基。

另一方面,借助知识、能力、心理、经验及各种主客观条件,坚持在以生为本的教学中善用而不滥用情感,使理应鲜亮的风格趋于符号化却不因此而僵化,是我形成现有教学风格的核心、关键点。此点的具体作为,将我引上了情感激发语文教学风格形成的健康生长之路。

怎样才能在抓链、揿点中突出主旨,如何才算在突出主旨中善用情感,并使情感激发语文教学风格在符号化的进程中不陷于僵化,本人有必要再强调以下几点:

(1)以学生为本,存本真之情。我始终认为,要做到本真,教师务必脑中有"课标"、眼里有文本、心中有学生。而心中有学生,对学生充满真感情,无疑是其间的重中之重。一是因为从学生情与理的认知角度来看,学生更容易接受情感上的认同;二是因为语文教学的特质决定着该门学科必须以情感为纽带。以"学生之情"爱学生,爱课堂上的学生,爱在语文课堂上日有所进的学生……这一切的爱,不横眉入灶,不忸怩作态,不刻意花哨,均自如释放出我内心的情感,并为我情感激发语文教学风格的形成提供了本真能量。

(2)以文本为例,扬奋激之情。情感需要激发,激情需要涵养。情感,不仅是语文教学的灵魂,也是语文教学的甘霖。而激情,恰是语文教学中由甘霖所哺育出的鲜活生灵。此激情,绝非那种一味的本能亢奋,而是一种由文本所唤出的,足以引发生命和心灵对话的情感体验;是一种洋溢在教学全过程中的生命灵动。我的激情,有时会让它像喷薄而出的岩浆,有时会让它像汩汩流淌的清泉……自在,无所不在。所有激情的自在运用,恰为我情感激发

语文教学风格的形成积聚能量。

（3）以情节为要，吟细腻之情。情节，是构成文本情感变化和经过的重要关节。关切情节，就是关切演绎课堂的智慧及教学的精确，就是关切让课堂教学能在捕捉情节之中更好地生动起来、丰富起来、人性起来。巧用相关情节，并对之进行透彻解析，这有益于我情感激发语文教学风格的形成。

这能量、含量、分量，无一不是我形成情感激发语文教学风格所恪守的要核。恪守这个要核，情感激发语文教学风格的形成、发展，直至趋于完善，才可获得其可能，保障其取胜。

### 五、我情感激发语文教学风格的现有影响力

我 1978 年年底开始走上语文教学讲台。一路走来的 40 年间，凭着自求品位、志显风格的教学人生及语文课堂历练，我深刻认识到：缺失本真而装模作样的情感，没魅力；虽说本真却无法表现于课堂的情感，没效力。只有站在学生的立场作真切考虑，为着学生之需行尽情教学；只有实实在在地用情感的触角引领学生探索、捕捉，用情感的眼光带动学生搜寻、发现，用情感的神采开导学生知晓、理会，用情感的密码组织学生攻略、破译，用情感的笔墨为同学生勾画、描绘，用情感的音符融合学生谱就、唱和……本真而又能表现于课堂的情感才容易诠释其应有真义，并产出其应有的效果。这就是我为何关注情感，为何着眼并着力于以情感激发创立自身语文教学风格的至理所在。

凭此至理而躬行，我开始走上了"身为布衣、名为人知"的平台。站上这一平台，同时作为江苏省特级教师、中小学正高级教师、苏州市教育名家，以及南京师范大学小学语文骨干教师国家级培训班主任教授、苏州市第三期名教师名校长培训班教育实践导师、苏州市小学语政学科 III 名师发展共同体主持人、"中华语文网"名师博客撰稿人，我不仅守住课堂，持续展示着自身情感激发的语文教学风格，更以这样的风格影响着全校乃至全国不少的小学语文教师。应邀赴北京、上海、浙江、河南、广东等地或在校为来自全国各地的听课者执教语文示范课，并做专题讲座后得到的赞誉和赏识，既是对我的肯定，也是对我的策动。受之肯定与策动，即便退休，我也会尽可能让情感激发的语文教学风格在应有的范围及层面上续存……

# 《忆秦娥·娄山关》教学实例

## 一、起始环节

现在说起诗词,觉得诗和词好像是一回事。但按照我国优秀传统文化的严格规定,诗和词是有区别的。比如:诗每行(也可称每句)的字数完全相等,而词每行的字数长短不一。我们这两堂课要学的拓展课文《忆秦娥·娄山关》就是一首词,一首现代古体词。

## 二、基础环节

### (一)揭示课题

忆秦娥(词牌——词的格式名称),娄山关(词名、山名——十分雄伟,极其险要,屹立在贵州省北部的崇山峻岭间)。

### (二)出示内容

依据"忆秦娥"的格式,这首词应分上下两片(也叫上下两阕);每片各5行、各两句;上片21个字,下片25个字,共46个字。其内容是_____(板书全词,并提请注意有关字的笔顺,并可自由随读)。板书后初读(师引、生读)。先看上片——第1行3个字:"西风烈";第2行7个字:"长空雁叫霜晨月",(以此类推)"霜晨月,马蹄声碎,喇叭声咽"。1. 叭(ba·轻声);2. 咽(yān〈名词〉·yàn〈动词〉·yè〈动、形兼属,此以形容为主〉√。学生猜度后得出);3. 马蹄/声碎,喇叭/声咽(经比较不同读法后告知:词有词的读法,和读散文不一样。再得出结论);再看下片——第1行7个字:"雄关漫道真如铁",(以此类推)"而今迈步从头越。从头越,苍山如海,残阳如血。"血(xiě·xuè√。采用第4声的读法,更符合有关要求)。

## 三、研习环节

### (一)有要求地读、读、读,引发生问——

读到现在,大家读懂了哪些?读出点规律、读出点味道来了没有?

### (二)有分类地说、说、说,交流求证——

(1)形式上:①"霜晨月""从头越"//"声""如"均有格式上的重复使用(注:凡以"忆秦娥"词牌写的词,前者的格式重复,必须;后者的格式重复,未必)。②除上下片各第4行外,其余各行的最后一个字都押韵(ie 或 ue;ie、ue 近韵;"咽·yè":整体认读音节,视同 ie),而且几乎都押第4声,只有"铁·tiě"是第3声(注:以古音读,"铁"为入声,与第4声同类,点到为止)。

(2)内容上:听到——狂风声、雁叫声、马蹄声、喇叭声;看到长空、浓霜、晨月、雄关、苍山、残阳//从"霜晨月"到"残阳如血",写出了一天中"西风/烈……霜/晨月……残阳/如血"等众多的事物和景象……(做这样的理解,对词的意境、风格无损伤)。

(3)如此时已涉及后续,应予肯定——感觉灵敏,推想有理;同时告知——由此及彼,逐步探究。

(三) 有侧重地议、议、议,有机生成——

(1) 上片读、议指向——

① 西风烈——请告诉大家,看到这3个字,你在想些什么？烈:猛烈、强劲(冽:冷。冷已有"霜"交代,故不用"冽",而用"烈")。

② 霜/晨/月——参考:清晨,地上(包括石头上、树上等)有霜,天上还挂着月亮。

③ 西风烈,长空雁叫霜晨月——参考:清晨时分,西风狂吼,呼呼作响;地上铺满白白的寒霜;天上还挂着惨淡的月亮;大雁飞过辽阔的天空,那阵阵叫声显得苍凉。

(注:由"就在这样的情景中,新的情况出现了"过渡到④)

④ 碎——(弹指助解〈笃〉,与"一马平川、万马奔腾"相比较,并联系"娄山关""雄关"——"高而险""霜"——"冷又滑"等得出)参考:零碎、纷杂、急促……——马儿走得艰难。

⑤ 马蹄声碎——参考:(近听)雄伟险要的崇山峻岭间、布满寒霜的崎岖山路上响起了零碎、纷杂、急促的马蹄声。

⑥ 咽——(拟声助解〈嘟〉,与"豪爽悠扬、激越嘹亮"相比较,并联系"西风烈"——"狂而猛"及已有感知的群山峡谷——"回又转"等得出)参考:低沉、哽咽、断断续续……——喇叭声显得抑郁。

⑦ 喇叭声咽——参考:(远闻)猛烈呼啸的西风中、连绵起伏的群山间传来了低沉、哽咽、断断续续的喇叭声。

(2) 学生连贯说说上片的意思。

(注:由"后来,情况发生了急剧变化"过渡到3)

(3) 下片读、议指向——

① 请告诉大家,你是怎样理解"漫道"的？（a. 路漫漫……；b. ……）在做必要讲评的基础上得出——漫:别、不要……；道:说(能说会"道");不用说,不要说,有"别以为、不在话下"等意思在里头。

② 请告诉大家,你准备对"真如铁"做怎样的解释？真如铁——真的像铁一样坚不可破(还可引申为高不可攀)。

③ 从头越——从头上(雄关、娄山关顶上)飞越过去……(注:也可有另外的解释,待会儿再讲)。

④ 雄关漫道真如铁,而今迈步从头越——参考:雄伟险要的娄山关哪,你别以为真的像铁一样坚不可破、高不可攀,如今,骑马的人、吹喇叭的人照样可以大踏步地从你顶上飞越过去。

⑤ 残阳如血——a. 夕阳像血一样鲜红明亮；b. 夕阳西照、红霞染天,万物披满了红光；c. ……

⑥ 苍山如海,残阳如血——参考:青山翠岭像大海奔腾的波浪一样连绵起伏;夕阳鲜红、晚霞满天,整个景象壮丽辉煌(看相关景色的投影)。

(4) 学生连贯说说下片的意思。

(四) 依次说、读、背,互动着串联整体

说时,随机评讲；读时,适当指点(如:语调——上片:苍凉、凄厉；下片:激越、壮丽……)；

背时,注重效果。

**四、深究环节**

(一) 引发生问

学到这里,大家发现问题没有?(预计可能会提:作者是谁?写何时事?写于何时?只是马在走吗?有没有人和马在一起?他们是谁?谁在吹喇叭?……)

(二) 择要解决

(1) 加入板书:毛泽东 1935 年 2 月。

(2) 提问:

① 看到"毛泽东 1935 年 2 月",大家想到了什么?——1934 年 10 月—1935 年 10 月,毛泽东确立了在党中央和红军的领导地位,率领、指挥红军进行了艰苦卓绝、举世闻名的二万五千里长征。// 1935 年 2 月,是红军"从头越""雄关"的大致时间,词是毛主席后来追写的(最早发表于 1957 年《诗刊》1 月号)。

② 联系长征,再看全词,大家有什么新感受?——……词中的"马",不是一般的马儿,而是红军的战马;词中的"喇叭",不是一般的喇叭,而是红军的军号。// 上片写行军途中,指向娄山关;下片写阵前冲锋,杀上娄山关。// 全词不是一般的写景抒情,而是描绘红军历尽艰辛赶到娄山关、浴血奋战飞越娄山关时的难忘一幕。

(3) 逐句读、研、议,多维理解蕴义。

(4) 让齐读后闭目静听凝思——

(上片)清晨,冒着猛烈的西风,顶着惨淡的月亮,踏着满地的寒霜,听着苍凉的雁叫,此时此刻,红军战士已在崇山峻岭间、崎岖山路上急行军。那零碎、纷杂、急促的马蹄声,与低沉、哽咽、断断续续的军号声交织在一起,气氛显得十分紧张,形势来得极其危急,预示着红军战士与敌人之间一场你死我活的恶仗即将打响。

(下片)别以为娄山关雄伟险要,真的像铁一样坚不可破、高不可攀。如今,经过日夜急行军和一场生死激战,红军战士终于突破天险,杀向山顶,消灭了占据娄山关险要地势、企图死命阻挡红军前进的敌人一个师,正大踏步飞越娄山关,继续乘胜前进。(注:因为一个月前红军战士曾经到过娄山关,因局势变化、战情需要,这次又到娄山关,所以"从头越"也可理解为:从头开始,再一次飞越娄山关。)此时此刻,看着青山翠岭像大海的波浪一样汹涌澎湃,奔腾起伏;看着鲜红的夕阳、满天的晚霞将万物映照得一派壮丽辉煌,挺立在娄山关顶峰的红军战士不仅为长征以来取得的这次大胜利感到振奋、自豪,而且不断排除千难万险,继续跨越万水千山,对迎接长征胜利及长征胜利后最光明一天的到来充满无限希望、满怀必胜信念。

(三) 引发生问

学到这里,大家还有没有问题?

备份:

(1) 词牌"忆秦娥"还可称"秦楼月、碧云深"等。

(2) 南方云贵川一带,冬天无雪,或多年无雪,但有时有霜,深秋、早春也是。

(3) 本次战斗中的红军(红三军团)指挥员:彭德怀、杨尚昆;敌人(贵州军阀)头目:王家烈。

(4) 1935年2月26日凌晨,红军从几十里外的地方出发,好不容易于当天下午2、3时赶到娄山关,经英勇奋战,终于于傍晚全歼敌人,攻克娄山关,并连夜向遵义继续进发。

(5) 对词中的有关内容,有时可作多种理解。比如:有人认为,"西风"不仅仅指自然现象,可能还有其他意思;有人认为,"残阳如血"表达了作者对牺牲了的战友的痛惜和怀念之情;有人认为,上片写1935年1月的遵义会议前,下片写遵义会议后……所有这些,大家可以参考,但关键要看哪种理解更合情理。

……

(四)看从电视连续剧《长征》中剪辑的3分钟片段,并简要地谈谈感想。

(五)范诵;范背。全体起立——齐诵;向后转——齐背。向前转、坐下。

### 五、收尾环节

(一)总结,并同步板书4词组——毛主席这首写红军长征中难忘一幕的《忆秦娥·娄山关》,语句精炼,景象万千,特别是从中展现的伟大精神及无限意蕴让人品味不尽……

(二)布置作业——1. 课后:再诵、再背、再悟,不能到此为止。
                  2. 当堂:按格式抄写或默写全词及板书下方的词组。

附:板书

|  | (词牌) | (山名) |
|---|---|---|
|  | 忆秦娥 | 娄山关 |
|  | 毛泽东 | 1935.2 |
|  | 上片: | 下片: |
|  | 西风烈, | 雄关漫道真如铁, |
|  | 长空雁叫霜晨月。 | 而今迈步从头越。 |
|  | 霜晨月, | 从头越, |
|  | 马蹄声碎, | 苍山如海, |
|  | 喇叭声咽。 | 残阳如血。 |

景象万千,意蕴无限

# 《清平乐·村居》教学实例

## 一、教学目的

通过"激情启智的"读、议、悟、说、背等,师生一起真实、朴实、扎实地感受词中村居的清新、安宁及农家的幸福、祥和。

## 二、基本策略

(1) 事先不做任何铺垫,追求现场的即时效果。
(2) 不忽视文本,抓语言文字帮助理解;不为问而问,凭系列议题引导感悟。

## 三、课前准备

(1) 打印文本 50 份。
(2) 做好投影片 1~2 张。
(3) 推荐班上两位学生分别板演全词上下阕等。

## 四、流程预设

(1) 揭题,导入,扼要点出文本的作者及相关年代、地域的宽泛界定,以及词的一般规律。试读中,让学生关注有关字的形或音,同时知晓该字的基本特征。

(2) 组织读、看、议、悟,研判并尊重学生的即时反应,让学生在紧扣文本的各个互通互动环节中,实实在在地关切、诠释以下议题——

① 抓"青青草""锄豆""莲蓬"及"村居""茅檐""溪上(东、头)",让学生推测词中写到的具体时间和地点,以便于实现细节把握。

② 剖析两组的系列问题,让学生明确词中写到的人物及与之相关的情节要素,以便加深感受。

其间突出两点:

• "翁媪"→结合文本,让系统理解"醉里""吴音""相媚好""白发""谁家"。其中:"醉里"——可能的微醉中(一般解释)、内心的陶醉时(特定推理)。"相媚好"——相互之间很亲热、很要好(适可而止,点到为止,过度联想意义不大)。

• "小儿"→点出"无赖"的现行解释,结合古今用词之别,并通过讨论、辨析,让知其所以然地拿捏住文本中的特定含义。(无:不、没……;赖:差、坏……;无赖:不差、没坏、很可爱……)

(3) 采取多种形式反复朗读文本,同时凭借教师必要的评价、指导和生生间的相互作用,让绝大多数学生都能正确、流利、有感情地背诵,能自然、通达、较贴切地复述。

(4) 师生合议,加之教师的应有提炼,让学生感悟文本主题——清新、安宁村居美;幸福、祥和农家乐。

(5) 组织齐诵、齐背。让学生提出文本学习中可能还有的存疑——1."小儿",必定是儿子吗？2."醉"的,只是"翁媪"吗？……择其再做必要的启发。

(6) 布置作业,激励深入思考,体验学无止境。

### 五、板书成型框架

时间：800多年前·宋朝
　　　夏末初秋·8月前后
地点：古代吴国
　　　现江西上饶带湖一带
　　　一个乡村农户的居住处
主题：清新、安宁村居美
　　　幸福、祥和农家乐

## 清平乐·村居
### （南宋）辛弃疾

(yán)
茅　檐　低　小，　　大儿锄豆溪东，
溪上青青草。　　　中儿正织鸡笼；
(zuì)　　(mèi)　　　　　　(lài)
醉　里吴音相　媚　好，最喜小儿无　赖，
　　　　　(ǎo)　　　　(wò)(bāo)
白发谁家翁　媪。　溪头　卧剥　莲蓬。

**唐晓芳**

唐晓芳　1986年9月踏上工作岗位,历任学校教导处副主任、教科室主任、副校长、校长,曾任吴中区小学语文教研员。秉持"在本体中把握核心,在实践中提升素养"的语文教育观,形成了其"学以致用,'语用'为上"的语文教学理念和"'语文味'纯、'课堂情'深、'生成力'强、'教学式'活"的语文教学特色。曾荣获省、市、区三级的评优课一等奖,承担100多节全国、省、市级公开课教学观摩任务;先后应邀在省内外100余地借班上课、做相关业务讲座。积极投身语文教改,创设了识字教学领域的"两一"教学法、阅读教学领域的"三心"教学法和作文教学领域的"活动作文"教学法。多年来已在《小学语文教学》等教学杂志上发表论文100多篇。2003年出版个人专著《语苑探微——小学语文教学探索与实践》。曾被中央教科所教育实验研究中心评为"全国科研型教师"。近5年已完成了江苏省"十二五"规划课题"'以学定教'的教学实验研究"的结题之作,又开启了"十三五"省级课题"质疑活动导引下的小学思维课堂构建研究"的研究征程。

在认真做好本职工作的同时,还担任了"苏州市乡村骨干教师小学语文培育站"导师及主持人、"苏州市名师共同体小语Ⅲ"主持人、苏州大学国培班导师、"2017届苏州市特级教师后备班"导师等工作。相继被评为"江苏省小学语文学科特级教师""江苏省333高层次人才培养工程培养对象""江苏省优秀教育工作者""江苏省优秀青少年科技教育校长""姑苏教育领军人才""苏州市名教师""吴中区教育领军人才"等。

# 植根语苑绽芳华

## ——唐晓芳老师小学语文阅读教学

我于1986年6月毕业于江苏省新苏师范学校,同年9月就走上了小学语文教学的讲台,在小语讲台前一站就站了31年。31年什么都在变,我也几经调动,工作单位在变,工作岗位在变,但始终不变的是我语文教学的情怀和语文教师的身份。无论是当吴中区小学语文教研员还是一把手校长,我始终攀在专家的"科研高枝"上,始终"沉"在语文教学的第一线,聚焦语文实践,积累为师底蕴,追逐语文梦想。

我秉持"在本体中把握核心,在实践中提升素养"的语文教育观,形成了我"学以致用,'语用'为上"的语文教学追求。我认为语文元素是文本有效解读的"命门",舍此无他。这个语文元素,就是王国维先生所说的"字字为我心中所欲言,而又非我之所能自言"的"文本秘妙"。就小学语文教材而言,我认为以下几方面的"文本秘妙"需要语文教师加以关注并挖掘。

(1) 聚焦"语言"。文本中关键的以传达出作者敏锐的语言感受力和独特的表现力的字、词、句,甚至是标点,也即对课文独具特色又丰富多彩的语言现象,必须保持着一种林黛玉进贾府式的敏感和警觉,敏锐地加以捕捉,并以此作为课堂教学的重要内容,让学生获取语言规律,积累语用经验,储存言语养料。

季羡林大师的《夹竹桃》被人誉为"具有史诗性质"的散文,以其清新淡雅、朴实自然的语言风格将人带入美的境界。这篇课文的学习,要求教师深研教材,牢牢把握课文的语言特点,在充分彰显大师个性化色彩的语言处引导学生驻足品味。

譬如,文中描写夹竹桃韧性的这段文字(然而,在一墙之隔的大门内,夹竹桃却在那里悄悄地一声不响,一朵花败了,又开出一朵,一嘟噜花黄了,又长出一嘟噜),充分彰显了季老的感情色彩和语言风格,值得学生细细品味。教学时,可引导学生关注"一嘟噜"这个北方口语,通过与其意思相近的"一簇、一串"的比较,体会一个平常的词给我们带来的无限的情趣,从而感悟大师的语言智慧,即适时地穿插口语,使语言风趣而多变。

又如,引导学生辨析文中"一朵花败了,又开出一朵,一嘟噜花黄了,又长出一嘟噜"与教师改写的"开出一朵,又败了一朵,长出一嘟噜,又黄了一嘟噜"这两句话的异同,通过对比阅读,体会季老的文字走笔生花,不急不缓中把夹竹桃的韧性精致地传达出来。可谓"率真而不乏睿智"。

再如四年级上册《徐悲鸿励志学画》一文中描写徐悲鸿生活清苦的一句话:"他只租了一间小阁楼,经常每餐只用一杯白开水和两片面包",其中一个看似普通又极具陌生感的"用"字,彰显着语言的魅力,值得教师用心捕捉并予以教学生成。可以启发学生思考,作者为何不把句子写成"经常每餐只喝一杯白开水和吃两片面包",这样的表述不是更合乎我们平时的语言习惯吗?通过联系上下文的学习和展开合理的想象,学生逐渐感悟到"用"字的精准与妥帖。一个"用"字替代"喝""吃"两字之意,可谓用字简练;而避用"喝""吃"两字是为了突出徐悲鸿当时生活的窘迫和画画的用功,烘托的是人物的形象,可谓独具匠心!

(2) 关注"写法"。小学课文中出现了许多的写作方法,如叙述、描写、说明、抒情、议论等表达方法,想象、类比、象征、烘托、对比、渲染等表现手法,比喻、比拟、排比、反问、夸张、顶真等修辞手法,这都是需要我们加以关注的。

《灰椋鸟》是苏教版国标本五下一篇优美的散文。灰椋鸟归林与闹林的壮观场面是本文的重点。尤其是文中闹林的一段描写(树林内外,百鸟争鸣,呼朋引伴,叽叽啾啾,似飞瀑落入深涧,如惊涛拍打岸滩,整个刺槐林和竹林成了一个天然的俱乐部),可谓是"内容和形式的完美统一"。归林后的灰椋鸟,或翩翩起舞,或呼朋引伴,唧唧啾啾,好不热闹。文章采用了比喻、拟人、对仗等手法写出了灰椋鸟热闹欢腾的场面。

教学这段重点文字时,可以先变换文字呈现的形式,即将文中语句变为长短句错落有致的诗歌形式,目的是便于学生探究文字的奥秘。学生读着诗一般优美的语言,不难发现其中言语的密码:连用四个四字词语,读来富有节奏感。"似飞瀑落入深涧"和"如惊涛拍打岸滩"一组对仗,朗朗上口。作者通过三个比喻,赋予了灰椋鸟的叫声以看得见的形象、听得到的声音、感受得到的恢宏气势,也从侧面体会灰椋鸟归林的壮观。"似""如""成了"三个比喻词富有变化。整句话长短相间,错落有致。

上述课例,即从"形式"入手,探究"内容"是如何承载或表达"意义"的。引导学生自己去破译语言的密码,让言语能力的训练和内容的学习,有机地结合在一起,避免脱离内容孤立地进行言语实践,使教学达到一种圆融无痕的至高境界。

(3) 重视"结构"。这里的结构主要指段落与段落之间的谋篇布局、句子与句子之间的段式结构两种。譬如,小说《爱之链》故事情节简单明了,引人入胜,一个简单的故事为什么能包蕴这么丰富的内容呢?一个篇幅短小的故事为什么能拨动我们的心弦呢?缘于这篇小说采用了一个"作品人物不知道,而读者全知道"的写作方法来布局谋篇。全文运用了第三人称叙述故事,这种独特的结构留下了许多悬念,使文章产生一种更加感人的效果,让读者有一种"意外"的震撼。这种意想不到的结尾,震撼人心,催人泪下。这种震撼人心的效果是那种平铺直叙的结构方式所不能达到的。

(4) 凸显"文体"。小学语文教材中的文章主要有小说、诗歌、散文、寓言、童话、神话等体裁,不同的体裁有不同的表达风格,其教学策略自然也不尽相同。关注文体特点是实现"教语文""教阅读"的有效策略和正确的路径选择。关注文体特点,有利于我们确定合理的教学目标,有利于我们找到文本的核心价值,有利于我们选择合适的教学方法。如教学《黄果树瀑布》这篇散文,就应抓住散文"形散神不散"的特点,也即隐藏在字里行间的黄果树瀑布之形的壮观,提炼出"以声写形、以喻绘形、以感衬形"的表达特征,改变了不分年段、不分文体的千篇一律的阅读教学模式。再譬如《林冲棒打洪教头》是根据《水浒传》第9回改写的一篇小说,小说的三要素是情节、人物、环境,也即要关注情节线索,在矛盾冲突、典型环境、细节描写中理解人物形象,领会小说的主题。据此本课的核心价值就应该是文本中林冲的人物形象刻画和富有艺术表现力的语言。教学中,我们应该充分挖掘人物的语言、动作所表现出来的个性特征,引导学生去感知林冲和洪教头的人物形象,体会文章独特的描写方法,并从课文的语言中感受名著语言的魅力所在,并通过这篇课文的学习对整部书产生浓厚的阅读兴趣。

如何从众多的语言现象中正确寻找和确定课文的核心教学价值呢?"弱水三千,只取一瓢饮"势在必行。我借鉴华东师范大学郑桂华老师的做法,从是否具有语文特点、是否为"这个"文本所特有、是否具备统领功能和核心特质、是否有利于在新的语境中迁移运用四个维度加以分析判断,并结合学段目标要求、教材编排意图和学生现有水平,提倡对课文来个"三看":一看哪个语言秘妙最具个性。也就是说,它最能鲜明地代表这一篇课文的个性特征,这个特征是这篇课文所独有而其他课文所少见的。如《钱学森》是一篇人物传记,"叙行录言"就是这类文体的特点,我们在阅读人物传记的时候,尤其要引导学生关注文本中的"行"和"言"。二看哪个语言秘妙最为核心。就是说这个秘妙本身有统领全文的功能,达到纲举目张、牵一发而动全身的作用。还是以《钱学森》这篇人物传记为例,文中钱学森的两段语言描写就值得我们好好去品味,也即抓住此"言"就能牵一动百。教学中以钱学森的两段语言为重点,引导学生从人物语言中习得"提炼中心、联系背景、关注层次"的学习方法,引领学生走近钱学森。三看哪个语言秘妙最能迁移。如学完《钱学森》一课,可指导学生运用"提炼中心、联系背景、关注层次"的方法,推荐阅读《走近钱学森》这本书,尤其要关注书中的语言描写,在此基础上仿写人物语言。也即学以致用,语用为上!

在平时的教学活动中,我把立足点放在语文教学和课程改革实验中遇到的实际问题上,着眼点放在语文教学理论与教学实践的结合点上,切入点放在教师的教学方式和学生的学习方式的转变上,生长点放在促进学生发展和教师的自我提高上。边学习边实践,边探索边总结,形成了"'语文味'纯、'课堂情'深、'生成力'强、'教学式'活"的语文教学风格。

(1)"语文味"纯:在日常的课堂教学中,我以文本为载体,以"识、写、读、背、作、说"为抓手,以"交往、互动、对话"为途径,以学生语文素质提升为目标,精心营造"书声琅琅"的"读"味、"议论纷纷"的"说"味、"咬文嚼字"的"品"味、"圈点批注"的"写"味,不断彰显语文本体,促使每个学生真学、真思、真练,全面提高学生的语文素养。

(2)"课堂情"深:情感是影响语文教学活动的重要的心理因素之一,是提高教学效率的重要条件。课堂上,我善于创设情境,渲染气氛,利用教材中蕴涵的情感调动学生的情感,并以自己的情感激发学生的情感,达到文章情、教师情与学生情三情合一,使情感共鸣于课堂,激情飞扬于心灵。

(3)"生成力"强:我追求灵动的、动态生成的语文课堂。备课时尤为注重对目标的确定、内容的安排、方法的选择、媒体的运用等周密预设,在穷尽教学中可能出现的各种变化并做出应对措施后,就全身心投入课堂之中,聚焦学生:关注学生的表情,倾听学生的发言,了解学生的学情,并适时调整、灵活应变、因势利导,使课堂教学开放、民主而有活力。

(4)"教学式"活:我根据学生的心理和年龄特征,巧妙地将音乐、美术、表演等艺术形式引进课堂。在教学中,我以思维训练为核心,从发展语言入手,凭借声、像等手段的作用,让学生动口、动手、动脑,经历语文的学习过程,使学生能力得到锻炼,智力获得发展。我还非常注重教给学生语文的学习方法、思维方法,让学生在不同层次的方法论背景下进行学习,同时注重培养学生良好的学习习惯,并进行成功的激励,树立学习语文的精神优势。

植根沃土,痴心为语;因为喜欢,所以执着。一路走来也一路收获。我深知语文实践无上限,语文研究无止境。植根语苑,绽放芳华!

# 沉浸文字　感悟风格　走近作家

## ——《夹竹桃》教学设计

**教学目标:**

（1）借助具体的语言文字,品味夹竹桃的韧性和带给我的"幻想",在品析中指导学生有感情地朗读和背诵。

（2）感悟本文写作特点:①淳朴而不乏味,语言风趣多变,节奏感强;②用托物寄情的手法,寄寓自己的趣味与追求;③描写逼真,对比鲜明,意境优美。

（3）由花及人,延伸课外,适当拓展。在学生的自主阅读中,培养阅读能力及审美情趣。

**教学重点、难点:**

体会作家写第4、5自然段时的层次及言语表达形式。

**教学过程:第二课时**

### 一、读"卡片"、识作家

请同学们读读本文的"作家小卡片",了解一下语言大师季羡林独特的语言风格。

【设计意图:以作家的"语言风格"切入,引导六年级下学期的学生有意识地去关注文本的语言特色和作家风格。通过一篇课文了解一位作家,领略一种风格（语言）!】

### 二、抓中心、建话题

在众多花卉中季老为何只写夹竹桃呢?请大家快速浏览课文找一找,课文的哪一个自然段点明了作者爱上夹竹桃的原因?（指明回答）(板书:韧性 幻想)

对照第一小节,想一想这句话在全文中起了什么作用?（板书:抓中心）

【设计意图:散文的特点是形散而神不散,故散文的重要教学方法之一应该是"抓眼",即抓文章的眼,也就是抓教学的眼。通过抓中心句、中心词,梳理文本脉络,构建阅读话题。以中心句为"线"贯穿全文的阅读教学!】

### 三、品语言、悟"韧性"

（1）请你们轻声读读课文第四小节,想想你们是从哪些语句中体会到夹竹桃的韧性的?（屏显第四小节的四句话）请同学们细细读读这些话,可以在自己感受深的地方写上一些体会,在书本上留下你们思考过的痕迹。（组织交流,指导朗读。）

（2）第一句话:"然而,在一墙之隔的大门内,夹竹桃却在那里悄悄地一声不响,一朵花败了,又开出一朵,一嘟噜花黄了,又长出一嘟噜。"

①同学们,你关注了这句话中的哪些词?感悟到了什么?（组织交流）

②抓住句子中的关键词语品悟,我们就能准确理解句子的含义。(板书:品词语)用同样的方法,谁来说说你的理解。(组织交流)

③句中哪个词让你感到特别新鲜?"一嘟噜"这是北方方言,相当于"一簇、一串"的意思,那你觉得用哪个词语更好呢?

④请辨析下面两个句子:

"一朵花败了,又开出一朵,一嘟噜花黄了,又长出一嘟噜。"

"开出一朵,又败了一朵,长出一嘟噜,又黄了一嘟噜"有什么不同?

这两个句子读着都通顺,哪句话的表达更能凸显夹竹桃的韧性?(要求两名学生交流)

⑤边读边想,把文字还原为画面。(板书:想画面)

【设计意图:以第四段第一句为例,典型引路,渗透学法。在此过程中,既要关注内容,理解文意,又要关注形式,感悟言语的奥妙,更要习得方法培养能力。即用课文学语文!】

(3)第二句:"在和煦的春风里,在盛夏的暴雨里,在深秋的清冷里,看不出什么特别茂盛的时候,也看不出什么特别衰败的时候,无日不迎风吐艳。"

①能否换句话来说说"无日不迎风吐艳"的意思?(没有哪一天不迎风吐艳)引导理解双重否定句。

②指导朗读,体会排比、双重否定句式的贴切运用。

【设计意图:让学生迁移上述学法,学习第4段中的第二句;教师则以学定教、顺学而导。将教学的着力点放之双重否定句、排比句等特殊句式的品味、感悟上,让学生习得言语表达的方式。】

(4)第三句:"从春天一直到秋天,从迎春花一直到玉簪花和菊花,——无不奉陪。"

①这里又是一个双重否定句,哪两个词语也体现了它"无不奉陪"?(一直……一直……)

②作者是如何来描写夹竹桃这份可贵的韧性的?媒体演示,揭秘语言特色。

(5)第四句:"这一点韧性,同院子里的那些花比起来,不是显得非常可贵吗?"齐读。(板书:韧性可贵)

①引导学生理解反问句的作用。

②课文题目为"夹竹桃",季老为何洋洋洒洒用了184个字,一口气介绍了14种夹竹桃以外的花,却只字不提夹竹桃?(作者写其他花是为了对比衬托夹竹桃的韧性)(板书:对比衬托)

③再读"这一点韧性,同院子里的那些花比起来,不是显得非常可贵吗?"体会。

④读读第3、4两段,除了描写的内容不同外,使用的语言表达方式是否也有不同?

为什么语言表达上会有这样的差异?

【设计意图:在阅读中借助勾连、对比朗读,把上下文串联起来理解、感悟,进一步体会季老"率真而不乏睿智"的语言风格!】

**四、据重点、品"幻想"**

(1)夹竹桃除了可贵的韧性,还有什么特点让季老如此留恋和回忆呢?

重点理解第5段中的"袭"。

(2)作者产生了哪些"幻想"?

①要求一名学生读三次"幻想",说说在"幻想"(板书)后面可加一个什么词?(奇妙)

妙在哪里?

② 思考:三次"幻想"在结构上有什么相同点?(都是以"我幻想它是……"为开头的,句式很工整,体现了散文的语言美)

③ 同学们仔细读读每句话的后半部分,你们是否发现作者的写作方法?如果去掉这几句,表达效果会怎样?

(3) 请大家插上想象的翅膀,追随作者去想象,你还幻想到了些什么?写一写。

出示:我幻想它是_____,我_____。_____,_____。

【设计意图:这一段关于月下幻想的教学,设计从关注排比句式和合理想象入手,点拨学生体会月下夹竹桃花叶影子的神奇,感受作者"率真而不乏睿智"的语言特色。而照样子写话则从读写结合的层面上使学生对神奇月下幻想的理解得到纵深的发展。】

### 五、花及人、知人品

同样是夹竹桃,为什么在别人眼里很平常,而在季先生眼里却能发现它的韧性可贵,会引发他的奇妙幻想呢?请大家快速浏览作者生平简介的资料,并对照着课文第三段再读读,看看能不能有新的发现?(学生自主感悟季羡林先生与夹竹桃的一系列相似之处:经历相似,精神相似,韧性相似)

【设计意图:将作家生平与课文第3段重点段比照阅读,达到"由花到人"的升华!让学生深切体会作家的语言烙有其鲜明的个性色彩,"文品"即"人品"!】

### 六、读名篇、拓课外

(1) 今天,我们再次走进了《夹竹桃》,凭借季老"质朴而不失典雅、率真而不乏睿智"的语言,夹竹桃已在我们的心中生根开花!

(2) 建议课外阅读季羡林先生的散文集《二月兰》。

【设计意图:课外拓展阅读季羡林先生的散文集《二月兰》,可以让学生在感受季老丰富、博大内心世界的同时,领略其散文的淳朴恬淡。】

板书设计:

| | | 首尾呼应 |
| --- | --- | --- |
| 抓中心 | 韧性可贵 | 对比衬托 |
| 品词语 | 夹竹桃(季羡林) | 动静结合 |
| 想画面 | 幻想奇妙 | 状物咏怀 |

# 简简单单教语文　扎扎实实为学生

## ——《船长》教学设计

**教学目标：**

（1）品味船长发布命令的语言,感悟语言是为表达特定情境服务的,感受船长的镇定自若、指挥有方、机智果断。

（2）研读船长与船员对话的内容,体会作家是如何描写当时遇险时的危急情况和船长的伟大人格魅力的。

（3）想象人们脱险后对船长的呼唤,体会悲剧式结尾的艺术手法,感悟哈尔威船长忠于职守、舍己为人的英雄形象。

（4）理解关键词句,感悟本文特有的表达特色和写作方法。

**教学重点、难点：**

（1）揣摩人物语言,体会作家是如何描写当时遇险时的危急情况和船长的伟大人格魅力的。

（2）理解重点词句,感悟本文特有的表达手法和写作方法。

**教学过程：第二课时**

### 一、抓文体,合理渗透小说三要素

小说的三个要素,分别是什么？

### 二、抓"命令",聚焦人物形象

（1）船长的哪些命令给你留下了特别深刻的印象？找一找,划一划。然后联系上下文反复地揣摩这几道命令,在旁边写下自己的感受或发现,留下思考的痕迹。

（2）组织交流,点拨引导：

船长的哪一道命令给你留下了最深刻的印象？出示第一道命令。

①要读懂这道命令,也即人物的语言,就得联系人物所处的特定环境、情节,也就是情景。谁再来具体说说,船长是在什么情况下下达这一道命令的？能找到相关的文字吗？

（出示）顷刻间,所有的人都奔到甲板上,男人、女人、孩子,半裸着身子,奔跑着,呼喊着,哭泣着,海水猛烈地涌进船舱。

这样的场面,让你脑海中浮现出了哪些词语？

这短短的42个字,字字让人惊心。有没有发现,这里面的句子都写得很有特点？（特别的短）知道为什么吗？

（像这样可怕、慌乱、紧张的场面就适合用这样短促的句子来表达）板书：语言短促

要求一名学生朗读。

② 船长为什么要"吼"着发布这道命令?指一名学生读与体会。

我们再来看这道命令,命令人们先做什么,后做什么,里面有次序吗?(生:有)那次序能不能乱?(生:不能)

这说明面对突如其来的灾难,几乎所有人都慌乱、失去理智的时候,船长表现得如何呢?(板书:镇定自若、沉着冷静、临危不惧)

船长的镇定、沉着、临危不惧都凝聚在这一声"吼"中!要求一名学生读、全班齐读。

(3)刚才我们联系了特定的情境读懂了船长的第一道命令。用这样的方法继续学习。

【设计意图:在引导学生理解第一道命令时,始终把问题指向矛盾的焦点:这是在什么情况下下达的命令?那是怎样的情景?为什么要用"吼"字?你从中感受到什么?学生在明确的问题指向下,先感知当时一片混乱的场面,感受船长镇静自若、沉着果敢、先人后己的做人之道。环境、情节和人物天然组合在一起。】

### 三、抓语言,实现语言和精神的同构共生

(1)在这第二道命令下达之前我们还听到了这样的一段对话,先好好读一读。

出示:"洛克机械师在哪儿?"

……

"哪个男人敢走在女人前面,你就开枪打死他!"

(2)如果老师把这段对话改一改,可以吗?读一读有什么感觉?

出示:

"洛克机械师,你在哪儿呀?"

"船长您在叫我吗?我在这呀!"

"炉子现在怎么样了?"

"已经被海水淹了。"

"那么炉子里的火呢?"

"火也全部熄灭了。"

……

小结:由此看来,人物的对话也要符合当时的情境。

(3)那老师再这样改一下,急吗?是否更节省时间了?

出示:

"洛克机械师在哪儿?"

"船长叫我吗?"

"炉子怎么样?火呢?机器怎样?"

……

只要细微地改动一下,语言就不符合人物的性格了!雨果不愧为大文豪,把对话写得入情入境!

(4)那让我们再来看这段特殊的对话,边读边想,从这段简短有力的对话中,你还能读出什么?感受到什么?

引导:作为一位船长,难道他真的不知道船能维持多少分钟?(生:应该知道)既然知道,那为什么还要问奥克勒大副?

（5）如果这时候你就是船上的一名乘客，听到了这段对话，你还会像刚才那样慌乱吗？还会不顾一切地挤上小艇吗？

（6）现在看来，后来救援工作开展得井然有序，不仅仅是因为奥克勒大副手中的那把手枪，还有这段给人信心、力量和希望的对话！谁来读这段对话。（师生分角色读对话）

【设计意图：对于这段精彩的对话，谁也不会忽视。但是很多时候，都是抓关键词语来感悟内在意义。而在这里独创了变化语言表达的形式，让孩子感受语言是为表达思想服务的，语言是为表现人物性格服务的，语言是为表达特定情境服务的。】

### 四、抓悲剧，阐释文本的疑点

（1）20分钟很快过去了，所有的人都得救了，人们却看到了这样的一幕——

出示课件："船长哈尔威屹立在舰桥上，一个手势也没有做，一句话也没有说，随着轮船一起沉入了深渊。人们透过阴森可怖的薄雾，凝视着这尊黑色的雕像徐徐沉入大海。"

（2）让我们也凝视着这尊雕像，一起轻轻地读——（音乐）

全班学生齐读。

（3）此刻，你的心情怎样？有没有什么疑问？

（4）如果把结尾改为"哈尔威船长最后没有死，他最后一个离开诺曼底号轮船，和大家一样都得救了。"与课文中的结尾比一比，哪一个更加震撼你的心？（这就是悲剧式的结尾带来的震撼力量）

### 五、抓想象，当堂练笔迁移

读着这段文字，你的眼前有没有出现这样的画面，请选择其中一个画面写下来：

得救的人们望着这尊雕像大声痛哭，在不停地呼唤船长——

船长一个手势也没有做，一句话也没有说，但他内心是汹涌澎湃的——

### 六、抓结尾，烘托文本中心

课文明明写的是船长生命中的最后20分钟，为什么雨果的评价却是一生的？（板书：典型事例）

【设计意图：每一个读者在阅读《船长》这篇课文的时候，几乎都会产生同样的疑问：为什么船长不选择逃生的办法呢？难道非得死吗？孩子们同样可以为船长寻找许多条生存的理由。老师们一般只是引导学生理解船长的忠于职守。船长这个人物之所以世代相传，正是因为其短暂的20分钟成就他的伟大。我们无须去讨论生与死的选择，只要记住生命的意义在于奉献，在短暂的时刻成就伟大的永恒。】

板书：

　　　　　　　　　船长（哈尔威）

| | 机智灵活 | |
| 人物 | 坚守岗位 | 语言短促 |
| 环境 | | 对话入境 |
| 情节 | 沉着冷静 | 典型事例 |
| | 忠于职守　履行做人之道 | |

赵季康

赵季康　1964年毕业于江苏师范学院数学系(今苏州大学)。1980年任教江苏省木渎高级中学,1990年任该校校长。1993年被评为苏州市劳动模范,1994年被评为江苏省中学数学特级教师。中国数学学会会员,苏州市中学数学学会副理事长。

# 自律律人的教学主张

数学是一切自然科学、社会科学和人文科学的基础,具有严谨的理论体系。作为数学教师,一定要从严治学、从严治教。

### 一、育人始于自律

赵季康同志热爱教育事业,有极强的事业心和责任感。他一贯提倡数学教师要提高自身的业务水平,高标准、高要求夯实自身的数学基础。他勤奋好学,刻苦钻研业务,边教边学边进修,一心扑在工作上。

### 二、自律才能育人

赵季康同志治学严谨,管理严格,在教学实践中不断钻研教学艺术,形成了语言精炼、风趣,逻辑严谨,注重思维过程的分析,善于调动学生情绪的教学特色。自1981年至今,开设了大量公开课,培训了不少骨干教师,带出了一批中青年教学骨干。

### 三、自律离不开严格

赵季康同志强调自律、规范和严格。他严格规范课堂教学,严格规范学生的数学行为、数学语言,他认为只有这样才可以为有效提高数学课堂教学效果打下基础。

### 四、自律育人显成效

赵季康同志教书育人成果显著,培养了一大批优秀学生。多年来,他所教班级的数学成绩和本科率均名列前茅。1983年至1988年,他辅导的学生有12人荣获全国高中数学竞赛一、二、三等奖。1990年他本人获首批中国数学奥林匹克一级教练员称号。在担任学校领导工作以后,他坚持以教学为中心,全面贯彻教育方针,坚持德、智、体一起抓,使木渎高级中学形成了管理有序、校风健康、教育质量上乘的新格局,于1991年通过省重点中学的验收。学校多次受省政府嘉奖,多次被评为市先进集体和文明单位。他坚持教育科研和教学方法的试验,在各级刊物、学术会议上发表了多篇教育教学论文。

# 我校是怎样进行数学竞赛选手培训的

江苏省沐渎高级中学是江苏省省属重点中学之一。1982年以来,我校在全国高中数学竞赛中屡屡获奖,成绩斐然,1993年取得更为瞩目的成绩,荣获一等奖2个、二等奖1个、三等奖3个,在省内名列前茅,其中顾健同学被送到中国数学奥林匹克冬令营集训。以下是我校进行数学竞赛选手培训的几点经验。

## 一、端正指导思想

培训数学竞赛选手是我们中学,尤其是重点中学的一项重要的工作,它应当列入学校的办学目标之中。其目的不仅是使一部分学生获奖,更重要的是培养高层次的英才、尖子。因此,我们平时不管自己工作多忙,都始终坚持利用第二课堂,对学生进行系统的竞赛辅导。

## 二、要有系统的培训计划

数学竞赛试卷所涉及内容的深度及广度远远超过中学的教学要求,有不少的专门知识、解题方法是课堂上、教材中所没有的,而这些知识不是集训几天就能掌握的。因此,必须制订一个系统的培训计划,这个计划应当安排知识和能力两个方面的培训内容。既要结合教学进度,给选手们拓宽和拔高,又要补充一些新知识、新思想、新方法,如数论基础、抽屉原理、图论初步、矢量代数、拓扑初步等。除了培训计划之外,还应当为学生制订具体的读书计划,指定学生主要阅读哪几本书,而且要规定完成的时间,并布置作业。

## 三、重要的是培养自学能力

竞赛选手一般是思维较敏捷、基础较好、能力突出的学生,他们的自学能力很强,但也并不是给了几本书,布置了一些任务,就能做好的。我的做法是:

(1) 在做专题讲座的时候,尽量运用让学生看的书上的内容、例题、方法,然后再让学生看与专题有关的参考书,使他们能看懂,而且有信心看下去。

(2) 组织读书交流活动。一般是安排在兴趣小组活动时进行,教师和学生一起交流,尽量让他们提出一些问题,并启发他们自己解决,讨论交流后再布置一些习题,让他们独立完成,这样可以让学生继续去钻研这些书本。

(3) 在高一下学期一开始定下的培训对象,我们要求他们高一下学期连同暑假自学完排列组合、不等式、数列和解析几何相关教材(只要求先弄懂教材上的知识),这样他们到高二上半学期时就能参加全国数学竞赛。一般这一阶段不宜布置学生阅读过多的其他书籍,应当让他们超前掌握教材上的基础知识。

(4) 到高二阶段,布置学生自学的书多为专题性的。我们订了不少数学杂志,当发现上面有竞赛培训的专题文章时,就介绍给学生,让他们阅读。

(5) 鼓励选手写小论文交流。有时让写得好的学生讲给其他同学听,有时鼓励他们向数学杂志投稿。小论文的题目,有的是教师布置的,有的是学生自定的。有了题目,就有了任务,他们就必然要寻找资料,阅读有关书刊,摘选题目,深入思考,这是一种有效的训练。像我校84届连续两年在全国竞赛中获奖的徐正方同学,数学老师订的杂志他几乎每本都看,他的阅读面很宽,自学能力很强,解题常有独到之处。这位同学考入复旦大学应用数学专业后,成绩一直名列前茅,他来信说:"在中学里养成了较好的读书习惯、较强的自学能力,是我在这强手林立的复旦立于不败之地的重要条件。"

### 四、一桶水和五桶水

能胜任竞赛辅导教师的工作,不是件轻松的事情。俗话说"名师出高徒",要给学生一桶水,自己就得有五桶水。竞赛辅导教师必须掌握竞赛所必需的各种知识、思维方式和解题技巧,甚至要熟悉许多竞赛习题,才能高屋建瓴、应付自如。

我们在完成教学工作的同时,不断地钻研各种竞赛习题,学习了过去大学里没有学过的知识,如图论、数论等,不懂的地方、不会做的难题去苏州大学请教。我们深有体会的是,准备一堂竞赛辅导课所花的精力比准备一堂其他课所花的精力要多几倍。

在10年的竞赛辅导中,我们编拟了10多种专题辅导讲座材料,收集了大量培训题,编拟了一批竞赛模拟试卷。

### 五、要培养学生"锲而不舍"的精神

面对一道竞赛题,感觉无从下手,有了思路又做不出来,甚至连题目都看不懂,这几乎是常事。这时,我们总是要求学生不泄气、不退却,允许他们一个星期研究一道题,但不能去找同类题的解答,更不允许去抄解答。学生实在无法解决时,我们也只给予必要的提示;对于学生已经解决的部分,我们加以充分肯定、鼓励,同时也逼着他们啃硬骨头。这样做一方面培养了他们一生受用的"锲而不舍"的精神;另一方面能让他们构思出多种解题途径,可以培养他们独立解题的能力。

### 六、必须注重双高

无论从竞赛培训的目的,还是从竞赛题目的要求来看,在系统的竞赛辅导中,始终要强化基础知识和基本技能的训练。

参加竞赛培训的同学往往思路敏捷,数学成绩也较突出,往往有一种"高人一等"的感觉,但他们有时会眼高手低,忽视基础题而将精力集中在解难题上,忽视教材上的基础知识。高中数学竞赛涉及的知识绝大多数是中学学过的,没有坚实的基础,竞赛中是得不到理想的成绩的。而且每次竞赛试卷中大多数题目(尤其是第一试题)都是基本题,只不过出得活一点,综合度高一点。因此,我们在竞赛辅导初期所布置的作业多数是从高三数学复习题中选择的,对他们定期的测验也常常用高中数学综合练习卷作为试卷。实践证明,这样做是能取得较好效果的。

### 七、要认真组织集训

竞赛选手毕竟是"不脱产"的学生,他们平时还得学好其他课程,他们不是特殊人物,应当全面发展,所以平时的训练量不能太大。但是竞赛所需要的知识光靠平时的辅导是不够的,特别是临赛前,也需要有个强化训练的阶段,这就需要组织竞赛集训。

竞赛集训一般都放在暑假,集训之前都必须订好一个具体的计划,准备好大量的习题和模拟试卷,集训时一般以讲解中、高难度题目和讲授专门化知识为主,考试次数相应增多,试卷要有一定的难度。

在集训时期,学生精力相对集中。因此,这一时期是一个很有效的提高时期。在平时辅导训练的基础上,再进行综合强化训练,是选手们进入决赛前必须经过的重要阶段。它既是平时训练的继续,又是平时训练的复习;既是平时训练的检查,又是赛前的实战演习。没有平时的日常训练,光搞集训,必败无疑;但没有集训,只有平时的辅导,竞赛中同样打不了胜仗。只有认真组织好集训,才能使学生的能力有所突破,甚至是飞跃。

### 八、要有一支年轻的教练员队伍

对竞赛辅导教师的要求要比对一般任课教师高得多,它要求辅导教师有强烈的事业心、责任心,有系统扎实的竞赛数学知识和很强的解题能力。

从1988年下半年开始,王海赳、王燮明、尤勇祥等青年教师被推上了数学竞赛辅导的前沿。我作为校长,又是一名老的竞赛辅导教师,带领他们一起走上了一个新的台阶。1991年我校正式成立奥林匹克学校,我兼任校长,聘请了一批年轻教师担任教练员,这批年轻教师在担任繁重的教学任务的同时,刻苦钻研竞赛数学,迅速提高了自己的业务水平,其中王海赳、王燮明先后获得了中国数学奥林匹克一、二级教练员称号。经过几年的努力,我校终于在1993年全国高中数学竞赛中取得了令人欣喜的成绩。

# "线面关系"习题训练教学设计

**教学目标:**

1. 知识与技能方面:
① 理解线面、面面平行与垂直的判定定理和性质定理;
② 能用判定定理和性质定理解题;
③ 培养学生的空间想象能力、逻辑表达能力。

2. 过程与方法方面:
① 通过对基本内容的回顾构建线面平行、线面垂直的完整知识体系;
② 通过例题的分析与求解,感受线面平行、线面垂直在解题中的运用。

3. 情感、态度与价值观方面:
在问题的求解中体验数学的转化与化归思想,通过求解比较复杂的问题锻炼学生的意志。

**教学过程:**

### 一、知识回顾

(1) 请同学们展示课前整理的线面、面面平行与垂直的判定定理和性质定理。

(2) 通过这些定理的描述你能发现这些定理有什么共同点和不同点吗?

线线 —判定定理→ 线面 —判定定理→ 面面
线线 ←性质定理— 线面 ←性质定理— 面面

共同点:从低维到高维都是判断定理,从高维到低维都是性质或性质定理。

不同点:具体每个定理的条件各不相同并且缺一不可,必须熟记。

设计意图:通过对基本知识的回顾,让学生熟记每一条定理,并通过对各定理异同点的分析形成完整的知识体系,便于在下面例题讲解时能够熟练使用。

### 二、例题精讲

**例 1** 已知 $a,b$ 是异面直线,$a \subset \alpha$,$b \subset \beta$,$a \parallel \beta$,$b \parallel \alpha$,证明:$\alpha \parallel \beta$。

分析:要证明两平面平行只要证一个平面内的两条相交直线与另一个平面平行。因为已知 $a \parallel \beta$,所以只要在平面 $\alpha$ 内再找一条直线与平面 $\beta$ 平行就可以了。由已知条件 $b \parallel \alpha$,就可以得到线线平行,再由线线平行得到线面平行。

证明略。

**说明** (1) 由线面平行得到线线平行,辅助平面不能忘记;

(2) 面面平行的判定定理是一个平面内的两条相交直线分别平行于另外一个平面,两条直线相交的条件不能忘记。

**设计意图**  本题是一个经典例题,解题思路为由线面平行得到线线平行,再由线线平行推导线面平行,最后通过一个平面内的两条相交直线分别和另外一个平面平行得到面面平行,将线线、线面、面面平行形成一个完整的知识网络体系。本题中涉及两个易错点,由线面平行或面面平行推导线线平行一定要有辅助平面,由线面平行得到面面平行需要一个平面内的两条相交直线分别和另一个平面平行。

**例2**  已知二面角 $\alpha\text{-}PQ\text{-}\beta$ 的大小为 $60°$,点 $A,B$ 在直线 $PQ$ 上,$AB=4$,点 $C$ 在 $\beta$ 内,$AC \perp PQ$,$AC=6$,点 $D$ 在 $\alpha$ 内,$BD \perp PQ$,求线段 $CD$ 的长。

**解法1**  如图1,过点 $C$ 作 $CE \perp \alpha$,垂足为点 $E$,连 $AE$,则 $CE \perp AE$,$CE \perp AB$。又因为 $AC \perp AB$,$AC \cap CE = C$,所以 $AB \perp$ 平面 $ACE$,所以 $AB \perp AE$。

所以 $\angle CAE$ 为二面角 $\alpha\text{-}PQ\text{-}\beta$ 的平面角,所以 $\angle CAE = 60°$。

在 $\text{Rt}\triangle CAE$ 中,$AE = \dfrac{1}{2}AC = 3$,$EC = \dfrac{\sqrt{3}}{2} \times 6 = 3\sqrt{3}$。

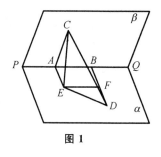

图1

在平面 $\alpha$ 内,过 $E$ 作 $EF \perp BD$,垂足为点 $F$,在 $\text{Rt}\triangle EFD$ 中,$DE = \sqrt{EF^2 + FD^2} = \sqrt{4^2 + 5^2} = \sqrt{41}$。

所以在 $\text{Rt}\triangle CED$ 中,$CD = \sqrt{CE^2 + DE^2} = \sqrt{68} = 2\sqrt{17}$。

即线段 $CD$ 的长为 $2\sqrt{17}$。

**说明**  (1) 解一道立体几何题,首先要较好地作出立体图形;
(2) 计算前要先进行论证,如说明 $\angle CAE$ 是二面角的平面角就必须证明 $AE \perp PQ$;
(3) 立体几何的计算问题最终转化为平面几何的计算。

**设计意图**  本题充分展示了解决立体几何计算题的三个步骤:作、证、算,并且对于每一个步骤都给出了示范。通过本题也告诉同学们立体几何的几何直观是非常重要的,只有能够根据题意作出图形才能方便下面的解题。

**练习**  如图2,斜三棱柱 $ABC\text{-}A_1B_1C_1$ 的棱长都是 $a$,侧棱与底面成 $60°$ 角,侧面 $BCC_1B_1 \perp$ 面 $ABC$,求平面 $AB_1C_1$ 与底面 $ABC$ 所成二面角的大小。

**解**  $\because$ 面 $ABC$ // 面 $A_1B_1C_1$,面 $BB_1C_1C \cap$ 面 $ABC = BC$,面 $BB_1C_1C \cap$ 面 $A_1B_1C_1 = B_1C_1$,
$\therefore BC$ // $B_1C_1$,$\therefore B_1C_1$ // 面 $ABC$。

设面 $AB_1C_1$ 与面 $ABC$ 的交线为 $AE$,
则 $B_1C_1$ // $AE$,即 $BC$ // $AE$。

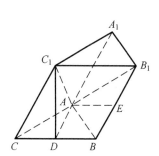

图2

过 $C_1$ 作 $C_1D \perp BC$,垂足为点 $D$。$\because$ 面 $BB_1C_1C \perp$ 面 $ABC$,
$\therefore C_1D \perp$ 面 $ABC$。

又 $\angle C_1CD = 60°$,$CC_1 = a$,

故 $CD = \dfrac{a}{2}$,即 $D$ 为 $BC$ 中点。

又 $\triangle ABC$ 是等边三角形,

∴ $BC \perp AD$。

∴ $BC \perp$ 面 $DAC_1$,即 $AE \perp$ 面 $DAC_1$,

∴ $AE \perp AD$,$AE \perp AC_1$,

∴ $\angle C_1AD$ 就是所求二面角的平面角。

∵ $C_1D = \frac{\sqrt{3}}{2}a$,$AD = \frac{\sqrt{3}}{2}a$,$C_1D \perp AD$,故 $\angle C_1AD = 45°$。

**设计意图** 对解决立体几何计算题的三步骤加深印象,如何作二面角的平面角是立体几何的一个难点,通过这一题的练习告诉学生如何利用垂直作二面角的平面角。

### 三、课堂小结

(1) 本节课我们主要复习了哪些内容?

(2) 本节课主要涉及哪些思想方法?

**设计意图** 和学生一起回顾内容和思想方法,既掌握了知识,又提升了学生的能力。

王海赳 1988年毕业于苏州大学数学系,曾任职于江苏省木渎高级中学,先后担任该校教务处副主任、副校长、校长等职,现为苏州市吴中区教育工委副书记、教育局副局长。中学特级教师,江苏省"333高层次人才培养工程"培养对象,全国优秀教师,全国模范教师,苏州大学及南京师范大学的硕士研究生导师。主编及参编多部教材及辅导资料,在省级以上教育刊物公开发表论文数十篇,参与多项国家级、省级课题的研究。

# 高效　自能　智慧成长

## ——我的数学教学之梦

1988年,我毕业于苏州大学数学系。从那时起,我就只有一个愿望——一辈子当一名教师,当一名称职的数学教师。中学数学教师的舞台在课堂,我认为:数学教学必须把课堂教学作为突破口,在课堂教学设计中求新、求活、求效,在课堂教学中不断提高效率、扩大效益,在课后辅导中提倡学生一题巧解、一题多解、一题优解。同时注意数学教学的内容贴近学生、贴近生活,教学的方法灵活、适用、多元,教学的手段不断现代化,教学的目标定位在全面提高学生数学资质和能力上。数学教学的根本在于发挥学生自主学习的积极性,促进学生自能学习、自能发展和智慧发展。

### 一、在追求效率中彰显数学的魅力和数学教师的本色

作为一名数学教师,应该不断探索教学方法,逐渐形成属于自己的教学风格。当然,数学教师最看重的还是课堂教学的效率和效益问题。不管是在新课程背景下,还是在过去的教学活动中,都存在着一个教学活动有效性的问题。不管采取什么样的教学手段,在什么样的教学理念下,教学活动的最终目的是在课堂上有效的时间内,让学生尽量轻松地、牢固地掌握更多的知识,迅速地提高各方面的能力,从而实现既定的教学目标。所谓课堂的有效性,即教师的课堂教学有效果,教和学的效率高。高效的课堂教学就是要在尽量短的时间内,教师采用科学的教学手段使学生在迅速获取知识、提高技能的过程中提高能力,培养浓厚的学习兴趣,为终身学习打下基础。在新的理念下,如何打造高效的高中数学课堂呢?以下是我结合自己的教学实践对这一问题进行的探索。

#### (一)最优控制的探索

在不断的学习过程中,我对数学学科的特性和教学的本质进行了认真的思考,并在实践中围绕最优控制做了一些探索。所谓教学的最优控制,就是要把教师的"教"和学生的"学"以最为优化的方法组合起来。教师的教必须根据学生的学,以学论教,以学优教;学生的学是教学的根本,是教学的出发点,是教学的最终归宿。以此作为数学教学的突破口,在课堂教学设计中求新、求活,培养学生创造性人格;以此作为数学训练的着力点,在解题教学中提倡学生从一题一解到一题多解、一题优解、一题巧解乃至多题一解;以此作为数学教学方法的探索方向,向多维空间拓展,向多元化发展;以此作为学生数学发展的目标,使学生在掌握知识的过程中,按照"懂""会""熟""变"的层次循序渐进。

#### (二)高效课堂的探索

1. 优化教学内容,促课堂教学增效

在教学活动中,课堂内容是教师在课堂上教什么、学生学什么的问题,是教学目标的集中体现。在基本适应数学教学后,我就对课堂教学内容进行了优化,切实提高课堂教学效果。一是教学内容充分体现数学课程标准,确保合理有效。有效的教学内容,容易使学生接

受,能够适合水平不同的学生学习的需求,能够兼顾到每一个学生。二是把握好教学内容的量与度。考虑到不同的教学对象,当教学内容过难或者过易时,对于我们的教学对象将是无益的,教学将是无效的。教师在课堂教学时不能简单地把效益理解为"花最少的时间教最多的内容",教学效益不同于生产效益,它不是取决于教多少内容,而是取决于单位时间内学生对教学内容的学习效果。教学效果不是取决于教学内容知识、方法的多少,以及教学时间的长短,而是取决于有效的知识量。学生已习得的知识,或者是他们听不懂和无法接受的内容,都是无效的教学内容。因此,学生的知识增长、智慧发展、思想提高都取决于有效的知识量。教学内容的"量"与"度"的把握是教学内容有效性的重要条件。三是科学整合课堂教学内容,切合学生的实际。

2. **改变教学手段,实现课堂增效**

提高课堂效率,不仅要高度重视课堂教学内容的组合、调整与优化,还要在教学手段、教学方法和教学理念方面进行必要的调整和创新。在教学实施中,我比较注意现代教学手段的应用及传统教学手段的优化。

3. **高度重视课堂上师生的互动,体现教学活动的有效性**

高效的课堂需要改变原有的"满堂灌"思想和"填鸭式"教学,提倡学生参与教学活动,发挥学生的主观能动性。在课堂上,要求既要有教师的讲授与指导,也要让学生主动探索新知识,加强师生之间的交流。为此,我重点做了以下探索:

(1) 巧妙置疑,创设情境。根据学生的心理,巧妙地设置疑问,引导学生深入思考,提高他们在课堂上的注意力。通过一些问题的设置,创设能够激发学生学习兴趣的教学环境。在课堂上通过有效的课堂提问,激发学生的学习兴趣,调动学生学习的积极性。课堂提问是有效课堂的重要组成部分。

(2) 改变学生的学习方法,提高学习效率。学习方法是影响学生学习效率的重要因素。因此,我特别注意引导学生主动地参与到学习中来,时常告诫他们要从被动学习的状态中解脱出来。

## 二、自能教育的探索让我的教育渐入佳境

"要我学"只能解决学习的温饱问题,"我要学"才能解决学习的小康问题。因此,数学教学必须以方法和能力为根本,培养学生学习的积极性、自觉性和能动性。

### (一) 授人以渔的探索

叶圣陶说过:教是为了不需要教。从思维品质的高度去认识数学学习的本质,我认为必须把数学学习的方法教给学生,授之以渔。我一向这样看数学教学:如果把教学过程喻为"垂钓",那么,教师的天职不应是孜孜不倦地"钓鱼",而应是千方百计地"授渔",因为学生一旦掌握了"钓道",便会乐于垂钓,受益终身。所以我在传授知识的同时,十分注重传授获得知识的方法。同时,我也十分重视学生非智力因素的开发,深入学生之中,了解学生的思想动态和心理状况,把准脉搏,耐心细致地做好学生的思想教育工作和心理疏导工作,开发学生的情商,激发学生的学习自觉性,培养学生良好的道德品质、意志品质和行为习惯。在学生认知训练上,按照"懂""会""熟""变"的规律,引导学生认知发展。

### (二) 自能教育的探索

高效课堂倡导学生自主,其本质是学生自能学习的课堂。加强自能教育是现代人发展

的需要,是终身教育的需要,是贯彻落实党和国家教育方针的需要,是实施新课程改革的需要。

自能教育的思想自古就有,自能教育包含自主学习或自能学习,但又不限于自主学习或自能学习。自能教育是指教育对象在客观的外在因素(包括教师的引导)的作用下,凭借自身力量(本体属性)能够在实践中组织各种促进自能发展的教育活动,以建构自我、提升自我、发展自我。所谓"自能发展",是指受教育者通过教育者有目的、有组织的激发和引导,经过自探、自悟、自得,自主、能动、创造性地实现自我身心连续不断的积极变化,促使自我独立,并形成稳固的能力素质。自能发展是人的发展的根本要求,作为人本教育、素质教育发展的根本点,应以人本哲学和心理学理论为起点,从"自""能""发展"三个层面把握它的内涵,即以本体属性为依据,以内部价值为内动力,以外部环境为外驱力,以发展为突破口,以自能发展能力为效能,以差异性、个性化为特征,以面向整个人生为目的。这里需要明确的是,自能教育的发动者和组织者可以不限于教师和学生自身,但自能教育的过程必然是学生自主性的,结果是学生能够自己学习并管理自己的学习,能够发展自我并管理好自我。所以,自能教育是一种教育状态,也是一种教育方式,更是一种教育结果。从2003年起,我带领教师以"自我教育、自主管理"为突破口,以"自能学习、学会学习"为中心内容,深入开展自能教育探索,帮助学生养成良好的学习习惯、生活习惯和发展习惯,培养自能教育的精神、提高自能教育的能力,从而达到"教是为了不需要教"和"助人自助",让学生能"自为研索,自求解决"的教育目的。

### 三、新课程的实践不断提升我的教学智慧

在新课程的实施中,我虚心学习,认真实践,与年轻教师共同成长。新课程给了我再上新台阶的机会和舞台,新课程实施让我有了新的思考和收获。

#### (一)新课程实施中的备课智慧

传统的备课是教师带着教材走向学生,强调教师要知本、知考、知法。以教师为中心,只强调教师的备课,而忽视了学生的学习,只强调对教师的检查而忽视了对教师积极性的调动,只强调了统一的格式,而忽视了学科的特点及教师的个性,因而对于不少教师来说,写教案是一件十分头疼的事情。有不少教师将多数时间花在写教案上面,而很少去研究学生,有的教师写教案纯粹是为了应付检查,还有一些教师干脆从网上下载教案打印,这样的备课形式主义严重,对于教师来说,不能起到研究学生、研究课程、研究自我、提升自我的作用。

我认为课堂教学应是师生共同建构的过程,是在合作互助中的学习过程。因此,教学要关注学生的主体要求,从学生原有知识和经验出发,顺应学生的自我发展需要,鼓励学生的个性发展,培养他们的创新意识和自我探究的学习能力。因而,在新课程理念下的备课是一个动态的过程,它应该是教师和学生共同合作的过程,需要教师更多地知己、知生,并引导学生同伴互助,和老师一起成长。关于如何备课,我是这样思考和实践的:

1. 基于教材、超越教材、以学生为中心的生本备课新理念

教育理念更新是教育改革中一切变革的核心。新课程强调的是课程的改革,课程不等于教材,备课并不等于写教案,因而教师的备课是一个广义的概念。它既包括我们日常所说的写教案,更包括对课程的理解,将学生和教师自身当成课程来研发;包括日常的对教育教

学的思考,对学生的学习方法和情感价值观的培养;包括对问题的设计、引导、探索;包括对学生行为习惯和学习习惯的养成的探索。教师在备课前必须更新观念,用全新的视野来看待备课的活动,必须树立基于教材、超越教材、以学生为中心的生本备课理念。

**2. 围绕重点,重视过程与方法的备课新基点**

传统的备课只强调知识的掌握与理解。与传统的备课相比,新课程更强调过程与方法,它不仅要求学生掌握一些基础知识,同时更需要学生掌握这些基础知识的来源、产生方式,因而它更侧重于学生的自主学习和探究学习。教师在备课的过程中应该注重对知识来源、新知识产生的方法进行研究,研究学生在新知识的产生过程中的问题与不足,以及如何引导他们对新知识的认识。一旦学生掌握了这些过程与方法,就可以培养他们的可持续学习能力以及终身学习的方法。

**3. 精心设计教师的导、学生的学的备课新动向**

教学离不开教师和学生,在教育教学的过程中,教师处于主导地位,学生处于主体地位。教师的主导并不是要求教师将所有的知识全部教授给学生,而更应侧重于引导、指导、诱导、劝导,教师的导的目的在于发挥学生的主体作用。学生的主体作用是指学生是学习的主人,是学习活动的主要参与者,他们以自己的知识、能力和理解把未知的知识变成自己的知识,而在这一过程中,教师的导是起着重要作用的。因而,教师在备课过程中,更应侧重于如何启发学生思考,如何组织学生合作与探究,如何让学生在探究过程中体验探究过程的情感与态度。新课程反对教师"满堂灌",反对忽视学生的教学。

**4. 注重情感、态度、价值观的备课新目标**

新课程的教学目标是三位一体的,即知识与技能,方法与过程,情感、态度和价值观。我们培养学生学习的目标不在于让学生掌握一定的科学文化知识,更应该让学生形成一定的情感、态度和价值观。因而教师在备课的过程中,不仅要考虑知识的来源与传授、探究与延伸拓展,更应考虑学生在知识的形成过程中如何形成正确的价值观,培养学生热爱学习的情感和态度。这就需要教师在备课时,认真思考教学的引导作用,对所教的每一节课都充满热情和激情,在每一节课都充满对学生的关心与关注,只有教师有了一定的情感、态度和价值观,才能引导学生形成正确的情感、态度和价值观。

**(二)新课程实施中的上课智慧**

传统上课强调了预设和教学结果,而新课程关注情感、态度与价值观,关注学生的好奇心、求知欲、自信心、不怕困难的意志,关注学生对数学价值的认识、实事求是的态度、质疑与独立思考的习惯、推理精神等。新课程之所以强调知识与技能,过程与方法,情感、态度与价值观,并倡导自主、合作、探究式的学习,目的在于关注学生的终身发展。在这一大背景下,教师的授课自然也要以学生为本,引导他们养成良好的思维习惯,培养他们终身学习的观念,让他们掌握受用一生的良好学习方法。

**1. 教师须脑中有书:领会教材内涵,成为学生的良师益友**

教师需要深入理解教材。传统教学中,教材几乎被视作例文,甚至上升到了律条的高度予以膜拜。教师和学生无条件地接受教材的思想,从中获取知识。而新课程带来的一个变化就是,教材不只被当作拥有唯一解读方式的范文或条规,师生都拥有对教材进行多元解读和创造的权利。同时,教材还可以仅仅作为一种"引文",作为引出教师教学目标的桥梁。这种教材本身身份的变化,实际上也就决定了教师教学中的灵活多样性。

2. 教师须心中有生:立足学生实际,指向学生的终身发展

教师必须要明白自己为何要上这节课。传统教学,总是目的明确,通过教师的教学,让学生知晓、掌握知识。然而,这种教学模式的局限性是很明显的。学生的学习,不仅需要解决"是什么"的问题,更需要解决"为什么"和"怎么样"这两个有利于思维发展的大问题。和传统教学中的"深挖洞"不同,新课程倡导的是立足于培养人文素养的全新教育理念。新课程建立起来的是一种指向思考的多元思维。这种允许怀疑、允许个性化解读课文的思维模式,把培养有独立思考能力、能综合运用相关知识进行独到的分析判断的能力的人才,作为教育的终极目标来要求,它所建构的是充满了人文精神和人本思想的课堂新理念。

例如,频率与概率是两个不同的概念,但是二者又有密切的联系。如何从二者的异同点中抽象出概率的定义是本课的主要内容。本节蕴含了具体和抽象的辩证关系。为了加深学生对概念的理解,采用学生亲自参与到试验中,在操作中体会、总结的方式;为巩固学生总结出的知识,最后还要让学生回归到实例中运用,以符合认知过程。

教授本课时,我让学生分三组进行实验:第一组做掷硬币试验,次数越多越好;第二组做抓阄试验;第三组做摸围棋子试验。在得出概念后,让学生阅读课本上的阅读材料,以期让学生加深对概念的了解。

不少教师在教授这节时是让学生看书,读那些抽象的概念,而后结束新课。这样学生最后留下的只是几个空洞的公式。本课设计由于增加了学生的动手试验,增强了学生学习的兴趣,使课堂的厚度增加了,同时改变了课堂上单调的讲授,让学生明确了学习的内容"是什么""为什么""怎么样",符合学生对新知识认识的规律,符合新课程标准的精神。只有这样才能在教学流程中真正做到以学生为主,才能把关注学生的终身发展放到至高无上的位置来进行落实。

3. 教师须手中有法:关注课堂生成,满足学生的灵活教法

目前所倡导的新型课堂是师生互动、共同成长的地方。教师要特别善于从授课中挖掘出有思维价值的"话题",然后通过一定的教学环节,组织学生依照自主、合作、探究的模式来深入探究。教学中的"话题",仅有部分属于备课时预设,其余则多源自课堂的生成,属于那种"无法预约的精彩"。

预设和生成本身无所谓对错、好坏,它只是说明了两种不同的课堂教学的状态和策略。虽说预设和生成统一在课堂的目标下,但二者也是一对矛盾体。一般地说,预设得越充分,教师就越容易驾驭课堂,越利于引导好学生。但生成也是必然的,只不过并非生成就一定有课堂价值,而且应对生成需要教师具有更高的教学技能和更多的教学智慧。

(三)新课程实施中的情感法则

新课程标准中所倡导的教师的教"应从学生实际出发,创设有助于学生自主学习的问题情境,引导学生通过实验、探索、交流获得知识、形成技能、发展思维、学会学习"。学生在学习数学时,对其概念、理论、方法等,并不是无动于衷的,而是常常抱有各种不同的态度,会有种种复杂的内心体验。例如,顺利完成学习任务时,会感到满意、愉快和欢乐;学习失败时,则会引起痛苦、恐惧和憎恨等学习情感。那么我们如何在课堂教学中关注学生的学习情感,提升学生学习数学的能力呢?我的认识与做法是这样的:

1. 利用数学的美激发学生学习数学的热情

美是任何一个人都努力追求的。数学是人类文化的重要组成部分,数学素质是公民所必备的一种基本素质。对数学的进一步认识和了解,可以使人获得美的感受,数学的美不仅有生活中的美,更有思维领域的美,它体现在数学的简洁、和谐、奇异等方面。

通过挖掘数学中各种美的资源,让学生体会、感受、欣赏数学的美,让学生受到数学的震撼,以此引导并激发学生进一步发现、探索数学的美,最后达到创造数学美的境界。

例如,阅读材料中的斐波那契数列、蜂房、等角螺线,习题中的第七届国际数学教育大会的会徽图案等,这些都是教材中可以激发学生学习兴趣的重要钥匙,可以让学生获取学习数学的热情,达到以美启真。

2. 改变教学的手段,调动学生学习数学的积极性

学生学习数学,在动机、情感的激励下,不仅需要集中注意力,充分发挥自己的才能,积极开展思维活动,而且还要克服各种困难,能动地调节自己的学习行动,去实现预定的学习目的。另外在课堂教学活动中,仅仅靠学生的调节是不够的,还需要教师在教学活动中不时地改变教学的手段,这样才可以让学生产生更大的学习兴趣。

(1) 教学中设置变式,引导学生探究。

教师是学生学习活动的组织者、指导者、合作者和伴奏者,而学生则是一个发现者、研究者和探索者。在教学中,通过设置变式的方法,对教材中习题的背景、条件、结论或题型进行适当变通与延伸,这样既可使学生学活知识、扩大视野、深化思维、举一反三,又能激发学生的探索欲,提高分析问题和解决问题的能力,优化思维。当然,所设置的变式题应满足不同学生在具有合理自由度的思维空间里探究。问题既要立足于教师所强调的内容,也要设立在一个更开放的目标上,旨在鼓励学生创造性地思维。

(2) 教学中开放问题,激励学生求知。

开放性教学能使学生的主体意识得以唤起,创新精神得以呈现。教学过程开放的一种有效的方法就是加强开放性问题的教学。因为,开放性问题具有结论不确定、不唯一,条件约束不刻板等特点,它给我们带来的不仅是一种全新的感觉,更是一种鼓励创新、激励创新的训练方法。在教学中,通过对一些问题条件或结论的开放,让学生从不同角度加以探究,以提高学生的思维能力。

3. 改变学生学习的方式,丰富学生的合作学习体验

教学从本质上说是一种沟通与合作的活动。课程标准倡导"合作"这一学习方式,具有极强的针对性。因为合作学习能让学生在独立探索的基础上,彼此互通独立见解,充分展示自己的思维方法及过程,揭示知识规律和解决问题,从而加强学生之间、群体之间的交往和沟通,促进相互了解,不断反思自己的思考过程,同时对其他同学的思路进行分析思考,做出自己的判断。合作学习给每一个学生提供了表现自己的机会,不仅使自己对知识理解更丰富、全面,而且充分放飞了自己丰富的想象力和聪明才智,使能力得到提高。因此,教学时应抓住机会开展合作学习活动,在探究问题、探讨问题解题策略、归纳比较、解答"开放性"问题时组织学生进行合作学习。通过开展合作学习,发挥群体的积极功能,提高个体的学习动力和能力,达到完成特定教学任务的目的,真正将因材施教落到实处。

4. 延伸课堂教学的时间,加深学生的数学情感体验

重视数学知识的应用是近年来数学教改的一个热点,但目前教材中的很多应用题都局

限于那些数据、条件已具备且易于建模的一类封闭性实际问题。我们更要训练学生善于用数学的眼光审视实际问题的习惯,培养学生将实际问题转化为数学问题的能力。研究性学习的开发为我们的课堂教学提供了一个契机,我们可以让学生走出课堂,延伸数学课堂教学的时间,在时空上向外拓展,让他们从实践中体验数学,体验数学知识应用的广泛性。

例如,苏教版高中数学教材中"等比数列的前$n$项和"一节中的例5,该题涉及分期付款中的有关计算,若我们仅仅将它作为一道应用性问题讲完,就失去了该题的一些教育功能。我们在教学时可以将它设计为研究性问题,这样就给学生解决问题留下了足够的空间。我们可以在教学中将全班同学分成几个小组,让他们分别到学校附近的商场、银行、售楼处、汽车销售点等调查了解分期付款的相关知识,并提出以下问题让学生调查研究:

(1) 分期付款这种运作方式在哪些实际问题中应用比较划算?

(2) 分期付款有哪些方案?哪种方案最佳?

(3) 商家采用的分期付款和教材中介绍的分期付款有什么区别?

(4) 你的朋友有利用分期付款方式购物的吗?若有,实际贷款如何?如何分期付款?每期还多少?

(5) 实际问题中的分期付款是否只有复利计算?

要求学生根据调查记录的相关数据整理成调查报告,而后对学生说明例题是生活中的问题的一种提炼与抽象,再来解决课本例题及阅读材料中的"教育储蓄的收益与比较"问题,则效果更佳。

由于这样的学习方式和内容贴近生活,学生能够较好地体验到从数学角度对日常生活中出现的问题进行研究,对学习数学的意义加深了理解,学习热情、探索精神、应变能力、学数学用数学的兴趣得到增强。

过往已成为历史,重要的是怎样去把握现在和未来。在我心目中,一直有一个美好的教育之梦,就是要继续保持一种对理想的憧憬和行走的激情,在自己的教育园地里,和学生一起,用彼此的智慧演绎一个个鲜活动人的教育故事,用我的全部热情和智慧建构理想的教育未来。

# 做温暖的教育

教育是充满智慧的实践活动,没有学科知识,没有教育教学的实践知识,做的教育就是盲目的教育、低效的教育。但教育更是需要温暖的教育,外在的知识成为学生心理内核的前提是教师首先走进学生的心里,因此温暖是前提。自己暖和,别人感到温暖,这才是有意义的教育。

做温暖的教育,当然需要营造温暖的教学生态、教育生态、管理生态。

### 一、建立学校温暖的教学场

知识的吸引力在不断重复的背景下会折翼,而温暖的心灵交融可以把学生拉回到充满意义的交往现场、读书现场。陶行知说过,真教育是心心相印的活动。从某种程度上讲,教师的亲和力、凝聚力、感染力胜过他的教学力、创新力。在我眼里,理想的教学就是温暖的教学,衡量一节好课的标准绝对少不了温暖这一指标。在我们的课堂里,教学不应该是冰冷的练习加重复,而是在教师温暖陪伴下、鼓励对话下的"心教学"。"心教学"意味着深度引发学生的自主尝试、研究讨论,意味着点对点、点到点、点融点。

### 二、建立学校温暖的教育场

有意义的学校生活,不仅取决于其课程高度,更取决于学校创造的温度。在立德树人的伟大实践里,爱和温暖是前提,温暖的缺位是育人工作最易失效的原因。

对人性进行教育很难,我们也很难抓住规律性的东西,但我们知道冰冷绝对是适得其反的做法。"做温暖的教育,让学生过有尊严的生活"是我们木渎高级中学全体教职工不懈的教育追求。

温暖的教育,就是要我们学会理解学生。"理解万岁"不无道理。没有理解的教育,虽千言万语,虽苦口婆心,也是没有效果的教育。

温暖的教育,就是要我们学会宽容学生。但宽容不是不讲原则,而是要我们辩证看待发展中的学生,允许发展中的学生犯错改错。

温暖的教育,就是要我们学会欣赏学生,看到学生发展的差异性和种种可能性。

温暖的教育,就是要我们学会与学生沟通,走进学生的心灵,以温暖的心点燃学生向上向好的激情,融化拒绝和抵触的坚冰。

### 三、建立学校温暖的管理场

我们强调管理者的责任、垂范、领先,但我们更强调管理者的温暖。让师生对学校有归属感是我们管理的理想追求。"今天我以木中为荣,明天木中以我为荣",不只是因为我的出色,更是因为我的温暖。

建立以师为本的师资管理机制。学校以学生发展为天职,更把教师发展放在重要位置。多想能为教师做什么,多思教师发展还缺什么。建立人性化的教师评价体系,创造主人翁的教师管理平台。

营造以人为本的校园文化氛围。加强学校的人文精神教育，营造一个平等、创新、竞争、兼容的校园环境。

重视制度育人、制度管人，更重视激励的作用。以源于生命、基于文化、立于道德、致于创新、成于特色的激励手段，源源不断地激发教师的教育激情、教育创造力。

温暖的学科教师、温暖的德育者、温暖的管理者，"严中有宽，宽中有爱，爱中有教"，做温暖的教育，培养温暖的学生，这就是我们的教育追求，这就是我们教育人的幸福期待。

# 浅谈在新课程背景下高中数学教师如何上课

传统上课强调了教学结果、预设与生成,而新课程关注情感、态度与价值观,好奇心,求知欲,自信心,不怕困难的意志,关注学生对数学价值的认识、实事求是的态度、质疑与独立思考的习惯、推理精神等。新课程之所以强调知识与技能,过程与方法,情感、态度与价值观,并倡导"自主、合作、探究"式的学习,目的在于学生的终身发展。在这一大背景下,教师的授课,自然也要以生为本,引导他们养成良好的思维习惯,培养他们终身学习的观念,使他们掌握受用一生的良好学习方法。下面笔者就结合自己的教学体会谈谈在这样的指导原则下,该如何授课。

1. 教师须脑中有书:领会教材内涵,成为学生的良师益友

教师需要深入理解教材。传统教学中,教材几乎被视作范文。教师和学生无条件地接受教材的思想,从教材中获取人文或工具性的知识。而新课程带来的一个变化就是教材不只被当作拥有唯一解读方式的范文或条规,师生都拥有了对教材进行多元解读和创造的权利。同时,教材还可以仅仅被作为一种"引文",作为借以引出教师教学目标的媒介。这种教材本身身份的变化,实际上也就决定了教师教学中的灵活多样性。

**案例 1  两角和与差的正切(教材处理)**

教材在处理这段内容时通过回顾如何求 tan 15°的值,探讨如何用 tan 45°和 tan 30°直接求 tan 15°的值,进而得出两角和与差的正切公式,然后说明公式的形式和特点,最后由三个例题从计算、求证及简单的应用三个方面说明了如何应用两角和与差的正切公式。

笔者在拿到这段教材时,发现就这样上课学生也能学会,也可以应用公式解题,但是学生没有了学习这段内容的激情,更没有了深入探究问题的欲望。

本着从学生实际出发的理念,笔者在教学这段内容时做了如下设计:

问题情境→数学结构→品味数学→数学应用→回顾反思→反馈练习。

通过以下两个问题引入本课:

问题 1:如图,三个相同的正方形相接,能说出 α+β 的值吗?

问题 2:如何求 tan 75°?

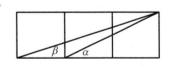

问题 1 从实例引入问题,使学生体验数学来自实践,提高了学生数学学习的兴趣。对问题 1 通过几何画板的演示更加激发了学生想求出两角和的兴趣,通过学生的讨论分析得到学习两角和与差的正切的必要性;问题 2 从前面学过的知识出发解决问题,用 75°而不用 15°更贴近学生的最近发展区,使学生易于建构新的数学知识。

在"品味数学"部分通过两个品味、三个变式展开。

品味 1:公式回味。(从特殊到一般再到特殊的过程)(教师引导)(实物投影展示学生的优秀成果)

品味 2:解决问题 1 及变式情况。

变式1：已知 $\tan\alpha = \dfrac{1}{2}$，$\tan\beta = \dfrac{1}{3}$，求 $\tan(\alpha+\beta)$ 的值。（讲完三个变式和问题1再反思变式1）（若 $\tan\alpha = \dfrac{1}{2}$，$\tan(\alpha+\beta)=1$，求 $\tan\beta$ 的值）

变式2：已知 $\tan\alpha = \dfrac{1}{2}$，$\tan\beta = \dfrac{1}{3}$，且 $\alpha,\beta \in \left(0,\dfrac{\pi}{2}\right)$，求 $\alpha+\beta$ 的值。

变式3：如图，三个相同的正方形相接，求证：$\alpha+\beta = \dfrac{\pi}{4}$。

理解数学的变式教学是学习数学的重要手段，问题串的设计有助于学生理解数学的内在结构，可以培养学生自主学习的学习方法。特别是通过变式3回到问题1的解决，可以使学生明确学以致用。

教师的思考不是可有可无的。这种思考决定了课堂教学的方向，体现了新课程所要求的关注学生终身发展的目标。

**2. 教师须心中有生：立足学生实际，指向学生的终身发展**

教师必须要明白自己为何要上这节课。传统教学总是目的明确，通过教师的教学，让学生知晓、掌握知识。然而，这种教学模式的局限是很明显的。学生的学习不仅需要解决"是什么"的问题，更需要解决"为什么"和"怎么样"这两个有利于思维发展的大问题。和传统教学中的"深挖洞"不同，新课程倡导的是立足于培养人文素养的全新教育理念，新课程建立起来的是一种指向思考的多元思维。这种允许怀疑、允许个性化解读课文的思维模式，把培养有独立思考能力，能综合运用相关知识来进行独到的分析判断能力的人才，作为教育的终极目标来要求，它所建构而成的是充满了人文精神和人本思想的课堂新理念。

**案例2　随机事件的概率（新授课）**

频率与概率是两个不同的概念，但是二者又有密切的联系，如何从二者的异同点中抽象出概率的定义是本课的主要内容。本节蕴含了具体和抽象的辩证关系。为了加深学生对概念的理解，让学生亲自参与到试验中去，从操作中去体会、去总结。为巩固学生总结出的知识，最后还要回归到实例中去，让学生去运用，以符合认知过程。

本课学习过程中让学生分三组进行实验：第一组做掷硬币试验，次数越多越好；第二组做抓阄试验；第三组做摸围棋子试验，预先准备黑、白围棋子若干，求出白子出现的频率。在得出概念后，让学生阅读课本上的阅读材料"尚克斯算错了吗？"，以期让学生加深对概念的了解。

本课设计由于增加了学生动手试验的机会，增强了学生学习的兴趣，使课堂的厚度增加了，同时改变了课堂上单调的讲授方式，让学生明确了学习的内容"是什么""为什么""怎么样"，符合学生对新知识认识的规律，符合新课程标准的精神。只有这样才能在教学流程中真正做到以学生为主，才能把关注学生的终身发展放到至高无上的位置来进行落实。

**3. 教师须手中有法：关注课堂生成，满足学生的灵活教法**

目前所倡导的新型课堂是师生互动、共同成长的地方。教师要特别善于从授课中挖掘出有思维价值的"话题"，然后通过一定的教学环节，组织学生依照"自主、合作、探究"的模式来深入探究。教学中的"话题"，有且仅有部分属于备课时预设，其余则多源自课堂的生成，属于那种"无法预约的精彩"。

预设和生成本身无所谓对错、好坏，它只是说明了两种不同的课堂教学的状态和策略。虽说预设和生成统一在课堂的目标下，但二者也是一对矛盾体。一般地说，预设得越充分，教师就越容易驾驭课堂,越利于引导好学生。但生成也是必然的,只不过并非生成就一定有课堂价值,而且应对生成需要教师更高的教学技能和更多的教学智慧。

### 4. 教师须全神贯注:落实课程目标,形成学生的有效学习

教学有多种模式,多种方法。传统教学方法不是不可以用,但必须弄清楚为什么可以用,在什么时候可以用,是否对所有教材都适合,使用效果怎么样等,只有合理使用教学方法、教学手段,才能够落实新课程目标。

总之,课堂是思想激烈碰撞、心灵真诚交流、生命精彩对话的地方,课堂需师生以热情、汗水和生命忘我地拥抱。

吴金根

吴金根　1981年1月参加工作,正高级教师。江苏省小学数学特级教师、"江苏人民教育家培养工程"培养对象,苏州市名教师、名校长、教育名家。多年来,潜心课堂开放性、低耗高效、优效化研究以及先学、研学、拓学教学研究。有200多篇教育教学研究论文在省级以上刊物发表。

# "教育的行者"吴金根与课堂"三学"教学

教师工作需要一种持续的热情和激情,但保持很难。作为一个行走教育近40年的教师,如何保持这样的工作状态?

我始终认为,影响教师成长的要素有个人的努力、团队的支持和专家的引领。教师必须要有一种精神,明白自己为什么走上讲台。我很幸运,在成长过程中,我得到了许多老师、专家和领导的帮助及关爱,遇到了许多促使我成长的人和事。我要感谢学校这块土壤,感谢学校这个团队,感谢专家和导师们对我一路的引领,我才顺利走上了"教海探航"之路。

## 一、追问自己,让教学智慧改变

20世纪80年代,东山实验小学邹进泉、陆俭伟两位睿智又有远见的老校长热心帮助青年教师成长。他们通过"铸师魂,练内功,压担子,送温暖"的培养策略,带领我们迅速走上了"学点理论、搞点实验、上点好课、写点文章"的教师成长之路。

一是让我们走出去。学校为青年教师创造了大量的外出听课机会,让我们开阔视野、拓展思维、创新教学方式。也正是通过这样的机会我认识了盛大启、乔永吉、孙丽谷等许多教学大师,坚定了"像特级教师一样做教师"的想法。二是让我们"亮"出来。学校创设了让青年教师不断对外开展公开教学的机制,督促我们负重快走。在这样的成长机制中,我在工作的第一年就开始对外公开教学。"亮课"不是目的,而是激励的手段。对一个刚从师范学校毕业的青年教师来讲,教学驾驭能力之薄弱可想而知。然而,学校领导精心组织和安排老教师、教导主任、教研室领导等和我一起研究教材、分析学生、设计教案、听试教课,一次次"打磨"我的课堂。上完公开课后,他们又以鼓励的语言及时肯定,同时帮助我分析存在的问题与不足,并帮助我改进,培养我的反思智慧。

我想,一个优秀教师的诞生,机遇非常重要,但光有机遇是不够的,还要有捕捉机遇的眼力、挑战自我的勇气以及可持续的发展能力,需要有一种"师傅领进门,修行在自身"的自觉,需要用准备等待机遇,用经验超越挑战,坚持永不满足求发展的精神。

许多同事和专家经常问我:听您的课,感觉您敢于解放学生,总是让学生把自己的想法呈现出来,再展开充分的研讨。课堂上,学生的学习兴趣浓,思维活跃,这一点您是怎样做到的?

刚入师门,我总以为只要把教材上的内容弄懂,给学生讲明白,学生就都能学会了。堂堂男子汉,对小小的学生应该具有威慑力,驾驭学生的学习行为应该不费吹灰之力。然而,混乱的课堂,天天一大堆的作业订正,费尽九牛二虎之力还教不会的学生……对比平行班教师所带的班级,课堂井然有序,学风活泼向上,学生学习成绩优秀……如此种种使我困惑不已。这难道是因为我无能吗?我追问着自己,思考着如何摆脱困境。我一边研究老教师的课堂教学技术和艺术,一边邀请教导主任来听我的课并指导我。我渐渐地明白了有效教学与学生的学习心理、认知规律之间的关系。有效教学需要读懂孩子,读懂孩子的思维方式,读懂教学内容的呈现方式,读懂教学策略的运用时机。从此以后,我的教学视角开始转向

"研究学生",研究学生的"学"。

## 二、追问课堂,让学习真正发生

课堂是小的,教育是大的;课堂是小的,教学是大的;课堂是小的,教师是大的;课堂是小的,学生是大的;课堂是小的,世界是大的。优秀的教师有一种特殊的功能,就是让自己的课成为学生的一种享受。享受知识之美、思维之美、探索之美、发现之美和创造之美,享受分享之美、互动之美、交流之美、碰撞之美,享受教师的教艺之美、评价之美和学识之美。

课堂是师生共同学习,获得知、情、意、行的发展,实现智慧生长和生命成长的地方。有生命的课堂尊重学生的人格和权利,尊重学生的差异,尊重学生的个性思考。教学中,教师不能剥夺学生自主学习、展示自我、表达个人观点的权利,必须允许学生之间存在差异,并给学生进步的空间。因此,教师要训练自己的耳朵和眼睛,对学生任何一个反应总能及时发现并有效利用。

### 1. 让课堂向学

课堂的一切活动应该指向"学",如学的态度、学的方式、学的结果等。有效的教学,应该把师生关系定位在"融学",教学媒介定位在"助学",教学方式定位在"切学",教学途径定位在"优学",教学资源定位在"厚学",教学评价定位在"励学"。

《江苏教育》的一位记者曾问我:"您的教学设计独特、新颖,学生学得自在而轻松,课堂教学效果非常好,有什么经验可以分享吗?"

我想,教学的成长来自从"有我"到"无我"的改变,它是一个不断认识、理解和发现教学的过程。初站讲台,重"讲",讲对、讲完,关注教师自己,"有我";站稳讲台,重"教",教对,教好,关注学生学果,"有生";稳站讲台,重"材",好教,好学,注重教材改编,"优教";走下讲台,重"学",助学,适教,注重学法指导,"优学"。从"高高在上"到"放下架子""蹲下身子",到把自己放在"学生"中,这是教师对学生、对教学的尊重。

优效的教育,应该是"有学生"的,是把学生放在"课中央"的,是"让学习真正发生"的。"有学生"的教育,应该是基于学生学习精神、环境和发展的教育;把学生放在"课中央"的教育,应该是基于学生学趣、学基、学能的教育;"让学习真正发生"的教育,应该是从学生出发而展开教与学活动的教育。这样的教育才是"低耗高效""适耗优效"的,是基于学生自主发展的。这样的教育是需要教师"把课堂打开,把学生放开"的,让教学真正走进学生的深处。

苏霍姆林斯基说过:没有也不可能有抽象的学生,每个孩子都是一个世界,完全特殊的、独一无二的世界!杜威说过:教师只有熟悉他的每一个学生,他才有指望理解儿童,只有他理解了儿童,才有指望去发展任何一种教育方案,使之或者达到科学的标准,或者符合艺术的标准。因此,教育需要从学生出发,由师生共同构建,基于课堂又超越课堂。

影响教学成效的因素有教学材料、教学内容、教学组织、教学方式、教学手段、教学环境、教师素质、学生状态、教学评价等。

我从"八五"到"十二五"期间,始终围绕课堂教学的效度问题关注影响数学课堂教学的因素和策略,以小学课堂教学"乐、实、活"教改实验,小学"低耗高效"教学综合实验研究,小学课堂教学"低耗高效"整体策略研究,小学课堂教学"优效化"的研究,基于"先学"的小学课堂教学"优效化"策略研究等为课题,展开着实践研究和理性思考。在此基础上,我自2012年开始关注基于乐、实、活的"先学、研学、拓学"教学研究,探索着理想课堂的建设路径,收获着对课堂教学的理解,发现着课堂"打开"的策略。

2. 把课堂打开

教育教学的核心是学生发展,数学教学的特质是思维发展。课堂是由学生、教师、教材等要素组成的,课堂的功能不是为了学生获得多少知识,而是为了让学生获得生命成长的体验。要让学生体会到自主学习的快乐,从而增强学习的自信心和内驱力。为此,优效的教育需要把课堂"打开"。

(1) 为何打开?理想的课堂应该是有学生的,应该是有灵性的,学生是充满活力、生机和情趣的,充满好奇、猜想和碰撞的,充满探究、智慧和创造的。另外,进步的时代、打开的世界需要教育的放开,信息社会丰富的资源需要学法的改变,社会的开放、创新的要求需要学力的提升。

课堂的打开是为了让"课"好起来。好的课,应该是有节奏的、有思想的、有余味的,也应该是有美感的;好的课,需要真实的学习过程、科学的学习方式、高超的教学艺术;好的课,上着上着教师不见了(在学生中)[差的课,上着上着学生不见了(注意力偏离了)];好的课,都是简单朴素有节奏的,表现出教学的"简约";好的课,就是感觉不到在受教学,表现为学生学习的"无痕";好的课,就是40分钟过得太快了,表现出学生学习的"沉浸";好的课,是你我都有机会学习的,表达着学生学习的"情趣"。打开课堂,是为了提供学生"进"、教师自己尽可能"退"的学习环境。

(2) 打开什么?打开课程资源(改良)。优效教学需要优质的课程资源,资源来自教师(知识、视野、理念、教技、主张……)、教材(内容、情景、问题、练习、系统……)、学生(情趣、知识、思维、学法、胆识……)、教学(方式、方法、途径、过程、策略……)、评价(方式、手段、渠道、过程、结果……)、时空(课前、课中、课后、教室、学室……)等。

一是打开教师,让自己变得"聪明"。教师的聪明来自对教学的"智为",煽好情、激好思、装好"傻"、指好路、出好手,能站在学生的立场"导学激趣",保护好学生的好奇心,激活求知欲,激励自信心,发现闪光点。二是打开教材,让课本变得"活化"。教师要基于教学的本质,体现教学内容的情景性,利用、开发、重组和创造有利学生"学"的教材。三是打开教学,让课堂变得"低耗"。优效的教学是从学生出发的,教师通过设计"不教之教"和"教之不教"的策略,从数学教学的本质出发,去建构数学知识(知识),转移教学目标(思维),提升训练价值(方法),渗透数学思想(思想),培养数学修养(素养)。四是打开学生,让学习变得"多维"。学习的方式与途径是多样的,独学、互学都是有效的学习方式,课本、图书、网络、生活和社会等都是有效的学习资源,读、问、说、听、思、练、议等都是有效的学习途径。因此,教师要有智慧地打开,引导学生走进自主、自我和自能的学习中。

(3) 怎么打开?优效教学需要打开课堂,需要教师智慧"寻道"。一是识学之"道",读懂学生;二是教前之"道",预见学生;三是教中之"道",释放学生;四是教后之"道",再升学生。要让教材内容活化,让学生学研先行,让教师智慧介入,让探究走进价值,让活动全员参与,让思辨不断彰显,让课外自趣行走,让教学走进乐、实、活,走向先学、研学和拓学。

"乐、实、活"体现在三个不同的维度。一是情志的维度。乐,快乐,有兴趣,爱学习,爱探究,应该成为课堂教学的首要因素。二是认知的维度。教学要实,实在,踏实,扎实,不虚,不玄,不空,知识要学得认真,不浮在表面,向深处掘进。三是能力的维度。思维活跃,善于举一反三、善于求变、求新,在"活"中学生的探究、创新能力得到发展。优效的教与学应该让师生乐而有"梦",乐其"心情";实而有"博",实其"心智";活而有"序",活其"心眼"。

教学从哪里起步?这是优效教学必须要决策的问题。我关注着学生的"无知""有知""半知""疑知""想知",依托"三学",引导学生走进学习的自趣、自觉、自主和自能"先知"中。"三学",即教前先学,教中研学,教后拓学。

先学,一种以学生自我、自主学习为主的、非教师直接介入的学生学习活动;研学,一种学生在经历自我感悟、体验、思考和发现后的伙伴互学活动;拓学,一种帮助学生深化和深度认识的学习追溯、嫁接、延伸和拓展的学习活动。

① 助力先学。先学,是为了激发求知欲,让学生发现新知识,感知新方法,感受新思维,生长新智慧,使学习更有方向性,研究更有前思性。由学生自主采集"弄不明"和"学不懂"的问题,可以对疑问拥有"预见性"、"有备"思考,使交流更有"针对性",教学凸显"有效性"。先学的方式是灵动的,可以自我"独学"或伙伴"共学",可以"课前"或"课中",可以"带问而学""先学而问""先练而学"。通过教师所设计的"先学导单",引导学生先学的方向。

"先学导单"的设计,可以是知识点的导问、思维点的导探、资源点的导采、新问题的导解、新公式的导推、难点和疑点的采集,以及创新点的记录。

例如,在五年级下册"圆"的教学时,我设计了如下"先学导单",由学生自我展开课前先学先研活动:

1′你在什么地方见到过圆?2′圆与长方形、三角形等多边形相比,有什么异同?3′想办法在纸上画一个圆并把它剪下来。4′备好圆规,试用圆规画圆,看看有什么感受?5′什么是圆的圆心、半径、直径?它们相互之间有什么关系?6′车轮的形状为什么是圆的?

再如,教学六年级下册"正方体表面涂色"时,我设计了如下"先学导单":

1′把一个表面涂色的正方体的棱都平均分成2份、3份、4份、5份……所切成的小正方体是否都有面涂色?2′所切成的小正方体最多有几个涂色的面?在大正方体的什么位置?3′切成的小正方体涂有颜色的面的个数还有其他情况吗?在大正方体的什么位置?

② 导引研学。研学是学习的中心环节,是先学的延续,是初研的发展,是拓学的准备。研学是组织学生尝试探究,引导学生发现、质疑、问难,开展讨论和争辩活动,让学生思维互动,观点碰撞,展示认证先学所获得的知识、发现的规律、构建的思维和创造的方法。研学是学生吸纳"他知",破解"难知",主张"我知"的过程,可以在课堂教学过程中,也可以在自主先学活动中。研学可以预设"议题",如围绕"先学导单"展开研学,也可以在"现场"生成议题,可以"带研而问",也可以"带问而研"。

如上面两个内容的教学,教学的开始,教师就率先组织学生环绕"先学导单"展开小组和全班的交流,由学生共同发现新知、新思和数学之创造,指向学习目标的达成。

③ 分层拓学。拓学是学习的增值环节,是先学的发展,是研学的拓展。学生的学习是有差异的,差异是学生发展的正常"存在",是学习成长的正常"离散"。拓学是以人为本的个性化、分层性的因材施教策略。拓学可以是阅读的延伸,可以是能力的拓展,是关注学困生和学能生各自学习需要的学习活动。拓学可以修补原知,可以嫁接新知,可以发展与衍生新知。拓学活动可以开展数学史料与文化的学研,可以组织数学实践活动的开展,可以伸展数学思考等。拓学需要教师以学论练,精心设计分层、免做、自选和特供的问题,让学生做"能"做、"难"做、"想"做和"趣"做的题。

例如,教学"长方体和正方体的认识"时,我设计了这样一个思考题:把一个萝卜切成长方体,至少要切几刀?再把它切成正方体,至少要切几刀?

本题基于对长(正)方体特征的认识,融思考、想象及实践操作于一体,有效激活了学生的学趣和思维,激发了学生的创造力。

再如,学习"正方体表面涂色"问题后,我设计了下面的拓学问题:切成的小正方体有没涂到色的吗?如有,在什么位置,能知道个数吗?

挑战性的问题激活了学生的探研兴趣,激发了学生的想象力,开发了学生的数学思维,提升了数学空间素养。

"三学"是一种教学的理念、方法和智慧,也是"优教"和"优学"的一种技术和艺术。它不是只学不教,不是多学少教,也不是以学代教,而是基于"适学"的不教之教,教之不教。"三学"教学解决的是"优教"和"优学"的问题,让教师成为课程的领导者,让学生成为学习的发现者。

课程的"领导者",表现为教师对教材的驾驭、激活、调适和创新,合理地确定教学内容的广度和深度,合理重组教材,组织基于"学"的教学策略。学习的"发现者",表现为对学习的起点和节奏的把握,让学生基于自己的"已有""没有""想有""能有""易有""难有","自主""最近""低耗""有效""最好"地发展。教学的"共生者",表达在课堂的"打开"上,让课堂富有"生机"和"灵性",让学生拥有"想象"和"思辨",让学习充满探究、智慧和创造,让教学关注学生获取知识的途径、方法、能力和情感,关注人的可持续发展和精神成长。

教学有时需要"慢"着来,"慢"是给学生自主学研、自主探寻、自我发现的时间和空间,"慢"是给学生读透、想透、悟透、研透的机会,"慢"是"以学论教"的时空保障,"慢"是"不教之教"的等待,"慢"是教学的艺术和智慧。先学和研学是基于学生学习发展的科学教学的规律,让教学由快而慢,由慢而快的智慧策略。

"打开"课堂,关键先要把教师"打开",因为它需要教师正确的学生观、效益观和质量观,需要教师的职业才智和高超的教学才艺,需要教师让课堂"活"起来、让学生"站"起来、让教学"动"起来的勇气和底气,需要教师对不同年级、不同学生和不同内容的教学的把控与设计,这也是"学生学科核心素养培育"的必经之路。

"打开"的课堂需要重构"课堂评价"。智慧的教学需要教师把握好课堂教学的实效与课堂教学的观赏、学生思维的活跃与课堂气氛的活跃、学生生成的有效与教师预设的精彩、学生整体的精彩与个别学生的精彩、学生的生命质量与学生一时的精彩、课堂教学的效益与课堂教学的效率等关系,关注好前者就关注好了全体学生的"学能"培育。

教师教什么?教师"教自己"。教师的成长有五个阶段:第一阶段教知识,第二阶段教方法,第三阶段教状态,第四阶段教人生,第五阶段教自己。因此,教师要做好自己,不忘初心;要做好学生,养德长才;要做好事业,教书育人。

学生的学习成长是一个复杂的过程,有时因教师而快乐,也有时因教师而苦恼。优效,是教育的一种追求、一种理想、一种境界,需要教师持久地用心志和心智去读透教育、读透课堂、读透教学、读透学生,从而获得课堂的有效和教育的优效之理想与境界。

教海探航,我永远在路上。

# 《解决问题的策略》教学实录

### 一、创设情境,浸润关系

师:同学们,我们三(1)班有 40 名同学,那谁知道三(2)、三(3)、三(4)班分别有多少同学吗?
生:与我们班差不多,具体不知道了。
师:想知道吗?
生:想。
师:好。下面我给大家一些信息,看看你能否很快说出各班的人数。
师:三(2)班再转进一名学生就和我们班同样多。
生:我知道了,三(2)班有 39 名同学。
师:有意见吗?
生:没有,同意。
师:那么,三(1)班和三(2)班一共有多少名同学?
生1:40+39=79(名)。
生2:79 名。我是这样算的:40×2=80(名),80-1=79(名)。
师:80 名什么意思?为什么再减1?
生:三(2)班要转进1人后和我们班同样多,我先算他们也是 40 人,实际少 1 人,所以 80 人再减 1 人。
师:真厉害。
师:好。老师告诉你,三(3)班比三(1)班少 1 名同学,那么,三(3)班有多少名同学?
生:40-1=39(名)。
师:那么,三(1)班和三(3)班一共有多少名同学?
生:40+39=79(名)。
师:有意见吗?
生:没有。
师:那么,三(4)班有多少名同学?
生:不知道。
师:想知道吗?
生:想。
师:就是不告诉你们,下课后自己去调查一下。
生:(大笑)好。
师:同学们,生活中有许多实际问题,解决问题时,我们可依据有关条件和数量间的关系进行分析推理,用数学的方法解决问题。

### 二、自主探索,发现策略

师:(出示图片)小猴帮妈妈摘桃,第一天摘了 30 个桃,以后每天都比前一天多摘 5 个。

小猴第三天摘了多少个?第五天呢?

师:根据题中的已知条件和数量之间的关系,你打算怎样解答问题?昨天,我们根据这一问题,围绕下面的"先学导单"进行了自主学习和研究。

出示"先学导单":

(1)第一天摘了30个桃,以后每天都比前一天多摘5个。从这句话提供的信息中,你能知道些什么?

(2)根据上面数量之间的关系,你能求出第几天摘桃的个数?知道了第几天摘的桃的个数就能直接求出另外一天摘的桃的个数吗?怎么求?

师:下面请把你课前学习的思考与小组内同学相互分享一下。

生小组交流。

师:下面我们全班一起来交流一下。(组织学生围绕"先学导单"的问题进行反馈)

"第一天摘了30个桃,以后每天都比前一天多摘5个"这句话告诉我们什么?你是怎么想的?

生:"第一天摘了30个桃,以后每天都比前一天多摘5个"表示第二天比第一天多摘5个,第三天比第二天多摘5个,第五天比第四天多摘5个,依次这样摘下去。

师:根据题中的已知条件和数量之间的关系,你认为小猴第三天摘了多少个?第五天呢?

生:小猴第三天摘了40个,第五天摘了50个。

师:谁同意这位同学的结论?

生:我同意。

师:我不信,你们是怎样解答问题的?同桌再相互交流一下。

生同桌交流。

师:我们一起来交流一下自己的解题思路。

生1:我先算出第二天摘了35个,再算出第三天摘了40个,再算出第四天摘了45个,然后算出第五天摘了50个。

师:这样对吗?大家的意见呢?

生2:应该是对的。因为第一天摘了30个,以后每天都比前一天多摘5个,我们可以依次写出每天摘的个数,就是30,35,40,45,50,这样就会知道第三天摘了40个,第五天摘了50个。

师:根据你们的想法,如果给你下面的表格,你能通过填表写出答案吗?

| 第一天 | 第二天 | 第三天 | 第四天 | 第五天 |
| --- | --- | --- | --- | --- |
| 30个 | | | | |

生交流填表。

师:那么,有没有同学根据题中条件"第一天摘了30个桃,以后每天都比前一天多摘5个"直接列式来算,你认为怎样列式并计算?

前后四位同学小组交流一下,然后我们再一起交流。

生:30+5=35(个),35+5=40(个),40+5=45(个),45+5=50(个)。

师:说说你的想法。

生:因为第一天摘了30个桃,以后每天都比前一天多摘5个,说明第三天比第二天多摘了5个,第二天就摘了30+5=35(个),第三天就摘了35+5=40(个);第五天应该比第四天多摘了5个,而第四天不知道,但应该比第三天多摘了5个,所以第四天摘了40+5=45(个),第五天摘了45+5=50(个)。

师:同意他的想法吗?

生:同意。

师:真了不起,给他点掌声。通过大家的研究,我们发现了第三天摘桃的个数,也算出了第五天摘桃的个数。下面我们一起来回顾一下解决问题的过程。题目中告诉我们的条件有哪两个?

生:①第一天摘30个,②以后每天都比前一天多摘5个。

师:要求哪两个问题?

生:一是"第三天摘了多少个?"二是"第五天摘了多少个?"

师:针对问题,大家刚才经过交流,根据已知条件,通过一一推理,分别找出第二天到第五天每天摘桃的个数,从而求出了"第三天"和"第五天"摘桃的个数。下面,我们把大家的想法再整理一下。

师出示根据条件:

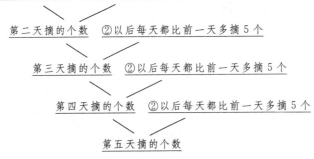

### 三、深化策略,建构思维

师:下面我们一起来"想想做做",先独立思考,再交流。

(1) 根据已知条件提出不同的问题,并说说怎样解答。

① 每个苹果重多少克? ② 一个橙子重多少克?

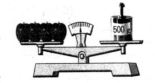 

生:4个苹果重500克,一个苹果重500÷4=125(克)。

一个橙子与一个苹果和一个20克的砝码一样重,所以一个橙子重125+20=145(克)。

(2) 买了3盒钢笔,每盒10支,买的圆珠笔比钢笔多18支。

① 钢笔买了多少支? ② 圆珠笔买了多少支?

生:每盒支数×盒数=一共买的钢笔支数,10×3=30(支),所以,钢笔买了30支。

买的圆珠笔比钢笔多18支,钢笔支数+圆珠笔比钢笔多的支数=圆珠笔支数,所以,30+18=48(支),圆珠笔买了48支。

师:那么钢笔和圆珠笔一共买了多少支?

生:30+48=78(支)。因为圆珠笔的支数+钢笔的支数=钢笔和圆珠笔一共买的支数。

(3) 从左往右,第一个笔筒里放10支铅笔,以后每个笔筒都比前一个笔筒少放2支。第五个笔筒里放了多少支?

师:请你们观察,先独立思考,再和小组同学进行交流,再全班交流。

题中有哪些已知条件?要求什么问题?怎样求?

生:2支。

师:你怎么找到的?

生:题中告诉我们"第一个笔筒里放10支铅笔,以后每个笔筒都比前一个笔筒少放2支",说明"第二个笔筒比第一个笔筒少放2支""第三个笔筒比第二个笔筒少放2支""第四个笔筒比第三个笔筒少放2支""第五个笔筒比第四个笔筒少放2支"。

所以,第二个笔筒放10-2=8(支),第三个笔筒放8-2=6(支),第四个笔筒放6-2=4(支),第五个笔筒放4-2=2(支)。

(4) 一个皮球从16米高处落下,如果每次弹起的高度总是它下落高度的一半,第3次弹起多少米?第4次呢?(算一算,填一填)

| 开始下落时 | 第1次弹起 | 第2次弹起 | 第3次弹起 | 第4次弹起 |
|---|---|---|---|---|
| 16米 | ( )米 | ( )米 | ( )米 | ( )米 |

生:独立完成后同桌交流(略)。

教师组织学生交流想法和算法(略),并观察落球实验(每次弹起的高度总是它下落高度的一半)。

(5) 18个小朋友站成一排,从左往右数,芳芳排在第8个;从右往左数,兵兵排在第4个。芳芳和兵兵之间有多少个人?

先在图中标出两人的位置,再解答。

○○○○○○○○○○○○○○○○○○

生完成后交流。

18-8=10(个),10-4=6(个)。

(6) 用地砖铺成一块长方形活动场地,其中白地砖有8行,每行15块,花地砖比白地砖少70块。花地砖有多少块?

生独立思考后交流。

根据"白地砖有8行,每行15块"可以求出"白地砖有8×15=120(块)";

再根据"花地砖比白地砖少70块",可以求出"花地砖有120-70=50(块)"。

**四、课后拓展,升华素养**

师:下面请大家来挑战一下自我。

(出示)想一想:根据下面的条件信息,你能求出什么问题?怎样求?

①小红有13本故事书;②小张比小红多2本故事书;③小江的故事书比小张多3本;④小平的故事书比小江少3本;⑤小李的故事书是小平的2倍;⑥小徐比小李少2本故事书。

生:(略)。

# 《平移和旋转》教学实录

### 一、借力经验,感知运动

师:(出示一个礼盒)同学们,今天老师带来了几个礼物,谁想要?
生:(兴奋地)我要。
师:想看看是什么吗?我来把礼盒打开,怎么打开呢?
生:把抽屉拉开。
师:好,听你们的,我把这个礼盒打开。(呈现:小汽车和小陀螺)
师:你能用手势比画一下,小汽车是怎样在马路上向前直行的吗?
生:手势比画。
师:那你玩过这种小陀螺吗?它是怎样运动的呢?也请你用手势比画一下。
生手势比画。
师:我们来转动一下,看看小陀螺是怎么运动的,与你比画的是否一样。
师:生活中许多物体的运动是有一定方式的,像刚才我们把盒子的抽屉拉开,抽屉就从里面移动到了外面,把小陀螺一转就动起来了。下面再来观察一下我们学校的校门(出示关合的移动大门图片)。如果把校门打开,它是怎样运动的?手势比画一下。
生两手由合而分。
师:看看大家比画的对吗?(点开大门打开的录像动画)
师:那如果要把校门关上呢?它是怎样运动的呢?也用手势比画一下。
生两手由离而合。
师:看看大家比画的对吗?(点开大门合拢的录像动画)
师:真不错。那么,是否所有的门开关时都是这样运动的呢?
生:不是。有的是转动的。
师:是吗?举个例子。
生:我们的教室门就是转动的。
师:不错。下面请你用手势比画一下。
生手势比画着推拉动作。
师:(出示动画录像)我们来看看这位同学开、关这扇教室门的情况,大家观察一下门的运动状态,和你想的是否一样。

### 二、三学联动,探索发现

师:生活中像这样运动的物体很多,课前我们围绕下面这三个问题进行了自主观察和学习研究。
出示"先学导单":
(1)你见过物体运动时的各种现象吗?能想办法表示这些运动吗?

(2)你知道物体怎样运动时可以看成平移,怎样运动时可以看成旋转吗?

(3)找一找,什么物体运动时是平移的,什么物体运动时是旋转的?

下面请大家把先学的情况在小组里相互交流一下。

生小组交流(略)。

师:下面我们一起交流一下。谁来说说,你见过什么物体运动,它是怎样运动的,你能用手势比画给大家看吗?

生1:我看见教室里的窗开关时是这样运动的。(手势比画)

生2:我们家里的电风扇是这样转动的。(手势比画)

生3:教室里的电风扇也是这样转动的。(手势比画)

生4:我们家住8楼,电梯上下时是这样运动的。(手势比画)

师:那你们知道这些物体的运动方式、状态在数学上叫什么运动吗?

生:我家里的电风扇是旋转的,电梯上下是平移的。

师:同意吗?那么物体怎样运动时可以看成平移,怎样运动时可以看成旋转?同桌同学再交流一下。

生小组交流。

师:谁来说说看,你认为物体怎样运动时可以看成平移,怎样运动时可以看成旋转?

生1:像开、关教室里这扇窗叫平移。像开、关我们教室的门叫旋转。

生2:物体直的移动就是平移,物体转动就是旋转。

师:是吗?那下面这些物体运动时的状态是什么样的?

(出示教材中"火车在轨道上行驶、奥运会升国旗、观光电梯的升降、电风扇叶片转动和直升机螺旋桨的运动"主题图)

师:请在小组里交流一下,并用手势比画,描述这些物体的运动现象,然后一起来交流。

生:火车在轨道上行驶是在平移,奥运会升国旗也是平移,观光电梯的升降也是平移,电风扇叶片转动和直升机螺旋桨的转动都是旋转。

师:真不错。

师:(引导观察并小结)像火车在直直的轨道上行驶,奥运会升降国旗,观光电梯的升降(板书图片并画标直线箭头),这样的运动状态都可以看成平移;像电风扇叶片和直升机螺旋桨绕着中间轴转动时的运动,可以看成旋转。

师:现在我们再来看看刚才大家举例的一些物体,运动时是什么运动?

生:(略)。

师:(结合学生举出的一些例子,引出超市里斜坡式平移电梯、人员进出感应旋转门的视频)超市电梯的上升和下降是怎样运动的?这两扇超市入口的小门是怎样运动的?

生1:电梯上升和下降是平移的,两扇小门是旋转的。

生2:这个电梯是斜着上升或下降的,不是左右或上下动的,不是平移。

师:大家的意见呢?

生:(两种意见)我认为,虽然电梯是斜着上升或下降的,但电梯也是沿着直直的方向在动,所以应该是平移。

师:有道理。其实,物体平移和旋转运动时有各自的特点:如果沿着直线方向运动,物体就进行了平移运动;如果绕着一个点或一条边转动,物体就进行了旋转运动。

师:生活中物体平移和旋转的运动现象很多,人们也利用平移和旋转的特点,根据需要设计了像这样绕着中间的轴开和关的旋转门(动画),像这样沿着上下直直的轨道平移开关的移动门(动画)。

师:(出示游乐园娱乐项目高空弹射、小火车、观光缆车、摩天轮、旋转木马、豪华波浪图片)你玩过这些游乐项目吗?它们是怎样运动的?你能根据它们的运动方式分分类吗?和你的同桌合作分一分,并交流一下你们这样分的想法。

生:(反馈交流,实物投影展示分类图片)我们分两类:一类是做平移运动的;一类是做旋转运动的。

师:我们一起来想想这些游乐项目的运动方式。高空弹射沿着固定的直轨道上下跳动,小火车沿着直轨道向前开动,观光缆车沿着直直的缆绳向前移动,这些娱乐项目的运动都是平移;摩天轮、旋转木马、豪华波浪这些娱乐项目的运动,都是绕着中心的固定点或固定轴旋转。

### 三、实践体验,构建思维

师:下面,我们自己动手做一个平移运动,先来看一看操作要求,按要求平移数学书,其他整理放进筐中,放进课桌(桌上就留自己的数学书)。

教师出示操作要求:把数学书从左上角平移到右上角,再把数学书平移到右下角,然后继续平移到左下角,最后把数学书平移到开始的位置。

学生先独立操作,再同桌间交流。

师:谁给大家交流一下你是怎样平移的?

生:把数学书放在左上角,然后沿着桌面的上边向右移动到右上角,再沿着桌子的右边向下移动到右下角,然后沿着桌子的下边向左移动到左下角,最后沿着桌子的左边向上移动,就回到了原来的左上角位置。

师:和他一样做的有多少同学?

师:你们认为平移时要注意什么?

生:移动数学书时不能动来动去,一定要沿着边直直地移动。

师:(出示视频)下面请你观察一下,你是否完全是这样操作的。

师:同学们,下面我们思考一个问题,把数学书放在左上角后,通过平移把书变到了右上角、右下角、左下角,再回到了原来的位置,你有什么发现?数学书什么变了,什么没有变?

生:(小组议论后反馈)数学书的位置变了,但数学书的朝向没有变。

师:是吗?我们再观察一下(再播放平移视频),这里数学书一开始是朝上放的,平移过程中书的朝向有没有变化?

生:没有。

师:下面我们把书的朝向变化一下,再按照上面的平移要求同桌合作把书平移到几个位置,观察一下书的变化情况。

生操作后全班交流。

师:(根据学生交流情况,随机出示数学书反放、横放平移视频)由此看来,把一个物体平移,物体的位置在变,朝向不变。

师:我们再来做一个旋转运动。(出示转盘)把转盘上的指针从 A 转到 B,再继续旋转到指向 C 和 D,最后把指针从指向 D 旋转到指向 A。拿出我们课前做好的转盘,试试看!

生独立操作后同桌交流。

师:哪位同学展示一下自己的操作?(指名上台展示)

师:通过转盘上指针旋转的活动,你有什么发现?

生1:我发现把转盘上的指针从 A 转到 B,再旋转到指向 C,D 和 A,指针是绕着中间固定的点转动的。

生2:我发现把转盘上的指针从 A 转到 B,再转到指向 C,D 和 A,正好转了一圈。

生3:我发现指针是沿着顺时针方向旋转的。

师:真不错。那如果现在要把转盘上的指针从 A 直接转到 D,你打算怎么旋转?同桌间相互交流一下。

师:好,谁来展示一下?

生1:把指针顺时针转到 D。

生2:我不是这样转的,这样麻烦,可以反过来转。

师:同意这位同学的方法吗?你们怎么想到这样反过来旋转的?

生:因为这样转,路程近。

师:(笑)是吗?真有道理。实际上,上面两种旋转方法都可以,一种是顺时针旋转,另一种是逆时针旋转。从这里来看,A 旋转到 D,逆时针较"近"些。

### 四、问题解决,深化发展

师:(出示教材上"想想做做"第1题)同学们,物体的运动方式有平移,也有旋转,那下面的运动哪些是平移?哪些是旋转呢?(先观察想想,再思考判断)

生交流(教师针对学生回答,注意表达中的"运动状态")。

师:(呼应上课开端)通过刚才的研究,你们现在说说看,课开始我们把礼盒抽屉拉开,抽屉做了什么运动?陀螺转动做了什么运动?汽车笔直地在道路上行驶可以看成什么运动?而行驶时轮胎是怎样运动的?

生:抽屉拉开是平移的,陀螺转动是旋转的,汽车笔直地在道路上行驶可以看成平移运动,而行驶时轮胎是旋转运动的。

师:是这样吗?陀螺转动时经常"逃来逃去",和刚才我们观察的旋转有不一样的情况吗?我们可以把这个问题带到课后,同学们可以进一步去实验研究。

师:下面我们来看书上"想想做做"第2题。观察后想一想,哪些树叶通过平移可以和绿色树叶重合?还有哪几片树叶经过平移后可以重合?

生:独立思考后小组交流,再全班反馈。

教师针对学生判断意见,课件动画展示平移重合情况。

师:(课件添加一片形同但较小的树叶)那这片7号树叶呢?平移后能与绿色树叶重合吗?说说你的想法。

生:这片7号树叶小,平移到绿色树叶后不能完全重合。

师:你发现怎样才能让平移后树叶重合呢?

生1:树叶必须形状完全一样,大小完全相同。

生2:我认为还必须朝向一样,否则平移后也不能完全重合。

师：下面再请大家完成书上"想想做做"第3题。

生：（略）。

师：同学们，前面我们把数学书进行了从左上角依次平移到右上角、右下角、左下角等活动，现在这里有两条直线（出示课件），把这个面分成了A,B,C,D四个区域，如果把这本数学书放在A区域，按住书的这个左下角的点把它旋转，分别旋转到这三个区域，你会旋转吗？旋转过程中看看这本书的位置发生了什么变化。

生独立操作。

师课件展示数学书的旋转过程。

师：刚才我们是按住书的这个左下角的点把它旋转的，如果按住书的中间一点（出示课件示意图），旋转书会是怎样的状态呢？试试看。

师：（播放视频）大家来观察一下，你做的旋转是这样的吗？

师：同学们，通过今天的研究，你对物体平移和旋转的运动有哪些收获？同桌相互交流一下。

师：生活中借助物体的平移和旋转运动，可以创作许多美丽的图案，想不想看？（出示几组电脑通过平移、旋转而制作成的图案，让学生欣赏）

师：课后，大家可以利用今天研究的知识，制作一个风车，大家明天可把作品带来，看看风车旋转的方向是否相同。

叶惠民

叶惠民　小学高级教师,1989年被评为江苏省优秀教育工作者,1990年被江苏省政府评为江苏省第三批小学数学特级教师。在《上海教育研究》《小学数学教师》等刊物公开发表论文数10篇。

# 叶惠民和他的"三算"结合教学

叶惠民同志师德高尚,受人尊敬。他从事小学数学教学近40年,始终坚持教书育人,为人师表,在教育教学工作中取得了显著的成绩,1989年被评为省优秀教育工作者。他的教学具有"实""严""精"的教学特色,他的"三算"结合教学研究富有成效。

### 一、"实""严""精"的教学特色

他的教学具有"实""严""精"的教学特色。

实:为人处事实,课堂教学实。踏踏实实从实际出发制订富有实效的教学方案。

严:对工作严格要求,严格把关。对教学严谨、严密、高起点、高标准、高要求,严于律己,给人以示范。

精:课堂精致、精细。

### 二、"三算"结合教学

"三算"结合教学,是指在数学教学中,将口算、笔算、珠算结合起来教学。它的优点是既可以克服单一枯燥的笔算教学对学生学习兴趣的影响,又可以开发学生的智力,培养学生的个性品质,提高课堂教学效率,从而提高教育教学质量。

叶惠民曾先后两次进行"三算"结合教学和"重组教材,提高效率"的教改实验,均取得了成功。在一年级的口算比赛中,前十名中有九名是"三算"试点班的学生。"重组教材,提高效率。"试点班的学生思维活跃,逻辑推理能力强。

### 三、富有创造性的带教特色

他不仅自己刻苦钻研业务,还经常对外开课,为青年教师做教学专题讲座,上业务示范课和教改实验课。在他的关心和帮助下,东山实验小学青年教师迅速成长,经他辅导的吴金根等老师成为苏州市小学数学教改带头人、江苏省优秀教育工作者、江苏省小学数学特级教师。

# 重视口算训练，培养良好思维

小学四则计算中，笔算是重点，口算是笔算的基础。口算不借助于计算工具，直接通过思维计算出结果。在某种意义上说，口算在学生智力发展中具有很大的作用，有利于培养学生良好的思维品质。

1. 口算要求算得快，有利于学生思维敏捷性的培养

思维敏捷性是指思维迅速，反应快。口算首先要求算得正确，但又不满足于正确，因为口算要求迅速地回答要解决的问题，同样算一道题，口算要求用时少、准确性高。例如，口算 $7+6=13$，可以逐一计算，即把 7 记在心里，再连续加 6 次 1。教学中可采用凑十法，即把大数 7 加 3，凑满 10，再加 3 得 13。这是一般的思维方法，为了提高速度，可以进行多种形式的口算训练，指导学生提高答题的速度，达到脱口而出。可以进行 $7+4,7+5,7+6,7+7,7+8,7+9$ 的练习，使学生掌握 $7+n$ 的一般思维方法，并通过口算 $4+7,5+7,6+7,8+7,9+7$ 加以巩固，再通过计算 $7+6,6+7,13-6,13-7$ 等加强对加减互逆关系的认识，还可以通过 $5+6,6+6,7+6,8+6,9+6$ 的练习，使学生进一步认识式子间的逻辑关系，达到 $7+6$ 得 13 脱口而出的程度。这时学生计算 $7+6$（以及类似题），已从原来的低级凑十法思维向高级的思维——数群的计算发展，压缩了思维的中间过程，见到或听到 $7+6$ 算式，头脑中即能反应出 13，思维的敏捷性就能得到提高。

为了口算算得快，学生还得要熟记一些特殊的数据，如 $25×4=100,125×8=1\,000$ 等。这样学生在计算 $25×48$ 时就可以利用 $25×4=100$，口算 $25×4×12$。又如，计算 $1.25×6.3×0.8$，可以先把算式整理成 $1.25×0.8×6.3$ 再口算，这样既能舍弃烦琐的思维过程，同时学生的思维敏捷性又得到良好的训练。

2. 口算要求有技巧，允许找捷径，有利于学生思维灵活性的培养

思维的灵活性是指学生的思维出发点、思维方向和思维方法多种多样。口算要求学生迅速求得计算结果，这就要求学生选择最佳的方法来计算。例如，口算 $25×48$，可用下列方法来口算：$25×4×12,25×40+25×8,25×4×4×3,(25×4)×(48÷4)$，学生选择第一、第四种方法能迅速得出结果。因此，学生在口算过程中，不局限于某一种固定的思维模式，而是运用已有的知识和技能，从各个不同角度去思考，具体问题具体分析，选择最佳的方法，有利于学生思维灵活性的培养。

3. 口算要求选择多种不同的解题方法，有利于学生思维广阔性的培养

思维的广阔性是指学生在思考问题时，能注意事物之间的联系，从多方面去分析和研究问题。

当学生学过 20 以内的退位减法后，口算 $13-7$ 时，教师可以有意识地引导学生观察思考 $7+6=13$，那 $13-7$ 得几呢？运用"做减法想加法"的思维，因为 $7+6=13$，所以 $13-7=6$，渗透加减互递关系。即除了已掌握了 $13-7$ 的思维方法，多了一种"做减想加"的思维法，口算更迅速，也为今后学习类似的口算题设下伏笔。例如，口算 $100-45$ 时，一般学生的思维方法是 $100-40-5$，有的学生是 $(10-5)+(90-40)$，还有的学生是 $50+50-45$，这样

让学生从各个角度选择最简单的方法来计算,扩大了学生思维的广阔性。

4. 口算要求在较短的时间内得出正确的答案,有利于学生思维逻辑性的培养

思维的逻辑性是一种较高的思想品质,即要求学生按逻辑规律进行思维,也就是判断是恰当的,推理是前后一致的。

例如,口算 $63\div9$,怎样进行推理呢?因为"七九六十三",所以 $63\div9=7$,$63\div7=9$。做除法想乘法,使学生从事物间的联系推导出事物的关系,进行逻辑思维的训练。又如,口算 $39\times67+39\times33$,可以变成口算 $39\times(67+33)$,即应用乘法分配律,进而正确解决类似 $39\times67+67=(39+1)\times67$ 这样的题目。对 $39\times102$ 怎样迅速算出结果呢?由于有了上题的基础,学生就会推理出 102 个 39 即是 100 个 39 加上 2 个 39,即 $39\times102=39\times100+39\times2$。所以当学生升入高年级学习 $9\frac{1}{11}\times6$ 时,只要教师稍加指点,学生就会迅速而正确地得出 $54\frac{6}{11}$;进行 $48\frac{4}{7}\div4$ 计算时,学生就会由 $(48\div4)+\left(\frac{4}{7}\div4\right)$ 得出 $12\frac{1}{7}$。这虽然是一道分数除法,不能用乘法分配律解,但是学生的思维过程是遵循逻辑规律的,推理也是有理有据的,结果也是正确的。

5. 口算要求在较短时间内做出判断,选择合理的方法,有利于学生思维深刻性的培养

思维的深刻性是在计算过程中,不满足于事物表面的理解,而是从事物与事物间的联系中找出规律,使学生对事物的认识不断深入。

例如,口算 $0.75+\frac{5}{6}+\frac{1}{4}$ 这道题,从表面上看,似乎 $0.75$ 与 $\frac{5}{6}$,$\frac{5}{6}$ 与 $\frac{1}{4}$ 都没有简算的可能,但当学生进行深入分析时,头脑中出现 $0.75=\frac{3}{4}$ 或 $\frac{1}{4}=0.25$ 时,就会运用加法交换律,迅速得出正确结果。在训练口算的过程中,要富有匠心,精心设计,如口算 $4-1\div3-\frac{2}{3}$,要求学生用分数与除法的关系来解 $1\div3$,而不能用 $1\div3\approx0.33$ 来解答,当 $1\div3$ 用 $\frac{1}{3}$ 而不是 $0.33$ 表示时,摆在学生面前的是 $4-\frac{1}{3}-\frac{2}{3}$ 这一算式,学生再深入进行思维,就能运用减法的性质,$4-\frac{1}{3}-\frac{2}{3}=4-\left(\frac{1}{3}+\frac{2}{3}\right)=3$。这种精心设计的口算题,对培养学生思维的深刻性是十分有利的。

孟晓庆

孟晓庆 苏州市吴中区东山人，1992年8月参加工作，先后在吴中区东山中心小学和吴中区碧波实验小学工作，2005年2月担任吴中区东山中心小学党支部书记、校长，2012年8月担任吴中区碧波实验小学党总支书记、校长。江苏省特级教师、江苏省"333高层次人才培养工程"培养对象、苏州市名校长、苏州市名教师、苏州市学科带头人、吴中区教育领军人才。

# 课堂生成灵动，灵动成就课堂

我和我们区内小学数学教育的同行们开展了为期近十年的"灵动生成"的教学研究，初步形成了对新课程数学教学追求"多向互动、灵动生成"的共识。"灵动"教学是一种鲜活、生动、高效，又富有激情和创造性的课堂教学。"生成"是相对于"预设"而言的，在《辞海》中的解释为"自然形成"。灵动生成是富有朝气、充满活力又高效生动的教学，是在预设目标的实施过程中，教学的认知开放纳入直接经验和弹性灵活的成分，出现一些始料未及的体验，鼓励师生在教学互动中进行即时创造，从而超越预定的目标和要求，通过教师对学生的学习需要和感兴趣的失误的关注及其价值判断，不断调整活动，以促进学生更加有效学习的教学发展过程，是师生、生生平等交往、积极互动、共同发展的动态过程。灵动生成性课堂教学强调教学的生成性，但并不排斥教学的预设性，教学是预设和生成的矛盾统一体，预设是教学的基本要求，生成使课堂教学的价值得以提升。生成性课堂教学强调师生平等交往、积极互动，在这个过程中教师与学生共同分享彼此的经验和知识，共同交流彼此的情感与体验，不断丰富教学的内容，力求获得新的收获，从而实现教学相长和师生的共同发展。

《小学数学课程标准》指出，我们的教学应当是师生之间、学生之间交往互动与共同发展的过程。教学是不断生成的，师与生、生与生之间合作、对话、碰撞，不时会生成超出教师预设方案的新问题、新情况、新的认知，课堂的认知建构随着教学环境、学习主体、学习方式的变化而变化。课改的基本出发点是促进学生全面、持续、和谐地发展，要改变传统的教学行为方式，必须超出和突破传统的课堂教学观的框架束缚，用以人为本和动态生成的观念构建新的课堂教学观。新的数学教学课堂观关注学生的生活世界，帮助学生打通书本世界和生活世界之间的界限；关注学生的生命价值，给学生以主动探索、自主支配的时间和空间；关注学生的生存方式，构建民主、平等合作的师生关系；关注学生的心理世界，创设对学生有挑战性的问题或问题情境；关注学生全面发展所具有的文化现象，增加师生之间以及生生之间多维有效的交流互动；关注每一个学生的个体生活状态，打破单一的集体教学的组织形式，旨在让我们的数学课堂教学焕发出生命的活力。因此，小学数学教学构建开放和谐、动态生成的灵动课堂显得尤为重要。

## 一

数学教学需要灵动，只有"灵动生成"才能成就完美课堂。

**1. 数学教学强调人的全面发展，注重充分挖掘个人潜能**

马克思主义关于人的全面发展理论认为，人在各个方面都具有一定的潜力，只要给以适当的外部条件，就能调动其主观能动性，使其潜能和个性得到最大限度的发挥。这一理论揭示了教师在数学教学中必须坚持学生的探索性、自主性、研究性学习，要相信学生是具有无限的发展潜力的，教师的课堂预设不能限制学生的可能生成。

**2. 现代小学数学教学中的师生关系是互动合作的关系**

《小学数学课程标准》指出，数学教学是数学活动的教学，是师生之间、学生之间交往互动与共同发展的过程。学生是数学教学的主体,教师是学生数学活动的组织者、引导者与合作者。①教师要正确地认识学生个体差异,因材施教,使每个学生都在原有的基础上得到充分的发展;②要关注学生的学习过程,不仅要关注学生观察、分析、自学、表达、操作、与人合作等一般能力的发展,以及运算、空间观念、统计、解决问题等数学能力的发展,更要关注学生在情感、态度与价值观等方面健康和谐的发展;③不仅要关注课堂教学的数学知识结果,更要关注数学探究发现过程的经历与活动经验积累的生命体验。

3. **坚持以人为本处理数学教学中知识与学生发展的关系**

费尔巴哈的人本主义关注人作为个体的认识主体,是理性和感性的统一。人本主义理论十分注重人的个性,重视理性和感性的统一,注重人的个性发展,它与新课改"以人为本,以学生的发展为本"的思想相统一。我们的数学教学,不是以知识传授为主要考量的依据,而是坚持着眼于人的发展,鼓励学生课堂内外个性化的展示和自主性生成,着眼于学生的全面发展、一生的成长。

4. **组织以学习者为主体的认知建构活动**

皮亚杰的建构主义学习理论提倡在教师指导下,以学习者为中心的学习,是自我建构、自我发展的过程。因此,数学教学中要求教师作为数学意义建构的帮助者、促进者,而不是数学知识的传授者与灌输者;学生是信息加工的主体,是数学意义的主动建构者,而不是外部刺激的被动接受者和被灌输的对象。小学数学课堂要求在教师的引导下,开展以学生为主体的探究发现、操作实践、质疑问难、合作交流、猜想验证、练习训练等一系列的数学认知建构活动,从而引导数学课堂多个教学环节中学生主体地位的确立。

综上所述,灵动生成的教学是发展学生、构建和谐师生关系和体现以学生为主体的有效的教学方式,灵动使课堂更精彩,灵动使教学更完美,灵动使学生更自信。

## 二

如何实践灵动生成的教学?下面我从灵动开放、有声教学、推荐作业几方面谈点做法和研究体会。

1. **灵动开放,摒弃"封闭教学"**

开放式课堂教学是实施新人培养的较佳途径,具有教学高效、人才培养较强的特点。它有利于发掘学生的潜能,有利于满足学生的心理需要,有利于培养学生的创新意识和实践能力,有利于克服传统"封闭式"教学的不足,适应开放的社会教育的要求。小学数学实施开放式教学,强调教学的过程性,突出教学个性化建构的部分,追求学生的能力和素养的培养,是一种互动的、动态的、多元的教学形式。实施开放式教学能够极大地调动学生学习的积极性,使学生学得更生动、更有效,更有利于发挥和发展学生的主体性,培养创新人才。同时对教师的潜能也是一个巨大的挑战,有利于激发他们创造的热情,形成完美的教学风格。

小学数学教学不应追求"统一化"和"最佳化",应当致力于"多样化"和"合理化",努力追求数学知识的自主构建和数学个性的张扬凸显,这正是小学数学开放式教学所要追求的目标。如何实施小学数学开放式教学?我们得从教育思想到教学评价、从教学形式到教学内容、从教学目标到教学过程……全方位实施民主、自由的教学,这才是真正意义上的小学数学开放式教学。

(1) 开放教育思想。就课堂教学实施开放式教学来看,进一步树立新的质量观、价值观、教学观至关重要。只有从封闭的教学思想中解放出来,才能真正实现小学数学的开放式教学。我们认为:在质量观上,不能单单以传播数学知识的多少作为衡量教学质量高低好坏的唯一标准,而要把学生学习的过程与方法,把教学过程中培养学生的创新精神、提高学生的综合素质能力作为衡量的标准。在价值观上,数学教学的目的不仅仅局限于发展学生的认识能力,而且还要注重学生内在价值的培养,特别是学生的个性和创造能力的发展。在教学观上,数学教学不再是教师单纯的教学,而是要注重学生的主体参与,使学生在实践中加深理解,掌握数学知识。

(2) 开放教学目标。按新课程的理念,教学目标分为知识与技能目标,过程与方法目标,情感、态度与价值观目标。我们把开放的教学目标分为显性与隐性两部分,看得见的知识与技能为显性目标,看不见的过程、方法、情感、态度、价值观为隐性目标。我们还把开放的教学目标分为短期目标和长期目标,把每堂课的"双基"定为短期目标,把学习的过程、方法、情感、态度、价值观定为长期目标。教师在制定目标时既要着眼于显性的、短期的、可测的目标,更要着眼于隐性的、长期的、不可测的目标,坚持单一与综合、显性与隐性、短期与长期、预设与生成相结合的目标。为此,如何确定教学目标是备课和上课要明确的首要任务。传统的教学只注意考虑了显性短期目标,而忽略隐性长期目标,或者有的教学目标太笼统,甚至脱离学生和教材的实际。只有开放目标,全面而细致地根据教学内容制定目标,才能实现教学的最大功效。

(3) 开放师生关系。实施开放式的数学教学,首要的任务是要纠正师生之间的不平等关系,创设宽松和谐的教学氛围,改变课堂教学中的"师道尊严",改变课堂教学中教师居高临下之态。教师只有语言亲切友善,态度和蔼可亲,充分尊重和热爱学生,努力成为学生学习的引路人,学生才能信任你,才能带着强烈的求知欲投入学习,和你一起探讨、交流和研究数学问题。同时,要改变课堂教学中"教师讲,学生听""教师演,学生看""教师写,学生抄"的做法,尽可能多地给学生学习的时间和空间,引领学生主动地探索求知,营造一个和谐民主的课堂学习的气氛,只有这样,才能真正实现开放式教学。

(4) 开放教学内容。信息化和知识经济使我们进入了一个开放的教学时代,教育与社会生活的紧密联系性已愈显重要。开放式教学最根本的体现就是"教学社会生活化",这就为小学数学的教学提出了"教学内容的生活化"这一要求。努力设计开放性的内容,理性地把握教材,创造性地使用教材,力求教学内容的社会生活化,才能真正带领学生用数学的眼光观察生活,用数学的头脑发现问题、解决问题,进而体现数学学习的价值。①用活例题,实现教学内容生活化。实施开放式教学,教师只有针对学生生活实际,引用学生喜闻乐见的生活内容、时事新闻、民富国强的实例等作为新知学习的内容,巧妙改动书本例题,展开教学,提高学生学习的兴趣,实现数学教学内容的社会生活化。②联系现实,体现生活内容数学化。引用社会生活中的事例,引导学生发现数学问题,并应用数学知识予以解决,把知识灵活运用到摸得着、看得见、听得到的生活实际中去,实现社会生活内容的数学化。③走出课堂,走向社会,培养学生学有所用、会学能用的数学本领。通过学生融入社会亲身调查、综合实践、实际应用等活动来提高学生综合应用数学的本领,体现数学学习的价值。

(5) 开放教学方法。教学方法是师生为完成一定的教学任务而在共同的活动中所采用的手段和途径。在课堂教学中不管采用哪种具体的教学方法,都必须贯彻开放性的教学原则。①开放教学手段。在数学教学中,如何开放教学手段,体现教学方法的多样化,实现教学的创新,是教学艺术的重要表现,更是优化教学过程、成功实施开放教学的重要表现。充分采用多媒体的辅助教学,并连接网络,利用网络资源的声、色、艺、动、画等功能,活跃课堂的学习气氛,增加学生学习的兴趣,实现教学的网络化。另外,我们在实施过程中,注意采用动手实践、实际操作、研究讨论、实验交流等方法,让学生在开放的空间内自主探索、自我发现、合作研究。②开放学习形式。开放的学习形式有利于学生动手实践、自主探索和合作交流,有利于培养学生的创新精神。我们在实施开放式教学的过程中,改革课堂教学组织形式,把"秧田式"的学习座位改为"圆桌型""马蹄形"等小组合作学习形式的座位,便于学生合作交流;开放教学空间,倡导课堂教学以个人思考、小组讨论和全班交流的学习形式,彻底改变"教师主讲,学生主听"的单一的课堂教学组织形式,促进各个层次的学生共同发展。同时,在教学环境上进行了一些创新,努力营造出自由民主的氛围,有力地调动了学生学习的积极性,有效地实施了开放式课堂教学。

(6) 开放思维空间。思维本身就不受时间和空间的限制,学生身处教室,也能思绪万千、浮想联翩、异想天开,甚至可以"胡思乱想"。但封闭式的教学对学生的思维只要求记忆、再记忆,学生在课堂上的求异思维、发散思维、想象思维被统一的标准答案所扼杀。开放思维空间,我们一改过去的"问答式"的教学为"学问式"的教学,鼓励学生自己提出问题,并由学生自主讨论,得出结论,教师充当课堂教学的组织者、引导者和参与者。同时,教学思维空间的开放,给了学生充分想象的自由。在学生完全理解并掌握了学习内容的基础上,教师引导学生根据搜索和整理的材料,去编一编、想一想、理一理、说一说发现了什么,能得到哪些数学结论……这样的教学,有效地提高了学生的创新能力。

(7) 开放教学评价。《基础教育课程改革纲要(试行)》指出,评价不仅要关注学生的学业成绩,而且要发现和发展学生多方面的潜能,了解学生发展中的要求,帮助学生认识自我、建立自信。由此可见,应树立科学的评价观念,应用新型的教育评价方式,更有针对性地进行评价改革,发挥评价的导向激励作用,以更好地促进学生的发展。而开放教学评价就是关注学生的发展,促进学生的发展,发现学生的潜能,帮助学生认识自我、建立自信。小学数学学习评价的方式应多样化,且以过程性评价为主,根据评价的内容和目的不同,可以用测试成绩评定,也可以用课堂观察法、调查法、数学笔记、数学成长记录等,全面科学评价学生数学学习的发展情况。根据评价方式的不同,可以采用自评、互评、小组评、师评等相结合的方式。根据评价对象的不同,体现发展过程的评价,以赞赏、鼓励为主,促进学生数学素养的提升。

**2. 有声教学,摒弃"哑巴数学"**

数学是思维的体操,学习数学,有助于培养丰富的想象力,有助于发展学生的思维能力。正是基于这一认识,以表达思维、抒发见解的"说数学"的学习方式显得尤为重要。古老的算术是研究数的性质及其运算,在这一思想的指引下,传统的数学学习"一笔代劳",以书面的训练为主,不外乎数字的书写、习题的解答、公式的转化等,习惯上被称之为"哑巴数学"。随着"过程与方法"教学目标地位的不断提升,在培养学生的言语思维、口头表达等综合素养的要求下,在学习数学的过程中,不仅要求学生会算、会写、会实验,同时还要求学生会说、会讲、会表达;不仅要求学生能说结果和算理,还要会说过程和方法;不仅要求学生能回答老师提出的问题,还要会和同学交流,全面、流利地表达自己的见解。由此,我们提出数学学习要提倡"说数学"。

我们要求学生不仅要完美复述别人的观点,更要交流自己的独到见解。新的数学课程标准对教学目标的要求除了重视"双基"以外,还对"过程和方法"的教育目标提出了明确的要求。为此,完整而又充分地表达自己的独特见解、交流自己的个人想法显得尤为突出。这就要求我们数学教师在教学理念上、教学过程中都要努力创造让学生展示和交流的机会,从教学的设计、流程的预设到活动的组织、课堂的提问等都要有利于学生创新思维的培养和个人见解的交流。例如,在教学"可能性——游戏规则的公平性"一课时,教师设置了这样一个教学环节:口袋里有3个黄球和3个红球,每次任意摸一个球,摸后放回,一共摸30次,摸到红球的次数多,算男生赢;摸到黄球的次数多,算女生赢。学生游戏后教师顺势设问:①如果在这个口袋中再加一个红球,这样的游戏规则公平吗?学生很快回答:不公平。②如果再在这个口袋中加一个黄球,这样的游戏规则公平吗?学生交流回答:又公平了。③如果在这个口袋中再加一个蓝球,这样的游戏规则公平吗?学生的意见发生了分歧,纷纷提出了自己不同的意见。有的说多了一个球就不公平了。有的说反正红、黄球的个数相同,所以这样的游戏规则还是公平的。更有的完整而又准确地给出了自己的意见:这要看蓝球设定的规则,如果哪方摸到蓝球算哪方赢,游戏就不公平;如果摸到蓝球既不算男生赢也不算女生赢,游戏规则还是公平的。这样的设计有利于学生不同意见的表达和交流,培养了学生说的能力。学生通过数学语言,用它特定的符号、词汇、句法去交流、认识世界。

数学教学不仅要读通、读顺,更要读懂、读会。谈起阅读,大家一般都会想到语文、英语的阅读理解,但不屑于数学的阅读。在新课程实施的今天,我们的课堂内、课堂外仍然存在一些偏见,认为阅读只是语文、英语教学的事。在数学教学过程中,教师往往只注重数式的演算步骤,只注重逻辑的严密推理,而忽略了对数学语言的理解。当前小学数学教学仍然受应试教育的影响,学生往往缺乏阅读数学课本的习惯,认为研读数学教材是老师的事,自己只要听懂课、会解题就行了。数学课本通常仅当习题练习,正文是从来不看的,偶尔老师布置了"看书"的作业,学生以为是"软作业",不需要检查,于是浮光掠影、一目十行,草草了事,读不准要点、读不出字里行间所蕴藏的数学思想,更读不出问题和得出自己的独到体会,有的甚至根本就没去读。其实数学更需要培养学生阅读课本和数学课外书刊的兴趣和能力。数学阅读往往要求更高,它一般是建立在思维基础之上的逻辑性阅读、符号化阅读、图表化阅读。阅读理解不但是语文要解决的学习任务,数学课也经常存在阅读理解的问题,在教学中需要训练学生的阅读能力。因为在数学中不光有数字运算,还有空间关系和逻辑思维的问题,而阅读理解能力常常是解决数学问题,特别是数学文本问题的必要前提。数学中的语言总是非常简洁的,一些数量关系通常是含蓄的,小学生在阅读数学文本时,要通过自己的数学知识,补足或扩展题目所提供的信息和意义,才能充分理解。很明显,信息表示不够完整时,往往会有碍于学生对意思的正确理解。指导学生阅读课题、题目、算式、定理、法则、结语等在数学教学中同样显得很有必要,只有读通、读懂了,学生才会理解,才会应用。我在多年的小学数学教学中总结出了"三步四环"的阅读方法。"三步":①领读。教师边领读边解释、概括,对重要的数学术语、关键字句、式子、符号等要用重音读,甚至反复读。学生在教师领读后要把内容粗读一遍,并感受到读书、做标记对理解内容的好处。②导读。针对学生粗读内容抓不住重点、关键的特点,教师要设计阅读提纲引导学生阅读。③自读。根据学生拟定的阅读计划独立阅读、思考,提出并解决问题。"四环"即指在预习、上课、作业和复习四个环节中指导学生阅读,帮助学生在读中理解含义,获取解答问题的方法。

学生不仅要善于表达自己的思想,更要善于倾听别人的意见。倾听是对别人最好的尊重。只有学会倾听,自己才会不断提高。

在许多课堂教学中,我们时常看到这样的现象:①教师讲的课成为学生的"耳旁风",请学生朗读或答题,学生张口结舌不知所指。②学生一边争先恐后高举小手,一边急切地说"我来!""我会!"教师请一学生发言,该生洋洋自得,其余学生无心聆听,或为自己未有发言机会而连声惋惜、抱怨,或迫不及待地轻声与同学交流。该生发言结束,其余学生要求发言的高潮再起。如此循环之中,学生心态浮躁,听讲浮躁,表面的灿烂下面是内在的苍白——轻学习交流,重表现自我。

学生从多角度回答问题后,再请学生发言,学生不能归纳综述。有的学生还一再举手要求发言,回答结果却是简单重复某个学生的回答,或存在一些明显的错误。产生这些现象的原因虽多,但有一点令人深思:同学们上课"听"了吗?倾听老师、同学乃至自己的心声了吗?同学们在学习中又"爱听""会听"吗?我们大多数人习惯上认为,指导学生在课堂上会听,主要是指集中学生的注意力,引导学生专心听讲,听老师是怎么说的,看老师是怎么演示的。指导学生善于听其他学生的意见,也同样非常重要。只有认真专心听同学是怎么说的,才会引起自己的思考和产生共鸣,才能发现同学的想法和表述中的亮点或不足,才能更好地引发自己思维的火花。

那么,在哪些环节上要注意引导学生善于倾听其他学生发表的意见呢?①组织个别学生面向全班同学交流时要引导学生善于倾听。个别学生面向全班同学回答问题或发表意见,是数学课堂中经常会出现的现象。此时,教师要关注学生的交流,更要重视引导全班其他同学认真听取该同学的意见,从而发现其优点和不足,为自己发表更好的意见做好准备。例如,让学生说说"刚才他说什么""你听到了什么""听懂了什么""听不明白的又是什么""你觉得他说得怎么样""你有什么不同意见"等。实践中,我对学生提出了"四心"要求:一是听别人说话要专心。二是听别人说话要有耐心。不要听而不闻或表现出明显的不耐烦,哪怕是自己不爱听的话题也要等同学把话说完,不可中途打断。三是听别人说话要用心。边听边想,主动做出反应或适当呼应,不要表现出无动于衷,若无其事,让人感觉"对牛弹琴"。四是听别人说话要虚心。不要过于显示自己,要学会赞赏和鼓励别人。②在小组或同桌交流时要引导学生善于倾听。随着新课改的不断推进,以学生为主体的小组学习或同桌交流意见将越来越多地出现在课堂学习中。然而,我们经常看到的是表面上的"热闹",你说我说大家都在说,却没有谁在听,实际效果并不理想。一部分学生大讲特讲,另一部分学生无所事事,不会倾听,把自己排除在小组之外。此时,教师要有意识地指导学生讨论和交流,当一个同学在发表意见时,其他同学要认真听,有不同意见或有更好的观点时,才提出自己的想法,这样才能达到小组合作学习的目的。教学中要给学生创造一种学生喜爱的宽松、活泼的课堂形式,采用小组合作交流、自主讨论等教学形式,让学生在讨论和交流中乐意倾听、学会倾听,使我们的课堂教学更生动、更精彩。③在课外数学实践活动中要引导学生善于倾听。课外实践活动有的是老师安排的,有的是学生自发组织的。当学生自主开展数学实践活动时,作为活动中的一员更要善于倾听同学的意见,不管是数学知识的阐述、数学问题的探讨,还是数学结论的归纳。只有这样,才能有序地开展数学活动,实现数学实践活动的目的。

倾听是礼貌的最高形式。因而,作为教师我们应该有一种前瞻性——从小培养学生学会倾听。这不仅对学生的学习有帮助,而且对他们以后步入社会将是一种财富。当然我们还应让学生真正明白倾听是文明交际不可或缺的一部分,倾听也是一种尊重、一种习惯、一种美德、一种修养、一门艺术。

我们不仅要加强学生写写算算的训练,更要重视学生对数学问题的发现和表白。我们不仅要关注学生的学业成绩,而且要发现和发挥学生多方面的潜能,了解学生发展中的需求,帮助学生认识自我,建立自信。数学学习离不开大量的练习,其中很大一部分是书面的训练。为了指导学生学好数学,掌握数学学习的方法,除了数字的书写训练、习题的解答、公式的转化之外,还要组织学生用数学符号记录一些数学笔记、设计数学学习研究性的方案、撰写数学学习的各类调查小报告、写写学习的心得和小论文,帮助学生理解算理、掌握方法、提高能力,以更好地学好数学。学生逐渐养成了动脑筋、提问题、想问题、找资料、寻答案、立观点的好习惯。

数学课堂教学是数学活动的教学,是师生之间、学生之间交往互动与共同发展的过程。"学起于思,思起于疑。"数学教学,不仅要培养学生解决问题的能力,更要引导学生善于发现问题和提出问题。只有学生会疑、会问,才能带着问题去思考、探索和研究。那么,如何才能培养学生的质疑能力呢?首先,要使学生有心理准备,在研究问题、探索规律和解决问题的同时,就已经做好了思想上的准备,并着手考虑更深层次问题的发现和提出。其次,要培养学生善于发现问题和提出问题的习惯,使学生有意识地去寻找和发现问题。再次,要鼓励学生提问题,对学生不同的想法以及提出的不同的问题要给予肯定和鼓励,增强其进一步发现问题的信心。最后,要努力帮助学生解决其发现的问题,教师要带领全体学生重视研究他们提出的问题,力所能及地帮助学生解决问题,使学生为能得到答案而愿意提出问题。学生对于自己发现的问题会产生解决问题的欲望,这样有利于培养他们养成留心观察周围事物、有意识地用数学的观点去认识周围事物的习惯,并自觉将所学习的知识与现实中的事物建立联系,获取信息。

3. 推荐作业,摒弃"划一数学"

同一个班中的学生由于兴趣爱好、认知水平的不同和学习基础的差异,他们对作业的需求和适应程度也各有不同。"推荐作业"在小学数学教学中的有效实施,使我们进一步认识到学生的作业设计更要因人而异。为此,我们改变单一的数学作业布置方式,改为"菜单式的超市作业",由学生根据自己的学习状况选择作业,灵动生成,使不同的学生都能得到不同的发展。那么,怎样实施推荐作业呢?下面就根据我们的实践谈点具体的做法。

推荐作业必须在不同学生之间有了一定的心理准备和求知欲望的状态下进行,决不能草率从事,一推了之。教师需要精心设计、合理安排、正确评价,才能收到事半功倍之效。①"推荐作业"是学生学习数学、发展思维的一项经常性的实践活动,也是师生交流信息的一个窗口。如果设计统一的内容,采用"一刀切"的方法要求学生去做,势必很难照顾到学生的差异。为了让不同层次的学生都能获得成功的体验,教师需要推荐"弹性作业",采取"分层作业"的策略,让不同层次的学生自由选择适合自己的那一组作业,摘到属于他自己的"果子"。所以我们教师要从素质教育的高度来认真研究不同层次学生的现状,针对各层次学生在认知与情感等方面的不同要求设计三个层次的作业推荐给学生。A组:巩固练习题,重在基础知识和基本技能的训练,一般适合认知与情感等方面较低层次的学生。B组:综合扩展题,以培养学生的迁移能力为目标,拓展学生的知识面,综合运用所学知识解决实际问题,一般适合中等层次的学生。C组:聪明开放题,鼓励学生创造性地解决问题,发展学生的求异思维和创新能力,一般适合优秀层次的学生。由于推荐的分层作业难易适度,不同层次的学生完成自定的作业不再有困难,学生根据自己的需要选择适合自己的作业练习,无疑能激发学生完成作业的乐趣。并且,教师可以不断鼓励学生向更高的层次挑战,大大激发了学生学习数学的积极性。②"推荐作业"的评价策略。A. 以"成功体验"为依据,进行激励性评价。激励性评价,有助于学生产生喜爱作业的情感,为学生进一步提高作业质量,增强学生做作业的勇气和信心提供帮助。那么,怎样来激励性评价学生的作业呢?我认为,采用分层评价的方式有助于提高学生学习的积极性。分层评价因层而异,重在激励,不用一把尺子丈量学生的作业,对不同层次学生的作业,采用不同层次的等级标准,对有进步、敢于向上一层次作业挑战的学生,教师不因学生的正确率不高或题量不多而下降等级,必要时还可在等第后面打星来激励学生,使学生得到"成功体验"。根据学生的竞争性心理,采用分层评价,鼓励学生,有利于学生向高一层次的作业挑战,教师因势利导,及时表扬,肯定成绩,使学生形成你追我赶、不断追求成功的良好氛围。当然,采用激励性评价也要因人而异,根据学生的不同心理特点,有的放矢地予以针对性评价,充分调动每个学生学习的积极性。B. 采用"等第"加"评语"的评价方式。教师在作业批改中采用"等第"加"评语"的评价方式,能使学生从中获取知识,受到激励,树立信心。在书写简短评语时教师的笔要饱蘸心中的爱,寻找学生身上的长处,甚至可觅作业以外的闪光点,以肯定成绩、鼓励进步为主,注意保护学生的自尊心,增强其学习的上进心,如"老师祝贺你,你连最后一道思考题也做对了,成了班内的佼佼者""你的作业连续这么多次得优秀,老师惊讶了,继续努力吧,让同学们都羡慕你"。学生看了这样的评语,会感受到老师期待的目光,从而信心倍增,自然而然地会自觉完成作业。切忌写伤自尊心和否定性的评语。

实践证明,"推荐作业"的成功实施,对提高学生学习的积极性大有帮助。

《小学数学课程标准》指出,数学教学应该是从学生的生活经验和已有的知识背景出发,向他们提供充分的从事数学活动和交流的机会,学生是学习的主人,而教师是数学学习的组织者、引导者和合作者。小学数学"灵动生成"的教学一定是务实而有效的,灵动的课堂需要教师不时加以调节控制,生成的教学是以理想的状态向高效、有序、灵动的方向发展。

# 《有趣的拼搭》教学设计

**教学内容:**

苏州市吴中区碧波实验小学数学校本教材(上),二年级上学期数学实验课:用小棒摆正方形。

**教学目标:**

(1) 使学生进一步认识正方形是四边形,它是有 4 条边的图形。使学生认识"公共边",掌握摆多个正方形时"公共边"的正确理解和使用。

(2) 使学生经历摆正方形的过程,体会如何正确、合理摆出正方形的思考方法,并从具体的情境中培养学生的推理、概括能力。

(3) 在拼摆和实践的过程中培养学生初步的独立思考、合作共事的意识和习惯,并在变化中渗透初步的辩证思想教育。

**教学重点:**

认识"公共边",掌握"公共边"在摆正方形过程中的灵活运用。

**教学准备:**

师生各准备小棒若干,PPT 课件。

**教学过程:**

实验一(出发梦之队):

(1) 用小棒摆出一个正方形,说说用了几根小棒。

(2) 用小棒摆出第二个正方形,说说又用了几根小棒。

分别展示两种不同的摆法,在对比中认识"公共边"。

(3) 利用"公共边"继续摆第三个正方形,先说说需要几根小棒。

展示两种不同的摆法(也有可能是"品"字形的第三种摆法)。

小结:利用一条公共边继续摆出一个正方形只要 3 根小棒。

(4) 在第二个图形上再增加一个正方形,交流并说说还需要几根小棒,动手摆一摆。

小结:利用两条公共边继续摆出一个正方形只要 2 根小棒。

(5) 再增加 5 根小棒继续摆出两个正方形,怎么摆?

环节总结:"公共边"的应用。

实验二(乘风破浪):

(1) 在刚才摆出的这 6 个正方形中拿掉 1 根小棒,使其成 5 个小正方形,怎么拿?

展示两种不同的方法,小结:去掉边的中间位置的 1 根小棒,就能减少一个正方形。

(2) 还是在这 6 个正方形中拿掉 2 根小棒,减少一个正方形,也同样变成 5 个小正方形,怎么拿？

展示方法,小结:去掉角上2根小棒,就能减少一个正方形。

环节总结:减少一个正方形,去掉小棒的根数就是这个正方形不是"公共边"的根数。

实验三(无极挑战):

在这9个小正方形组成的图形中,去掉4根小棒,同样变成5个小正方形,怎么拿？

实验四(终极挑战):

还是在9个小正方形组成的图形中,去掉8根小棒,变成5个小正方形,怎么拿？

# 《认识千米》教学设计

| 教学内容 | 义务教育课程标准实验教材《数学》(三年级下册)第 20 页上的例题,完成第 21 页"想想做做"中的第 1～5 题。 | | | |
|---|---|---|---|---|
| 教学目标 | 1. 使学生在具体的生活情境和实践活动中,感知和了解千米的含义,初步建立 1 千米的长度概念,知道 1 千米＝1 000 米,能进行长度单位间的简单换算。<br>2. 能运用千米来描述生活中的长度现象,以此发展学生的想象、推理能力。<br>3. 通过大量应用的实例使学生感受到生活中处处有数学,初步体会学习数学的价值。 | | | |
| 教学重点、难点 | 重点:使学生了解计量路程或测量较长的物体时用千米作单位,知道 1 千米＝1 000 米。<br>难点:建立 1 千米的长度概念。 | | | |
| 教学准备 | 多媒体课件 | | | |
| 教学环节 | 过程目标 | 教师活动 | 学生活动 | 反思 |
| 创设情境,引入新课 | 在了解奥运圣火传递的相关内容中导出新的长度单位:千米,并初步感知计量路程的长度用千米作单位。 | 出示:2008 年北京奥运圣火在希腊雅典成功采集,并将在全球各地进行传递。在我国境内传递总里程约为 40 000 千米,平均每天行程约 425 千米。圣火将于 5 月 21 日到达江苏,在我省传递 3 天,行程约为 125 千米。第一站就是我们苏州,依次经过苏州、南通、泰州、扬州、南京。<br>引导观察:这里用到了一个新的长度单位千米,你想了解它吗?今天我们就一起来认识它。板书:认识千米。 | 学生看图并交流说说 2008 年北京奥运会的相关内容。<br>学生自读该段文字,初步感知计量路程的长度用千米作单位。<br><br>说说一个新的长度单位千米,并集体进入千米的探索。 | 学习的有效起点可以唤醒学生探索新知的欲望。 |
| 联系现实,认识千米 | 结合学生课前量一量、走一走等活动,感知 100 米跑道的实际长度,再经过推想 10 个 100 米就是 1 千米,这样能更充分、更深刻地理解 1 千米有多长。<br><br>这里结合学校跑道的实际长度使学生进一步理解 1 千米的长度。 | 1. 说说生活中你在哪儿见过千米呢?<br>教师相应地展示补充一些图片,让学生看到生活中计量路程或测量铁路、公路、河流等的长度时通常用千米作单位。<br>2. 1 千米到底有多长呢?昨天我们到操场的跑道上去活动了,出示视频录像并说说活动的情况。<br>教师根据学生的回答追问:10 个 100 米是多少米?走 1 000 米大约要几个 1 分钟?<br>指出:1 000 米用大一些的单位表示就是 1 千米。 | 1. 学生先同桌互相说说,再全班交流。他们可能会说在公路边、铁路边的路牌上看到过,也可能会说在地图上看到过等。<br>2. 学生回忆课前的活动,在全班交流,可能会说我们走过的跑道长 100 米,也可能有学生说他走 100 米大约要 1 分钟。<br><br>学生读一读。 | |

续 表

| 教学环节 | 过程目标 | 教师活动 | 学生活动 | 反思 |
|---|---|---|---|---|
| 联系现实,认识千米 | 在学生了解了1千米有多长后,联系学生熟悉的生活环境让他们体验1千米的实际长度。 | 板书:1千米=1 000米。<br>指导学生手拉手演示1千米大约有多长。<br>3. 我们学校的跑道一圈是多少米?几圈是1千米?<br>提出如果有的学校操场一圈是400米,几圈是1千米? | 5个学生手拉手,并想象1千米大约有多长。<br>3. 学生在小组里说说并交流。<br>说说自己的想法。 | 形成概念表象。 |
| 实践应用,拓展深化 | 在综合实践活动中运用千米的知识解决生活中的问题,感受千米在生活中的应用。<br><br><br><br>在综合实践应用中加深学生对千米的认识。 | 1. 跑道每圈400米,跑5圈是多少米?计算后把米数换算成千米数。<br>组织交流,说说计算的方法和换算的方法。<br>组织完成"想想做做"第1题。<br>2. "想想做做"第2题:在括号里填上合适的单位名称。<br>组织学生交流,说说是怎样想的。<br>3. 教师提出我们学校周围哪儿有1千米呢?<br>出示碧波小学附近的地图,引导学生找一找学校到哪大约是1千米,你常到哪儿,离学校大约有几千米?<br>4. 展示我国四大河流长度的表格,让学生先说一说从表格里知道了些什么,再分小组根据这些信息提出问题,并共同尝试解决问题。<br>5. 实践活动:在多媒体上展示画面,和学生一起进入模拟旅行的情境,引导学生观察路边的指示牌、限速标志、里程碑等,说出它们的实际含义。再让学生说说坐在车上,怎样知道已经走了多长的路。 | 1. 先由学生自己解答,再个别交流说一说米与千米是怎样换算的,使学生掌握米和千米之间换算的方法。<br>独立解答,并交流说说自己的想法。<br>2. "想想做做"第2题。<br>学生先自己填写,然后集体交流,说说自己填什么单位,是怎样想的。<br>3. 学生在小组观察地图,说说自己的看法,在交流汇报中逐步形成和建立1千米的长度概念。<br>4. 学生先搜集信息,然后提出问题并解决问题,集体交流。<br><br>5. 学生观察,互相说说,集体交流。 | 综合应用数学知识解决实际问题的灵动体现。 |
| 全课总结,课外延伸 | 通过这些活动拓宽学生的知识面,了解千米在生活中的价值,加深对1千米的认识,同时增强学生学习的兴趣。 | 今天你有些什么新的认识?<br>指导学生闭眼回忆今天所认识的1千米,并估算学校到自己家是否有1千米,若有,大约是几千米。 | 学生闭眼回忆,并互相说说。<br>课后和爸爸妈妈共同研究。 | |

陈伟骏

陈伟骏　1982年毕业于江苏师院苏州地区专科班英语专业，前后获得南京师范大学英语语言与文学专业学士学位和华东师范大学教育硕士学位。

语言基本功扎实，口语纯真，课堂教学艺术精湛，知识面宽。曾在江苏省木渎高级中学担任英语教师10年。1986年获吴县首届青年教师评课选优一等奖。1989年获江苏省首届高中英语评课选优第一名。

早在20世纪80年代的职称评定工作中，曾被两次"破格"，成为当时苏州市最年轻的中学一级教师和高级教师。1998年获得"江苏省特级教师"的荣誉称号，成为当时全省最年轻的中学英语特级教师。

是首批苏州市中学英语学科带头人、苏州市首批"十杰教师"。曾担任过江苏省中等师范学校英语专业学科中心组组长，是江苏省中等师范学校英语教学专业课程标准的主要起草人。曾被江苏省委组织部列为首批"333工程"培养对象。

2003年经江苏省教育厅推荐，获选教育部基础教育课程教材发展中心专家。2008年至今担任教育部在华外籍人员子女学校质量认证委员会会员。

2014年世界语言大会在中国召开期间，是联合国教科文组织总干事博科娃的翻译之一。

2016年被《中国教育报》评为"全国推动读书十大人物"。

# 为培养民族情怀与国际视野兼备的学子而追梦

——我的外语教学观

在改革开放的大潮之下,虽然外语热了许久,但对于不少人来讲,学习外语是迫不得已的事情,无论是高考中的"二语一数",还是升入高校后的学位考试、研究生入学考试、出国深造等,外语如"拦路虎"似的绕不过去。争论由此而起,爱也外语,恨也外语,呼吁重视外语者有之,批评过度重视外语者也有之。

作为英语教育工作者,平心而论,我觉得掌握一门外语最大的好处是能让人多一种视角看世界。因此,学,是必要的;会,是幸福的。

幸福,是因为懂了外语,信息源就多,获取信息的速度更快,心灵体验更加丰富。在信息时代,会外语的人在利用信息的速度和享用信息的广度方面优势十分明显。

我所从事的是高中英语教学,从业多年后,时时会反思教育最简单的问题:什么样的教育是好教育?什么样的教师是好教师?什么样的学生是好学生?由此必然会细化到:什么样的英语教学是好的英语教学?什么样的英语教师是好的英语教师?以上几个问题显而易见均为开放式问题,答案也必定是丰富多彩的。虽然素有"教无定法、贵在得法"的共识,但一般来说,任何一个从教多年并深爱这份工作的教师都会有自我见地。我的拙见是:

**一、恒久的职业荣誉感是成为好教师的首要前提**

一个工匠有可能一辈子得过且过,永远停留在"匠人"的层面上,但也有可能成为超凡脱俗的"大师"。一个工匠能否成为"大师"取决于诸多因素,但最主要的因素往往不外乎以下几个方面:从业者对自己所从事的这份工作是否尊重,尤其是当别人不一定看重你这个职业时,你是否还能自重和自信;是否对这份工作有真爱,真爱,不是因为它可爱,才爱它,而是因为爱了它,它才可爱;是否对自己的"活儿"自觉地精益求精,无关收入多少,无关监管,严格自律,不断进取。一句话,一个工匠是否能当自己精神上的"国王",主宰自己。从这个角度看,"爱岗敬业"不是外在的要求,而是一个从业者应有的自觉行为和精神境界,这也是所谓"工匠精神"的基础。

中小学教师通常会被人称为"教书匠",但一个教师若真认命为"匠",是不可能成为好教师的。

如上所述,职业荣誉感或职业自豪感应位列第一。我认为外语教育工作者的自豪感首先源自邓小平当年为景山学校的题词"三个面向",即教育要面向现代化,教育要面向世界,教育要面向未来。

"三个面向"中有关面向世界的论述不仅是中国教育发展的指导方针之一,也是中国社会改革开放的重要指导方针。中国的教育要实现现代化,必须不断地改革和发展,必须博采众长,了解和吸收世界先进的科学技术和教育经验,必须及时预测和研究未来社会的发展,把握世界教育发展的趋势,从而使我国的教育能自立于世界教育之林,使我们的子孙后代能凭借其整体的优良素质,主动参与日益激烈的国际竞争。诚然,要面向世界的教育不能缺少外语。

当年李光耀向邓小平介绍新加坡成功的经验时,曾自豪地说新加坡现代化发展的重要成功经验之一就是既坚持把华语和中华文化价值观作为社会的根本,同时也大力普及英语并积极吸收世界发达国家的文明成果。

鉴于此,国家将英语列为基础教育课程的核心学科之一,因为它关系到受教育者最终是否有能力成功地面向世界,获取各种信息,参与各类国际交往。因此,能从事外语教学,成为外语教学工作者无上光荣,责任重大。只有怀揣着这样的职业荣誉感,每天站在讲台前才会有一股激情。

## 二、过硬的教师学科素养是激发学生学习兴趣的第一要素

英语在中小学均是必修课,也就是说学与不学是没有任何选择余地的,但是学习兴趣会影响学习效率。在语言教学中引起学生最大兴趣的要素之一是外语教师本身的语言能力和综合素养,其中,教师说得好与不好学生是马上能够辨别的。社会越开放,学生从课堂以外接触到外语语言资源的机会就越多。没有互联网的时代,有录音和录像资源。有了互联网后,各类原汁原味的语言素材就更多了,学生自然而然地可以辨别出自己老师的语言水平,特别是语音、语调的纯真程度。外语教师流利、地道的口语是激发学生学习兴趣的第一张牌。《学记》中称"亲其师,信其道"。学生只有由衷地佩服老师这个人,才会对这门课产生浓厚的兴趣并积极学习。但作为一名外语教师要练就漂亮的口语也并非易事。"十年磨一剑"不夸张,大学四年的专业学习是不够的,仅仅打了个基础,脱离高校的专业环境,特别是缺乏真实的外语语境,语言能力容易倒退。格拉德威尔的《另类》一书研究各行业的生手到成长为行家的普遍规律,结论是至少一万个小时。如果每天"练功"一小时,一年也只有365个小时,十年也只有3 650个小时。我认为好的外语教师应该是不断磨炼自己语言的终身学习者。

当然,外语教师的语言示范性远不止纯真的语音、语调,更应该体现在丰富的词汇量、流利的表达能力、高效的阅读速度、本族语和外语之间的高效转换能力、清晰的跨文化理解和实际交往能力等方面。对于外语教师,这些能力的保持与提升显得特别重要,因为和语文教师教授汉语相比,英语教师缺乏相应的语言环境,稍不留神,语言能力就容易退化,为此,英语教师语言基本功的锤炼是必不可少的功课。为达到这一目的,经常性的语言输入十分必要。必须收看相关国家的电视,浏览相关网站。经常性地关注 *The New York Times* 畅销书的榜单,对于其中能打动自己的书,每年应该买几本来读。与此同时,经常性地阅读我国 *China Daily* 等报纸或杂志,收看中央电视台英语频道的节目。

## 三、民主、和谐的师生关系是维持学生学习积极性的根本

外语对于学生来讲是最需要克服心理障碍的学科之一。有些学生生性腼腆,不善于开口,尤其不善于模仿日常生活中陌生的声音,但学好外语必须开口;也有些学生非常聪明,逻辑思维能力极强,对于背诵却不屑一顾,但外语学习的许多东西必须要记;还有些同学理解力非常强,但一开口、一动笔,差错不断。所有这些现象都是正常的现象。面对这些情况,一个外语教育工作者如果表现得过于威严,对学生犯的错误过于敏感,纠错的心情过于急切,会大大增加学生的心理负担,从而影响其学习效率。

正确的做法是外语教育工作者必须有"容错"的胸怀,非原则性的错误没有必要马上纠正,例如口头表达时内容已经达意,发音、语法的微小错误可以暂时忽略不计。

日本作家渡边淳一所称的"钝感力"也是好教师需要具备的能力。外语教师的"钝感力"可以是对学生的"小错"故意不敏感或者发现后暂时不"点穿"。

"钝感"不等于对学生的学习不提严格的要求,更不是不批评,而是指注意方式和掌握时机。但即使再注意方式和"火候",也总会有个性比较强的学生面对劝导和批评时会表现得不友好,这时我们应该记住好老师应该是有耐心的,这时要有点老子的胸襟,"善者善之,不善者亦善之,德善也"。

正如前文所述,外语学习对于有些学生来讲心理压力是比较大的,所以上课举手、开口用外语回答问题是难能可贵的,但不可能每个问题均能有把握,答错在所难免,如果只是以知识点和技能角度来评判学生,效果不一定会如人意。此时还应该关注学生的态度,顾及学生的情感,不管答案正确与否,能积极参与、勇于当众表达自己的观点就是最大的优点。教师可以收集学生的典型错误,集中分析,组织学生相互点评,对事不对人。

教师对于这一问题的价值观是否正确,对学生细微的心理是否体察,是造成举手越来越多或越来越少的关键区分点。有些课沉闷缺乏活力,大概这也是原因之一。

人们通常只知道失败是成功之母,但往往忽略了还有一条屡试不爽的规律,那就是成功也是成功之母。在教学中,学生往往由于取得了一些小成功,得到了一点肯定从而自信心大增,为日后取得更大的成功打下了坚实的基础,这是典型的"马太效应"。我非常赞成有些教育界前辈所说的话,"要像保护眼睛那样,保护学生的自尊心和积极性"。

### 四、科学的学法指导是大面积提高教学质量的关键

我深信这一理念,"外语是学会的,不是教会的"。这句话并非否定外语教育工作者的作用,而是指外语课上教师过分依赖于讲解是导致低效的最大原因之一。外语学习方法的掌握是一整套复杂心智技能的集合,就如学习游泳和学习演奏钢琴一样,老师光讲,学生光听,学生是不可能学会的。教会学生尽早地自己"学"和"习"是最好的途径。正如游泳教练不可能代替学生去游,钢琴教师不可能代替学生去弹一样,教师不能代替学生去学。学生永远是主人。

突出学生的学习主体性,绝不能否定教师的主导作用,包括不能否定教师高水平的讲课水平,但切忌以讲代导,以教代学,一讲了之。组织好学习、引导好学习、激励好学生比教师自己讲得好更重要。我喜爱的一句话是"Instead of teaching English, I teach my students to learn English"(我不是教英语,我是教学生学英语)。我在教学实践中的做法是:让学生扎实掌握音标的拼读方法、录音的听读方法、词典的速查方法后,不花大量时间去教单词,新课的第一步就是单词默写。长此以往,学生自觉有了这样的意识:单词的初步学习,包括发音的掌握、词义的基本理解和拼写的反复记忆,是他们自己的事情。在语言学习的过程中,自觉地背和记是教师替代不了的一件事,这也是学生语言能力发展的最基本的前提。

学生在完成单词的基本音、义的掌握后,还应该根据教师针对文章内容设计的理解题进行理解,并列出自己的见解,借助工具书完成难点的基本"剖析"。教师在此基础上组织教学活动,虽然讲得少了,但课堂的效率提高了。大部分知识点由学生先探索一遍,再听教师讲,印象特别深刻。实践中总有一些才华过人的学生,经过自我探究,对某一部分的见解甚至超

过了老师。真是应了《师说》中的那句话，"是故弟子不必不如师，师不必贤于弟子，闻道有先后，术业有专攻，如是而已"。教师一旦发现这样的"天才"，可让其为全班同学讲解，这样的课堂效果一般来说都很好，不仅该学生的自信心会增强，自豪感会油然而生，而且该学生的榜样作用会在全班产生积极的同伴效应。

我曾经历过一件终生难忘的事，为江苏省木渎高级中学高二的学生讲解英文单词gold和golden两者的区别。一般来说，前者就是"金"，是金属，通常用作名词，表示真金做的；后者是"金色的"，通常用作形容词，意为"金光闪闪的"，但不一定是金子质地的。以这个逻辑推理，水中游的金鱼应该是golden fish。但下课后，一位叫顾庆的同学悄悄地拿出了上海译文出版社出版的《新英汉字典》，礼貌地向我提醒此为特例，"金鱼"虽然不是金子质地的，但英语的惯用说法应该是gold fish，而不是golden fish。

我向这位学生致了谢，向全班同学道了歉，并在班上表扬了这位学生善用工具书主动探究学习的态度。

外语课堂教学的成功在于会"授之以渔"，那就是引导学生自己学，把学的基本原理教给他们才是首要任务。

"外语是学会的，而不是教会的。"这句话虽然有些夸张，但正如前文已述，不是否定教师，而是强调光教师琢磨"教课"是不够的，要琢磨如何"发动人"。学过英语的人很多，但学会英语的人不多。所谓的"哑巴英语"即是一种比较典型的现象。"学会"指的是：在真实情境里，能够用所学语言自如地进行听、说、读、写、译。

要达成这样的目标，教师如果不能教给学生一套终身受益的自学方法，是不可能实现的。语言的掌握，不是一朝一夕的事情，中小学时期不抓，到了大学过了语言的关键期再抓，效果就大打折扣。而掌握了学习方法的学生其潜力是无穷的，他们所表现出来的即时成绩和未来成就会令教师刮目相看。我的体会是：优秀学生在重大考试中所获得的高分往往不是来自教师的"授力"，而是来自学生自身的"学力"。如何让学生会学并最终学会外语是外语教学成功的关键，也是辨别外语教育工作者是否优秀的一杆标尺。

**五、宽阔的胸襟是丰富教学方法的秘诀**

我认为外语教学的成功必须具备开放意识，这里所讲的"开放"是指要"放得开"。

第一个"放开"指的是对教材的"放开"。这并非指把外语教材完全抛开，而是指仅仅限于课本的学习是远远不够的，尤其是学生阅读能力的培养靠读熟几篇课文是远远不够的。教材的课文只能作为"精读"的范例，而阅读能力的全面养成，特别是视神经解码速度的形成、文章细节的快速捕捉能力、文章深层隐含意义的分辨能力、文章主旨大意的快速领会能力、跨文化背景的理解力的养成必须依靠大量的泛读。在遵循课程标准的主要技术指标的前提下，教师应该有权利和义务"动教材"，可以广泛地重组教学材料，尤其是阅读材料。阅读材料内容可以涉及当代社会的方方面面，特别应该注重科技、经济、历史、文学、艺术等方面的语言材料。选材来源可以采自于相关语言国家主流报纸、杂志、网站等。当然，选材过程中教师必须具有责任意识和是非鉴别力。仅读文章还不够，还应组织集体读整本书。

第二个"放开"指的是对考试束缚的放开。许多教师屈从于高校选拔考试的压力，在平时的教学中不敢试、不敢做，囿于考什么教什么，一步步滑向功利化，从而成为应试教育的"奴隶"。好的教育教学必定是经得起任何形式的质量检测的，虽不排斥考试，但好的教育教学一定不是功利化的"抄近道",一定是兼顾了学生的当前利益和终身发展,一定会关注某些考试中不一定考到,但是会影响学生终身发展的基础性"隐蔽工程",一定也会关注到考试不直接考,但间接影响学生全面发展的其他内容。

打好扎实的基础,从大处着眼,遵循教学的基本规律,取得优异的成绩是自然的事情。如高考的英语书面表达能力测试只考查根据所给情景写短文。情景形式只包括图标、图画、提纲、信函、短文几种格式,如果在平时的教学中也限于此,那不太可能能培养学生连贯地传递信息和表达思想的能力。平时的教学应该让学生能用英语广泛地、自由地进行各种形式的 free writing,记录生活,表达思想。

第三个"放开"指的是打破外语学科领域内部资源的隔墙。外语,顾名思义,不是本族语,也不等于第二语言。语言资源的来源比较窄,因而好的外语教师应该打破教学资料的采选分界线,大学公共外语资源、专业外语资源、相关语言国家的中学生读物、其主流社会自然科学文献、社会科学文献,只要思想健康、符合国情均可改编为适合学生使用的教学资料,这样,外语教学的语言资源就有了源头活水。笔者的一位高三学生曾对我说,他想用英语写一篇描述家里父母采茶、炒茶以及打理各种果树的文章,他请求老师允许他用一点课本和总词汇表里没有的单词来写这篇文章,不然他感到憋屈。我及时肯定了他的想法,并告诉他除了英汉字典,还有汉英字典,利用它,可以查到自己想表达但还没有掌握的英语单词,从而构建完整的英语句子。平心而论,我们的教材里只有 apple(苹果)和 banana(香蕉),但学生父母果园里种的是 waxberry(杨梅)和 loquat(枇杷)。语言是鲜活的,语言学习必须和现实生活相联系。

第四个"放开"是指放开外语教法研究的范围。外语的学习和本族语的学习有本质的区别,但两者均属于语言文字的学习,特别在阅读教学方面,因此,外语教学可以大胆地从语文教学中借鉴有效的做法。

但汉语的语法没有大部分西方语言那样抠得严,"花红柳绿""门开了"在汉语中均可以成句,但英语不行,前者没加定冠词,也没有连系动词,后者同样没有定冠词,语态也不对。要教好英语语法,演示其中的抽象性、严密性和逻辑性,外语教师可以从优秀的数学课堂教学中汲取养分,为己所用。

第五个"放开"是指外语教师的学科教师的身份要放开。"经师易得,人师难求"。好的教师一定是既关心学生的学科学习,也关心学生的其他方面,积极参与学校的全员育人。笔者观察发现,优秀的外语教师均把育人放在重要的位置,大部分均爱生如子,既关注学生的学科学习,也关心学生的全面成长,有强烈的"学科德育"意识,真正做到了既教书又育人,而往往这些教师班里的学生外语学习效率也很高,真所谓"工夫在诗外"。

## 六、全球胜任力的素质新要求是促使外语教学走向外语教育的起点

从我们国家迈入改革开放的那一年算起已经过去了 40 个年头,虽然我国还是处在社会主义发展的初级阶段,但我们的综合国力已经到了令人瞩目的新高度,抚今追昔,我们必须认识到正是对外开放的英明决策使得我们的国家搭上了世界经济发展的快车。丰富的海外资本、先进的技术与专利、活跃的多边贸易等其他要素大大缩短了我们的成长周期,促成了经济和社会事业的跨越式发展。历史也多次证明一个民族、一个国家越是开放,越是发达,也越是先进。而在这其中,外语教学工作和外语应用事业发挥了不可替代的作用。

而当今,时代又对我们提出了更高的要求。无论是应对全球气候变暖问题、生态环境恶化问题、传统能源枯竭问题,还是应对国际恐怖势力蔓延问题,均需要依赖更有效的国际合作,由于移动互联网普及,我们真正迎来了"地球村"时代。近年来,我国每年出境游的人数和出国留学人员人数大幅增长。

2017年12月12日,世界经合组织(OECD)正式提出了"全球胜任力"的概念,呼吁教育界务必把能理解他人的价值观和世界观、能与不同文化背景的人进行有效互动等四项能力作为新增的培养目标纳入中小学教育和高等教育。我国在全世界范围内也率先提出了构建人类命运共同体的倡议。在这样的大背景下,外语教育工作者所面临的任务将会更重,要求会更高。依笔者看来,主要是两个方面:一方面,外语语言教学的效能要求会更高。另一方面,会出现将外语教学提升为外语教育的迫切需求。因此,我们仅仅满足于外语语言教学是不够的,基础教育外语教学应该包含国际理解教育、跨文化国际交往能力的初步养成等。为了达成这一目标,我认为教师在教学过程中要让学生了解我们的世界已经进入了全球化的经济时代,要想在这样的时代成长好、发展好并为社会做出贡献,必须成为有国际意识的人,要让学生养成对他国人民和文化了解、尊重、包容和与之协作和共处的初步能力。国际文化需要交流,文明成果可以共享。试想,如果我们拒绝应用西方国家发明的电、电视、互联网,我们当代社会的发展和日常的生活是难以想象的。许多我们习以为常的本土东西最早也来自国际交流,比如:西瓜、小麦、南瓜、玉米、西红柿等,有的还连同物品一起进入了我们的语言,比如:沙发和马达。拒绝吸收和借鉴外来文明的优秀成果为我所用是狭隘的民族主义思维在作祟,是不可取的,是心胸狭窄的表现。

外语教育工作者在鼓励学生学好外语并积极了解所学语言国家文化的同时,有责任让我们的学生形成正确的世界观:学习西方语言、了解西方文化绝不等于当洋奴、丧失民族尊严和国格,绝不等于抛弃我们民族、国家自己的价值观、优秀的文化传统,包括语言,因为"只有民族的才是世界的"。

笔者的体会是外语教师在教学中要时时提醒学生中华民族对世界文明的贡献远远不止四大发明。我在教学中常用的例子是:英国人号称园艺水平世界第一,但没有两种花其花园马上黯然失色,那就是月季和杜鹃。而这两种园艺物种最初均来自中国,因此月季在英语里不叫"月季"而称 Chinese rose(中国玫瑰),杜鹃在英语里也不叫"杜鹃"而称 rhododendron(玫瑰树)。

综上所述,我们教外语,但不能让我们的学生忽视汉语,我们讲外来文化的五彩斑斓,但不能让学生无视伟大祖国文化的光辉灿烂,只有这样,我们外语教学才会是成功的外语教育。

成功的外语教育培养的学生一定是兼具民族情怀与国际视野的。

这正是我,一名普通外语教育工作者,矢志不渝的追求。

# 漫步纽约大都会艺术博物馆

——用2018年高考原题上一节阅读课

**指导思想：**

改变将高考原题仅用作试卷分析课材料的单一做法，将试卷中的阅读文章经过精心挑选用作高中英语精读课的材料，因为这些文章大多数源自英语国家新鲜、原汁原味的报刊资料和其他媒体，语言地道，质量较高。利用这些文章，培养学生在陌生背景中提取有效信息的能力、跨文化理解的能力和在英语语言真实的情境中解决实际问题的能力。

基于移动互联网终端已在全社会普及这一事实，积极鼓励学生利用已有的手机搜索英语语言信息，体验语言使用的真实感和成就感，帮助学生建立手机也是学习辅助工具的概念。

**教学目标：**

（1）深化学生对非连续性文本阅读(non-continuous text reading)的理解并强化其阅读此类材料的技巧。锻炼学生针对信息进行搜索与选取(seeking and extracting)、组合与诠释(combining and interpreting)、反思与估定(reflecting and assessing)的能力。

（2）培养学生在网络环境下有效获取信息的能力。借助学生已经持有的智能手机，建立移动互联终端可以用于学习并提高学习效率的概念。同时，关注无手机学生和手机无法上网的学生微妙的情绪变化，协调他们参与到手机有上网功能的小组内，注重正确价值观的正确引导，防止因手机品牌和功能的不同而引起学生相互之间的攀比心理。

（3）培养学生用所学语言解决现实生活中的实际问题的能力，并体验小组合作解决问题的重要性和成功的乐趣。

（4）通过情景模拟，让担任文章作者角色的学生为读者设计理解题，培养学生从对方角度考虑问题的"共情"能力。

**授课对象：**

高级中学三年级上学期学生。

**教学材料：**

2018年普通高等学校招生全国统一考试英语（江苏卷）试题，第三部分，阅读理解题，A篇：The Metropolitan Museum of Art（纽约大都会艺术博物馆）。

**背景说明：**

教学材料选自高考试卷，但这不是试卷讲解课，而是阅读课。原文是关于纽约大都会艺术博物馆的介绍，该馆位于美国纽约市第五大道，是世界著名的艺术博物馆。原文属于应用文,涉及如何购票、如何参观及相关的注意事项,是典型的非连续性阅读文本。预习阶段不呈现原材料所附的问题。

**教学准备:**

(1)按学生人数印发文章材料。(2)确认电子白板通互联网。(3)调查、统计学生智能手机的上网情况。(4)布置文章预读并书面回答相应的问题。(5)布置用"必应"搜索引擎在 Wikipedia 查询 the Fifth Avenue, the Central Park,在 www.metmuseum.org 查询 The Metropolitan Museum of Art 的背景资料。(6)在布置预习的同时告诉学生上网的注意事项和相关的法律法规。

**教学语言:英语**

**教学过程:**

1. 导入(附教师引导过程中的英语课堂用语)

Teacher: Boys and girls, may I have your attention, please? I was born in Suzhou. Where were you born? (Collecting answers from several volunteers.)

Suzhou? Good, most of us were born in this city. Do you know what Suzhou is famous for? (Collecting various answers from the students, consciously directing the attention and focusing on Suzhou classic gardens.)

Our city is famous for many aspects, but it is mainly famous for the classic gardens. Let's try to see if we can recognize them.

Would you please look at this picture? What is the name of this garden and where is this garden located?

(Collecting answers from the students, hopefully there will be students who can recognize the picture of the garden, which is presented on the screen, is not actually taken in Suzhou, China, but in New York, the United States of America.)

从苏州城市的概念导到苏州园林的,从苏州园林的整体概念再导到著名的园林个案,最后从展示的园林恰恰不在中国而在美国,引出主题——纽约大都会博物馆。

2. 分享预习中的自读成果

先学后教,以学定教,鼓励学生在自读文章的基础上再上课。淡化预习检查,强化自学分享。

Teacher: Now, let's share our understanding about the Metropolitan Museum of Art. What are your answers to the questions that I gave you beforehand?

 A. What is the Metropolitan Museum of Art?

 B. Where is the museum located?

 C. What is the Fifth Avenue like and why is it called avenue?

 D. What is the Central Park?

 E. What is the opening hours of MET?

 F. What is the price of the admission?

 G. What is the information that you think will confuse the visitors or the careless readers?

(1) 根据导读理解题对文章形成初步共识。鼓励学生就文章疑难之处提问,教师不直接回答,积极鼓励学生互帮。

(2) 根据初步形成的共识,将问题答案进行组合,在组合答案的基础上,鼓励学生复述全文大意。

(3) 回归文章原文,鼓励学生朗读。因原始材料来自美国,教师介绍美式英语的发音特点,并用美音示范朗读,再比照英式英语进行朗读。

(4) 鼓励学生归纳出非连续性文本的特点。先小组分享,再进入全班分享,最后由学生和教师共同评价。(教师随时准备对课堂生成的非预料情况做出积极反应)

(5) 在学生归纳的基础上提醒学生注意非连续性文本阅读(non-continuous text reading)的特点。

附教师讲解参考要点:虽然非连续性方本(non-continuous text)不同于连续性文本(continuous text),但所传达的信息量并不少,甚至更多,因为一般均附有图片和表格。

但由于信息是以非完整的句子、图标等形式呈现的,而且一个信息有时分散在文本的多处,容易被读者忽略,需要读者组合(combining)。有的信息没有直接显现,要根据文章的信息甚至文章外的知识来进行估定(assessing)。但非连续性文本在日常生活中出现的频率非常高。如:说明书、时刻表、行程表等。

(6) 回归文章,就其中的非完整信息数字的隐含意义,教师向学生提问。

Where is the Metropolitan Museum of Art really located? The Fifth Avenue? 82nd Street? 1000?

(纽约南北向的道路为 avenue,东西向的道路是 street,但文章没有明示)

(同步考查学生用 Wikipedia 了解 the Fifth Avenue 和 the Central Park 的情况)

What does NY10028 mean?

(为邮政编码格式,文章没有明示)

(7) 要求学生就一个三口之家入馆的总票价设计一个阅读理解题,题干为问题,选项分 A、B、C、D 共4个。其中,一个为正确答案,一个为完全错误的答案,两个为似是而非的干扰选项,选项全部为数字,代表价格。

(8) 完成后先进行小组分享讨论,再选最佳设计,参与全班讨论。

(9) 在此基础上,由教师出示原题让学生比较并体会命题人的思路,并评价什么样的读者会受到干扰,误入"陷阱"。

56. How much may they pay if an 11-year-old girl and her working parents visit the

museum?

  A. $12.    B. $37.    C. $50.    D. $62.

 57. The attraction of the Cloisters museum and gardens lies in the fact that _____.

  A. it opens all the year round

  B. its collections date from the Middle Ages

  C. it has a modern European-style garden

  D. it sells excellent European glass collections

原题在题干三口之家的后面再加了一个附加因素,孩子11岁,根据原文中补充的票价信息,12岁以下的儿童跟随一名家长是免票的,但由于这是非连续性文本,而且原文已有一个12的数字,代表学生票的价格,因而信息易被混淆和忽视。因此,这个三口之家的组合票价和普通三口之家的组合票价是不一样的。

(略去第二个问题,避免落入试卷讲解的俗套)

  3. 分组合议解决问题阶段

(1)要求学生打开手机,下载纽约大都会博物馆的免费软件。(教师在教室大屏同时上网,以防不能上网的学生不能获取信息)

(2)凭借APP提供的馆内地图,找到到达阅读文章中提到的Cloister展区。

(3) 凭借 APP 提供的馆内地图,找到苏州园林"明轩"的展位,并了解馆方是如何评价苏州园林的艺术的。

(4) 凭借 APP 提供的馆内信息,了解阅读文章中没有的其他票务政策。

4. 在分组讨论的基础上展现合作成果

(略)

5. 学生自我评价、相互评价和教师总结

(略)

6. 布置拓展作业阶段

就如下选题的其中之一,进行社会实践探究并用英语写一篇说明文。

(1) 登录中华人民共和国公安部出入境管理局官网,了解护照的申请手续,就此主题用英语写一篇说明文。

(2) 登录美利坚合众国驻沪总领事馆官网,了解美国签证的申请手续,就此主题用英语写一篇说明文。

(3) 登录中国国航等航空公司的官网,了解中国上海到美国纽约适合青年学生来回机票的价格和预订办法,就此主题用英语写一篇说明文。

(4) 登录携程等在线旅行社的官网,了解美国纽约市适合青年学生住宿的价格和预订办法,就此主题用英语写一篇说明文。

(5) 登录美利坚合众国海关与边境保护局官网,了解美国入境的注意事项,就此主题用英语写一篇说明文。

(6) 登录美国纽约地铁官网,了解从纽约肯尼迪国际机场前往大都会艺术博物馆的行进线路方案,就此主题用英语写一篇说明文。

(7) 登录大都会艺术博物馆的官网,了解中国展品的出展情况,就此主题用英语写一篇说明文。

(8) 登录大都会艺术博物馆所在公园——纽约中央公园的官网,了解公园情况,就此主题用英语写一篇说明文。

(9) 登录大都会艺术博物馆 APP,了解下面一件作品的情况,就此主题用英语写一篇说明文。

Joséphine-Éléonore-
Marie-Pauline de Galard
de Brassac de Béarn
(1825–1860), Princesse
de Broglie

附：阅读原始材料

A

**The Metropolitan Museum of Art**

1000 Fifth Avenue New York, NY 10028

211-535-7710 www.metmuseum.org

**Entrances**

The Fifth Avenue at 82nd Street

**Hours**

Open 7 days a week.

Sunday-Thursday  10:00-17:30

Friday and Saturday  10:00-21:00

Closed Thanksgiving Day, December 25, January 1, and the first Monday in May.

**Admission**

$25.00 recommended for adults, $12.00 recommended for students, includes the Main Building and the Cloisters(回廊) on the same day; free for children under 12 with an adult.

**Free with Admission**

All special exhibitions, as well as films, lectures, guided tours, concerts, gallery talks, and family/children's programs are free with admission.

Ask about today's activities at the Great Hall Information Desk.

**The Cloisters Museum and Gardens**

The Cloisters Museum and Gardens is a branch of the Metropolitan Museum of Art devoted to the art and architecture of Europe in the Middle Ages. The extensive collection consists of master works in sculpture, colored glass, and precious objects from Europe dating from about the 9th to the 15th century.

Hours: Open 7 days a week.

March-October  10:00-17:15

November-February  10:00-16:45

Closed Thanksgiving Day, December 25, and January 1.

**陈泽诞**

陈泽诞　中共党员。1980年毕业于江苏师范学院外语系。1995年被评为全国优秀教师并授予全国优秀教师奖章,2000年被评为江苏省中学英语特级教师。曾在江苏省木渎高级中学任教20多年,1995年至2002年任该校副校长,后调至苏州市吴中区教研教科室任主任。2000年参加首批国家级英语骨干教师培训班学习。2001年赴伦敦大学深造。2008年被聘为苏州大学教育硕士专业学位研究生导师,2010年被评为教授级中学英语高级教师,2011年被聘为江苏省基础教育教学指导委员会中学英语学科专家委员。

曾参加苏州市高中英语优质课评比,获一等奖;多次应邀出席省级、国家级学术研讨活动,并做专题讲座;《英语教学新视野》一书由江苏人民出版社出版;教学思考与实践编入苏派教学《著名特级教师教学思想录》。曾多次被聘为江苏省普通高中英语会考主要命题成员、江苏省第九批特级教师评审专家组成员、江苏省首批教授级中学高级教师专业技术资格评审委员会专家组成员以及第六届、第七届江苏省人民政府教育督导团专家组成员。

# 让英语学习真发生
## ——我的中学英语教学探索

20世纪80年代,我离开了江苏师范学院外语系,开始了中学英语教学的生涯。适逢国家改革开放,教育发展的新形势促使我走上了中学英语的教学改革之路。当时,在我所工作的地方——江苏省木渎高级中学英语组,教学改革研讨活动风起云涌,国内外语界著名教授、省内外著名中学英语特级教师以及省、市教研部门英语专家相继来到我校现场指导教学改革,是他们引我驶入了中学英语教学改革的快车道。世纪之交的教育部"园丁工程"给我增添了无穷的力量,助推着我在中学英语教学改革和课程改革的征途上勇往直前。在30多年的教学生涯中,我努力践行"学为人师,行为世范"的为师准则,潜心研读教育理论,专心开展教育科研,悉心指导教学实践,在全面实施素质教育、深化英语课程改革的进程中,我对中学英语教学有了更进一步的思考。

### 一、我心中的英语教学

每位老师心中对自己从事的学科教学都会有一种思考,哪怕是一个朦胧的构想。在多年的中学英语教学历程中,我历经了"模仿""积累""探究""反思"等阶段,而在各个不同时期一直让我思考的就是"我心中的英语教学是什么?"我的这种思考随着时间的推移逐渐地完善,不断地更新。当然,我的思考也必定带有我自身英语学习、教学经历的个性烙印,我心中的英语教学应是:

#### (一) 具有正确的理论指导

首先,我明确中学英语教学工作的性质。我所从事的是教育事业,整天与学生相处,进行的是外国语言文学教学,我对自己的要求是应掌握一些教育学、语言学、心理学等方面的基础理论知识,并用正确的教育理论武装自己的头脑,指导自己的教学实践,逐渐形成自己的英语教学思想。在这过程中,选读几本有较大影响力的中外教育教学方面的专著是十分有益的,正如培根(Francis Bacon)所说"Reading makes a full man; conference a ready man; and writing an exact man"(阅读使人充实,交谈使人机智,写作使人精确)。回想起来,许多大师的教学思想对我的发展起着极其重要的引领作用。我比较注重研究专家对英语教学的观察,注重领悟他们的思想,以此来提升自身的水平。我的感受是:虽然我是一个"矮子",但我站在了巨人的肩膀上,就能看得很远。其次,我看到了这个时代所赋予我们中学英语教师的使命。我的基本认识是:英语教学不仅承担着"培养学生的综合语言运用能力"的任务,而且还承担着"促进学生综合人文素养提高"的重任。因此,在英语教学中,我始终能结合英语学科特点,不断培养和提升学生的综合素质。

#### (二) 运用科学的教学方法

高中英语课程改革的核心任务是转变学生的学习方式,在实施课程改革的过程中,我努力以自身教学观念的改变来带动教学行为方式的转变,促进学生英语学习方法的转变。英语教学的成效,不单是由教师决定的,更重要的是在于学生的学。当然,也不可低估教师的指导作用,所以在我的课堂教学方式上充分体现"三主一中心"的特点,即以学生为主体,以教师为主导,以训练为主线,以提高教学质量为中心。在课堂教学信息传递方法上,我构建一种立体化、多元化、网络化的课堂英语交际型结构,使课堂真正成为学生锻炼听、说、读、写能力与发展智力的场所。有效的教学方法来自于先进的教学理念,先进的教学理念必须通过科学的教学方法来实施。事实上,人类的任何活动都有规律可循,中学英语教学也不例外。在教学中,我所采用的英语教学方法首先做到"三个符合",即符合课程标准的要求,符合英语语言学习的规律,符合中学生的心理特征。在课堂教学设计上做到了"四个精",即内容求精要,方法求精巧,语言求精炼,活动求精彩。

### (三)调动丰富的情感因素

情感因素是人综合素质的一个重要的组成部分,是贯穿中学生英语学习过程和影响其学习效果的重要因素之一,积极的学习态度是学生英语学习成功的关键。因此,我十分注重发挥情感因素在学生英语学习中的作用,逐渐形成了中学生英语学习成功的要素链——动力→兴趣→训练→评价→自信。在英语教学中,我通过各种途径激发学生学习英语的内部动机,从创设丰富多彩的教学情境入手,千方百计激发学生学习英语的兴趣,采用灵活多样的教学手段和方法,使学生想学、会学、乐学。英语学习离不开刻苦训练,我积极引导学生把英语学习作为一种乐趣,而不是将其作为一种负担。同时,我还建立了科学、合理的评价机制,巧妙地运用鼓励性、激励性评价方式,使每个学生都获得成功的心理体验,树立自信心,有进一步学好英语的新的动机,使英语学习进入学生善于自我管理和高效自学的良性循环中。

### (四)开发多元的课程资源

英语教材是课程资源的核心部分,是中学英语教学的主要载体,也是目前学生接受英语语言信息的重要渠道,师生应共同用好、用透、用活教材。但一本教科书是很难真正打开学生英语学习之门的,因此,在英语教学中,我还积极开发和合理利用其他英语课程资源,例如:网络、报纸杂志、文学作品、影视节目等。这些不仅是课堂教学的有益补充,更是满足个性化英语需求的良方。面对瞬息万变的现代社会,利用英语报纸杂志阅读,以满足学生渴望了解世界的愿望;观看英语原版电影,加深学生对英语国家文化背景的了解;阅读一些世界名著,让学生体会英语语言之美。这些英语教学资源的开发和利用能激发学生的学习兴趣,有利于开阔学生的视野,拓展学生的思维方式。

## 二、英语教学改革的实践探索

一次听学术报告,专家提出了个问题:什么是学习?这个问题听起来似乎有些蹊跷甚至怪异——我们不是每天都在学习吗?提问的背景是最近几年来,世界各国学习科学前沿的研究专家向学校教师、学生和其他学习者提出了"学习在你身上真的发生了吗?"的问题。这被称为是一个时代难题。究竟什么才算真正的学习?如何才能将学生引入有意义的学习的健康轨道?这不仅是学习科学前沿的探究,也是我们深化英语课程改革进程中的一项重大研究课题。课程改革的深化必须深入研究学生的英语学习方式,教学质量的提高有赖于有效的学习策略,我重点就如何让学生进入真正的学习,进行了一些研究和探索。

### (一) 寻找中学生英语学习的路径——发挥主体作用

"学生是学习的主体"是课程标准的基本理念之一,"教师要有意识地引导学生发展自主学习能力,使学生真正成为学习的主体"。如何更好地将这一课程理念转化为中学英语教学的现实,我的做法是:

**1. 以学生明确的学习目标激励自身主体意识的不断增强**

为了能使学生自己在教学活动中充分发挥主体作用,把自己置于主体地位,我认为必须引导学生明确以下事项:

(1) 明确自己英语学习的目的。当今时代,英语堪称时代信息的首要载体。对于中国人来说,学会英语就等于打开了世界之窗,使自己与世界联系得更为密切。我经常教育学生要把英语学习的价值与自身价值联系起来,把平时的英语学习真正作为自己生活的一个组成部分。

(2) 认识自己在学习中的作用。我要求学生明确:英语知识学习和语用能力的获得不只是通过教师的传授,更重要的是要依靠自身的努力。我还要求学生真正理解国内外著名语言学家对英语学习的精辟论断,例如:English can not be taught. It must be learned。

(3) 善于自我调整学习方法。让学生自觉确立学习目标,制订学习计划,总结学习方法,从英语学习过程中获得积极向上的心态,在加强基础知识和基本训练的同时,不断发展自己的语言运用能力。让学生知道英语学习需要勤学苦练,非下苦功不可。

**2. 以教师正确的教学理念促进学生主体地位的体现**

发挥学生在英语学习中的主体作用,离不开教师的正确引导,对教师自身也提出了更高的要求,我对自己的要求是:

(1) 实现角色与工作方式的转变。一方面,要具有符合素质教育要求的英语教学观。我们除了帮助学生掌握一定的英语知识和技能外,还要通过英语学习来提高他们的综合素质,以适应时代的要求。另一方面,是完成教师自身角色的转变工作,教师应成为学生英语学习过程中的激励者、促进者和指导者。

(2) 确立为学而教的指导思想。叶圣陶先生的一句名言是:"教是为了不需要教。"英语中也有这样一句类似的名言,即"Give a man a fish, and you feed him for a day. Teach a man to fish, and you feed him for a lifetime"。我深知:授人之渔已成为师者最高的教育境界。因此,我努力做好"两个重心转移",即从以"教"为重心逐渐转移到以"学"为重心,从以"研究教法"为重心逐渐转移到以"研究学法"为重心,做好教与学的最佳结合。

(3) 创新教学以激发学生的学习兴趣。提高学生英语学习的兴趣,不仅需要学生自我要求,更需要教师的教学创新,学习兴趣的培养与教师的积极引导、教学艺术是分不开的。

**3. 在实施课程改革过程中发挥学生的学习主体作用**

(1) 创设最佳学习状态。做任何事情,状态非常重要,学习也是如此。影响学习的核心因素有两个方面:状态和策略。赞可夫曾经说过:"我们要努力使学习充满无拘无束的气氛,使学生和教师在课堂上能够'自由地呼吸',如果不能造就这样良好的教学气氛,那任何一种教学方法都不可能发挥作用。"在课堂教学中,我比较注重学生良好学习状态的创设,使他们保持良好的情绪和积极思维的状态。

(2) 注重语言交际功能。英语学习过程是学生获得基础知识和提高语用能力的过程,这种语用能力的形成需要大量的语言交际活动。每次新带班级,在第一节英语课上,我必做三件事,与新学生进行语言的交流和心灵的沟通。

一是与学生一起学习选自《英语学习》杂志上的一首英语小诗《教师的心愿》("Teacher's Prayer")。我要求学生人人能背诵这首诗,让学生欣赏英语语言之美,明确英语学习需要记忆,同时也让他们明白我们不仅是学语言,更是要学做人。

二是组织学生讨论。

三是请同学用英语写一篇文章,题目是"What Makes a Good English Teacher?"当然,下次谈论的话题是"What Are the Important Things About a Good Student?"要写的英语文章是"What Makes a Good Student?"

我的基本设计思想是以学生为主体,以任务为中心,以项目为抓手,积极创设真实的情境,让学生把所学到的语言知识运用到实际交际中,更重要的是提高学生在真实情景中的思维能力和交际能力。这样的交流不仅培养了学生的语用能力,而且促进了师生的心灵沟通,同时提高了师生的人文素质。

(3) 激励创新思维发展。胡文仲教授在他的著作《外语教学与文化》中提出:"外语学习的结果不仅仅限于单纯的语言交际能力,它可以是思维方式的拓展、价值观念的重组和人格结构的重塑。"当前课程改革强烈地呼唤着教学对创造性思维的培养。在教学中,我努力将学生英语学习的过程转变成为学生"学语言、讲文化、促思维"的过程。

(二) 挖掘中学生英语学习的内在联系——动力→兴趣→训练→评价→自信

如今,进一步积极推进课程改革为深化英语教学改革提供了有效的保证。从总体上看,英语教学正朝着符合课程标准要求的方向发展。但是即使在同一地区,这种发展还存在着比较严重的不平衡性,不仅师生的英语教学水平参差不齐,而且英语教学的观念和行为、英语学习的态度和方法也存在着较大的差异。如何才能面向全体学生,整体提高学生的英语水平,培养他们初步运用英语的能力,多年来,我认真分析了促进学生英语学习的因素,着重从学生生命的内部去点燃他们对英语的求知欲望。

1. 学习动力是学好英语的关键因素

波德·科德说:"只要有学习动力,谁都能学会一门语言。"在教学中,我对学生英语学习的动力进行了较细致的观察与分析。一般而言,学生英语学习动力越强,英语学习速度就越快,学得也就越好。为激发学生的学习动力,我的做法是:一方面,精心设计教学内容,不断改进教学方式,充分开发教学资源,如阅读英文小说、观看英语电影、组织英语演讲等。学生学习英语的目的是为了获取英语知识,运用英语进行交际,而这些活动本身就让学生对所学的英语产生兴趣,引发他们学习英语的内部动机。另一方面,我总是积极组织学生开展丰富多彩的英语活动,并注意收集社会各界对学生参与活动的反馈信息,如第28届世界遗产会在苏州举办期间,我鼓励学生成为大会志愿者,他们的工作得到了社会的肯定。这样的方式不仅使志愿者们获得了荣誉,还使全班同学英语学习的积极性空前高涨。我感到学生学习的主要动机集中反映在成就动机上,因此我总是会积极引导学生去做自认为有价值的事,并通过自身的努力获得成功。

在英语教学实践和学习管理中,我发现仍有一部分学生缺少这种积极的学习热情和主动性,缺乏一种坚强的学习毅力和必胜的学习信心,这导致英语学业成绩不理想。要提高他们的学业成绩,我的做法是引导他们确立正确的学习目标,关注他们英语学习的价值取向,以学生自主发展为本的理念帮助他们构建"目的、态度、习惯和方法"四结合的学法策略,优化学生学习品德和行为习惯,唤起学生的主体意识,使他们明确目的主动学,端正态度自觉学,培养习惯勤奋学,讲究方法高效学。实践证明,正确的学习目的是学生英语学习成功的基石,也是鼓舞每一个学生奋进搏击的力量源泉。

2. **学习兴趣是学好英语的前提与基础**

大家都知道培养学生学习兴趣的重要性,但是总有少数学生表现出对英语学习不十分感兴趣,甚至个别学生有抵触情绪,其原因是复杂的,我认为其中有一个原因是少数教师落后的教育观念导致了呆板乏味的课堂教学行为,使英语课堂缺乏"生命活力"。个别教师仍热衷于"满堂灌",采取"填鸭式",搞"一言堂",形成了一种"教师讲、学生听,教师写、学生抄,教师考、学生背""一块黑板,一支粉笔,一本教材,一讲到底"的英语课堂教学模式。教师占用了大部分的课堂教学时间,学生长期处于消极、被动的学习状态,虽然他们付出了大量的时间和精力,但学习收效甚微。久而久之,学生对英语学习的兴趣逐步减弱。我的观点是:学生的兴趣形成需要教师的正确引导,更需要教师的教学创新。我的做法是充分利用教学资源,让学生在掌握语言知识、提高语用能力的同时,激发学生的英语学习兴趣。例如:在教"Population mobility in the USA"(*Advance with English Book 10*)一文时,我不但要求学生掌握文章中出现的新的词语知识及了解文章的篇章结构,还要求学生了解当今美国人群的不同流动趋向及其原因。通过了解美国的历史地理、风土人情、传统习俗、生活方式、行为规范、价值观念等,学生的语言学习与文化学习同步并进,这样的课堂教学既能促进学生对所学知识的理解和记忆,又能激发学生的学习兴趣,提高他们的跨文化素养。又如在"An adventure in Africa"(*Advance with English Book 2*)的教学中,我根据课文内容,精心设计不同类型的教学组织形式,其中有专题讨论:"Do you think it is worth risking your life for adventures?"讨论中,学生们积极思考,主动参与,有的认为"生命的意义在于冒险,没有冒险就没有发现",有的认为"生命是最宝贵的,我们应珍爱生命"……这样的英语课堂不仅为学生创设了良好的语言学习环境,更让英语课堂焕发出了生命活力,让学生在学习中发现更多的乐趣。

3. **有效训练是掌握英语的必经之路**

现代外语教学法认为,整个外语教学的时间应有80%—90%用于实践,即练习。英语学习需要勤学苦练,中国学生在本国学习英语更是非下苦功不可。我也认为,学生能否掌握英语在很大程度上取决于实践练习是否充足。练习要有效,不能只是量多,更要质高。平时,我不光要求学生苦练,更是引导学生巧练,以求最终使学生乐练。

4. **教学评价是促进英语教学的有效手段**

所谓教学评价,我的理解是教师在教学过程中及结束时,利用多种方法,按照教学目的,对教学活动所产生的客观效果进行价值判断,对所实施的教学活动进行评定。在教学评价方面,我比较注重对学生的英语知识水平和实际运用能力的评价,对课程标准和教学计划的完成情况及教学效果的检查,对自身教学的反思与改善。评价,使我自己获得了及时的反馈信息,便于找出进一步提高和改善教学的途径,也使学生明白自己的成功和不足。成功的喜悦能进一步增强他们的学习动机,对不足之处的分析亦能使他们不断改进学习方法。

随着课程教改的不断深入,英语的评价体系已从单一化向多元化发展,这种多元化的评价首先体现在形成性评价和终结性评价相结合上,我也体会到了合理的评价在教学过程中的重要性及促进作用。所以,在平时的教学中,我不仅关注学生英语学习的结果,更注重学生的学习过程,特别是对学生学习过程中的表现,所取得的成绩以及所反映出的情感、态度、策略方面的发展。我还特别注意针对不同层次的学生进行科学、合理的评价。如在试卷命题中,我在考虑试卷效度、信度、难度和区分度的同时,也会重视针对不同层次的学生设计一些具有选择性的测试题。即使在练习作业的设计和布置中,我也要求我们的教师分别就作业的目的、内容、难度、类型、评价等方面进行一些分层设计的探索,例如,在学习"Making a reference book"(*Advance with English Book 6*)后,我布置的课外作业是要求学生课后选择我国一个少数民族地区,制作一份游览手册。我要求中等层次学生整合课文中四个方面的内容,模仿课文写作结构,根据所获取的资料,完成游览手册的制作任务;对英语水平较好的学生,我们要求学生所制作的手册必须包含该少数民族地区的历史文化和风土人情;对于基础较差的学生则要求他们从课文四个方面的内容中任意选择其一,鼓励他们大胆地去模仿和套用课文中所出现的句式、词组来完成游览手册的写作任务。实践证明,教师只有根据学生的实际情况,因人而异提出不同的作业要求,并给予科学、合理的评价,才能使不同层次的学生都得到充分的发展。

### 5. 自信是获得成功的必要条件

自信心是人的心灵内部迸发出来的一种力量。它能驱动人奔向光明的前途,激励人去唤醒沉睡的潜能,并发挥无穷的才干和活力。人的行为是受信念支配的,所以有什么样的信念,就会导致什么样的结果。当一个学生老是对自己说"我不行"的时候,很难想象他会学好英语;相反,当他在内心深处总是跟自己说"我行"的时候,他获得成功的机会就会很大。就拿"记忆"为例,我总是引用日本著名心理学家多湖辉曾说的话来鼓励学生——记忆的关键在于要有"我能记住"这种自信心。在记忆活动中,自信心越强,记忆效果就越好。自信心是增强记忆力的内在动力。假设学生每天背诵40—50词长的英语材料,每年以300天计,那么一年可背诵12 000—15 000词左右的材料,坚持数年,必有好处。在开展英语学习记忆信心的训练中,我首先抓目标激励,所定目标具体实际,学生稍做努力定能实现,同时使他们不断体会到记忆力的提高在英语学习中的作用;其次是成功激励,即激励学生通过一定的努力,记住学习内容,体验成功,从而产生一种"我行"的自信心;最后是榜样激励,让学生找一位自己崇拜的伟人或名人,研究他,模仿他,让榜样走进他的生活并带给他力量,也可让学生在自己身边找一个强者做榜样,在与他的交往中得到启发,并通过他来树立自己对英语学习的信心。作为英语老师,一方面,我经常教育学生树立必胜的信念;另一方面,我也充分信任自己的学生。我的体会是教师的信念比教师的知识更能影响其教学行为。师生之间的信任感是相互的,教师对学生充满信心时,会不知不觉地将此信息传递给他们,学生也会产生一种相应的信任,并对自己的英语学习充满信心,我想,罗森塔尔效应的秘密也在于此吧。

多年的教学实践证明,学生学习的内部动机是学习过程的真正动力。在教学中,我总是努力以自身的教学激情来激发学生的学习热情,以自己的教学智慧来开发学生的学习潜能,引发学生学习英语的内部动机,采用灵活多样的教学手段和方法,激发学生学习英语的兴趣,引导学生想学、会学、乐学,并使每个学生都能从学习中获得成功的情感体验,从而树立英语学习的必胜信心。我认为,这是学生英语学习成功的重要因素。

### 三、促进中学生英语学习需要发挥教师的主体作用

根据英语课程目标,英语教师应根据学生认知能力发展的特点和学业发展的需求,充分发挥教师的主导作用,引导学生采用有效的学习策略,养成良好的英语学习习惯。当前最大的难点在于广大英语教师如何转变角色,发挥好教师的主导作用,把课改的理念融入教师的日常教学行为中。事实上,不少教师尽管能说出课程改革的一些基本理念,却往往找不到落实这些理念的具体途径,有些英语课在教学形式上有了改进,但并没有发生实质性的变化。关键就在于未能处理好教师主导和学生主体的关系,特别是因为强调了学生的主体地位,而对教师主导作用的发挥认识不足,操作上缩手缩脚,妨碍了英语课改的进程和英语教学质量的真正提高。我认为,英语教师要充分发挥好主导作用,必须在以下几个环节上下功夫:

(一)预习环节:培养学生自主学习的习惯

预习可以让学生初步了解教学内容,把握教学难点,激发学习兴趣,带着问题走进课堂,从而变被动学习为主动学习。从心理学的角度讲,预习还可以刺激学生的求知欲,让学生以一种迫切的求知心态进入新知识的学习过程,养成良好的自主学习习惯和探索精神。因此,我十分重视预习环节的指导,向学生提出了三类预习要求:①总预习:学期初始,指导学生预习全册教材的编排结构,了解教材意图;②单元预习:既指导学生了解本单元的中心话题,又指导学生明确本单元的语言基础知识;③单课预习:既指导学生理解单元中各板块的内容,又指导学生在预习时主动发现问题,提出问题,提高独立思考的能力,找到解决问题的方法。以单课预习为例,在学习译林版《牛津高中英语》(*Advance with English Book*) Unit 3 Reading Dying to be thin 前,学生在预习时应做到:第一,学习阅读文章中的单词和短语。第二,了解阅读文章的大意。第三,针对阅读文章尽可能多地提出问题。第四,在你认为重要的单词、短语、句子下画线。第五,在你不理解的地方画线。学生通过这样的课前预习激发了求知欲,主动参与到教学过程当中,并与教师产生共鸣,真正成了课堂教学的主人。

(二)听课环节:帮助学生掌握高效听课的方法

叶圣陶先生对教师的主导作用,曾经做出精辟的论述:"我意如能令学生于上课之时,主动求知,主动练习,不徒坐听教师之讲说,即为改进教学之一道。教师不宜以讲课本为专务,教师指示必须注意之点,令自为理解,彼求之弗得或得之谬误,然后为之讲说。如是,则教师真起主导作用,而学生免处于被动地位矣。"这段话说得十分到位,为学生在听课时教师发挥主导作用做了具体的诠释。我谨遵叶老的教诲,为保证学生高效听课,努力发挥教师的主导作用,力争做到两点:一是改变教学方法,积极构建符合新课程要求的英语课堂教学结构,不是让英语走向学生,而是要让学生走向英语;二是充分展示自己的智慧,花大力气指导学生学会听课,达到与教师"心有灵犀一点通"的境界。因此,我首先要求学生听课时要调整好心态,努力使自己处于最佳状态;其次要求学生专心致志,做到听得准确、看得清楚、记得牢固;再次要求学生积极思考,理清思路,追寻教师的授课思路,使自己的思维能力得到发展;最后则要求学生主动投入到课堂教学活动之中,动眼、动脑、动口、动手,在主动参与中获取知识,在深入探究中提高能力,在不断内化中形成新的认识。

(三)记忆环节:培养学生善于记忆的能力

学习英语,记忆能力的培养是不容忽视的重要环节。

很多学生在英语的学习过程中,只注重一时的记忆效果,而忽视了后期的巩固,因此记忆效果不够显著。根据艾宾浩斯的遗忘规律,我认为,学生一是要注意英语记忆的及时性;二是要注意英语记忆的计划性;三是要注意英语记忆的系统性。我秉持这三条,积极发挥自己作为教师的主导作用,在培养学生的记忆能力上下了不少功夫,除了要求学生强调掌握记忆规律之外,还特别强调端正记忆态度,多下苦功。复旦大学教授陆谷孙说:"英语学习需要有 pressure 与 pleasure 的结合。"许国璋教授也曾经说过:"英语学习,需要下功夫勤学和苦练。"可见,刻苦的学习态度对于提高记忆能力是多么重要。谁都知道,学习英语必须掌握一定的词汇量,而要具有足够的词汇量,除了刻苦记忆,别无他法。因为一定的词汇量是学生发展语言能力必要的基础,词汇量过低,不但无助于减轻学生的学习负担,反而会使学生由于可利用的单词太少,而难以养成一定的语言使用能力。因此,我总是要求学生每天记几个英语单词,背几句英语句子,养成习惯,长期坚持下去。当然,在强调勤学苦练的同时,我还十分重视指导学生采用科学的记忆方法和行之有效的记忆策略,或是指导学生按学习内容归类,按英语构词特点归类,按单词出现频率归类,按比较方法归类;或是指导学生联系上下文记忆,联系生活实际记忆,联系就有知识记忆,联系参与的各类活动记忆。由于我充分地发挥了主导作用,我任教班级学生的词汇量,一般都高于同类班级 30% 以上。

(四)质疑环节:培养学生积极思维的品质

教师主导作用的发挥还应体现在努力培养学生积极思维的品质、提高学生的质疑能力上。世界著名物理学家、诺贝尔奖获得者李政道博士 2000 年曾视察江苏省木渎高级中学,在与师生亲切交谈时,他深有感触地谈起了自己做学问的"秘诀",并欣然题词:"求学问,需学问,只学答,非学问。"在传统教学中,由于学生习惯了"听"的教学方法,教师又不重视指导学生提出问题,导致学生质疑的能力越来越差,甚至不会提出问题,这是一种十分可怕的教学现象。作为英语教师,要扭转这种状况,就必须充分发挥主导作用,把指导学生积极思维作为养成学生良好学习行为的重要工作来抓。具体而言,一是要创造性地运用教材,积极开展符合学生认知发展水平的教学实践活动,巧妙地创设问题的情境,使学生"想问";二是要营造一种融洽的师生关系,创设民主和谐的教学氛围,促进学生主动参与学习,使学生"敢问";三是要把思考问题的时间和空间还给学生,把思维的方法教给学生,使学生"会问"。我总是要求学生逐渐做到从"要我问"转化为"我要问",不断使学生激发"想问问题"的欲望,锻炼"敢问问题"的勇气,养成"思后再问"的习惯。总之,学生思维品质的养成离不开教师的正确引导。

(五)阅读环节:培养学生的阅读爱好

多年来,我在指导学生英语阅读上,也十分重视发挥教师的主导作用。我认为,阅读是提高学生英语学业水平不容忽视的重要途径。但现状是学生"题做得太多,书读得太少",没有足够的输入,是不会有真正输出的。《普通高中英语课程标准》对学生的阅读量提出的要求是"除教材外,课外阅读量应累计达到 30 万词以上"。这意味着一个高中生在高中三年中平均每年的阅读量至少在 10 万词以上。因此,我本着"教学生学"的教学思想,从主动发挥教师主导作用的认识出发,大力鼓励学生利用课余时间多读英语报刊和英美文学作品,有意识地培养学生阅读英语原文的爱好。我的做法是:一方面把握好学生阅读材料的难易度,从学生的实际英语水平出发,给不同水平的学生提供不同难度的阅读材料;另一方面尊重学生的阅读选择。喜欢文学的学生可选择多读简易或原版英语文学作品,喜欢歌曲的学生也要记住英文歌词,喜欢上网的学生可以通过网络视频进行广泛的英语语言摄入,如欣赏美国总统奥巴马2009年9月8日在Wakefield High School in Arlington, Virginia对全美中小学生的演讲。学生不但可以品味英语的语言之美,而且可以感悟演讲的内容。刘润清教授说:"大量阅读的作用是无法估量的,许多奇妙的语感来自阅读。只有在泛读之中,你才能忘掉你是为了学习语言而在读书,你已经沉浸在摄取的信息之中。这时,信息与语言同时吸收了,你也在不知不觉间就学到了语言。"可见,教师有意识地主动指导学生广泛地阅读,其意义是不可小觑的。

叶澜教授曾说:"只要时代发生深刻的变化,教育或迟或早都会发生相应的变化。"社会的进步以及科技的发展,对英语教学和英语教师都提出了更高的要求。为了尽快使英语教学适应时代发展的要求并符合英语课程标准的精神,作为英语教师,我们必须善于学习,勇于实践,提升自身专业水平和教学业务能力,努力使自己成为专业素养深厚的优秀英语教师。面对新的形势,面临新的挑战,我对自己也提出了新的要求:一是要具有一定的教育理论水平;二是要积累课改实践经验;三是要发挥名师的课改引领作用;四是要体现自身的师德人格魅力。只有这样,才能不负众望,成为一个合格的教育工作者。

# 提高中学英语课堂教学质量的要素分析

自课程改革实施以来,英语课堂教学就整体而言,正朝着理想的方向不断推进。教师的英语课堂教学理念、教学方法以及教学行为等方面都发生了较大的变化。教师正努力将课程标准的精神转化为英语课堂教学的实践,从而促进学生学习方式的转变,提高英语教学质量。但是由于部分教师对课标理念理解、领会的偏差,以及缺乏一定的实践经验,课程改革在教学层面所遭遇到的最大挑战就是课堂教学的效率问题。可以说,提高教学质量是当前深化英语课程改革的根本要求,而提高课堂教学的效率是提高教学质量的关键所在。

## 一、教师的专业素养是提高英语课堂教学质量的重要基础

近年来,中学英语教学研究的重心已逐渐移向学生,课堂活动也越来越强调"突出学生主体"的原则。这一趋势固然纠正了传统中以教师为中心,忽视学生的主观能动性的倾向,但是教师在整个英语教学的过程中仍起着不可替代的主导作用。高质量的英语教学离不开一支高素质的英语教师队伍。教师的英语专业水平和教学业务能力是提高英语课堂教学质量的基础。为此,教师应注重自身英语专业水平的提高和教学业务能力的培养。

第一,教师应学习和掌握语言学的基本知识,使自己能更好地理解和认识人类语言的本质,提高自身的语言素养和语言运用能力,能在活动中自觉地遵循语言的规律,选择并使用符合语言运用规律的教学方法,不但要明确"教什么",还要知道"如何教"。第二,教师应具备较为扎实的听、说、读、写专业技能,并时刻把提高和完善自己的英语实践能力摆在重要的位置。教师精湛的专业技能和语言实践能力既能为学生提供楷模,又能为课堂的交际化提供可靠的保障。第三,教师要具备心理学和教育学方面的基本知识,研究和掌握教学的一般规律和基本原则,熟悉组织的步骤和措施,努力提高英语的组织能力和实施能力。第四,教师要刻苦钻研教材,把握教材体系,不断提升自己在新课程理念引领下的学科驾驭能力。第五,教师还应具有丰富的本民族语言与文化知识,以及跨文化交际的基础知识和基本技能。正如陈冠英教授所说:"人类语言的特殊社会功能和认知功能使得他的工作具有十分鲜明的人文性。外语教师所教的内容是外国语言,他必须具备更多的与教学有关的外国语言、文化、文学的修养和造诣。"

## 二、认真备课是提高英语课堂教学质量的必要前提

课堂教学质量的高低在很大程度上取决于教师的备课。教师应把工夫花在备课上,把本领显在课堂上。在备课上多花一份精力,在课堂教学中就多一份成效。备课需要考虑多方面的因素,但要素大体有三:一是要备教材,做到"心中有书"。教材是教学的载体,教师对教材的了解越详尽,对教材的编写体系越熟悉,教学的针对性就越高,效率也就越高。教师只有通过对教材的深入钻研,把握要领,吃透内容,才能科学地设定教学目标,正确处理和灵活运用教材,熟练驾驭教材。于永正老师曾经说过:"一个老师首先要熟悉所教的教材,即教学内容,教学艺术来自对教材内容的准确把握,因为没有一节充满艺术魅力的课不是来自于

对所教内容的准确把握的。"作为高中英语教师,应通读初中和高中全部的英语课本,了解各阶段、各年级教材的基本内容和编排体系,只有这样,老师才能构建本学科知识的网络结构,在课堂教学中做到游刃有余。

二是要备学生,做到"目中有人"。教师备课的目的不只是为了教师"教"的需要,更是为了学生"学"的需要。高质量的课堂教学关键在于教师能够了解学生的需求以及不同学生之间的差异。教师应根据不同学生的实际情况进行备课,对教学内容做出"校本化""班本化""生本化"的处理,不仅要考虑学生已有的英语知识水平和理解能力,要考虑学生在英语学习过程中可能会出现的情况、遇到的困难等,还要关注学生的学习方式和心理反应,针对他们的学习兴趣、动机和方法组织课堂教学。在备课中,教师要针对不同的学生,提出合适的要求,采用不同的策略,"特别关注性格内向或学习有困难的学生,尽可能多地为他们创造语言实践的机会",达到共同进步的目的。作为教育工作者,值得注意的是不同学生的需求和差异往往并不仅限于英语知识水平,而在于他们学习英语的态度和求知热情,这就需要教师在备课时不仅考虑"我应该讲什么知识",更要考虑"我应该如何让学生对这些知识感兴趣"。备课中做到"目中有人",无疑为教学的有的放矢奠定良好的基础。

三是要备方法,做到"教中有法"。备方法解决的是如何教的问题。"一个好的教师应该懂得多种教学方法。在不同时间、不同地点,对不同的人、不同的课型使用的是不同的教学方法,甚至一节课之内,前面用的是一种方法,后面用的是另一种方法,这才是好老师。"有效的备课不仅需要设定教学目标,而且需要考虑具体教学方法的使用和方法组合模式的灵活运用,即包括教学方法、组织形式及课堂管理因素的组合。因此,对任何一种教学方法,我们不应盲目地去跟随,也不该盲目地去反对,首先要弄懂它,弄懂了之后再决定取和舍。英语教学法犹如作战时的武器,它是在教师的手里发挥作用的,是在教学实践中磨炼出来的,也是在教学实践中逐步提高的。

### 三、师生互动是提高英语课堂教学质量的根本保证

《普通高中英语课程标准》指出:高中英语课程的设计与实施要有利于学生优化英语学习方式,使他们通过观察、体验、探究等积极主动的学习方法,充分发挥自己的学习潜能,形成有效的学习策略,提高自主学习的能力;要有利于学生学会运用多种媒体和信息资源,拓宽学习渠道,形成具有个性的学习方法和风格。在课程的实施过程中,"高中英语教学要鼓励学生通过积极尝试、自我探究、自我发现和主动实践等学习方式,形成具有高中生特点的英语学习的过程与方法"。根据《普通高中英语课程标准》的精神,教师应更新教育理念,改变课堂教学方式,努力实现两项转变:即从以教师为中心的教学方式向以学生为中心的教学方式转变;从传授知识的教学方式向探究知识、发展能力的教学方式转变。在英语课堂教学中,教师与学生之间的互动不仅是教学理念问题,也是教学方法问题。在这种理念的主导下,教师应逐步形成互动式的英语课堂教学方法。课堂师生互动的前提是教师需要尊重学生在教学活动中的主体地位,引导学生积极思维,调动学生学习的积极性与主动性,真正让学生在课堂上享受被尊重的感觉。这样,学生学习英语的热情必然高涨,课堂教学效率也会提高。正如范钦珊教授所说:"如果没有学生的响应,教师讲得好,可以说是不错,但是这是被动的。实现了师生之间的互动,被动的效果变成主动的效果,才是高质量的教学效果。"

当然,教师也应积极发挥课堂教学活动中的主导作用。在英语课堂教学中,教师的讲授

是必不可少的,即使是在学生自主学习的课堂中教师讲授也是必要的,但必须"精讲",即用尽可能少的时间,抓住关键问题讲解,指出规律,在师生互动中稍加点拨、引领、启发、强化,起到画龙点睛的作用。目前课堂教学中亟待解决的问题就是要给学生留出适当的思维空间。教师应把课堂教学方法的重点放在"启发和引导学生思维"上,精心设计一些能够刺激和引导学生积极思维的问题,以此来吸引学生的注意力,培养学生分析和解决问题的能力和综合语言运用的能力。以互动式的教学方法,让学生参与到课堂学习中去,逐步使学生感到"不参与是一种损失,参与是一种享受"。

**四、现代教育技术的合理使用是提高课堂教学效率的有效途径**

随着计算机的日益普及,多媒体和网络技术已普遍应用于英语课堂教学中。网络技术的发展为中学英语学习开辟了一个广阔的天地,诸多的优势和完备的功能有效地支持了课堂教学活动,并成为传统课堂教学方式的一个重要补充。在基于网络技术的课堂教学中,教师可以创设形象逼真的英语学习和交流情境,将抽象的教学内容以声形并茂、情理交融的活动形式展现出来,既丰富教学内容,又优化教学方法;既激发学生的学习兴趣和求知欲望,又培养学生获取知识的能力和分析、解决问题的能力。

然而,任何事物都是一分为二的,现代多媒体教学与传统课堂教学模式都各有其优势与劣势,问题在于课堂教学中我们如何科学地把两者结合起来,充分发挥各自的优势,用其所长,补其所短。教师要正确认识和处理多媒体教学与多种媒体教学的关系,合理运用各种教学手段和技术,更好地为课堂教学服务。另外,技术的运用更加要求教师更新教育观念,采用更好的教学策略,活化英语教学内容,优化课堂教学过程,提高学生的学习效率。

**五、科学评价是提高课堂教学质量的重要保证**

对课堂教学评价的研究是深化课程改革过程中一个不可缺少的环节,科学的评价是提高课堂教学效率的重要保障,英语课程标准的目标和要求是课堂教学评价的依据。英语课堂教学应体现课程标准的精神,教学设计应符合中学生心理和生理特征,教学过程应遵循英语语言学习的规律。学生是英语学习的主体,课堂教学评价也应充分体现学生的主体地位,以学生的综合语言运用能力发展为出发点。尽管当前对英语课堂教学评价的标准名目繁多,经过对课堂教学的体验和反思、观察和思考,我认为,在课堂教学中,教师一是要以自身教学的激情来激发学生的学习热情和兴趣。皮亚杰说过:"所有智力方面的工作都要依赖于兴趣。"兴趣是一种学习动力,是一切精神活动的先导,是学习知识、发展智力的首要条件。学生的学习兴趣越高,学习的积极性就越高,课堂教学的效果就越好。二是要以科学合理的课堂教学设计引导学生从三个维度达成教学目标,即知识目标、能力目标和情感目标。学生在这堂课中学到了新的英语语言知识,锻炼了综合语言运用的能力,并有了积极的情感体验,使学生产生更进一步学习英语的强烈愿望。三是要以丰富的教学组织形式引发教学活动中的师生互动。课堂教学设计要面向全体学生,针对不同水平的学生提出不同程度的要求,达到共同进步的目的。在教学过程中,教师要让学生开动脑筋,人人学有所得,使学生知识得以掌握,能力得以培养,智慧得以启迪,情操得以陶冶。课堂教学的艺术是由师生共同创造的,课堂教学的精彩常常不是因教师的精彩而精彩,而是因学生的精彩而精彩。四是教师以自身教学的智慧启迪学生学习的思维,以老师的"活"唤起学生的"动",使学生在课堂上不仅"动口""动手",更要"动脑",引领学生在熟练掌握英语听、说、读、写技能的同时,逐渐养成积极思维的课堂学习习惯。教师不仅要对课堂教学有充分的预设,而且在教学过程中要针对教学资源和学生的学习状态做较灵活的生成,因为课堂教学过程是师生互动的过程,是教与学之间智慧相互碰撞、思维不断发展的过程,也是师生真实情感交流的过程。

随着课程改革的不断深化和教学评价制度的不断完善,教学质量日益被人们所关注。教学质量不仅是学校可持续发展的生命线,也是办让人民满意的教育的重要标志,而提高英语课堂教学质量是提高英语教学质量的关键。课堂教学是学生学习英语语言知识、掌握语言基本技能、培养语言运用能力和发展学生的思维能力的主渠道。衡量课堂教学效率高低的标准并不是看教师教得如何,而是看学生学得如何。如果学生学了没有收获,即使教师教得再辛苦也是无效教学。同样如果学生学得很辛苦,但没有得到应有的发展,也是无效或低效教学。要切实解决英语教学中"教师很辛苦,学生很痛苦"的现状和应对部分学生存在的"虽努力学习仍未取得进步"的现象,我们必须贯彻课程标准的精神,更新英语教学的理念,改进英语的教学方式,提高课堂教学实效。

# 试论高三英语复习训练的有效策略

在积极实施英语课程改革的现阶段,英语教师仅要求学生多练,而不具体讲明如何多练;只讲究练习的量多,而不注重练习的质高,这些已经不能满足高三英语教学实际的要求。因此,针对高三英语教学的现状,运用现代英语教学法理论,探讨高三英语训练的有效策略,以提高英语教学质量,已是需要认真对待的问题。为此,我做了如下探索。

### 策略之一:以考纲词表为依据,注重英语词汇的训练

词汇能力直接影响到学生听、说、读、写能力,只有掌握了充足的词汇量,才能听懂他人的话语和读懂他人的文章,才能畅所欲言地表达自己的想法。学生在英语学习中,一是要明确词汇目标,了解中学英语应掌握的词汇量。词汇量是学生发展语言运用能力的必要前提,也是学生在高考中取得好成绩的坚实基础。二是要遵循记忆规律,养成每天记单词、背句子的习惯。三是要掌握构词知识,系统运用语音规律、构词方法,以科学地学习词汇。四是要健全检测制度,运用科学的评价方式,促进学生肯练、会练、乐练。五是要灵活运用词汇,懂得英语单词的词义和语用义并不一致的道理,提高词汇的语用能力。六是要深化词汇知识,词汇的掌握不只是熟悉新词,还包括对已知词的深化理解和组合运用,扩大词汇知识的宽度。作为教师,在学生不同的学习阶段,应有计划地帮助学生把学到的词汇知识不断深化。

词汇训练的关键是学会在特定的语境中使用准确的词义,教师应提供给学生有意义的语言练习材料来深化这种训练。以 cover 为例,它既可作名词也可作动词。cover 作名词时,意思是"封面,盖子"。学生必须知道"read from cover to cover"的意思是"从头看到尾";"Plans for the attack were made under cover"句中 under cover 含有"密封"的意思;"They escaped under cover of darkness"的意思是"他们趁着黑暗逃跑了"。cover 在作动词时,用途更广泛,如:The mountain was covered with snow all year around. (山上终年积雪。) He covered the distance (走完这段路程) within fifteen minutes. How many pages have you covered? (你已看了几页?)可见,一个单词有很多意思,词义又随着不同的使用场合而不同,为了提高练习效率,学生应注重词汇在语境中的练习,结合听、说、读、写等言语实践进行训练。

### 策略之二:以基础语法为线索,注重语言规则的掌握

分析研究历年的高考英语试题,不论测试理论和试题结构如何变化,我们不难发现掌握扎实的英语语法知识始终是获取英语高分的必要条件。在语法教学中,我们应充分利用中学生的既有知识和思维能力,科学安排训练内容,合理设计复习方法,精心组织训练活动,培养语法学习的意识,激起语法学习的兴趣,提高语法训练的质量,促进语用能力的提高。学生不仅能牢固地掌握基本的语法知识,而且能够在较多的实践训练过程中提高运用语法知识进行交际的能力。

语法的教学和训练应体现学生是学习主体的精神。如在学习倒装句时,我的教学方法如下:一是让学生自己感受含有倒装句英语句子的结构特征;二是让学生自主探索倒装句的

语法特点;三是通过教师精辟的归纳讲解,使学生理解倒装句的语法规则;四是加强语言的实践活动,逐步加深对倒装句的认识。我认为,只有学生感兴趣了,他们才会去研究;只有学生理解了,他们才能更好地掌握。我具体按语法练习A、B、C方法进行训练:A. 教师根据倒装句内容,精心设计单项填空30题,提供给学生进行理解性练习;B. 在前30题的基础上,根据学生的作业情况,精编倒装句语法单项填空15题,供学生进行巩固性练习;C. 师生共同收集历年英语高考试题中所出现的倒装句内容的考题,进行过关性练习。

实践证明,这种"A、B、C语法训练法"有利于培养学生语言的观察、思维、分析能力,有利于提高学生探究学习和自主学习的能力,有利于学生内化语法规则,自如地运用语言。

### 策略之三:以课文教学为载体,注重阅读能力的培养

从近几年高考阅读理解题目的设置我们不难看出,它不仅要求学生具备浅层理解题意的能力,更要求学生能够在快速阅读后理解全文并归纳全文的大意,进而做正确的逻辑推理,甚至对文章的言外之意做推理。这样的考题意味着,学生在平时阅读时一定要重视阅读速度的训练,培养和提高整体理解的阅读能力。高中英语课文教学是培养学生阅读能力的重要依托,教师指导的关键则在于如何有效地指导学生反复历练。而有效历练的达成则在于教师如何善于利用文本,巧于激趣,精于点拨,授予技巧,合理拓展,从而实现高中英语教学目标中"侧重培养阅读能力"的要求。

在平时的课文学习指导中,教师要注重训练学生从宏观上把握文章主题的能力,并通过段落主题句为所提取的信息定位的能力。凡属于细节理解题,教师要注意指导学生善于将某一选择项与段落中的信息相对应;凡属于对词语或句子内涵的理解题,教师要注意培养学生如何根据上下文进行推断的能力;凡属于总结归纳、逻辑推理的题目,则要指导学生依据文章的主题来判断。无疑,这些技巧的掌握对高考英语阅读理解能力的提高有着不可忽视的作用。

### 策略之四:以单项训练为突破,注重语言技能的提高

为了让学生在高考中取得理想的成绩,在考前教师必须有计划地、相对集中地对学生进行有针对性的单项训练,其目的是让学生熟悉各个考试题型,明确命题的方向,了解题目的难易度,总结命题的规律,探究解题的思路,培养灵活的应试技巧,养成沉着冷静的良好的心理素质。

举例来说,在听力单项训练阶段,教师要坚持每天用20分钟的时间着重训练学生两项本领:一是听力能力,二是听力技巧。对于前者,不仅要求学生能够在表层上听懂句意和段意,还要能够在听懂的同时进行深层次的积极地思维;不仅能够从字面上获取信息,还要能够对句意和段意,乃至对话的地点以及说话者之间的关系做出正确的判断,从而做出正确的解答;不仅能够理解某一个单词或句子,还要能够准确理解说话者的意图和有效地进行语言交际。对于后者,即听力技巧,也是取得好的考试成绩的重要保证,教师必须让学生进行认真的训练。有时候,巧妙的听力技巧还会让学生收到事半功倍的效果。比如,听前要仔细浏览问题,有准备地进入答题状态;听时,注意速记要点,把注意力集中在听懂每句话的意思和内涵上,并从整体上予以理解,有效抓住问题要害,把捕捉到的必要信息进行优化处理;听后,要抓住重点,反复推敲,梳理所听材料的内在联系,提高答题的准确性。这些都是教师必

须予以指导、学生必须牢固掌握的应试技巧。

书面表达也是一个通过训练容易提高考分的重要题型。教师要指导学生多写多练,掌握正确的表达技巧,养成良好的写作习惯。针对这个问题,教师要着重从以下几个方面加以指导:一是要指导学生仔细审题,列出要点,构思出文章的结构;二是要指导学生善于选择使用学过的词组和句型,恰当地使用连词,使文章流畅;三是要指导学生规范书写,大小写、标点符号等细微之处也不能忽视;四是要指导学生养成认真检查答题的习惯,及时纠正一些不该出现的错误,尽可能保证答题的正确性和完整性。

### 策略之五:以综合练习为重点,注重考试规律的探索

英语高考综合模拟练习是以一种完整的考试形式对学生进行考前训练的有效方式。高三阶段,特别是考前两个月,加强这种模拟训练十分有必要,但安排这种训练必须明确目的,讲究方法,提倡适度。在这个问题上,必须明确以下几点认识:其一,指导学生训练的目的是为了了解高考英语命题的走向,特别是近年来的英语试题体现着素质教育思想和课程改革精神,注重考查学生综合语言应用技能的特点,就要通过练习,让学生心中有底;其二,要指导学生设定训练目标,教师可以要求学生根据自己的实际情况和发展水平定出各自的总得分目标及各个部分的得分目标,并为实现既定目标而努力;其三,要按严格的考试规范进行训练,要求学生做到在规定时间、规定地点,按照答题规范,认真完成整份试卷的答题任务;其四,要通过实战训练进行试题研究,变"学生做试卷—听老师评讲试卷"的训练模式为"学生做试卷—参考老师提供的答案和简析进行试题研究—师生共同参与试卷评讲"的模式;其五,要在训练过程中积极探索和总结解题的思路。我认为,明确了以上几点,就可以较好地发挥模拟练习的有效性,不但可以提高学生的解题能力,而且可以让学生掌握应试技巧。因此,练不在多,有分析则行;题不在深,能思考则灵;考不在难,遵规范则赢。

教师在指导学生进行综合性模拟训练的过程中应引领学生逐块分析、逐块研究,把握每块的考查要领和答题技巧。如"单项填空",以检测基础知识为主,这种题型的每一道小题都设计成微型的阅读理解题,在语境中考查学生真正灵活运用语言的能力,因此,教师必须指导学生充分认识单项填空题带有阅读理解题的特点。关于完形填空题,其目的是从词汇的角度考查学生英语知识与技能的综合运用能力,答题难度较高,但仍有规律可循,因此,教师要指导学生在答题过程中注意总结规律,在上下文中词语的逻辑搭配和语义的搭配上探索规律所在,摸索"把握主题、瞻前顾后、各个击破"的答题技巧。"阅读理解"无疑是试卷的重中之重,其试题风格是趣味性强,信息量大,内容多样化,体现时代风貌,因此,教师要指导学生在做阅读理解题时采用正确的阅读方法:先快速阅读,了解文章大意;然后在此基础上,仔细阅读下面的问题,根据题目要求,再回过头来有重点地仔细阅读,尽量准确地捕捉与题目有关的信息。书面表达题也是重头戏,它是最能体现学生语言基本功即语言运用能力的题型。对于这种题型,教师要告诉学生,尽管历年来题目千变万化,但都离不开学生熟悉的话题,离不开常规的考查模式,因此,学生平时要扩大阅读面,体验语言的特点,并掌握一定量的活用词汇、句型及表达方式,通过词、句、段、篇的练习来提高语言表达的能力;还要注意各种文体的格式及写法,背诵一些好的好词、佳句、范文,特别要背一些历年高考书面表达中所给出的范文,从中体会出命题者对书面表达的要求,力求厚积薄发。

张善贤　1962年毕业于江苏师范学院（今苏州大学）物理系。工作经历：1962年9月—1973年3月，武进县卜弋中学；1973年3月—1978年7月，吴县中学；1978年7月—2002年5月，吴县教育局教研室。1984年起，任副主任2年，任主任兼党支部书记16年。

1994年被评为江苏省物理特级教师，1998年被评为江苏省中小学教研工作先进个人。曾担任江苏省物理学会中学工作委员会理事、苏州市物理学会副秘书长。1995年至2003年担任苏州市中小学教育教学论文鉴委执委（高评委）物理学科组组长。2011年起担任高新区陆军名师工作室顾问。

课题研究有中学物理教材教法教改研究、实验教学改革和操作考试试验、高考和中考复习指导等。在《物理教学》《物理教师》《中学物理教学参考》（均为核心期刊）等20余种刊物载文约166篇，在《中学生数理化》等学生读物载文180余篇，其中被中国人民大学书报资料中心录用约10篇。独立著有《中学物理教学研究与实践》（苏州大学出版社，2000）一书，与王溢然合著《高中物理错解分析》（河南教育出版社，1985），与贾克钧合著《初中物理奥林匹克基础教程》（苏州大学出版社，2001），参编《中学物理教材教法》（许国梁主编）、《中学物理实验教学研究的理论与实践》（陶洪主编）等。此外，主编、合编30多种教辅读物，如江苏教育出版社1999年出版的《初中物理全解题库》和《高中物理练习》。

2012年应省教育厅之邀参撰《著名特级教师教学思想录·中学物理卷》。

课题研究最富成效的是1986年开始的"初中物理实验操作考试试验"，历经5年，在全县全面推开，为20世纪初全省推行初中物理实验操作考试开了先河。该课题在1991年获省一等奖。

# 张善贤的初中物理实验教学创新

　　学生实验是提高物理教学质量的关键,但是学生实验也有一个提高质量的问题。本文就初二学生实验课的改革提出五方面的意见,旨在使学生的物理实验真正成为学生打开物理知识宝库的钥匙,成为培养具有创造力的开拓型人才的重要途径。

## 一、要揭示实验和实际问题之间的联系

　　关于实验目的的教学,初看似乎是不需要考虑的,因为每个实验的目的,在课本上都已写明,只要照本宣科就行了,但这种认识是片面的。在实验目的的教学中,教师必须揭示实验和实际问题之间的联系,使学生明白实验是解决实际问题的需要,它不是人们凭空设想出来的,促使学生带着问题做实验,从而给实验以生命力。例如,研究杠杆的平衡条件的实验,其目的是研究杠杆在什么条件下平衡。如果教师不做任何分析,直接说出这个目的,学生就容易产生疑问:怎么想到要研究杠杆在什么条件下平衡的问题呢?好像跟前一节所列举的应用杠杆的实例联系不起来。因此,在进行这个实验目的的教学时,应该言简意赅地揭示研究杠杆平衡条件的必要性,引导学生懂得撬石头时加在杠杆上的动力大小跟阻力大小以及动力臂、阻力臂的长短都有关系,这个关系只有在杠杆平衡时才能反映出来。所以,研究杠杆在什么条件下平衡的问题,就是研究这四者应满足怎样的关系杠杆才能平衡的问题;得出杠杆的平衡条件,就可以解决应用杠杆时所遇到的实际问题。教学中要使学生意识到实验是为了解决问题,而不是盲目的探索。再如,研究弹簧测力计刻度的实验,可以先让学生观察弹簧测力计的刻度,让他们发现刻度的一些特征,激发他们研究的兴趣。研究滑动摩擦的实验,可以先提出:要旋动很紧的瓶盖时,为什么要使劲,为什么有时还要垫上一块毛巾?研究物体浮在液面的条件的实验,可以先提出:轮船的载重是如何确定的?在做测定物质的密度的实验前,先组织学生阅读物质的密度表,然后提问表中所列的数据是怎样测出来的,引导学生重温科学家曾经思考和实践过的问题。

　　总之,联系实际提出实验目的,可以提高学生做实验的自觉性,可以激起他们利用实验探索知识的热情。

## 二、要指导学生根据实验目的确定器材

　　初二学生刚接触物理知识,课本中实验所用的器材都已给定了,但是实验器材的选择和确定是提高学生能力的重要一环。因为人们在实际工作中做实验,要自己选择仪器,有些仪器要实验者自行设计,甚至自行制作。我们应从这一高度指导学生实验。当然,考虑到学生的可接受性,不能一下子把要求提得很高,应该由浅入深、循序渐进。初二阶段,可以在明确仪器用途的基础上,先试行多给一些器材,或少给一些器材,由学生挑选鉴别。如研究液体的压强和深度的实验,可以在仪器中多给一个试管或一个瓶子,让学生选择。通过实验使学生明白,如果选用平底玻璃管做实验,玻璃管在竖直方向上只受到向下的重力和水对管底向上的压力的作用,并且由于是平底,玻璃管底各处所受的水的压强的大小和方向都一样,从

而排除了其他因素的干扰,使实验过程和实验原理简单明了,而用试管或普通瓶子做实验,就没有这个优越性了。同样,在研究物体浮在液面上的条件的实验中,也可在器材单子上多列出一个平底玻璃管或一个瓶子,让学生加以选择,使学生认识到,这个实验只研究物体所受重力和浮力的关系,而浮力的大小只跟排开的液体的密度、体积有关,跟物体浸在液体中的部分的形状无关,因此,在这个实验中,不必用平底玻璃管,而用试管比较方便。再如,测定物质的密度的实验,可以在器材单中给出较大的和较小的待测物体各一块(大的要以能放入量筒为前提),最小刻度较大的和较小的量筒各一只,也让学生选择,并要求说明选择的依据。

对于一些常用的基本仪器,要求学生能正确、熟练地使用。为此,首先要使学生重视这些仪器。譬如,多数学生开始时对使用刻度尺不重视,那么,可以在学习"长度的测量"时,让学生用刻度尺来测量长度,教师指出种种不正确的测量法,使学生认识到刻度尺的使用也有许多学问,应该重视。其次,要养成爱护仪器的好习惯。例如,怎样使学生牢记天平的使用规则呢?我们认为,可以在用天平称物体的质量的实验前,事先将各种错误用法画在纸上,制成挂图,挂在实验室里,便于学生对照查看。最后还要创造一些条件,让学生有较多反复使用这些仪器的机会,以求熟能生巧。

在平时训练的基础上,在初二后阶段的实验时,教师可就实验需要,提出实验课题,让学生根据课题,列出实验器材,使学生的能力逐步得到提高。

### 三、要教会学生逐步掌握研究问题的方法

实验过程中,教师还应教会学生根据实验课题确定研究的方法和实验的步骤,并在操作过程中给以方法的指导,从根本上提高学生的探索能力。例如,研究滑动摩擦的实验,可以先引导学生思考滑动摩擦力可能跟哪些因素有关。让学生自己分析,不要加框框,不要一下子就把对课本内容的分析和盘托出。对于学生分析过程中出现的差错要因势利导。当多种因素被分析出来以后,教师可教给学生常用的研究方法:只让其中一个因素改变,而保持其他因素不变,观察摩擦力跟这个被改变的因素的关系。至于哪一个因素改变,可以让学生自行确定,然后再让学生对照课本上所写的步骤。这样的改革,使学生了解到书上的步骤原来有规律可循,同时也可以使学生初步意识到,即使课本上不写明,自己也有能力确定步骤。

此外,随着学生知识的增多和能力的提高,还可以逐步指导学生自己设计实验方法,避免机械模仿的陋习。例如,测量圆的周长和直径的实验,教师可以出示一个圆柱体,提出课题,让学生想出多种方法试试,然后再介绍课本上的方法。研究滑动摩擦的实验,课本上是通过用弹簧测力计拉着小木块在长木板上做匀速运动的方法来测量滑动摩擦力的大小,操作简单,但读数不易。为此,可以启发学生想些其他的测量方法。如根据课本图2-18二力平衡的条件的演示,在小木块的一端挂上细绳,细绳跨过滑轮,下端吊一个小盘,放上适当的砝码,使小木块在长木板上匀速滑动,从而测出摩擦力。做完用天平和量筒测定物质的密度的实验后,教师可以布置学生思考:还可以用什么方法来测定物质的密度?这个问题不要求学生立即答复,只要求他们经常留意这个问题,以考查他们能否在学过浮力的知识后自己寻找其他的测量方法,从而锻炼学生的思维能力。在进行"液体的压强跟深度的关系"的实验时,可以引导学生思考把刻度贴在玻璃管内壁上,直接读出玻璃管浸没在液体中的深度,可以用测量玻璃管圆周的方法测量它的截面积。

长期坚持这方面的教育,可以使学生的思维不受课本的束缚,变"要我做实验"为"我要做实验",成为实验的主人。

### 四、要指点学生通过数据处理得出结论

从测出数据到得出结论的过程,同样可以培养学生的能力。这里的关键是教会学生正确处理数据,找出事物的本质特征,而不是用书上现成的结论反过来硬凑数据。前者符合人们的认知规律,既能使学生获得知识,又能提高其分析问题的能力,尤其在一些探索性实验中更应注意这一点。所谓探索,在中学阶段只是研究前人早已总结出来的,而学生尚未知的问题。我们应从假定世人尚未知之的角度来指导学生实验。例如,在演示弹簧伸长的长度跟拉力的关系时,不要一下子就告诉学生弹簧伸长的长度跟拉力有关系。应该首先让他们观察弹簧受到拉力后产生的现象。经过观察,学生自然会发现弹簧伸长的长度跟拉力有关系(估计第一个研究者也是如此考虑的)。然后再引导学生研究弹簧伸长的长度跟拉力有什么关系(注意:这就是对学生发现能力的培养)。至于所测数据的处理,可以教会学生将以后各次所测的拉力和弹簧伸长的长度都跟第一次测出的拉力和弹簧伸长的长度相比较,或者将每一次所测的拉力的大小跟弹簧伸长的长度相除以后,把所得的商进行比较,就可以发现规律性的特征,进而让学生自己得出结论。

这种通过对现象的分析和数据的处理而得出规律的示范,可在很多的学生实验中被借鉴。例如,研究滑动摩擦实验中的摩擦力跟压力的关系,研究液体的压强和深度的关系,都可以由学生自行处理、归纳。再如,在研究杠杆的平衡条件的实验中,学生测出了动力、阻力、动力臂、阻力臂四组数据,不要让他们立即比较"动力×动力臂"和"阻力×阻力臂"的数值,而应让他们自己来寻找其中的物理本质。尽管多数情况下是不易找出来的,但这种方法促使他们开动了思维,另外,教师的及时指点,可以使学生记忆更深刻。

### 五、要善于提出学生容易忽略的问题,引导他们思考

在大多数学生的实验中,有不少直接影响实验成败的关键性操作,但是课本文字的叙述并不显眼,学生容易忽略。教师要善于及时提出这些问题,引导学生思考。例如,在研究弹簧测力计刻度的实验中提出:为什么要把砝码轻轻地挂上去呢?从而使学生懂得研究弹簧伸长的长度跟外力的关系一定要在砝码保持静止的状态下。要做到这一点,必须轻轻地挂上砝码。否则,砝码就会上下运动(振动),伸长的长度跟外力的关系就会被其他现象所掩盖。再如,研究杠杆位置的平衡条件的实验,要先调节杠杆,使其在水平位置平衡。这时可以提问:为什么要做这一步工作?在研究滑动摩擦的实验中可以提出:长木板为什么必须水平?拉力方向为什么必须沿着水平方向?应该怎样拉弹簧测力计和在什么时候读取弹簧测力计的读数?在测滑轮组的机械效率的实验中也可以提出:应该怎样拉弹簧测力计?应该在什么时候读取弹簧测力计的读数?在研究液体的压强和深度的关系的实验中可以提出:平底玻璃管是否一定要竖直地浮在液面上?要求学生思考这些常被他们忽视的问题,从根本上提高他们对这些关键操作的认识,这也是改革实验教学、提高实验课效果的重要方面。

以上主要就改革学生实验课谈一些初步设想,而学生实验教学改革的范畴是远远不止这一些的。例如,可以将一些演示实验改成边教边学的实验;将一些验证性实验变成探索性实验;将一些学生实验的测量项目做适当的加深拓宽;将一些小实验和练习中的实验题改成

学生分组实验；还可以进行对比实验、跟踪试验等。

综上所述,改革学生实验教学的目的在于使实验真正成为学生获得知识、灵活运用知识,以及提高他们观察、设计、分析推理、判断归纳、动手操作等能力的重要手段。只有坚持不懈地向这个方向努力,学生实验才能成为物理教学的基础,学生才会获得一把把打开物理知识宝库的钥匙。

# 五件自制教具作台柱的电压课不同凡响

## ——《电压》课堂教学设计

**教学目的:**

(1) 认识电压的作用;掌握电压的单位。

(2) 初步学会使用伏特表。

**教学方法:**

实验、讨论、阅读、练习等多种方法综合运用。

**教具:**

1. 演示实验

(1) 电流的形成示教板(图1)。

(2) 水流的形成演示装置(图2)。

(3) 电流做功多种形式示教板(图3)。

(4) 伏特表模型(图4)。

(5) 串联电路示教板及示教伏特表(图5)。

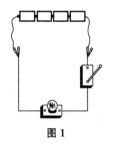

图1

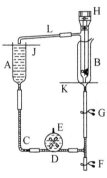

图2

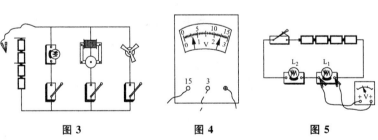

图3　　　图4　　　图5

2. 学生实验

两人一组。材料:伏特表、电池盒、小灯座连灯泡、开关及导线。

**教学过程:**

[出示教具(1),闭合开关]

提问:小灯泡发光说明了什么?

[将电源正、负两极与灯泡两端断开]

提问:小灯泡不亮了,这一现象说明了什么? 为什么?

讲述:灯泡的钨丝及导线里虽然都有大量的自由电子,但因为没有接通电源,它们只能做无规则的热运动,并不发生定向移动形成电流。当灯泡与电源接通,灯泡里就有了电流,这说明电源可以使电路中的自由电荷定向移动形成电流。

设问:为什么电源有这种作用呢?就因为电源的两极间有电压。

[将教具(1)放置在黑板左边的桌上]

新课教学

板书:三、电压

讲述:为了更好地认识电压的作用,我们先来看看水流是怎样形成的。

[出示教具(2),简单介绍,并演示]

讨论:观察到什么现象?水流的方向是怎样的?水由 A 经 C(通过小水轮)向 B 流动的原因是什么?

小结并板书:水压是使水发生定向移动形成水流的原因。

讲述:现在 A、B 容器中的水位相平,连接 A、B 的 C 管及小水轮中就没有水压,水就不流动。

提问:能否设法使水不断地由 A 经 C 向 B 流动呢?

[介绍教具(2)中的抽水机,并演示]

引导学生讨论:观察到什么现象?抽水机的作用是什么?

小结并板书:抽水机的作用:保持一定的水压,形成持续的水流。

[将教具(2)与教具(1)并列放置]

引导学生讨论:水流是这样形成的,那么灯泡中的电流又是怎样形成的呢?电源的作用是什么呢?

[边提出问题,边演示,并引导学生对照水流的形成进行讨论分析]

小结并板书:1. 电压是使自由电荷定向移动形成电流的原因。电源的作用:保持一定的电压,使电路中不断有电流通过。

设问:C 管中有水流时,小水轮就能转动,这说明了什么?

讲述:水流对小水轮做功。

设问:水流做功的多少与什么有关呢?

讲述:与流过的水量多少和水压大小有关;流过的水量越多,水压越大,水流做的功就越多。

[用教具(2)演示]

小结并板书:水流能做功,水量越多,水压越大,水流做的功就越多。

设问:水流推动小水轮做功,那么电流通过灯泡呢?

讲述:电流通过导体也要做功,这时电能就转化为其他形式的能。

[出示教具(3),并演示]

讨论:电流做功的多少与什么有关呢?

小结并板书:电流通过导体时要做功,通过的电量越多,电压越高,电流做功就越多。

讲述:如果把电量这个因素固定,那么电流做功的多少就只与电压有关了。电流做功越多,那么该导体两端的电压就越大;反之,导体两端的电压就越小。

讲述:电学里利用电流所做的功来规定电压的单位。

板书:2. 电压的单位:伏特(V)

通过和电流的对比,讲述并板书:表示电压的字母,电压的单位(国际单位和常用单位)及其表示的字母,单位之间的换算关系。(可以用简明表格罗列)

[列举身边的电压]

讲述:要确切地知道灯泡两端的电压是多少伏特,那就必须进行测量。

讲述并板书:3. 电压的测量:电压表　　常用的是伏特表　　符号　　—V—

[指导学生观察伏特表,并阅读课本 153 页有关伏特表的内容:认识伏特表,并思考如何使用伏特表]

[出示教具(4),进行量程、读数等练习]

引导学生讨论:伏特表有几个量程?测量范围分别是多少?准确程度(即分度值)分别是多少?如图 4 所示,伏特表的读数是多少?

[出示教具(5)]

引导学生讨论:要测量串联电路中灯泡 $L_1$ 两端的电压,那么伏特表应该怎样接入电路呢?

[边讨论,边演示,并由学生读数]

(如果有学生提出将伏特表串联到电路,不要立即否定,不妨实际操作一看究竟)

小结并板书:

  伏特表的使用方法:

    (1) 必须与被测电路并联。

    (2) "+"接线柱接在跟电源正极相连的那端。

    (3) 合理选择量程。

    (4) 使用前,指针调零。

[学生课堂分组实验,练习使用伏特表测量串联电路中灯泡 $L_1$ 两端的电压及灯泡 $L_2$ 两端的电压]

[教师巡回辅导与检查]

[学生汇报实验时伏特表测得的数据]

[请学生上讲台用示教伏特表测量串联电路示教板上灯泡 $L_2$ 两端的电压,并读出数据]

**巩固新课**

[归纳安培表和伏特表在外形识别、用途和使用方法上的异同]

**布置作业**

讲述:在复习课文的基础上思考:安培表是绝不允许直接接到电源的两极的,伏特表是否也有这一规定?不妨试一试。

**备课说明和教学反思:**

  电压概念是初中电学中的重点,也是教学中的难点。怎样来突出重点,突破和分解难点是本节备课的关键。

  1. 根据现行教材的脉络,对照水流的形成情况来设计本节的教学

  (1) 为了使"电压"教学形象直观,有助于初中学生认识电压的作用,精心设计研制了"水流的形成"演示装置。教具的制作成功和形象、直观地演示 4 个实验,是本节教学成功的关键。

  (2) 讲水流、水压的目的是让学生认识和理解电流、电压,它们不是并列的,前者是引

子,后者是重点。在教具(1)和(2)的放置位置和角度上,在板书的设计上,在讲述中,既注意到它们之间的"对照",又充分突出重点。

(3) 为了让学生认识电流做功的几种形式,演示了电流通过白炽灯做功、电流通过电铃做功、电流通过电动机做功等实验,既提升了学生的兴趣,又丰富了教学的内容。

2. "电压"教学是概念课,在教学方法上综合运用了实验—讨论—阅读—练习等多种方法。

(1) 以演示实验为主,在学生观察现象的基础上,启发并组织学生讨论分析。

(2) 在教学过程中注意了环节的自然过渡。从实验现象中提出了问题,比较自然地"引入课题";从"水流的形成""抽水机的作用"过渡到"电流的形成""电源的作用";从"水流推动小水轮做功"过渡到"电流做功",又进一步过渡到"电压单位的规定"及"电压的测量",做到环环紧扣,衔接自然流畅。

(3) 在认识伏特表和初步学会使用伏特表的教学中,根据学生实际,设计了如下几个层次:

① 让学生观察自己桌上的伏特表,由此来识别伏特表,然后出示伏特表模型,进行两个量程的读数练习。

② 组织学生讨论:伏特表应怎样接入被测电路?在学生发言的基础上,由教师演示用伏特表测串联电路中灯泡 $L_1$ 两端的电压,正确和错误的两种接法最好当堂一看究竟,最后由学生整理出伏特表的使用方法。

学生分组实验与练习:要求学生将灯 $L_1$ 和 $L_2$ 接成串联电路,测出 $L_1$ 和 $L_2$ 两灯两端的电压。

③ 重点归纳伏特表和安培表在使用方法上的异同。要在梳理两种器材特点的基础上,抓住两者的个性和共性加以对比、讨论,形成共识。

④ 启发学生思考:伏特表能否直接接到电源的两极?可以指导学生进行"试触"后再回答,不涉及"为什么",但要思考"有什么用"。

张　飞　正高级教师，1989年6月毕业于徐州师范学院（现称江苏师范大学）物理系，获理学学士学位，1989年7月从教于江苏省新沂市棋盘中学，任教高中物理；1990年7月调入江苏省新沂市第一中学，任教高中物理，先后担任教研组长、年级主任；2000年7月调入江苏省外国语学校任教高中物理，先后担任教务副主任、教务主任、副校长；2016年9月调入吴中区东山中学任教高中物理，担任校长。现为江苏省木渎高级中学校长。

在物理教学中，始终坚持这样的教学理念：教学不仅仅是传道、授业、解惑，更重要的是激趣、生成、创造。根据物理学科的特点，倾心于中学生物理学习路径和物理教育策略研究，形成了"情境激趣、问题生成、策略整合、实验探究"为核心的"问题化"课堂教学模式。建构了"以实验为基础、以思维为核心、以问题为导向、以整合为手段"的物理课堂教学的主张。先后发表了50余篇论文，其中发表在核心期刊上的论文30余篇，有多篇论文被人大复印资料《中学物理教与学》收录。参编《物理（必修1）》（普通高中教材）、《物理》（通用类教材）、《物理》（化工农医类教材）及《中学物理实验指导》（教师培训教材）。主持完成了"十一五"省级课题"现代教育技术在教学中最优化运用研究"，"十二五"省级课题"信息技术与学科教学整合策略的研究""基于现代科学教育理念的多学科课程整合研究与实践探索""唤醒：学生自主成长的实证研究"及苏州市"十二五"重点课题"多元化物理实验资源整合和应用研究"。教学成果"多元化物理实验教学资源整合研究与应用"获江苏省人民政府颁发的基础教育成果特等奖。

先后获江苏省优秀班主任、江苏省特级教师、苏州首届教育领军人才、江苏省人民教育家培养工程培养对象、苏州市教育名家等称号。被聘为江苏省教育学会物理教育专业委员会理事、苏州物理学会理事、人民教育出版社讲师团专家成员、苏州大学物理教学硕士专业学位研究生导师、苏州市名教师发展共同体（由特级教师、教授级高级教师、名教师组成）物理组主持人、苏州科技大学兼职教授等。

## 实验·问题·进阶·素养

——张飞的物理课堂教学主张及实践

著名的教育家叶圣陶指出:"受教育的人的确跟种子一样,全都是有生命的,能自己发育自己成长的,给他们充分的合适的条件,他们就能成为有用之才。"这就说明教师所从事的工作有别于其他行业的工作,教师所面对的工作对象是一群活生生的"人"。教师的工作不是通过自己努力就能完成的,而是要通过"别人"来实现的,因此"研究学生,给他们充分的合适的条件,让其自己发育自己成长"自然就成为教师工作的重要内容。我从教的初心就是:像叶圣陶那样做老师。在不断追问反思中寻求教学的真谛,在潜心修炼中铸就自己教学的特色。

### 一、追问反思引领实践,在实证研究中谋求凝练主张

物理学是基于观察与实验,构建物理模型,用模型描述自然,用数学表达模型,用实验检验模型,通过科学推理和论证,形成系统的研究方法和理论体系的一门自然科学。在物理的教学中,我不断用追问反思来引领教学实践,以问题为导向,基于物理学科特点,以认知科学理论、学习进阶理论和学习路径分析为指导,从认知理论、物理思维论、方法论、多元智能理论、实验论和课程论的视角,对学生物理学科关键能力的形成和必备品格的培养进行系统的思考。在行动和实证研究中,分析研究物理教学的核心要素,纠正教学行为偏差问题,追寻物理教学的规律,在锤炼教学技艺中逐渐形成教学主张:以实验为基础、以问题为导向、以进阶为路径、以素养为中心。

#### (一)"以实验为基础"的教学主张

在物理教学中,要实现学科教学的知识技能目标走向三维目标的达成,最终走向发展学生的学科核心素养。发展学科关键能力,就需要在教学设计和教学实施过程中重视情境的创设,正如学驾驶,科目一:交通规则考试,好比是"知识";科目二:倒车、移库考试是"技能";有了知识、技能,怎么才能够得到"能力"? 一定还要提供情境,于是有了科目三:小路考、大路考。知识越多不一定能力越强,学生学到了知识、技能之后要处于一定的情境之中才能表现出"能力"。物理实验是教学的重要内容,是物理学习的重要环节,更是提供物理情境的重要手段。基于物理实验资源的基础,为学生创设情境化学习的环境,是培养学生物理学科核心素养的重要途径和方式。例如,在物理概念的教学中,基于学生前概念的影响,情境创设的关键是要体现概念的本质特征,引导学生体会科学思维和日常思维的差异,促进学生科学思维的发展;在物理规律的探究教学中,基于实验资源创设情境,让学生在情境中发现和提炼问题,对问题的可能答案做出假设,并根据问题情境运用已有知识制订探究计划,选择符合情境要求的实验资源进行实验,获取客观、真实的数据,通过对数据的分析得出关于物理规律的结论,让学生在活动中能真切感受到科学探究的过程,体会通过科学描述和解释自然现象的乐趣,提升对科学本质的认识,提高科学探究能力;在应用物理知识解决问题的教学中,基于实验教学资源设计情境,让学生体验把情境中的一段经历转化为一个物理过程,进

而把情境的故事情节转化为某种物理现象,并把描述情境的文字转化为具体的物理量,把情境中需要完成的工作转化为相应的物理问题要求,把问题中的实际情境转化为解决问题的物理条件,提高解决实际问题的能力。

**【教学片段1】伏安法测量电阻**

1. 亲历体验　设计方案

问题引入:同学们,实验台上有两个定值电阻,你能说出它们的阻值吗?(给出两个电阻:一个从铭牌可以看出是 10 Ω,另一个铭牌找不到,教师知道是 10 kΩ)

问题1:一个电阻找不到铭牌时,你怎样才能知道它的阻值呢?(学生:测量)

问题2:我们这节课的任务就是测量电阻。如何设计电路?(可以通过测量电阻两端的电压 $U$ 和通过电阻的电流 $I$ 实现,电压表与电阻 $R_x$ 并联,电流表与 $R_x$ 串联,如图1甲所示。)

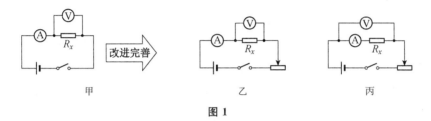

图 1

问题3:大家想想,电压表、电流表、电阻 $R_x$ 还有其他连接方式吗?(目的:引导内接法)

问题4:(指向图1甲这种接法)测量电压和电流有什么不足?(只能得到一组 $U$ 和 $I$)

问题5:测一组数据对结果有什么影响?怎样改进?(测一组数据误差较大。改进方法:在电路中加一只滑动变阻器。这样可以通过调节滑动变阻器接入电路的阻值来改变电路中的总电阻,从而得到几组不同的 $U$、$I$ 值。师生共同改进完善方案,得出图1乙、丙两种方案)

2. 实验测量　激发问题

问题6:(基于分组实验:引导学生分别用乙、丙两种方案来测量定值电阻值(10 Ω、10 kΩ),使学生面向原始问题,待完成后引导学生进行交流)大家可以合作交流一下,看看谁测得更准确呢?(学生前后组交流,发现两种方案测量结果差距很大,如表1)

表 1

| 定值电阻值 | 乙接法测量值 | 丙接法测量值 |
| --- | --- | --- |
| 10 Ω | 10 Ω | 14 Ω |
| 10 kΩ | 5.5 kΩ | 10 kΩ |

问题7:测量结果相同吗?(也可由学生提出问题)为什么相差如此悬殊?

(学生在完成教师布置的任务过程中,发现两种方案测量有很大差异,面对原始问题,前认知无法解释,从而引发认知冲突)

3. 分析讨论　创新思维

问题8:请大家思考一下:如果是理想情况,即 $R_A \to 0$,$R_V \to \infty$ 时,两电路测量的数值是否相同?(相同)

问题9:现差异原因何在?两种测量方法测出来的数值与实际值有什么偏差?是偏大还是偏小?(引导学生分析得出伏安法的内接法和外接法测量电阻的结论,如表2)

表2

| | 外接法 | 内接法 |
|---|---|---|
| 电路连接 | (A)—[V]—$R_x$ | [V]—(A)—$R_x$ |
| 误差分析 | 由于电压表的分流作用 $I_{测}>I_{真}, R_{测}<R_{真}$ | 由于电流表的分压作用 $U_{测}>U_{真}, R_{测}>R_{真}$ |
| 适用情况 | $R_V \gg R_x$ | $R_A \ll R_x$ |

**反思**：物理学是一门观察、实验和物理思维相结合的科学。物理模型的建立、物理概念的形成、物理规律的提出，以及物理学中许多重大的发现都是在观察、实验的基础上进行思维的结果。以实验为基础，为学生创设情境化学习的环境，在让学生基于情境亲历物理问题的解决过程中，不知不觉地培养了解决实际问题的能力和思维能力，训练学生运用前认知知识和经验从多角度、多层次、全方位考虑问题的思维品质，有助于加深学生对基本物理思想、观念的感受及创新思维的理解，拓展创新思维的广度，促进深度学习。

（二）"以问题为导向"的教学主张

波利亚说："我们大部分有意识的思维都和问题有关。"创新性思维起始于对困难或问题的认识，是围绕着解决问题而进行的。问题意识是思维的起点，没有问题意识的思维是肤浅的、被动的思维。问题是思维的载体，是培养分析综合能力、解决实际问题能力的土壤。"以创设问题情境为切入点，以观察实验（事实）为基础，以培养学生思维能力为核心，以提升学生探究能力为重点"是物理教学的基本特征。因此，在物理教学中，教师应充分利用实验资源创设教学的情境，引发学生认知冲突，合理设置有思维含量的问题链，激起学生的探究欲望，使学生能够运用物理实验提供的丰富物理表象，通过逻辑思维、形象思维、灵感思维等来掌握知识，化解学习难点，并促进物理探究教学的高效实施。

【教学片段2】探究电磁感应的产生条件

1. 实验创景　制造冲突　引发悬疑

实验引入：物理世界精彩纷呈，物理知识与生产、生活息息相关。如图2，一台普通的录放机，按下放音键，从耳机插孔引出两条导线，接上一个小线圈，另一个大线圈上接上了音响，把小线圈靠近大线圈，可以听到美妙的音乐响起来了，激发学生了解其中奥妙的兴趣，引导其提出相关的物理问题。

问题产生：这对大小螺线管之间究竟发生了怎样的物理现象？大螺线管中的电流是怎样产生的？感应电流产生的条件是什么？

2. 对比实验　逐步猜想　深化思维

实验一：（根据初中知识演示）切割磁感线，产生感应电流（如图3）。

图2

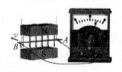

图3

问题1:部分导体切割磁感线一定能产生感应电流吗?

实验二:用U形磁铁做成具有大磁场的空间,让线圈在磁场内平动切割(如图4)。

图 4

图 5

图 6

问题2:现在磁场不动,让方形线圈移动,进磁场有无感应电流?(有)出磁场有无电流?(有)在磁场内部运动有无电流?(无)

实验三:条形磁铁在线圈中运动(如图5)。

问题3:插入磁铁不动有感应电流产生吗?(没有)能不能使磁铁不动、线圈动而获得感应电流?(能)(同时演示晃动、磁铁不动线圈动、运动速度大小不同等情况,并引导学生开动脑筋大胆猜测:磁铁与线圈间怎样运动才能获得感应电流?)

猜想1:当回路与磁场发生相对运动时。

问题4:让磁铁在线圈中转动,同学们猜会有电流产生吗?(演示转动)(没有)在图4及图5中将磁铁在线圈中转动(配合动作),线圈都相对磁场运动了,但没有获得感应电流,这说明相对运动是产生感应电流的必要条件吗?(不是)(引导学生修正猜想1)是否是线圈中的磁感应强度$B$变化而引起的?

问题5:(教师引导学生设计实验,通过观察引发问题)如果不用条形磁铁插入和拔出,而只改变磁铁周围的磁感应强度$B$,若能产生感应电流,不就进一步证明了刚才的猜想是正确的吗?也就是说磁感应强度$B$变化产生了感应电流。你能否设计出一种"磁铁"——它不动,而它周围的磁场在变化?大家说这种"磁铁"是——(电磁铁)。

实验四:引导学生分别进行将原线圈插入、拔出,开关关闭、打开,移动滑动变阻器的触片以改变线圈A中的电流等操作来改变其磁场$B$(如图6)。

问题6:将原线圈插入、拔出,开关关闭、打开,移动滑动变阻器的触片,有感应电流产生吗?(有)

猜想2:当回路中的$B$变化时。

问题7:螺线管中有感应电流产生,磁场变化应是个外部因素,我们可不可以改变线圈自身因素来实现呢?

……

**反思**:基于实验创设问题情境,可以激发问题的提出,更重要的是通过对实验现象(或数据)的处理不仅可以帮助学生解决现有实验中的问题,得出实验结果,提高学生解决实际问题的能力,还可以透过实验现象(或数据),在实验现象(或数据)的处理中,引发质疑,诱发新问题的提出,深化思维,活化思维,有效地引导和促使学生的思维逐步向纵深发展,促进学生深度学习,发展高阶思维(质疑、评价、创新)能力。

(三)"以进阶为路径"的教学主张

由于学生在学习新的物理概念之前往往已经对一些物理概念有了感性的认识,而这些认识是碎片化的、纯经验性的,距离科学概念仍然有一定的距离。在特殊物理情境下学生需要将这些碎片知识解析、重构,从而构建相对完整的科学概念,而这些重构过程又使得勾勒出学生的学习路径成为可能。正是基于此,许多学者在大量测量数据的基础上提出,学生的认知思维发展过程具有"进阶"的特点,而这种"进阶"是根植于皮亚杰的"发生认识论"、布鲁纳的"螺旋式的课程设计"、维果茨基的"最近发展区"和奥苏贝尔的"有意义学习"理论,是延续了课程与教学论对"应为学生设定怎样的学习路径"这一核心问题的回应。建构主义是学习进阶的哲学基础,其进阶研究是以学生的学习为研究对象的,"进"是描述学生的认知发展方向,而"阶"则是指发展过程中的关键点,也就是建立在进阶变量基础上的学生认知发展的"脚踏点"。正是一个个连续的"阶"将学习的起点和终点连接起来,形成学生在学习某一主题的概念时,由简单到复杂的层层递进的学习路径。这条路径为学生提供学习图景,刻画出学生思维的发展过程。所以学习进阶不只是解决学习者认知发展的路径问题,它要帮助学习者找到认知发展过程中用于"踏脚"的具体"台阶",为学习者的认知发展提供支撑,以进阶为路径实施教学,依循精心预设的"实验之阶""问题之阶",可以快速甚至自发地让学生触景"生情""生疑""解惑",提高学生思维加工的效率,实现学生思维方式的精致化发展,即实现学习的有效进阶。

**【案例1】探究电磁感应的产生条件　教学进阶路径(如图7)**

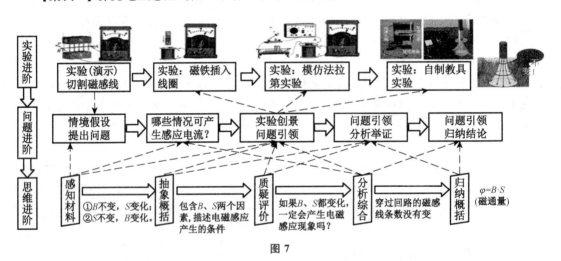

图7

**反思:** 利用设计实验"阶"的引领,学生在实验情境中,不断地受到冲突,使教学在学生自发形成问题和教师引领问题的问题"阶"中,层层递进,不断深化对问题的追问(感应电流产生的条件是什么?怎样才能得出感应电流产生的条件?),通过观察、比较、分析、综合、抽象、概括、判断、推理、类比、归纳等物理思维方法,实施对实验"阶"引发冲突的问题"阶"的思考,从而引领学生主动思维,促进学生灵感生成,培养科学思维。教学设计将知识融入实验"阶"的情境,情境隐含问题"阶",通过有效的设疑与思考,展开求知的生动过程,将"情境串"变成"问题串",用一个个连续的实验和问题"阶"将学习的起点和终点连接起来,用问题"阶"启发学生思考的方向,在真实问题情景中(做中学)激活学生的思维,用问题"阶"帮助学生妙悟知识的真谛,用问题"阶"对教与学进行及时诊断与反馈,基于物理学科特点,用实验"阶"激发"问题",用问题"阶"引领思维,做到物理教学植于"做中学",思维发展源于"问题阶"。

## （四）"以素养为中心"的教学主张

教育的终极目标是发展学生的素养，素养跟人的关系最紧密，知识、能力一般只停留在人的认知领域，素养则进入人的情意、精神，乃至于血液、神经，与人的整个生命融为一体，变成人的一种天性、习惯、气质、性格，所以它会在一切场合、一切活动中自然流露、表现出来。素养是一个人的"精神长相、人格、行为习惯、思维方式"，能表征素养的特征主要有三个方面：关键能力、必备品格、价值观念。正如学习驾驶，完成科目一至科目三的考试，说明具备了能力，但不一定有素养，只有驾驶员驾驶时具备"安全驾驶"的"关键能力"、"礼貌行车"的"必备品格"、"尊重生命"的"价值观念"，才说明驾驶员具备素养，所以素养应是所有学习和活动的中心要素。同理，素养应为学科教学的中心，因此，物理教学必须把培养物理核心素养作为教学重要的目标，将物理核心素养的培养落实于教学活动中，物理学科的素养其核心要素主要包括物理观念、科学思维、科学探究、科学态度与责任四个方面。

**【案例2】牛顿第三定律**

1. 物体作用的相互性

**【实验创设情境】** 通过演示（或分组）实验（如图8），引导学生观察分析系列实验（①同学甲⇄同学乙；②汽车⇄路面；③螺旋桨⇄空气；④物块⇄水；⑤磁铁⇄导线）的共同特征。（有助于学生树立"相互作用观"）

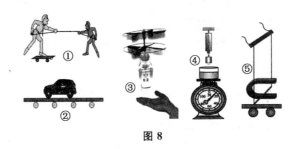

图8

**【分析归纳】** 学生交流总结，得出结论：无论是不同状态的物体（固体、液体、气体等），还是不同性质的力（重力、弹力、摩擦力、电磁力等），两个物体之间的作用总是相互的。（学生经历了"比较—概括—抽象"的过程，发展科学思维）

2. 相互作用力的关系

问题：两个物体之间的作用总是相互的，产生的作用力和反作用力有什么特点？

**【猜想假设】** 学生提出：一对相互作用力的方向相反，大小可能相同。（让学生在真实情景中提出物理问题，引导学生猜测和假设）

**【实验探究】** 学生设计方案，交流后决定用两只弹簧测力计对拉进行研究；学生分组实验并进行交流，多数学生是将弹簧测力计水平放置的，也有学生补充做了弹簧测力计竖直或斜向摆放的实验，结果两个力的大小都是相等的。教师肯定了他们的做法。（多种方案，收集信息，获取证据）

交流中还有学生报告，他们实验时发现两只弹簧测力计的读数并不相同，即使将弹簧测力计重新调零也是如此。教师请学生分析这种"反常"现象，并提出相应的实验改进方法。（坚持实事求是，彰显科学态度）

针对两只读数不准的弹簧测力计，学生提出用第三只弹簧测力计"等效替代"的方案，经实际操作,果然解决了问题。(利用科学方法获取信息和处理信息,对探究过程和结果进行交流、评估、反思,体验科学探究的途径、方法)

【归纳结论】学生尝试总结规律,并进行交流。

追问:至此可以得出结论了吗?(引向深度学习,激发高阶思维)

【拓展分析】学生指出上述实验都是在物体处于平衡状态下做的,他们试图做非平衡状态(如加速运动)时的实验,但读数困难(质疑、批判,培养创造性见解)。教师引导采用传感器演示(如图9),发现相互作用关系与运动状态无关。(培养科学探究的意识,发展物理核心素养的科学探究能力)

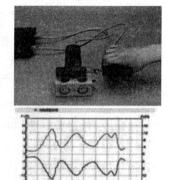

图9

反思:物理学是一门实验科学,物理实验在培养学生的物理观念、科学思维、探究能力、科学态度和科学精神方面具有特殊的地位。在教学设计和实施过程中,教师结合物理实验创设具体情境,让学生在观察和体验后有所发现、有所联想,萌发出问题和猜想,形成猜测和假设,设计方案进行实验,观察和收集那些与预期结果相矛盾的信息。处理信息时,尊重物理事实,运用逻辑推理确立物理量之间的关系,并进行科学论证和解释。让学生运用科学思维完成任务,自己提炼出应探究的科学问题,寻求解决问题的科学方法。培养学生的科学态度和科学精神,让学生严肃、认真地对待实验,尊重实验结果与事实,杜绝编造和修改实验数据,并把实事求是的作风带到平时的学习和生活中去,以素养为中心,在真实中发展核心素养。

## 二、追求实效,引领教研,在行动研究中总结、提炼出成果

我时常在物理教学时反思:中学生学物理学什么?让中学生怎样学物理?怎样让中学生学物理?中学生学习物理的路径是怎样的?如何实现学科教学的知识技能目标走向三维目标的达成,最终走向发展学生的学科核心素养?多年来,我始终秉承这样的教学理念:教学不仅仅是传道、授业、解惑,更重要的是激趣、生成、创造。追求实效,引领教研,依托个人教学积累和研究,苏州市名师发展共同体物理组高端名师的思想碰撞,以及各名师工作室(站)的优势,采取项目引领,确定"问题""实验""思维"为核心的"问题化"课堂教学作为主题研究项目,在追求实效、引领教研中,探索实证物理教学"情境化、问题化、活动化"的设计理念,物理课堂"自动、主动、互动、灵动"的学生参与策略,构建"实验创境、问题驱动、过程体验、发展思维"的物理教学模式,凸显"以实验为基础、以问题为导向、以进阶为路径、以素养为中心"的物理教学主张,努力构建"基于学习路径的教学实践"的理论体系。

在学科建设中,为配合所提倡的"以实验为基础、以问题为导向、以进阶为路径、以素养为中心"的物理教学主张,积极开展"多元化物理实验教学资源整合研究与应用"为核心的课堂教学改革,结合物理学是基于观察与实验的学科特征,建构理想模型,应用数学等工具,通过科学推理和论证,形成系统的理论体系和研究方法。努力践行"物理教学植于'做中学',思维发展源于'元问题'"的教学观念,凸显"整合资源以优化问题,情境体验以唤醒思维"为主导的多元化教学资源的开发与融合运用,主持完成"十二五"课题"多元化物理实验资源整合和应用研究",开发和运用实验教学资源创设教学情境,探索培养学生的物理核心素养的

关键要素。研究时间顺序及解决教学问题的方法如下：

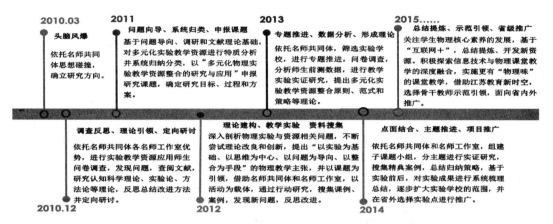

在研究中总结提炼出"多元化物理实验教学资源整合的研究与应用"教学成果。成果基于认知、思维、实验、方法、多元智能和物理课程论等八大理论，从多元化实验教学资源整合目标、理论提炼、学生核心素养发展、案例总结等8个方面的对象及内容进行深入研究，通过实证总结提炼，在省级以上期刊发表论文30篇，其中核心期刊13篇，人大复印2篇。同时积累创新实验教具10套、媒体资源500 G，收录经典案课例50节（"教育新时空"展播8节），建立了较为完整的资源库。本人受邀参与编写基于核心素养的《物理（必修1）》《物理》（通用类教材）第三章、《物理》（化工农医类教材）第四章、《全国统一教师资格考试指南——高中物理学科知识与教学能力》及《中学理科实验教学指导——高中物理分册》等教材，优秀案例40个，这些成果总结了教学经验和个人的教育想法、教学资源或经典案例，为凝练思想、总结成果提供资料，也为提炼"基于学习路径的教学实践"理论体系以及出版个人专著提供保障。"多元化物理实验教学资源整合研究与应用"研究成果得到省内外同行的认可和借鉴推广，并获江苏省2017基础教育成果特等奖，形成的基本理论体系获江苏省人民教育家培养工程培养对象中期评估优秀级别，个人部分研究成果被引用到《物理（必修1）》教材中。

# 整合资源以优化问题　情境体验以唤醒思维
## ——以"波的干涉"为例

问题情境就是将问题或疑难蕴含于特定的场合(环境)之中,当学生面临这种特定场合时,根据已有的知识或经验不能加以解释,导致认知失衡,从而产生困惑,且又急于消除这种困惑的一种心理状态。在这一特定的问题情境中,学生对前认知中的成分进行加工、补充、修正和重组,形成新的认知结构,新的认知结构又将成为下次学习的前认知。学生的学习就是这种不断重构自己的前认知的过程。在认知重构的过程中,物理问题情境呈现方式不同,会使学生的思维方式和思考速度等显示出不同的状态。因而在课堂教学中,教师应遵循思维的发展规律,遵从科学家科学研究的原生过程,基于物理学家的思维活动特征,整合教学资源,优化设置问题情境,以浓缩方式,在有限的时间和空间内,让学生重蹈物理概念建立、物理规律发现、物理实验设计等物理知识构建中的那些最关键的步子,让学生重演物理知识的发生、形成和发展过程,让思想在学生的头脑里产生出来。教师只是充当学生的"思想助产婆",使学习成为学生的"亚研究""再创造"的过程。这将不仅有助于学生加深对物理知识本质的理解,而且也为激发学习动机、明确思维指向、唤醒学生思维提供了极好的情境体验的素材。

### 一、开发生活资源,在追问原始问题的根源处唤醒思维

苏赫姆林斯基认为:"让学生体验到一种自己在亲身参与掌握知识的情感,乃是唤起少年特有的对知识的兴趣的重要条件。一个人不仅在认识世界,而且在认识自我的时候,就能形成兴趣。没有这种自我肯定的体验,就不可能有对知识的真正的兴趣。"现代物理教学呼唤科学世界向生活世界的回归,强调问题情境的原始性,追寻问题情境的自然性、真实性。紧密联系学生的生活实际,结合学生熟悉的生活情境,丰富学生的生活体验,回归到学生的认知原点。我们需要从教学活动(学生原有的知识和经验)的起点出发,为学生的思维发展创造一个最佳的原始问题情境。在原始问题产生的根源处唤醒思维,引导学生展开分析、综合、比较、抽象、概括、判断等思维活动,深化思维,活化思维,促使学生思维向纵深发展,让学生经历思维的过程,培养学生的思维兴趣,逐步形成质疑、反思的科学思维习惯,训练深刻、灵活、批判、敏捷和创新的思维品质。

【教学片段1】波的独立性

**生活情境导入:** 播放2014年4月22日上海新闻报道丹麦Derek Muller打造了疯狂的火焰波形桌录像。火焰随着音乐响起燃起,随着音乐停止熄灭,用真正的火焰来表示音乐波形,看上去真是壮观。

**激发兴趣,引发问题:** 他究竟是怎么做到让火焰伴随音乐起舞的呢?(音乐声波相遇引起的气压变化造成可燃性气体的排放量变化,从而使得火焰的高度和颜色产生差异,创造出这种让人啧啧称奇的效果)波相遇时,会出现什么样的物理现象?(用生活中的新闻创设原始问题情境,引发冲突,激起质疑)

追问1：(当学生心生疑问时，追问)在日常生活中是否见过两列波相遇的情况？(学生举例：a. 教室里几个同学同时在说话，每个人发出的声波在空气中传播时相遇；b. 下雨天，雨滴落到水塘中就会形成一圈一圈的水波，这些波同时在水中传播并相遇……)(了解学生的认知起点，在问题产生的根源处唤醒思维)

追问2：(播放雨滴落在水面的录像，要求学生边看边想)两列水波相遇后，是否与小球相碰一样，会改变原来的运动状态？(学生通过观察，发现水波相遇后继续一圈一圈地向外传播。此时教师指出两列波相遇跟小球相碰不一样：小球相碰后运动状态会改变，而两列波相遇后，它们能彼此穿过，穿过后波的形状和传播的情形都不变，保持各自的运动状态继续传播，彼此都不受影响，这种现象表明波具有独立传播性)

追问3：得出了水波具有独立传播性后，现在你们是否还能举出其他的例子，说明波具有独立传播的性质？(紧密联系学生的生活实际，结合学生熟悉的生活情境，丰富学生的生活体验，回归到学生的认知起点，播放音乐会多种乐器演奏录像，让学生体验区分不同乐器乐音，让学生经历比较与判断、抽象与概括、唤起直觉、诱发灵感、构建图景等思维过程)

追问4：我们刚才观察了两列波相遇时的情形，它们彼此穿过，保持原来的波形继续传播，那么在它们相遇时的重叠区域又会出现什么现象呢？你们平时注意过吗？(引导学生回归上述生活现象，进行分析、综合、比较、抽象、概括、判断，并科学推理、猜想结果，然后实验验证)

**反思：** 学生思维的唤醒、意识的形成、习惯的养成都很难通过集中灌输来实现。当下的学生所缺的解决实际问题的能力，本质上是把原始问题变成合适的物理问题的能力。其原因是，学生经常面对的所谓实际问题，大多是理想化的物理习题，实际情境只是附加的背景而已。要改变这一现状，就要求课堂教学回归认知起点——从现象出发，尽可能开发生活资源，向学生提供原始的材料，在追问原始问题的根源处唤醒思维，让学生在各种体验性活动中打破思维的平衡，通过结合日常生活与实际经验，构建新知识与已有的观念间的非任意的和实质性的联系，并基于自己的知识和自己的努力思考去"想通"问题。教师只是充当学生的"思想助产婆"、思维方向指引者，这样做也是与现代教学理念及教材提供课程资源相吻合的。这也将有利于实践意识的形成、学习方式的改变以及思维习惯的养成。

## 二、开发实验资源，在追寻知识发生的过程中唤醒思维

物理学是一门实验科学，在物理教学中，每个物理概念的建立、每个物理定律的发现，都有坚实的物理实验基础。物理实验是物理教学的重要基础、重要内容、重要方法和重要手段。让学生重演物理知识的发生过程，离不开观察实验，观察和实验是获取物理思维材料的重要途径。各种物理实验以其直观性、形象性为学生提供了丰富的感性材料，使其充满着趣味性、思维性、挑战性、探索性和创造性。利用实验的魅力创设问题情境，能让学生体验实验设计、实验过程、实验数据分析、实验结论得出和实验误差分析，使学生通过对实验的观察、研究和分析去思考问题、探索问题，从而唤醒思维，激发好奇心和求知欲，调动学习的积极性，培养发散思维和收敛思维。

**【教学片段2】波的叠加**

**实验创景1：** 水波实验：在大水槽中演示波的叠加现象。演示时分四个步骤：第一次演示如何在水槽造波，即摇动刮板；第二次演示如何产生单个脉冲波，即一个来回迅速抖动

刮板;第三次、第四次请两位同学在两边同时产生单个脉冲波的叠加,但两次观察的侧重点不同,一次注意峰峰相遇,另一次注意谷谷相遇。(学生通过观察实验归纳得出:峰峰相遇,新的波峰变高了;谷谷相遇,新的波谷变低了)(丰富感性材料,引导分类比较,抽象概括,激发兴趣,指导学生质疑、提问并猜想)

**提问并猜想**:如果恰好一边是波峰传来,另一边是波谷传过来,它们相遇会怎么样?(猜想后,在水槽制造两列水波,恰好一边是波峰传播过来,另一边是波谷传播过来,观察相遇现象:"平了")

**实验创景2**:(为了进一步验证实验结论,学生分组用弹簧绳做实验,注意同时产生相向的两列波,最好控制在一、二周期观察情况)

【教学片段3】波的干涉条件

**实验创景**:(实验装置介绍:在同一振片上引出两个振源,因此就可以在水面上形成两列频率相同的水波,如图1)两列频率相同的波相遇时,在它们重叠的区域里会发生什么现象?(同步演示图1实验)

**问题1**:观察方形水槽中两列相同水波相遇的重叠区域出现的图样,与雨滴形成的叠加图样的录像相比较,找出相同及不同之处,特别是找出不同的特征。

图1

**实验1**:适当调节频率旋钮(引导学生观察方形水槽中两列相同的水波相遇的重叠区域出现的图样,观察、分析、抽象、概括,并与教师提供的雨滴形成的叠加图样的录像相比较,找出相同及不同之处,特别是找出不同的特征;观察后小组内部交流,准备用语言描述水槽中图样的特征),探究产生干涉波的条件(实验同时播放雨滴录像)。

**问题2**:如何描述叠加区域图样的特征?(引领学生观察比较实验与雨滴形成的叠加图样,并共同探讨,概括出图样特征:图样稳定,位置固定,间隔分布)

**问题3**:两列相同的水波相遇时,在它们重叠的区域里出现的位置固定、间隔分布的稳定图样,是否是波的共性?有无推广价值?(问题创景,引领反思,引发学生批判性、发散性思维)

**实验2**:学生分组实验:观察绳波干涉实验(用两个打点计时器同时振动传播相向绳波演示)。[绳波的叠加实验(在常规情况下)几乎不能做成功,而且实验现象转瞬即逝,受驻波实验的启示(一列波在向前传播的途中遇到障碍物或者两种介质的界面时,行进波和反射波相叠加就会形成驻波。可以认为驻波是一种特殊的干涉现象),将反射波改为起振波源用两个电磁打点计时器产生相干波,并使两列相干波在同一直线弦绳上沿相反方向传播时叠加,将会产生干涉现象](引导学生观察,分析实验现象,与演示实验1水波实验现象比较,概括描述现象特征)

**问题4**:如何表述频率相同的两列波相遇叠加区域图样的特征?(频率相同的两列波叠加,使某些区域的振动加强,某些区域的振动减弱,且振动加强和振动减弱的区域相互隔开的现象叫作波的干涉。干涉是波特有的现象)(引导学生合作交流,概括得出结论,培养抽象思维)

**引导学生质疑**:两列频率不同的波相遇叠加是否会形成这样特殊的叠加图样?(不会)(引导学生质疑,给学生发现问题、提出问题的机会,使学生既会"学"又会"问",必将引领学生主动思维,提高学生发现与解决问题的能力,培养学生的思维习惯)

**实验3：**用两个频率可调的振子作为振源,借助投影仪观察两列不同频率的水波在空间的叠加情况。(在原有水波实验基础之上做一些改进,使 $f_1 > f_2$,然后缓慢调低频率 $f_1$,逐渐减小至 $f_1 = f_2$,然后继续减小 $f_1$。学生纵观整个过程的波纹图样变化现象,得出印证结论)(学生通过认知的实验探究学习,既培养了敢于质疑的良好的思维习惯,又实现了"变学为思""变学为悟",发挥实验的功能:听了会忘记,看了能记住,做了才理解)

**实验4：**如图2所示,演示声波的干涉：两只喇叭输入同一频率的音频信号产生干涉,让学生听其"声",观其"形"。(拓展实验,提供丰富的感性材料,使学生认知充满趣味性、思维性、挑战性、探索性和创造性。有条件时还可进一步猜想:撤去一只喇叭,还会有干涉现象吗?演示:结果仍有干涉现象!这是为什么?唤醒学生思维的深刻性)

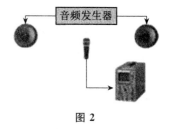

图2

**反思：**利用实验创设教学情境,学生在冲突的实验情境中发现问题,并借助实验观察而获取物理思维材料,从而更全面地考察问题,多角度地思考问题,多方面地联想,抽象概括实验现象的共性,比较判断并揭示现象之间的多种联系,想象事物变化的多种可能,寻找解决问题的多种途径。引导学生在问题情境中将"问题串"变成"知识串",实现知识的建构、方法的渗透,有助于培养学生的开放、发散思维;将物理教学根植于实验的"做中学"。让学生思考问题时,能始终做到有理有据,使推理过程环环相扣,合乎逻辑,不以想象代替分析,不以直觉代替推理,有助于培养学生的严密思维。基于实验解决问题,使学生能够善于透过纷繁复杂的现象,把握事物的本质,善于进行抽象概括,抓住问题的核心,揭示隐含的问题情境信息,善于根据事物的初态预见事物的发展,有助于培养学生的深刻思维,深化学生理性思维的培养。

### 三、开发虚拟资源,在情景资源的优化整合中唤醒思维

从物理课堂教学的进程来看,学生在思考问题形成物理思维时,往往既要用大脑的右半球进行形象思维,又要用大脑的左半球进行抽象思维。物理概念形成、物理规律探究、物理实验数据分析都是形象思维与抽象思维互补结合、共同作用的结果(当两种思维"互补"最完美之际,也就是问题解决之时)。物理教学中,如何优化整合问题情境资源,为大脑提供丰富的形象思维与抽象思维的素材,让学生体验并唤醒学生的思维呢?信息技术凭借其强大的数据平台、函数计算功能、图形显示功能和动画功能,为物理课程资源深度的整合提供支撑。信息技术不仅可向学生提供图形、图像、动画、声音和色彩等丰富而感性的具体形象材料,还可以用二维或三维的图像、实验大数据分析及动画模拟等虚拟资源,以动态方式呈现物理图景的过程,向学生提供多彩的、理性的科学抽象素材,为优化教学效果、激发学生思维的主动性、激活学生的创造性思维创设良好的资源环境。

**【教学片段4】波的叠加与独立的理解**

**虚拟创景：**根据学生大脑中已有的绳波的表象(也可通过图景展示,如图3所示,引发学生想象,再现其表象),用 Flash 展示绳波叠加虚拟动画,分两次演示分析:第一次整个过程演示一遍,在学生头脑中建立整体概念(两个波峰相向传播→相遇了→分离了);第二次慢镜头演示并定格,从定量的角度,结合运动合成的知识,研究相遇区域中各质点的运动。(波峰与波峰相遇开始出现重叠区域,形成新的波形的幅度比原来大,在相遇过程中波形较原来产

生了变化,然后分离保持原来的波形继续传播)

**问题1**:为什么会形成这样的现象呢?(引导学生思考解决问题的方法:更深一层从定量的角度来研究波在传播过程中质点是如何运动的,同时继续演示,出现原波形)

**问题2**:我们看到左右两边的波峰都在向中心传播,那么波在传播过程中,这些质点有没有随着波迁移?(没有)

**问题3**:质点是如何运动的?(质点上下振动)

**问题4**:当波峰(波谷)传播到这儿(暂停),就引起这些质点振动,这些质点振动的位移如箭头所示。(动画展示)两列波都传到这儿,现在它们相遇了,出现了重叠区域,两列波都要引起质点振动,质点的位移是多少呢?(选择其中一个质点来看一看,红色波峰引起这点振动的位移用红色箭头表示,绿色波谷引起这点振动的位移用绿色箭头表示,它们彼此没有影响)按照已经学过的运动合成知识,形成新的波形,这个质点的位移与原来波峰、波谷引起该点的振动的位移有什么关系?(按照运动合成的知识可知,应该是两个位移的矢量和)(通过虚拟展示,我让学生发现当两列波相遇时,它们重叠的区域介质的质点同时参与了这两列波引起的振动,质点的位移等于这两列波单独传播时引起的位移的矢量和,根据形象表象,经过分析、比较、抽象、概括得出波的叠加。进而想象出:如果是几列波相遇也是这样,峰峰相遇、谷谷相遇,引起质点的振动都是相长的,峰谷相遇引起质点的振动是相消的)

**【教学片段5】波的干涉的理解**

**问题1**:为什么两列相同的波相遇叠加会形成这样特殊的叠加图样?[对"波的干涉"概念的形成是很抽象的,在做完干涉实验之后,应用 Flash 动画虚拟展示水波(如图4所示)物理情境,增加感知素材;应用 PPT 设计(如图5所示)动画虚拟展示绳波的物理情境:左右两列波长相等的简谐波以相同速度相向传播,在相遇区域内两波边线上取一个波长中的大量有代表性的质点作为研究对象,观察并描述这些点的运动情景。通过观察不同质点的振动情况,学生自主归纳:①相遇区域内所选的质点都在自己的平衡位置附近振动。②各质点振动的频率相同,但振幅不同,质点振幅超过原振幅的区域,为振动加强区,质点振幅小于原振幅的区域为振动减弱区。③振动加强区是一个区域,其中心位置的质点振幅最大,振动最强;振动减弱区也是一个区域,其中心位置的质点振幅最小,振动最弱,振动的加强区和减弱区相互间隔。④如果两列波频率不同,图景如图6所示。这样,学生就描述了干涉现象,自己抽象并理解了"波的干涉"以及"相干条件"的概念,并在概念的形成过程中自觉纠正错误的认识]

图 4

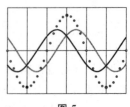

图 5

**问题2**:波干涉图样是如何分布的?有何规律可循呢?(借助 Flash,用红色的实线表示波峰,用蓝色的虚线表示波谷,波源 $S_1$ 产生一列波,波源 $S_2$ 也产生一列波,当 $S_1$、$S_2$ 同时产生频率相同的两列波时,就形成这样一幅动态的平面叠加图样。让学生利用前面对叠加的认知,选点描述,如果某一时刻该点的振动是加强的,那么它的振动始终是加强的,如果某一时刻该点的振动是减弱的,那么它的振动始终是减弱的。进而推理某一区域的规律,描述叠加图样,并与观察到的实验现象比较,抽象并深化理解"波的干涉"以及"相干条件"的概念,促使学生形象思维与抽象思维的互动发展)

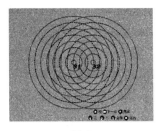

图 6

**反思**:依托信息技术提供的虚拟资源,其素材内容固然十分丰富,但也存在运用误区,如用其模拟实验来替代真实实验,会对学生情感、态度、价值观方面产生负面的教育影响:学生失去了发现自然规律时的振奋感,更没有失误操作损坏器材甚至伤害人身的担心——学生失去的是对自然和自然规律的敬畏!出于这些考虑,教学中真实的物理实验不可用虚拟实验替代。信息技术与物理课程的整合,只能从以下各点着手,开发和运用虚拟资源,激发、唤醒学生思维:①辅助搜集和处理实验数据,减少了烦琐的重复性的操作,提高了实验效率(如 DIS 实验和 Excel 数据处理);②为丰富思维素材,展示科学家思维,再现教师思维,唤醒学生思维提供辅助平台(波叠加与干涉思维展示);③为重复再现瞬间状态过程,延迟思维过程,提供物理情境(动态平衡的过程展示);④为拓展时间和空间,重复提供尊重事实而不可复制的事实情景(如引入共振概念时提供美国塔柯姆大桥共振被毁录像)及难以实现的实验(如太空实验)。

## 四、结束语

学习过程一般是从生动的直观的现象开始的,通过观察、实验和信息整合虚拟等过程。学生对学习内容的认识是感性的、具体的,而当学生了解了事物的本质以后,认识就变得理性并抽象。学生借助于逻辑推理,又辅助于形象变换,在两种思维结合的同化和顺应中构建新的认知结构。当下的物理教学提倡优化整合多元教学资源,构筑"回归生活""贴近生活"问题情境唤醒学生思维,诱发和驱动学生自主探究,在情境体验中追寻前人从事科学研究的足迹,了解科学的本质,进而形成正确的科学观,促进学生逻辑思维能力和非逻辑思维能力的发展。

# 基于实验情境驱动　发展高阶思维能力
## ——以"探究影响单摆的周期因素"为例

物理学是一门以实验为基础的自然科学,物理实验是物理教学的重要内容,也是培养学生的"物理观念""科学思维""实验探究""科学态度与责任"等核心素养的重要途径。在物理教学中,笔者尝试基于实验探究实施科学猜想,基于数据分析构建情境驱动,从设计实验教学出发,探究发展学生高阶思维能力的途径。

### 一、基于实验探究实施科学猜想　培育思维创造能力

在科学探究活动的过程中,学生只有自己亲身经历了,亲自总结出规律,才能够真正理解其中的道理,发生认知转变。探究活动的过程就是学生思维发展的过程,学生亲自参与实验探究,才能够把学到的东西真正地整合到自己的认知结构体系当中,才能够把日常生活中的认识转化、提升为科学的认识,从而使自己的认知结构得到发展。通过探究活动,能够更好地实现"让学生科学地认识自然事物和现象,并从中发现它们之间的联系和规律,然后按照规律与自然和谐相处"的教学目的,发展学生"物理观念""科学思维""实验探究""科学态度与责任"等物理学科的核心素养。

创设情境进行教学,对培养学生的物理核心素养具有关键作用。学生从情境中发现和提炼问题,对问题的可能答案做出假设,并根据问题情境运用已有知识制订探究计划,选择符合情境要求的实验装置进行实验,获取客观、真实的数据,通过对数据的分析形成关于物理规律的结论。实验能培养学生的科学态度和科学精神。

**【教学片段1】探究影响单摆周期的因素**

**问题1**:在日常生活中,我们经常可以看到悬挂起来的物体在竖直平面内摆动(如秋千、吊灯、挂钟钟锤的摆动等)。如果要探究物体的摆动规律问题(如摆钟如何能够准确地计时?怎样调节它走时的快慢?),你将如何处理?(引发学生反思,让学生运用先前所学到的知识,形成新的观点)

**学生**:构建物理模型,把复杂的实际问题简单化。(让学生领悟物理学科学方法的精髓在于:用模型描述自然,用数学表达模型,用实验检验模型)

**问题2**:如图1所示,是已经初步简化了的物理情境,大家看看,这些装置中哪些可看作单摆?为什么?(让学生在设计、阐述、修正中构建模型,排除干扰因素,忽略次要因素,突出主要因素,达到建模的目的)

**学生**:第(6)组可看作单摆,因为悬挂小球的细线的质量和伸缩可以忽略,并且线长比小球的直径长得多,悬点固定。(让学生在批判、分析中做出决断,并理论探究单摆做简谐运动的条件)

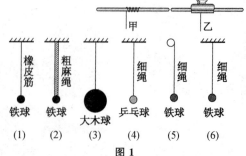

图1

**问题3**:我们建立模型之后,就可以进一步研究其规律了。请大家观察,这两个摆的摆动情况有什么不同?(演示两个不同摆长的单摆实验,注意小角度演示实验,让摆做简谐运动,引导学生观察)

**学生**:振动快慢不同。(学生产生问题:形成原因是什么?)

**问题4**:单摆的周期是指单摆做简谐运动,完成一次全振动所需要的时间。请大家思考:单摆的周期会和哪些因素有关呢?

**学生猜想**:摆球的质量、摆长、摆角、振幅、重力。(让学生阐述、修正、生成结论)

**问题5**:这些关系是否是独立的影响因素?(引发学生深度思考、修正、生成结论)

**学生**:摆角和振幅本质相同;重力受质量影响,其本质可归结为质量和重力加速度两个独立的影响因素。(让学生在讨论、比较、评价中生成结论。思维遇阻时,教师适时引导探索,组织提问,解剖评价,促进生成结论)

**师生总结**:猜想应归纳为:摆球的质量、摆长、摆角(振幅)、重力加速度。(让学生深度反思)

**问题6**:如何验证你的想法?(让学生在回顾、比较中生成结论)

**学生**:控制变量,设计实验验证。

**问题7**:请设计单摆的周期可能和单摆的质量有关这样一个实验。请大家思考并说说设计的实验方案。(让学生详细分析一个实验方案,其余类比推理)

**学生**:对比法(用两个改变验证参量的单摆做对比实验观察,定性判断猜想的合理性)和测量法(改变验证参量,定量测量周期,可定量寻找关系)(让学生创新思考,合作制订计划,提出方案,培养创新思维)。

**对比实验验证**:(可分组,可演示,通过学生的实验活动,定性判断猜想的合理性)

**实验一**:周期与摆球质量的关系:摆长相同,振幅相同,质量不同,观察两单摆振动的快慢。(让学生自主得出结论:单摆振动周期和摆球质量无关)

**实验二**:周期与振幅的关系:摆长相同、质量相同、振幅不同,观察两单摆振动快慢。(让学生自主得出结论:单摆的振动周期与其振幅无关,即等时性)

**实验三**:周期与摆长的关系:振幅相同、质量相同、摆长不同,观察两单摆振动快慢。(让学生自主得出结论:单摆振动周期和摆长有关,摆长越长,周期越长)

**实验四**:周期与重力加速度的关系:振幅相同、质量相同、摆长相同,借助磁场改变重力加速度,观察加磁场前后单摆振动快慢。(基于实验得出结论:单摆振动周期和重力加速度有关,重力加速度越大,周期越小)

**问题8**:对比实验定性研究,说明了摆长越长,周期越长,现在如果要更精确地研究摆长与周期的关系,又将如何做?(进一步定量探究,让学生设计定量测量方案)

**制订方案**:让学生依据测量周期指标,设计具体方案。方案一如图2所示(用秒表测量时间)。方案二如图3所示(用光电门测量时间)。(由学生测量摆线长度,测量不少于30次全振动的时间,通过设计、阐述、计划、修正、生成、建议、制作等活动培养思维创新力。

实验步骤及测量技巧略）

**反思**：通过实验提高学生制订计划的能力，发掘实验在培养学生发现和提出问题能力方面的潜在价值。让学生学会把探究课题分解为几个相对独立的小问题，思考解决每个问题的不同方法，根据现实条件选择适当方法形成探究方案；学会从原理、器材、信息收集技术、信息处理方法等各方面来构思探究计划；学会通过查询相关资料来完善探究计划。教学中应尽量为学生提供制订探究计划的机会，教师着眼于发挥促进、拓展、反思、分析、评价的作用，通过设计"你能设计一个……到……吗？你能找到可能的解决办法吗？如果你能获得这些资源，你将如何处理？如果……将发生什么？你有多少种办法？你能为……创造新的用途吗？你能提出一个建议将……吗？"等一系列问题串，引领学生完成设计、阐述、计划、修正、生成、建议、制作等思维活动，着力于发展学生使用先前所学到的知识，形成新的观点等创造性能力。

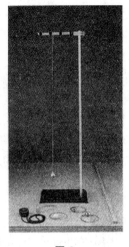
图 2

图 3

## 二、基于数据分析构建情境驱动　培育思维评价能力

杜威认为，思维的过程是一种事件的序列链。这一发展过程从反思开始移动到探究，再到批判性思维，最后得到比个人信仰和想象更为具体的"可以证实的结论"。思维不是自然发生的，但是它一定是由"难题和疑问"或"一些困惑、混淆或怀疑"引发的。观察者"手头的数据不会提供解决方案，它们仅仅能够给人启示"；而正是对"解决方案的需要"，维持和引导着反思性思维的整个过程；"问题的本质决定了思考的结果，思考的结果控制着思维的过程"。问题始于思维，思维的发生就是"反思—问题生成—探究、批判—解决问题"的过程。

物理实验在培养学生的科学思维、探究能力、科学态度和科学精神方面具有特殊的地位。教师应深度发掘实验在培养学生发现和提出问题能力、解决问题能力、思维评价能力等方面的潜在价值。教学设计可在一些物理实验数据处理中创设问题情境，让学生在观察、体验和处理中有所发现、有所联想，萌发出问题，让学生在解决问题的过程中运用科学思维，培育思维评价能力。

**【教学片段2】** 探究单摆的周期公式

**问题1**：表1中是大家根据实验测得的摆长和周期数据，你如何找出摆长和周期间的关系？（引发学生参与比较、反思、评价，决策研究方法）

表 1　甲组学生利用秒表测定数据

| 摆线长度/cm | 摆球直径/cm | 计算摆长 $L$/m | 周期 $T$/s |
| --- | --- | --- | --- |
| 100 | 1.105 | 1.011 05 | 2.02 |
| 91 | 1.105 | 0.921 05 | 1.93 |
| 80.6 | 1.105 | 0.817 05 | 1.816 7 |

续表

| 摆线长度/cm | 摆球直径/cm | 计算摆长 L/m | 周期 T/s |
|---|---|---|---|
| 66.5 | 1.105 | 0.676 05 | 1.66 |
| 59.5 | 1.105 | 0.606 05 | 1.57 |
| 50.2 | 1.105 | 0.513 05 | 1.45 |
| 40.3 | 1.105 | 0.414 05 | 1.296 7 |
| 周期为测定单摆30次全振动时间 $t$,用 $T = t/30$ 求出。 | | | |

**学生：** 观察数据表可以看出摆长减小,周期减小。

**问题2：** 大家容易得到周期和摆长间的定性关系,如果要进一步找出其定量关系,又将如何处理？（引发学生深入反思,回忆相关认知,在评估的基础上做出决策）

**学生：** 依据数据作出周期-摆长关系图象。（让学生做出判断）

**活动：** 学生分组,分别用坐标纸描点或运用 Excel 软件统一作表1数据图（如图4）,共享评价图象,师生共同评价、质疑。（表1选的是甲组学生利用秒表测量的数据,在计算机上画出图象时,采用各种函数进行拟合一次函数、二次函数、三次函数、平方根函数、三次方根函数等,观察哪条函数图线拟合得最好。学生观察结果：平方根函数拟合得最好）

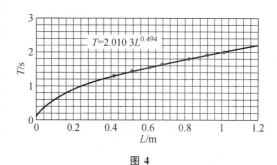

图 4

**问题3：** 根据大家描点作图和计算机拟合作图的结果（两种方法画出的图象相近,选用计算机处理的图象继续探究）,曲线的拟合程度虽然很高,但图象看起来还不是非常直观,思考一下,还有更好的解决办法吗？如何做？（引领学生转换思维,从前认知类比做出创新思考）

**学生：** 最好能把图线转化成直线,这样更能说明问题。可以把周期的数据平方（当然也可以选择把摆长的数据开平方根）,可以更加精确地证明我们的猜想。转换数据表如表2。（引导学生观察计算机拟合曲线,显示平方根函数的结果,在评价中决策选用方法。利用软件提供的功能,可以非常快捷地完成这个过程）

表 2

| 摆线长度/cm | 摆球直径/cm | 计算摆长 L/m | 周期 T/s | 周期的平方 $T^2$/s |
|---|---|---|---|---|
| 100 | 1.105 | 1.011 05 | 2.02 | 4.080 4 |
| 91 | 1.105 | 0.921 05 | 1.93 | 3.724 9 |
| 80.6 | 1.105 | 0.817 05 | 1.816 7 | 3.300 28 |
| 66.5 | 1.105 | 0.676 05 | 1.66 | 2.755 6 |
| 59.5 | 1.105 | 0.606 05 | 1.57 | 2.464 9 |
| 50.2 | 1.105 | 0.513 05 | 1.45 | 2.102 5 |
| 40.3 | 1.105 | 0.414 05 | 1.296 7 | 1.681 34 |

**学生活动**：分两大组，分别用描点和Excel软件两种方法作图，处理数据，重新绘制$T^2$-$L$图线。

**学生分析**：从重新绘制的拟合图线（如图5）中可以看出，将周期平方或者将摆长开平方根以后得到的拟合图线与正比例函数拟合得非常好，从而得出了周期与摆长的定量关系：$T^2 \propto L$ 或 $T \propto \sqrt{L}$。

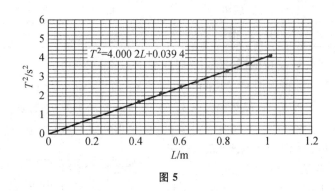

图5

**问题4**：请大家用各自不同的方法测得数据，处理得出$T^2$-$L$图象，然后共享数据及图象，研究一下图象信息（比如斜率），比较、质疑、判断后，还能得出什么有效的结论吗？（引导学生深度分析数据，促进学生争论，深刻反思，在问题生成—探究、批判—解决问题的过程中发展高阶思维）

**学生活动**：比较$T^2/L$图象的斜率，让学生发现斜率近似相等，讨论斜率隐含的本质意义，当学生遇到困难时，引导分析斜率单位。

**问题4**：斜率单位是什么？（指明学生思维方向，引导学生通过坐标单位深度分析）

**学生**：$s^2/m$，是加速度单位的倒数。

**问题5**：在我们的实验环境中，有没有一个相同的加速度？（指明学生思维方向，引发学生质疑、评价）

**学生**：重力加速度。（让学生推理、猜想）

**验证**：①观察神舟十号天宫课堂王亚平太空授课太空演示单摆运动视频（如图6所示），发现完全失重的状态下单摆不能摆动；②演示实验：用大磁体放在单摆下方空间中，让磁场改变单摆环境的加速度，控制其他变量，观察到摆动明显变慢。（教师指导，学生参与，亲身体验逻辑推理的力量，培养学生的积极性和高阶思维能力）

图6

**推理论证**：在上述分析推理基础上，教师给出公式 $T = 2\pi\sqrt{\dfrac{L}{g}}$。学生根据公式，查阅当地重力加速度值，计算 $k = \dfrac{4\pi^2}{g}$ 验证斜率，与图中斜率比较近似地相等，证明推理和猜想是正确的。

**反思**：物理实验数据处理的教学中，合理定位师生角色，凸显学生的主体地位，让学生在处理数据信息时,产生诸如"还有更好的解决办法吗?判断……的价值,我如何考虑……我能为……做出我的辩护吗?我认为……是好事还是坏事?我将如何处理?我认为……会发生什么变化?我相信……吗?如果……我会有什么感觉?……效果如何?这会造成什么影响?……的缺点和优点分别是?为什么……非常重要?备选方案是?"等问题的意识,积极参与判断、争论、比较、批判、质疑、辩论、评价、决定、选择、证明等思维活动。教师适时说明、接受、指导,让学生自己经历"比较—概括—抽象"的思维过程,在深入反思、批判、评估的基础上做出决策。让学生自己在总结实验结果的基础之上,自己得出具有证据的、自己能够真正理解的结论。对学生来说,寻找知识比死记硬背知识更加快乐。高阶思维技能的价值在于,它能帮助学生更好地为将来的工作、生活、学习做准备。具备高阶思维技能的学生是终身学习者,他们有能力分析新情况,将新信息与已知信息联系起来,批判性地思考和创造性地解决问题。

### 三、结束语

物理学是一门以实验为基础的自然科学,观察和实验是获取素材的重要手段,当观察和实验不引起物理问题时,就决不会引发探究,也就不会产生思维。正如杜威认为的那样,思维一定是由"难题和疑问"或"一些困惑、混淆或怀疑"引发的,问题的本质决定了思考的结果,思考的结果控制着思维的过程。因此,构成物理课堂教学内容的情境及产生问题的性质会对高阶思维的发展产生直接影响。物理教学就要根植于实验创设情境,激发生成有效问题,驱动学生经历"比较—概括—抽象""分析—评价—创造"的思维过程,让学生在高层次认知水平上发展高阶思维能力。

# 徐正黄

徐正黄，苏州大学物理系毕业，本科学历，学士学位。1990年8月参加工作，中学高级教师，江苏省高中物理特级教师，首届东吴教育领军人才，兼任苏州大学物理与光电能源学部学科教学（物理）专业教育硕士研究生导师。现任吴中区石湖中学校长、书记。获得过全国物理课堂教学创新大赛一等奖，先后获得苏州市名教师、苏州市十杰教师、江苏省"333工程"培养对象等称号。

任教高中物理22年、初中物理4年，主要研究方向集中在物理课堂教学的组织，特别是合作型课堂的组织方法，取得了阶段性成果；2001年起研究心理学在教育教学中的运用，带领老师重视学生的心理成长；2013年起开始研究学校指导家庭教育的工作，担任吴中区家庭教育指导中心办公室主任，组织各学校开展指导家庭教育的工作研究。2017年起研究初中物理教学中的课堂学习体验，形成了体验式物理教学风格，构建了"发现更好的自己"的教学思想和理论。

应邀担任了苏州科技大学中学物理课程教学论主讲教师、人民教育出版社"课程标准教材高中物理培训团"专家。在全国各地开讲座20多场，执教公开课10多节，担任苏州市吴中区物理乡村骨干教师培育站主持人，带领青年教师30多人，其中苏州市学科带头人4人，区级学科带头人10名。

主持了省级电教课题"信息技术环境下教学过程的设计研究"，市级课题"高中物理课堂合作学习的组织研究""青年教师专业发展的案例研究及规律探索"，省规划立项课题"城市化进程下新建学校与师范高校联合办学模式的实践研究"等。出版论著3部，近10年发表论文近20篇。《多元化物理实验教学资源整合的研究与运用》获江苏省教学成果（基础教育类）特等奖，《科学发现史与物理探究教学的整合研究》获江苏省教学成果奖（基础教育类）二等奖。

# 合作型物理课堂的主张与实践

我喜欢上课,物理课尤甚,2001年获得全国首届物理课堂改革创新大赛一等奖。我追求有活力的课堂,学生参与度高,互动性强,思维质量高。相比于那些搞物理竞赛的"大咖",我的学科视野没有那么广,但我更重视每一个学生在物理课堂学习中的参与和体验,让每一个学生都能学物理、懂物理。学生感觉物理好学易懂,这是最令我开心的事。回顾20多年走过了4所学校,我一直在探索合作型物理课堂。可以说,8年发芽在枅茶中学,8年拔节在苏苑中学,8年开花在江苏省外国语学校,到石湖中学应该是结果阶段了。下面对我的合作型物理课堂做一个梳理。

## 一、物理课的核心元素——情境、实验、活动、思维

我认为一堂课好似一场电影,课堂需要学生的情感思维体验。文章有起承转合,课堂也有教与学的平衡。如何找到平衡点,如何踏准节拍带动学生的思维共鸣,需要教师不断地去探求。一部情节生动的电影常常符合"4C原则":因果关系(causality)、冲突(conflict)、多样性(complication)、角色(character)。认知心理学研究表明,人生来具有好奇心,但并不是天生喜欢思考,除非体验到解决某一问题的愉悦感,才会喜欢思考,因为思考是费力的、缓慢的、不可靠的。游戏软件公司在开发游戏的时候,就是利用了这种心理,及时给予游戏者以愉悦感的体验,强化思考,不断引导游戏者学习。

因此,一堂好课也可以运用"4C原则",创设问题情境,引发冲突,通过物理实验或者思维推理体现因果关系,组织探究活动和合作交流呈现认识的多样性和思维的个性。以2010年5月在杭州举办的全国5所名校名教师教学展示活动上"光的干涉"为例,一堂好课包含四个要素:一是引人入胜的问题情境;二是生动有趣的物理实验(或思维冲突);三是充分深入的探究活动;四是潜移默化的思维提升。

在"光的干涉"课堂上,第一,老师们呈现水面上的油膜、肥皂泡、望远镜镜头等,唤起学生的求知欲,以对机械波的干涉、衍射现象的回顾唤起学生头脑中的知识储备,这就好比一场电影用十几分钟交代故事背景,吸引观众注意力,激发好奇心。第二,呈现生动有趣、构思精巧的物理实验,有人用刀片在熏黑的玻璃片上刻画双缝,演示干涉现象,有人用双缝集合片演示,有人用激光源演示双缝干涉。这些实验都是在给予学生体验,引发学生认知冲突,为下一步的思考做铺垫。第三,对实验现象的解释就成为每一个学生迫切希望解决的问题,学习的过程就是寻求答案的过程,而答案本身不是终极价值,最有价值的是学生寻求答案过程中的思维体验,它会帮助学生获得愉悦感,也会慢慢培养学生的思维。这个探究阶段是课堂的核心,教师们有的设计成师生合作定性研究,有的设计成定量研究,有的设计成先学生合作探究,再师生共同探究,展现了探究活动的多样性组织形式,效果都不错。第四,在观察、探究基础上的思维提升是贯穿于课堂的,有的教师通过设计问题链,层层递进地引导学生思考,有的教师是在学生探究展示的基础上,因势利导,共同揭开物理现象表面的最后一层面纱,找到物理规律。

问题情境、物理实验、探究活动、思维提升是上好一堂物理课的四个核心元素,有效地满足了学生兴趣激发、情感体验、思维发展的需求。

## 二、合作型物理课堂的组织——引导、建构、互助

合作学习(cooperative learning)指的是以小组学习为主要组织形式,根据一定的合作性程序和方法促使学生在小组中共同学习的学习方法。它以现代社会心理学、认知心理学为理论基础,开发和利用课堂中人际交流的资源,以教师组织为先导,以小组内交流和小组间互动为基本活动形式,提高学生学习的信心,改善班级内的氛围,培养学生良好的心理品质和社会技能。通过研究和实践,我发现教师对合作学习的组织至关重要,教师要研究如何分组、如何创设情境、如何投放任务、如何管理小组交流、如何组织全班交流。根据学习内容的不同,我将物理课堂的合作学习分为:引导型合作学习、建构型合作学习、互助型合作学习。

### 1. 引导型合作学习课堂

引导型合作学习是课堂教学中以教师的思维引导为主导,以学生的个人思考、小组讨论、小组协作为主体的教学方法。其主要结构包含集体教学和小组活动两个模块(如图1),课堂在这两个模块的切换中向前推进,教师发挥引领作用。以"力的合成"为例说明。

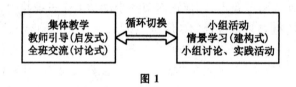

图1

**案例一:力的合成《物理(必修1)》**

创设情境:教师请一个男生单独提起一只杠铃,再让两个女生合作提起同一只杠铃,指导女生变换角度,体验用力的大小,向全班同学汇报。

教师引导:刚才的实验,男生所用的力 $F$ 和两名女生所用的力 $F_1$、$F_2$ 的作用效果是一样的——把杠铃提起,故 $F$ 被称为 $F_1$、$F_2$ 的合力。

合作体验:同桌小组合作操作,用一根弹簧测力计拉橡皮绳到白纸上某点,将该点记作 O 点,再用两根弹簧测力计也把橡皮绳拉到 O 点,体验 $F$ 与 $F_1$、$F_2$ 的作用效果相同,并变换 $F_1$、$F_2$ 的夹角,观察力的变化。

提出问题:$F_1$、$F_2$ 与合力 $F$ 的大小存在什么关系?

合作探究1:小组内设计方案—实验操作—调整方案—收集数据—寻找规律。

教师指导:在学生实验的过程中,教师指导各小组操作,预见性地组织全班讨论:如何准确表示力 $F_1$、$F_2$、$F$(大小和方向)?如何根据力的图示提出猜想、验证规律(提示:力和位移一样是矢量)?

合作探究2:在教师引导全班学生突破这两个难点后,放手让学生小组内合作探究,寻找规律。

班级交流:选择两组,将实验过程向全班汇报,把实验数据和图示用实物投影仪展示,其他同学对汇报过程提问。

演示归纳:学生得到的数据结论是不是科学、准确呢?教师要对学生的学习过程做出评价,然后再对结果做出分析,以其中两组学生的装置为例,用力传感器和 DIS 系统直接在电

脑上输出理论上的合力,与效果上的合力对比。

从这个案例可以看到,合作学习有教师与全班学生的合作、小组内学生的合作和小组间学生的合作多个层面。"引导型合作学习"侧重于教师与全班学生之间的合作,教师把引导的力量用在学生有疑虑和困惑的地方,实践性的内容主要是组织学生思考、动手、讨论和归纳。每个学生参与了—困惑了—清楚了—又困惑了……这就是思维不断上升的过程。

2. 建构型合作学习课堂

建构型合作学习是指在学习过程中,以学生的自主建构、组内交流、组间展示、班级评价为主要形式的合作学习。该学习法强调学生前认知的建构。在自学的基础上,每个学生带着问题来上课,在交流中解决问题,带着新问题下课。教师的引导和控制强度适当降低,学生间互动的时间、空间增大,在学习过程中合作解决问题的体验增多。

建构型合作学习的基本结构如图2所示,它由学生自主建构、组内合作、班级交流三个模块组成。以"自由落体运动"为例说明。

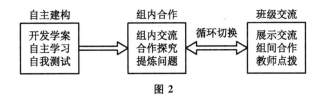
图2

**案例二:自由落体运动《物理》(必修1)**

自主建构:教师提前一天把自习提纲——《学案》发给学生,让学生自学。《学案》一般包含以下几方面的内容:情景自现、课文自读、问题自提、反馈自测、拓展自悟。①情景自现是指导学生自己动手呈现物理情境,从物理情境中生发问题。例如,这里要求学生做这样的实验,并思考为什么:把一张纸和一枚硬币从同一高度同时放手,再将纸团成一个很小的团,重复上述实验,你观察到什么现象?怎么解释?假如在月球上进行上述实验,会有什么结果?通过网络查一查。②课文自读是在学生动手实验的基础上的阅读,读后思考两个问题:a. 不同的物体在真空中下落得一样快(相等时间内位移相等),你对这个运动有什么猜想?b. 如何证明重物下落是匀加速运动?③问题自提是对实验、阅读、思考中的问题进行梳理和征集,帮助学生养成提问的习惯,也为课堂内小组讨论做准备,这对培养学生的创造力尤其重要。④反馈自测是对自由落体运动的基本内容的检测,一般提供四道基础练习题,要充分用好教材上的练习。⑤拓展自悟则是对本节知识内容的综合运用,通常提供三个问题,包括教师对教材关键点的挖掘,以问题的形式促进学生思考,达到对学生能力拓展培养的目的。

预习时间一般安排在30分钟,要保障学生的自学时间,培养学生的自学习惯,提高学生的自学能力,刚刚开始的时候一定会遇到不小的困难,但是坚持下去必有收获。

组内合作:课堂的前半段安排学生在组内(6人为宜)交流自学的成果,校对自测题答案,消化各人自学时有疑难的地方,有针对性地深化对学习内容的理解,提出本组认为有价值的或者难以解决的问题,在后面班级合作中供全班研讨。该过程中,教师要巡回指导各组的学习过程,选择好组长、发挥组长的作用是关键。在小组内至少要有2名基础较好的学生,保障对学习内容理解的正确、准确,否则容易以讹传讹,浪费学生的时间和精力。为了培养各个学生的能力,建议定期或不定期轮换小组长,让每个人都有机会承担责任。

**班级交流**:课堂后半段由教师组织全班合作学习,利用各组讨论的时机,教师选择一组在黑板上归纳"自由落体运动"的知识要点,各个小组在黑板上呈现本组需要讨论的问题。然后教师和全班学生一起对知识要点进行补充和完善,形成正确、准确的知识结构。教师接着组织学生对各组提出的问题进行互相解答和讨论,教师参与其中,适时总结与归纳,利用这些来自学生的问题,串联出本节课的知识、能力结构。对学生没有提出来的本节课的核心问题,教师要通过"追问",让它浮出水面。也就是说,教师组织的全班讨论,素材来自学生,结果却是教学目标所要求的,这是利用学生的思维种子生长出学生的知识树林的过程。

3. 互助型合作学习课堂

互助型合作学习是以组内成员分工合作共同完成学习任务的一种合作学习方式,学习过程中小组成员有各自的角色分工,学习成效以小组为单位考核,在物理教学中一般适用于合作型实验、研究性学习等活动。其基本流程如图3。

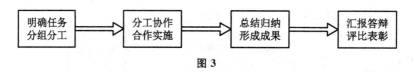

图3

例如,在高一,我们搞了"研究各种摩擦力的运用及其影响因素"的课题研究。在分组时按照学生的兴趣、特长、能力、性格组合搭配,尽量做到"组内异质,组间同质"。教师对学生制订的研究计划把好关,组织好前期、中期、后期三次培训,根据学生制订的研究进度表定期指导和督促,协调好实验室、图书馆、电子阅览室等部门。对学生的校外活动要进行安全教育。这次研究收到了几个明显的效果:①学生间的了解迅速加深;②班级中形成了一批物理爱好者;③不少学生学习物理的信心增强,课后讨论物理问题的情况增多;④物理优等生的课外阅读面变宽,不再仅仅局限于做习题。

互助型合作学习有利于培养学生的社会适应性、自主性和独立性。不少学生第一次走出课堂时,害怕与人交流,但是经过几次合作学习的过程,无论是学习小组内关系的协调,还是与校内外其他人的交流,他们都更从容自如。有些学生通过这个过程学会了制订计划,学会了说服别人,学会了分工协调,学会了尊重理解……

## 三、物理教师的作为——脑中有结构,心中有学生

众所周知,创新有赖于继承,只有在充分掌握事实性知识的基础上,才能够发挥思维的力量,寻找并思考新途径。过去我们过于重视继承,忽视了对学生发散性思维和创新性思维的培养,现在需要改变学生的学习方式,从小培养学生的思维习惯,既有继承,也有求异。

教师在重视学生学的同时,要十分关注教师的启发指导,并在指导中贯穿思维训练。物理学科的特点是:分析物理现象,建立物理模型,运用数学工具寻找结论,最终运用结论解释新的实验现象。这种学科特性也决定了学生的学离不开教师的指导。尤其是刚刚接触物理的初中阶段,正是培养学生物理思维的起步阶段。上好课离不开教师教学能力的提高。物理教师的教学能力不仅包括教师的基本技能和基本素养,还包括教师从课堂实践中不断学

习、研究、反思所得的关于物理学科的知识结构、学生的认知发展等内容,这是一种经过教学实践不断整合多方面能力而形成的物理教学能力。优秀物理教师的明显特征是:脑中有结构,心中有学生。脑中有结构是指教师对知识结构、概念规律的形成及其研究方法了然于心,能带领学生运用物理学科思维方法解释现象、解决问题。心中有学生是指教师关注学生的学习过程、情感体验,懂得学生的认知心理,了解学生的认知起点、思维冲突、角色差异,并能够采取适切的方法加以指导。这样的教师上的物理课就能够将知识的逻辑结构(知识序)与学生的认知发展(认知序)有机结合,呈现出合理的教学活动结构(教学序)。

对于知识序,既要注重知识内容,也要注重研究方法。例如,对于人教版的"机械能守恒定律"一章,教师的脑中要有下列结构:能量是一个非常抽象的概念,而功的概念则比较具体,学生有初中的基础,容易量度,通过做功了解能量的变化,从而认识能量,这是全章的思维方法。在研究方法上,"探究弹性势能表达式"用理论探究,"探究功和速度变化的关系"用实验探究,"探究动能和动能定理"用实验基础上的理论探究,"探究机械能守恒定律"用先理论探究后实验验证。最终要让学生理解"力和运动"与"能量转化和守恒"是高中物理的两种基本观点,在分析物理实践问题时能够从力的角度和能的角度思考。

对于认知序,即不同阶段的学生对物理现象具有怎样的认知结构和认知心理,这有赖于教师的实践积累,不断观察学生,不断收集学生的反馈,探寻学生的认知规律;同时也有赖于专家学者的研究,特别是在网络形势下,学生认知活动有什么新特点,专家学者要不断学习才能够真正做到心中有学生。

以"电感和电容对交变电流的影响"为例,电感、电容、电阻作为基本的电学元器件,在直流电路中的运用,学生已经有了基本的了解,在交流电路中的运用,学生刚刚接触。教材在介绍了交流电的基本知识后,安排这两个电学元件在交流电路中的运用,讨论其对交流电路的影响,目的是从运用的角度加强学生对交流电的理解。教材运用对比的方法,通过实验比较电感、电容对直流电和交流电的阻碍作用,学生很容易理解。教材安排了三个小节:电感对交变电流的阻碍作用、交变电流能够通过电容器、电容对交变电流的阻碍作用。本节课按照合作学习型课堂设计,在教学中先增加电阻在交流和直流电路中的对比,帮助学生理解对比的原理和实验电路,再安排师生合作探究,最后学生合作探究,这样层层放手,让学生有一个思维提升和能力形成的过程,有更多实践和讨论的机会,最后形成完整的知识体系。

探究学习符合科学研究的"大胆假设,小心求证"的思维特点,探究思维也需要培养,而且有一个培养的过程。优秀的教师在设计"教学序"的时候,常常能根据学生的思维发展水平,选用合适的教学内容逐步训练学生的探究思维。比如,在"探究小车速度随时间的变化的规律"中,重点放在探究数据处理、归纳结论上;在"探究加速度与力、质量的关系"中,重点放在探究思路、方案的设计上;在"探究弹性势能表达式"中,重点放在理论探究的设计和微元法的运用上。

综上所述,合作型课堂的目标是培养学生的科学思维,课堂设计的指导思想是培养学生在学习物理知识中运用科学方法和思维的能力,在课堂学习的思维活动和探究行为中养成良好的科学方法和意识。新课程改革提供了更多的机会给学生自主、合作、探究,而抓住物理课堂的核心要素开展教学,是课堂教学的灵魂。

# 让学生体验探究 触摸人文

——牛顿第一定律的教学例说

## 一、引言

物理学习和研究是科学与人文的统一。科学需要探究，人文需要触摸，物理学习的过程既要有科学探究的体验，也要有人文精神的滋养。当前的中学物理教学重视物理的学科价值，却或多或少地忽视了人文价值，尤其是面对考试的压力，习题操练盛行，学生在学习中没有体会到学习物理的价值，缺少物理精神的滋养，没能成为一个追求真、善、美的人。其实，任何一个物理概念、规律的背后都有物理学家的人文轨迹，他们在这种充满人类理想与激情的物理科学研究中求真、向善、唯美，一次次超越人类智慧的上限，一代代探索自然界的奥秘，带领着人类不断走向未知。理解、体验、践行这种探索过程是物理学习的终极价值。牛顿定律是物理力学的基石，牛顿第一定律则是"基石"的基石。如何将这节看似简单实则蕴含丰富的科学精神和人文思想的课上好，体现求真、求善、求美的物理精神，我们对这节课的教学做了如下设计和思考。

## 二、在牛顿第一定律学习中体验探究、触摸人文

1. 提出问题——亚里士多德敢为人先

**活动1**：行为模仿秀，教师带着学生一起做游戏。

师：我们坐在同一辆公共汽车上，我是驾驶员，你们是乘客。我们来模仿一段乘车中身体发生的动作，大家动作可以夸张一点。我开始开车了，车子平稳前进，突然刹车……汽车静止，踩油门，加速……

思考：刹车、加速过程中我们的身体为什么有这样的动作呢？再想一想，为什么汽车加油门会加速运动，刹车会减速运动？为什么向上抛出的课本会先上升，然后又下降？

说明及点评：学生都能大声地回答：惯性。追问：什么是惯性？大多数学生茫然。对汽车和书本的运动，有学生回答这是受力的原因。

从身边的事件引入，生动而具体，学生模仿了这些现象，追问原因，激起疑问，也为后面的安全教育做铺垫。

**问题1**：亚里士多德是怎么解释物体运动的原因的？依据是什么？

**问题2**：你了解亚里士多德的成就吗？

**问题3**：学过初中物理，同学们知道这种观点有问题，问题在哪？

生：力不是维持物体运动的原因，是改变物体运动状态的原因。

追问：这两种说法的区别是什么？能证明你的结论吗？

说明及点评：学生能准确回答问题1。课前布置学生通过网络了解本节涉及的物理学家，学生也交流了问题2。对问题3，学生较难结合生活中的实例说清楚运动和力的关系。这说明他们还没有找到质疑亚里士多德观点的切入点。

亚里士多德首先提出了运动和力的关系问题,开辟了物理研究的新领域,提出问题比解决问题还重要,这是伟大的。学生只听说他留下了很多错误,却不知道他是"最博学的人"(恩格斯语),研究领域涉及物理、天文、数学、生物、数学等。让学生准确了解物理学的历史,培养实事求是、追求真理、热爱科学的精神是人文教育的方式之一。

2. 实验及理想实验——伽利略开天辟地

**活动2:** 体验伽利略的研究——观看篮球在地面上滚动,并找出球停下来的原因。

① 质疑:滚动的球之所以停下,真的是因为没有力的作用吗?在伽利略之前,人们还没有意识到摩擦力这种无形的力,伽利略是第一个意识到摩擦力的人。

② 假设与猜想:改变水平面的粗糙程度,水平面越光滑,球滚得越远。于是,他推断这是摩擦阻力作用的结果。

若没有摩擦阻力,沿水平面滚动的球将怎样运动呢?猜想:若没有摩擦阻力,球将永远滚动下去。这个猜想正确吗?怎么来研究?伽利略开创了研究物理的方法——实验。

③ 理想实验:

**活动3:** 对接斜面实验:如图1,左斜面固定,右斜面倾角可变,实验中我们设定小球始终从左斜面 $A$ 点由静止释放。

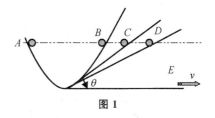

图1

演示1:在对接斜面上铺一块棉布,从左斜面上的某一高度处由静止释放小钢球,观察小球的运动情况,用一面小旗标记小球到达右斜面的最高点。

演示2:把棉布取下,再做一遍。对比发现小球上升的高度更高了,但是比释放时的高度还是低一点。这是什么原因呢?

引导思考:摩擦大时上升的高度小,摩擦小时上升的高度大,假如没有摩擦,小球会上升到多高的地方呢?

演示3:将右侧斜面的倾角不断减小,再从同一高度释放小球,分别用小旗记录右侧斜面上小球运动的最远位置。

引导推理:小球运动的距离不断变大,进一步减小斜面倾角,小球运动的距离会变得更大。当右斜面水平时,会有什么现象呢?

演示4:从斜面的同一高度释放小球,小球从斜面上滑下,在水平面上运动,最终一直运动下去。

伽利略的结论:若没有摩擦阻力,沿水平面滚动的球将永远滚动下去,却不再需要力去推动。这就是说力不是维持物体运动的原因。

**说明及点评:** 教师带着学生一起"还原"当初伽利略的研究,学生观察、记录,老师适时提问,师生共同经历探究的过程,探索现象背后的本质。

**问题4:** 伽利略"若没有摩擦阻力,球将永远滚下去"的想法是如何产生的?这一结论是实验观察到的吗?

学生利用下表再体验伽利略的探索思路。

| 实验操作 | 实验事实 | 逻辑推理(无摩擦,右斜面足够长) |
| --- | --- | --- |
| 左右斜面固定 | 摩擦越小,球滚得越高 | 球将滚上原来的高度 |
| 不断减小右倾角 | 球沿斜面滚得越来越远 | 球沿斜面滚得越远,一直滚到原来的高度 |
| 放平右斜面 | 球滚得很远 | 球将一直滚动下去 |

说明及点评:这是本节课的重点。观察实验现象,分析揭示本质,这是科学精神的核心——求真!以表格的形式帮助学生厘清逻辑思路,体验思维过程,学生积极参与观察、思辨、交流、质疑,兴趣浓,效果好。

师:理想实验是通过可靠的实验事实,加上合理的逻辑推理得出规律的一种方法。理想实验的魅力:实验不能实现的地方,思维向前一步。这种方法非常了不起!爱因斯坦说:"伽利略的发现以及他所应用的科学的推理方法是人类思想史上最伟大的成就之一,而且标志着物理学的真正开端。"这个评价实事求是,从亚里士多德到伽利略,经历了2 000多年,物理学徘徊不前;从伽利略到爱因斯坦,只经历了300多年,物理学的大厦初步建立,这期间大师辈出。这都得益于伽利略首创的实验研究方法。

3. 补充完善——笛卡尔更上一层

伽利略的观点是不是就是世界的真相呢?物体不受外力将是什么状态?

**问题 5**:笛卡尔对伽利略的观点做了哪些补充和完善?

师:伽利略认为地面上的物体固有状态是静止和匀速圆周运动(而不是匀速直线运动),为辩护地动说而提出惯性定律。笛卡尔第一个明确指出:①除非物体受到外力作用,物体将永远保持静止和匀速直线运动状态;②这应成为一个原理,是人类整个自然观的基石。

点评:在自然界面前,物理学家就像福尔摩斯一样,不懈地追求着世界的真相。物理规律不是做几次试验就轻易得到的,是很多人智慧的结晶。

4. 建立定律——牛顿站在巨人的肩上

牛顿又在前人的基础上做了哪些工作呢?

师:牛顿的开创性工作有:①建立了力的概念;②指出惯性是物体具有的一个基本性质;③提出牛顿第一定律,并确认它是牛顿定律的基础,在1687年出版的《自然哲学的数学原理》一书中提出了三条运动定律。

牛顿第一定律:一切物体总保持匀速直线运动状态或静止状态,除非作用在它上面的力迫使它改变这种状态。

点评:以上教学颇费周折,也许有人会问,这样教学的效率太低,对学生解题有直接帮助吗?确实,若就解题而言,直接告诉学生牛顿第一定律的内容,3分钟即可,再举几个生活中的实例,学生也能够回答。但从科学探究考虑,亚里士多德提出问题、伽利略进行科学探究、笛卡尔修正、牛顿得出结论,是个非常完整的探究链,多位物理学家的丰富背景,也是人文教育的好素材。在科学探究中触摸人文,自然而深刻。

物理规律是在一定文化背景下在人文精神指引下的科学探究的产物,是渴望解开自然密码的物理人坚守信念、不断追求的结果,它不是人们在睡梦中的突然顿悟,也不是魔术师帽子里变出的小白兔,而是人类进步的产物。物理教育有责任还原、再现这些发现过程,学生也可能会在这种"经历"中产生追求真理的人文情怀,成为真正的物理爱好者。

5．学以致用——学生体验生活中的物理

**活动 4**：师生讨论：理解定律,了解惯性。(略)

教师呈现的教学素材有：①冰壶运动视频。从视频可以看出,冰壶在一段时间内速度的大小和方向几乎不变,直到碰上另一个冰壶。②视频《一切物体都有惯性》。

**活动 5**：吹球比赛：将两只体积相等的泡沫球和铁球用白纸裹住,并用细线拴好,教师提在手中,请两位学生分别吹球。

**活动 6**：撕纸比赛：一张纸已剪出半条缝,未完全剪断,缝隙将纸张分成一大一小两部分。请想办法只用一只手把纸完全撕开。

交流：你能解释你看到的现象吗？请说说你是如何做到的,怎样解释呢？

**问题 6**：请你用本课所学的知识解释生活中的现象：驾车为什么要系安全带？

**问题 7**：学过牛顿第一定律,你有什么新的疑问？

说明：活动 4 带着学生进一步了解牛顿第一定律,结合生活实例的解释,呼应活动 1,学生是不是真正能够运用定律呢？活动 5 和 6 是这堂课的亮点,学生参与度高、讨论热烈,对解决身边的问题有示范作用。问题 6 和 7 则激发学生进一步思考,把课堂向课后延伸。

观察生活现象,思考物理问题,这是培养科学精神的源头。利用身边的物品做实验,使得物理学更具活力,充分调动学生思维的积极性,激发学生对物理学习的兴趣和对物理学科的情感。我们经常谈创新能力,如何培养？须在每节课都留给学生提出问题的空间,才有可能养成提问的习惯。

### 三、结束语

科学精神主要是指尊重事实、实事求是的求实精神,勇于怀疑、自我否定的批判精神,勇于超越现状、大胆创新的创造精神。人文精神是指以人为本、体现人的尊严和价值、追求人的自由全面发展的文化精神。早在 1858 年,赫胥黎指出："科学和文学不是两个东西,而是一个东西的两个方面。"他在 1880 年的《科学与文化》一文中又说："单纯的科学教育确实与单纯的文学教育一样,将会造成理智的扭曲。"

科学探究是思维与实践的活动,这节课教师重点组织学生体验伽利略的研究过程,感受"近代科学之父"探索未知领域的执着和智慧,敢于质疑、坚持思辨、反复实验、严谨推理的治学态度,敢于面向公众、坚持真理、宣传科学的精神。伽利略给后人开创了一种研究方法——提出假设、数学推理和实验验证,几百年来影响着后人的科学研究。这种科学精神是人文素养的精髓。在这节课上学生体验到物理学家探求真理的精神,得到了人文的熏陶,这种滋养对学生有终身价值。

当前过于注重分数的教学淡化了对学生科学精神和人文素养的培养,物理沦为升学的工具,很多物理成绩优秀的学生升入大学之后就放弃了物理,没能成为一个真正的物理爱好者。我国正处于经济社会转型升级的关键时期,需要大量的创新型人才。今天的学校教育就是明天的社会未来,怎么培养出创新型人才？科学家竺可桢很多年前就给出了回答："提倡科学,不但要晓得科学的方法,而尤贵在乎认清近代科学的目标。近代科学的目标是什么？就是探求真理。科学方法可以随时随地而改变,这科学目标,蕲求真理也就是科学的精神,是永远不改变的。"当我们在每一个学生的心中种下"不计利害,但求是非"的精神火种时,我们的民族就足以傲立于世界民族之林。

# 电感和电容对交变电流的影响

## ——"建构—合作学习"物理课堂例说

在物理课堂教学中开展合作学习是符合新课程理念的一种教学方式,但是目前物理课堂开展合作学习的实例还比较少,现以"电感和电容对交变电流的影响"为例,设计一堂"建构—合作学习"型的课例。

**教材分析:**

电感、电容作为基本电学元器件,在直流电路中的运用,学生已经有了基本的了解,在交流电路中的运用,学生刚刚接触。教材在介绍了交流电的基本知识后,安排这两个电学元件在交流电路中的运用,讨论其对交流电路的影响,目的是从运用的角度加强学生对交流电的理解。教材运用对比的方法,通过实验比较电感和电容对直流电和交流电的阻碍作用,学生很容易理解。教材安排了三个小节:电感对交变电流的阻碍作用、交变电流能够通过电容器、电容对交变电流的阻碍作用。本节课按照合作学习型课堂设计,在教学中先增加电阻在交流电路和直流电路中的对比,帮助学生理解对比的原理和实验电路,再安排师生合作探究,最后学生合作探究,这样层层放手,让学生有一个思维提升和能力形成的过程,有更多实践和讨论的机会,最后形成完整的知识体系。

**教学目标:**

1. 知识目标

(1)理解电感和电容对交变电流的阻碍作用。

(2)知道感抗和容抗的物理意义及影响因素。

2. 能力目标

(1)通过实验培养观察能力。

(2)通过猜想、假设、实验、交流合作与分析论证,体验科学的探究过程,培养科学探究能力。

3. 情感、态度与价值观目标

(1)在观察、质疑、实践、思辨中,培养实事求是的科学态度和严谨的物理思维方法。

(2)通过合作与交流,培养团队合作意识和合作精神。

**教学重点:**

感抗、容抗影响因素的探究。

**教学难点:**

电流"通过"电容器的理解;电感和电容的阻碍作用与交流电频率的关系。

**教学过程:**

**设计环节 1**

认识电阻、电容、电感元件,电阻在直流电路和交流电路中的比较。

**师生活动 1**

每组同学配发一块计算机主板,教师指导学生观察电路板,让学生认识基本元件,说出一些元件的特点及应用(电阻、二极管、电容、电感、三极管等)。

设问:这些元件在直流电路和交流电路中的表现有哪些不同呢?

演示1:电阻对直流电及交流电的作用。

(1) 将双刀双掷开关分别接入学生电源的直流与交流的输出端。

(2) 将电阻与小灯泡串联接入电路中,观察电阻接入直流电路和交流电路时灯泡的现象。

操作1:(学生动手)每组利用提供的器材自己接线,记录现象,归纳结论,并试着从理论上进行解释。

交流1:在小组得出结论的基础上,全班交流。

总结1:(结合交流电有效值的定义)电阻对交流电与直流电的阻碍作用一致。

**设计目的 1**

实验引入,引导建构。在教师演示的基础上,学生自己动手实验,熟悉双刀双掷开关的使用方法;利用比较法研究电阻在交流和直流电路中的表现,为后面电容、电感的研究提供方法指导。

师:电感和电容对交流电路和直流电路的影响一样吗?说说你的想法并用实验来验证你的结论。

**设计环节 2**

教师和学生合作探究电感线圈对交流电路的影响,并从理论上予以解释。

**师生活动 2**

演示2:在刚才电路中取下电阻,将可拆变压器中的一个线圈串联入电路中,观察现象;拆下元件,观察灯泡的亮度。

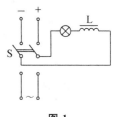

图1

现象:交流电路中小灯泡较暗,拆下元件,灯泡变亮。

结论:电感对直流电和交流电都有阻碍作用,对交流电的阻碍作用更大。

师问:为什么电感线圈对交流电的阻碍作用更大?你能够用学过的原理解释吗?

生:……(思考后回答,可以补充)(从自感的原理分析)

师追问:阻碍作用的大小与哪些因素有关呢?

生:……(生回答,师总结归纳,列出表格)

演示3:改变线圈的匝数(使用变压器上端的接线柱来实现),观察小灯泡的亮度变化。

现象:匝数越多,灯泡越暗。

演示4:插入闭合铁芯,随着铁芯的插入观察灯泡亮度的变化。

现象:灯泡变暗。

结论:匝数增加及铁芯的加入都是使自感系数变大,即 $L$ 变大,说明 $L$ 越大,阻碍能力越强,即感抗越大。

问题:感抗与交变电流的频率有关系吗?

引导学生分析:从自感电动势的大小分析频率对感抗的影响。

结论:电流频率 $f$ 越高,线圈对交变电流的阻碍越大,感抗越大。

应用1:(阅读课本)电工和电子技术中的扼流圈,利用电感对交变电流的阻碍作用制成,有低频扼流圈和高频扼流圈两种(播放视频短片)。低频扼流圈匝数为几千到一万以上,有铁芯,对低频交变电流有较大的阻碍作用,线圈本身电阻较小,对直流电阻碍作用较小;高频扼流圈匝数为几百,无铁芯或铁氧体芯,对低频交变电流的阻碍作用较小,对高频交变电流的阻碍作用很大。

例:分析课本低频扼流圈的作用。

总结2:电感线圈对交流电有阻碍作用。

(1) 电感对交变电流的阻碍作用的大小称为感抗 $X_L$,感抗公式:$X_L = 2\pi f L$。

(2) 电感对交变电流的影响:通直流,阻交流。

(3) 交变电流的频率越高,感抗越大,阻碍作用越大,所以电感有"通低频、阻高频"的作用。

**设计目的2**

师生合作,过程示范。教师带着学生从理论和实验两个层面分析电感对交流电路的影响,研究的顺序是:先提出问题,学生自我构建;然后教师演示实验,学生校正思路;接着部分优秀学生提出解释;最后师生一起实验验证,归纳结论,了解实际应用。这样,一方面帮助学生掌握这一知识,另一方面也为下面学生自主合作探究电容对交流电路的影响进行研究示范。

师总结:电感对交变电流的影响的研究方法:交直流对比,猜想—实验验证—理论解释—归纳结论—实际运用。

**设计环节3**

观察电容器串联在交流和直流电路中灯泡的亮度,多媒体演示交变电流"通过"电容器;研究电容对交流电的影响。

**师生活动3**

操作2:在刚才分组实验的电路中取下电阻,将一个 220 μF 的电容器串联入电路中,观察灯泡的亮度;拆下电容器,再观察灯泡的亮度。

现象:直流电路中灯泡不亮,交流电路中灯泡亮,拆下电容器,灯泡变亮。

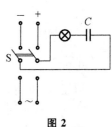

图2

结论:交流电能够通过电容器,电容器对交流电有阻碍作用。

问:为什么?

学生思考……

多媒体演示……

理论解释:电容器中的绝缘介质阻碍直流电流通过电容器;当电容器接入交流电路时,电容器极板上不断发生充电、放电,电路中有电流流过,灯泡亮。

操作3:小组合作,观察不同大小的电容对交流电的阻碍作用,记录实验现象,归纳结论,并试着从理论上予以解释。

……(学生活动,教师巡视指导)

交流:在小组讨论的基础上,全班交流,其他小组进行评价并予以补充。

总结3:电容对交变电流的阻碍作用的大小称为容抗$X_C$。

(1) $X_C = 1/2\pi fC$。

(2) 电容器有"通交流、隔直流"的作用。

(3) 容抗与电容的大小和交流电的频率有关,电容器有"通高频、阻低频"的作用。

应用2:

(1) 教材P38"说一说"。

(2) 如图3和图4,两电路是电容器的两种不同的连接方式,它们各在什么情况下采用?应该怎样选择电容器?

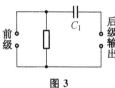

图3

(3) 电容、电感在制造的现成电容器和电感线圈中存在。在导线之间、电子元件及机壳之间,有时会造成较大的影响。洗衣机外壳与机芯之间就是一个电容器(家用电器的外壳需要接地就是这个道理),输电导线由金属丝拧成,就是电感线圈,会产生电能损耗。

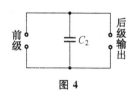

图4

**设计目的3**

生生合作,提升能力。这段是本节课的核心部分,需要20分钟的时间,教师组织学生合作实验探究,归纳结论,理论解释,集体交流,相互评价。需要教师认真组织,教师要调动学生参与的积极性,不断帮助学生接近正确的结论,这样的知识才是学生自己得出的知识。

**设计环节4**

趣味实验:(教师演示)音乐中的高音和低音分别对应着高频、低频信号,当不同电容器串联到电路中的时候,我们可以听到音乐高音、低音的变化。

作业:

1. 教材P39"问题与练习"1、2、3。

2. 试着去寻找一块旧电路板,分析一下各个元器件的作用(注意安全)。

3. 课外阅读材料:音响分频器的原理。

**设计目的4**

激发兴趣,学以致用。

板书设计:

**电感与电容对电路的影响**

| 元件<br>项目 | 电感对电路的影响 | 电容对电路的影响 |
| --- | --- | --- |
| 对直流电与交流电的作用 | 通直流,阻交流 | 通交流,隔直流 |
| 感抗与容抗的决定因素 | $L$、$f$。$L$增大,感抗增大;$f$增大,感抗增大 | $C$、$f$。$C$增大,容抗减小;$f$增大,容抗减小 |
| 对不同频率交流信号的影响 | 通低频,阻高频 | 通高频,阻低频 |

**教学札记：**

（1）合作学习需要教师的有效示范与组织。学生能否开展有效的合作学习，关键是教师的组织是否有效。这节课要运用对比的研究方法，因此，课堂的切入点为学生熟悉的电阻在交流电路和直流电路中的比较。教师演示后，学生也动手接线，让学生掌握双刀双掷开关的使用方法，让学生记录并总结，从理论上予以解释，这都是为后续的合作研究打基础。课堂的第二个环节是研究电感对交流电的阻碍作用，这里教师带着学生观察演示实验，记录实验现象，总结规律，进行理论解释，了解实际应用，逐步掌握研究过程。这个过程教师是主导，指明研究方向，学生是主体，在自我建构的基础上生成新知识，师生合作，得出结论。最后，放手让学生在第三个环节中进行小组合作学习。教师在教学中创设物理情境，组织实践、思考与讨论，激发学习的兴趣，示范研究过程，引导学生完善认知，使学习过程朝着更有利于学生建构知识意义的方向发展。

（2）合作学习的能力需要逐步培养。物理合作学习的能力包括制订方案的能力、实验操作的能力、记录现象与归纳结论的能力、交流协作取得共识的能力等。学生对绝大部分物理问题的认识并非一张白纸，教学中，要充分利用好这些前认知，帮助学生生成新认知，但是如何生成系统的新认知呢？很多学生并没有掌握，因此，物理教学中要通过研究方法的渗透，让学生掌握研究物理问题的流程，再结合教师指导、个人思考、小组合作、班级交流，逐步形成自己的新知识体系。教学中既不能包办代替，也不能放任不管，需要根据学生的能力水平逐步安排。

（3）合作学习需要教师教学观的根本改变。经过这些年新课程的实施，感觉自己的教学理念已经改变了，但是在上这堂课的时候，一个细节的处理还是暴露出了问题：学生在自己动手比较电阻在交流电路和直流电路中的阻碍时，发现灯泡在交流电路中更亮。在班级交流时，学生提出了这个问题，对这个问题我在课前实验中已经发现了，因此我直接告诉学生："这是由学生电源的直流挡与交流挡的输出电压不完全一样造成的。"然后，学生带着将信将疑的眼神坐下了。课后评课时，有老师指出：这里学生发现了一个问题，为什么急不可耐地把问题"掐断"呢？为什么不把万用表递给学生，让学生自己研究一下呢？这个小插曲的处理，说明我们教师的教学观还需要不断提升。

郭瑞春

郭瑞春　现任职于吴中区苏苑高级中学，教授级中学高级教师，江苏省特级教师。1994年获得全国青年教师优秀课评比特等奖，江苏省青年教师优秀课评比一等奖。先后被评为江苏省优秀教育工作者、苏州市优秀教育工作者、苏州市"十杰"教师、苏州市化学学科带头人。担任北京师范大学《高中生数理化》特约编辑。2000年参加教育部举办的全国中小学骨干教师国家级培训。任职以来，在《化学教育》《化学教学》《中学化学教学参考》《名师授课录》（化学卷）等期刊发表论文80多篇。录像课《一氧化碳》由中国教育电视台多次播放，并由东北师范大学、江苏电教馆等单位正式出版。录像课《酸碱盐是电解质》由江苏电教馆正式出版。全国中小学骨干教师国家级培训研究课题"中学化学教育中情感教育的研究"通过专家组答辩，获得好评；省级课题"信息环境教学下课堂教学设计的研究"（2001—2004年），以高分结题；全国教育科学规划重点课题"信息化进程中的教育技术发展研究"子课题"信息技术与中学化学教学模式的探索"获优秀奖，全国教育科学"十二五"规划国家课题"信息技术促进区域教育均衡化发展的实证研究"子课题"现代教育技术环境下优质课堂教育资源开发和整合的研究"已结题。

# 由情激趣，以趣激学
## ——我的有效化学教学主张与实践

我始终认为:教育是科学,教学需要艺术。

教育需要脑科学、心理学、生理学和教育学的学术支撑。教育的目标,更容易在教师富有艺术性、趣味性的教学过程中达成。

我遵循教育的科学性,追求课堂教学的有效性、教学的艺术性、教学的趣味性……

### 一、从教体会

在长期的教学探索中,我积极进行着"学会思考、强化能力、崇尚发展"的生活化、创造性化学教改实践,积极倡导人文性大化学的教育改革。我认为,化学教育作为一种有目的、有计划、有组织的培养人的社会实践活动,其基本功能就是把人类积累的各种生活、生产的实践经验转化为受教育者的智慧、才能、品德,使学生的身心得到全面的发展,使学生成为学习的主人;教师是教的主体,学生是学的主体,教师对学生的引导、启发、点拨、探究等,都必须通过学生自己的独立思考、选择与运用,才能转化为学生自己的智慧和才能。

通过多年的努力,我逐步形成了由情激趣、以趣激学、变被动学习为主动探索、变"要我学"为"我要学"的以能力培养为前提,以情感教学为基础的低耗高效教学特色。在历年中考、高中会考和高考中,我所任教班级的化学平均分均名列前茅,辅导学生参加奥林匹克化学竞赛获江苏省、苏州市各级奖数十次。

我认为老师可分为几种类型:第一种是教书型,就是讲课只讲知识,缺乏与学生感情上的沟通,亲和力不够;第二种就是不管学生,不爱与学生讲话,不愿与学生交往;而第三种就是像我这种类型,希望在课堂教学中,讲得生动,有亲和力,那样学生就自然愿意和老师沟通,就会在课堂上提出各种问题,抛开了书本教学,不用强迫学生去学习,不用刻意加班加点地占用学生休息时间强制学生学习。

我上课很少点名批评学生,我认为讲课靠的是讲课的艺术、个人的魅力和学识来吸引学生,除了要讲课本上的知识,还要讲课外的做人道理。这实际上就是教会学生怎样学习,告诉学生为何要学习,用各种办法提高学生的学习兴趣。另外,我特别强调绝不能伤害到学生,在上课时不应伤害学生的自尊心。课堂上师生的沟通尤为重要,亲和力的表现就在于学生愿意与老师沟通。学生认可了老师,自然就会记住这位老师讲课的内容。

讲台是我发挥最大才能的地方。第一,我热爱这门课,热爱教师这个职业。备好课是上好课的前提,在上课之前把所有相关书籍都阅览一遍,博采众家之长。我很喜欢讲课,喜欢跟同学们互动,看到同学们认真听我的课就会觉得有动力。第二,我努力提升个人魅力,从内在上讲,包括知识结构,知识渊不渊博,能否带给学生很大的信息量。

### 二、访谈实录

记者:您是怎样走向教师岗位的?

郭瑞春：说实话，当教师是因为被师范学校录取而别无选择。但我的性格是，要么不做，要做就要做到最好。

记者：在您的从教经历中，哪个阶段对您的影响最大？哪一个阶段让你最感到自豪？哪个阶段或哪件事让你最失望？能回忆几件记忆深刻的事吗？

郭瑞春：进入苏苑中学是我人生的重大转折。之前，我没有专业主攻方向，教过英语、物理、地理、生物、美术等大多数的中学课程。到了苏苑中学，在领导的关心和支持下，我把自己的专业固定了下来，回到了自己的化学老本行。苏苑中学最大的特色是教研气氛浓厚，教师上进心强，作为一所1991年开办的学校，在短短的十几年中能创造出如此的辉煌实属必然。

1994年，参加江苏省优秀课评比获一等奖，参加全国优秀课评比获特等奖，这是我最感到自豪的。是前辈们对我充分的信任、悉心的指导使我获得如此好的成绩。如苏州市教研室许志铭、郑慕韩老师，苏州大学马经德教授，吴县教研室马晓人老师，省教研室马雅森、王国树老师及兄弟学校的老师亲自上门指导，给了我极大的勇气，为我比赛的成功奠定了基础。

最令我遗憾的是，在目前"分数"这唯一评价标准下，自己的情感教育理念、崇尚学生发展的理念、高效低耗等理念如何得到更好的实施，自己还没有把握。

记者：您觉得什么时候才是您最快乐的时刻？

郭瑞春：当每年教师节收到毕业的学生寄来热情洋溢的贺卡时，当走上工作岗位的学生来学校看我时，当我教过的学生在网上发帖把我当作印象最深刻的老师时，当学生把我当作知心朋友向我倾吐心声时……这些是我最快乐的时刻，也是最令我感动的时刻。人生最大的收获莫过于桃李满天下。每当此时，我为我的付出感到无怨无悔。

记者：郭老师，化学是一门较复杂的学科，刚才看到很多学生都主动向您请教问题，请问您是如何引导学生去学这门课程的？您平时上课有什么秘诀，以达到教学相长的目的？

郭瑞春：目前，教师的主要教学风格有两类：一类是以"严厉"作为威慑力，强迫学生被动地学习；另一类是以"激励"作为"催学剂"，使学生自觉地学习。我竭力主张后者。学生之所以喜欢听我的课，是因为我首先尊重学生，学生学习成绩好坏，不是影响我对学生喜爱的因素。生活在社会中的人，总会有不顺心的时候，可是，只要我一踏进教室，我就会忘却一切烦恼，以饱满的热情投入到教学中去。其次，对学生有耐心。我始终认为，学生有问题请教老师是应该的，无论学生提出的问题多么简单，老师有责任给学生解惑，否则还要老师这个职业干吗？再次，我上课善于联系生活实际，结合学生平时所见所闻开展课堂教学，给学生以启发。最后，以情激趣，以趣激学。以富有激情的语调、平易近人的口吻、通俗化的语言开展教学。

记者：您提倡低耗高效的教学，并把这一思想渗透在化学教学过程中，您可以介绍一下吗？

郭瑞春：学生之所以学习负担重，一方面是高考指挥棒所致，另一方面是由于我们一线的教师把握教材深度、难度、广度的尺度有偏差。对于前者，老师无法掌控，老师唯一能操纵的是后者，由于老师的观念不同，采用的方法就不同。什么是一堂好课？我认为适合自己学生实际的课才是一堂真正的好课。如果你能根据学生实际展开教学，想必学生会学得很轻松，学得很自信；如果能经常地给学生以肯定与鼓励，学生会很乐意去学；如果能经常以不同的形式对同一个问题提出思考，学生的思维方式就会变得很灵活；如果能经常鼓励学生关注身边发生的一切，学生的观察能力就会得到提高。总之，实施高效低耗的教学离不开教师的精心备课,离不开教师的换位思考,离不开教师对学生的关爱。

记者:您觉得现在更应该关注哪一类学生?

郭瑞春:社会分工不同,不同的岗位需要不同的人才,分数不能涵盖学生所有的方面。在教学中我最喜欢那些善于关心他人、富有同情心的学生,这与学习成绩的好坏没有任何联系。当人人都成为时时关心他人、处处为别人着想的人时,社会和谐就将成为必然,所以我在教学中更多地去关注那些缺乏同情心、不懂得关心他人、自私自利、自以为是的学生,经常要找他们谈话,在班级倡导"每天五个一"——每天与父母谈一次话,每天向父母问一个好,每天为父母做一件事,每天为班级或集体做一件好事,每天帮同学解决一个困难。如果学生能每天做到其中的一二点,那他就是值得大家称赞的好学生。

记者:咱们再谈谈学习吧,现在在学生中普遍存在着一种浮躁的心理,您怎么看?

郭瑞春:学生浮躁心理的产生,与目前教学的功利性有关。当学生进入学校后,只要用简单、抽象的分数就可以去评价学生,去把学生划分成三六九等时,那么,那些有特殊才能而考试分数又不理想的学生就会产生浮躁心理;考试成绩很好,但没有达到父母预期的学生就会产生浮躁心理;被家族寄予希望的独生孩子会产生浮躁心理……但浮躁并不是学生所特有的,而是整个社会的大环境问题。

记者:老师与学生的地位如何?老师永远站在制高点吗?

郭瑞春:老师是一种职业,是社会的一种分工。既然如此,老师就不应该有居高临下的姿态。如果老师永远站在制高点上,使学生在潜意识中产生永远不可能超越老师的观念,那么,学生就不会有出息,社会就不可能得到发展。既然如此,老师就没有理由不去尊重学生,因为学生是未来,是明天,是希望,是春天的阳光。

记者:您平常这么忙,请问您是怎样协调教学和研究的?又是什么促使您坚持不懈地做好教研工作?

郭瑞春:从培养人的角度出发,教育工作是一项具有创造性、艰巨性、多变性的工作,教师这一角色不仅具有示范性,还得有艺术性。如果教师不能及时更新自己的知识、观念、方法、手段,不能根据学生实际情况及时调整教学,而是照搬照抄所谓先进的或优秀的教案实施教学,那很可能会成为对牛弹琴、高耗低效的教学。

有教学研究思想的老师,时时刻刻都会思考教学效果的问题,他们会把每一堂课都看作自己教学科学研究的实验场所。教学研究并不是与课堂教学完全割裂开的空中楼阁,绝不是教师额外的劳动,只有把教学研究与课堂教学相结合,教师才可能成为教育家,而不是教书匠。

我的教学研究文章来自教学中的观察与思考。工作特别繁忙之时,往往也是自己实践最多、思考最多之时,只要有时间,就会把自己的想法整理成文。有些老师为了完成有关部门的要求,为写论文而写文章,不是有感而发,写出的东西想必是没有太多价值的。

### 三、教学相长

有人说,没有教不会的学生,只有不会教的老师。这句话虽然片面了一点,但至少说明了一个问题,那就是,学生是学习的主体,教师无法代替学生学习。提高教育质量的关键,在于积极、有效地开发学生的潜能,使学生充满自信,乐意去学。

所谓互尊,是指师生间应互相尊重对方的人格,切忌当众揭短或伤害他人的自尊心与自信心。每一位老师都希望自己被学生尊重、钦佩和爱戴。学生同样也希望得到老师的尊重！提倡互尊就是要求教师也要尊重学生。例如，把学习成绩不好的学生称为"差生"，就是一种不尊重学生的表现。我们应该他们称为"学习困难生"，因为他们除了学习成绩差以外，其他像体育、音乐、劳动、心理素质等方面往往比所谓的优等生好得多。他们并不是不聪明，而是由于缺乏良好的学习情感，缺乏自信，缺乏家庭和老师给予的温暖，从而既不觉醒，也不行动，自然，学习就拖了后腿。

由于师生间在心理、年龄、知识水平、鉴赏水平、理解能力等方面都存在着明显的差异，很自然地会在交流上产生不同步的现象。解决此矛盾的最佳办法是教师尽可能做到从心理上与学生换个位置，将心比心地站在学生的角度思考问题，以求师生间心灵相通。一旦教师能站在学生的位置上思考问题，很多矛盾就自然而然地迎刃而解了。

有人说，严师出高徒，而我却信奉"激励出成果"。在高压政策下，学生的学习是消极的、被动的；而在激励作用下，学生的情绪是积极的，学习是主动的、自觉的，学习效率自然是高的，效果自然是好的。更重要的是，学生乐于学习、积极向上的情感也能得到充分的发掘和提升。

# 用"整体观"复习硫及其化合物

应中国教育学会高中教育专业委员会邀请,我于2012年10月19日在杭州第二中学执教了一节高三一轮复习"硫及其化合物"的复习课,这是基于江苏教育出版社出版的普通高中课程标准实验教科书《化学》教材(以下简称苏教版《化学》)开设的一堂示范课。这是一节高中元素化合物知识复习课,教学中感受颇多,与大家共享。

## 一、设计思路

硫及其化合物知识在苏教版《化学》教材中,仅仅出现在高一的《化学 1》教材中,在其他模块教材中都没有出现。对于学完整个高中化学的高三学生,如何使其在高三化学一轮复习中用系统论的观点,整体把握和统领高中化学知识,综合运用化学知识进行系统复习,避免在高一基础上的简单机械重复或原地踏步,是本节课设计的意图所在。

### 1. 树立整体意识

"元素化合物"研究的是物质,物质的性质由结构决定,反之,由物质的性质也可以推测物质可能有哪些结构;要运用物质就应了解或知道物质的制法;要制取物质就要研究物质的收集方法;物质在制取、收集、使用等过程中自然会出现环境污染等问题……

高中化学总复习,不同于高一新授课,其主要教学目标之一就是引导学生建立起元素化合物知识的知识体系。

应该让学生确立这样一个元素化合物知识学习的框架:

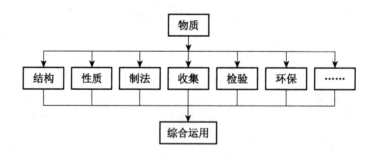

### 2. 结构决定性质

结构决定性质,是研究物质的基本思想。化学反应的本质是原子外层电子的得失或重排,是原子的重新排列和组合。要研究物质,就必须研究物质的结构,尤其是要研究物质的原子结构、电子的排列情况、分子的结构等,从而推测和预测该物质的性质。

苏教版《化学》教材介绍了有关物质结构的基本知识,如核外电子排布、原子的电子轨道表示式、外围电子排布式、杂化轨道理论、分子的空间构型、分子的极性、分子的结构式、电负性、等电子体等知识。已经完成高中学习任务的高三学生应当具备了讨论物质结构所需要的基础知识,完全有能力借助物质结构知识研究物质的性质。

高三一轮复习中"元素化合物"知识的复习,既然称之为一轮复习,就应该把相互有关联的知识、相互有因果关系的知识统领起来,并借助有关方法和手段解决在高一年级学习中由于知识限制而无法解决、不能研究的问题。

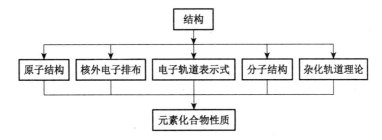

3. 编织物质转化关联网

建立物质之间的转化关联网是复习和研究物质性质的一种方法和手段。根据研究的侧重点的不同,关联网建立的方法有多种,有连线法、网络法以及坐标法。

目前使用最多的应该是网络法:

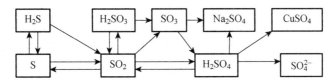

坐标法可表示为:

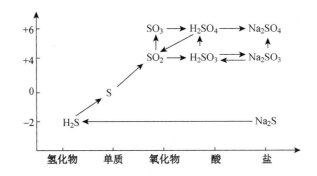

## 二、教学片段

1. 硫单质的教学片段

【教师】物质的结构决定物质的性质。硫单质的性质应该由硫原子的结构所决定。我们一起把硫原子的原子结构示意图画一下:

$$(+16)\,2\,8\,6$$

把硫原子的电子式画一下: $\cdot\ddot{\overset{..}{S}}\cdot$ :

【教师】认真观察硫原子的原子结构示意图和电子式,大家可以得出些什么结论?

【学生】硫原子为16号元素,最外层有6个电子,应该可以得到2个电子。

【教师】可以得到2个电子,说明硫元素显示怎样的化学性质?

【学生】氧化性。

【教师】所以,单质硫可以和氢气、金属钠、铁等具有较强还原性的单质反应,生成相应的硫化物。

从分子形状来看,在硫的氢化物中,硫原子和氢原子是排在一条直线上还是呈折线型?

学生开始争论,没有统一意见。

【教师】我们是否可以根据元素周期律来推测:S 元素和 O 元素处在同一主族,S 的价电子的电子排布结构与 O 相似,形成的氢化物 $H_2S$ 是否与 $H_2O$ 有共同或相似之处呢?

学生恍然大悟。

【学生】对,$H_2O$ 分子呈折线型,那么 $H_2S$ 分子也呈折线型。

【教师】为什么?

【学生】根据结构决定性质的规律,硫原子价电子的轨道表示式为:

$$3s \quad 3p$$

硫原子在与 H 原子结合时,S 原子采取 $sp^3$ 杂化,其中有 2 个杂化轨道分别与 2 个 H 原子形成 σ 键,还有 2 个杂化轨道中分别有 2 对孤电子对。由于 S 原子形成的是 $sp^3$ 杂化 4 个轨道,所以,H—S—H 不可能成一直线,而是呈 V 型。

【教师】回答得非常准确。同样,$H_2O$ 分子和 $H_2S$ 分子属于等电子体,通过等电子体的性质,也可以推测 $H_2S$ 与 $H_2O$ 有共同的分子形状。

2. 二氧化硫的教学片段

【教师】你们知道 $CO_2$ 的电子式吗?它是直线型还是折线型?

【学生】(非常轻松地回答)$CO_2$ 中所有原子满足 8 电子结构,分子呈直线型。

【教师】那么,$SO_2$ 是直线型还是折线型?

【学生】(不假思索就回答)与 $CO_2$ 一样,是直线型。

【教师】有什么理由可以证明 $SO_2$ 的分子结构与 $CO_2$ 一样,是直线型?

【学生】直觉,因为两者分子式类似。

【教师】化学是自然科学,要以事实为依据,不能凭直觉。我再提醒大家:根据"等电子原理"可知,当两种物质具有等电子结构时,应该具有相似的分子结构。

【学生】哦,$SO_2$ 与 $CO_2$ 不属于等电子体,结构不会一样。

【教师】$SO_2$ 分子中:S 原子采用了 $sp^2$ 杂化,其中有 2 个杂化轨道分别与 2 个 O 原子形成 2 个 σ 键,余下的 1 个杂化轨道上有 1 对孤电子对与 2 个 σ 键在一个平面上,所以,分子形状为折线型。另外,S 原子没有杂化的 2 个 3p 轨道上的电子与 O 原子 2p 轨道上的 2 个未成对电子形成大 π 键。

【学生】明白了。

【教师】比较一下:$CO_2$ 中的 C 原子采用的是什么杂化?

【学生】C 原子采用 sp 杂化,所以 $CO_2$ 分子呈直线型。

【教师】对。至此,大家能够理解为什么在以前的教学中,老师通常不让大家写 $SO_2$ 的电子式,而只要求大家写 $CO_2$ 电子式了吧。

既然 $SO_2$ 与 $CO_2$ 两者的结构不同,那么 $SO_2$ 与 $CO_2$ 的性质应该也有所不同。比如,$SO_2$

有较强的还原性,而 $CO_2$ 没有,这一性质上的差异,能否通过相关知识得以解释?

【学生】……

【教师】S 原子上有一对孤电子对,当 O 原子靠近 S 原子的孤电子对时,由于 O 元素的电负性比 S 大(O 的电负性为 3.5,S 的电负性为 2.5,H 的电负性为 2.1),容易被 O 原子所捕获,形成正三角形的 $SO_3$,其中 S 原子仍然为 $sp^2$ 杂化。

3. **硫酸的教学片段**

【教师】请同学写出硫酸的结构式。

【学生】(学生板书)
$$H-O-\overset{\overset{O}{\|}}{\underset{\underset{O}{\|}}{S}}-O-H$$

【教师】很好。从硫酸的结构式,大家能看到或想到些什么?

【学生】似乎有—OH。

【教师】对。其实,含氧酸和碱都可以看成氢氧化物。这也就解释了为什么 HClO 的结构式应该是 H—O—Cl 的形式,而不是 H—Cl—O 的形式。

【教师】那么,为什么在含氧酸中有—OH 的结构,却显示出酸的性质呢?

【教师】原来,各类氢氧化物或含氧酸的酸碱性决定于它发生碱式(Ⅰ处键断裂)还是酸式(Ⅱ处键断裂)离解。

$$R\overset{\text{Ⅰ}\quad\text{Ⅱ}}{-}O-H$$

如果把 R 看成中心原子(离子),则若 R 为非金属元素,R 的电负性相对较大,吸引电子能力强,使 R—O 键结合力增强,O 原子上的负电荷向 R 原子方向偏移,使 H 原子上负电荷减弱,在Ⅱ处断裂,H 原子以 $H^+$ 的形式被释放出来,呈酸的特征。

若 R 为金属元素,R 的电负性相对较小,吸引电子能力弱,使 R—O 键结合力减弱,由于 O 原子的电负性较大,负电荷偏向于 O,致使电负性小的金属原子 R 以阳离子的形式离解出来,即在Ⅰ处断裂,释放出 $OH^-$,呈碱的特征。

【学生】看来含氧酸和碱是同一类物质。

【学生】所以,教材上在讨论元素周期律时,用"氧化物的水化物"的表述方式来研究酸或碱,从而讨论"最高价氧化物的水化物"的酸性或碱性。

【教师】说得好。从上述键的断裂形式分析,能否说明 $Al(OH)_3$ 为什么显两性?

【学生】能。铝元素的金属性不强,非金属性也不强,所以,铝吸引电子能力不强,使 $Al(OH)_3$ 既可能按照酸式离解,也可能按照碱式离解。

【教师】那么,又如何解释浓硫酸具有"强"氧化性,而稀硫酸却没有"强"氧化性呢?

【学生】稀硫酸有一定的氧化性。但稀硫酸的氧化性与浓硫酸不同,浓硫酸的氧化性是硫酸分子中 S 元素体现出来的,而稀硫酸的氧化性是稀硫酸电离出来的 $H^+$ 所体现出来的。

【教师】不错。能否从结构上讨论一下这种差别?

【学生】硫酸是共价化合物,浓硫酸中硫酸分子在没有水分子作用时,硫酸无法电离。S 元素周围的 O 元素电负性大,吸引电子能力强,迫使具有较大电负性的 S 元素"强力反抗",期望获得电子,这种强烈的获得电子的能力就是氧化性,所以,浓硫酸体现出较强的氧化性。

【教师】表述合理、准确、到位。那稀硫酸为什么没有强氧化性？

【学生】稀硫酸溶液中，由于硫酸分子电离产生的$SO_4^{2-}$中，S元素以$sp^3$杂化形式存在，且$SO_4^{2-}$带有2个单位负电荷，使S元素也分摊到部分负电荷，从而降低了S元素吸引电子的能力，即氧化性减弱。

【教师】稀硫酸有没有氧化性？

【学生】有。稀硫酸溶液中，$H^+$离子的氧化性超过了$SO_4^{2-}$离子的氧化性，所以，稀硫酸的氧化性其实就是$H^+$的氧化性。

【教师】非常好。

4. 环保教学片段

【教师】教材上为什么只讨论$SO_2$的环保问题？为什么不讨论硫酸、硫等的环保问题？

【学生】是不是因为硫酸、硫在一般人的生活中很少有接触或使用？

【教师】有一定道理，但还有更主要的原因。环境污染主要包含大气、水体和土壤三方面。$SO_2$是气体，在人类的日常生活中$SO_2$气体主要来自矿物燃料煤、石油产品的燃烧，涉及家家户户。一方面$SO_2$大量排放，另一方面又很难收集。因此，$SO_2$的环保是一个涉及千家万户的重要环保课题。

【教师】要研究$SO_2$的环保问题，需要研究$SO_2$对环境有哪些主要的污染。

【学生】首先$SO_2$有毒性，其次有酸性，还可以形成酸雨。

【教师】那酸雨是如何形成的呢？酸雨的成分主要是什么？

【学生】（讨论略）……

【教师】酸雨有哪些危害呢？如何预防酸雨呢？

【学生】（讨论略）……

【教师】如何变有害的$SO_2$为宝呢？

【学生】（有关$SO_2$的回收讨论略）……

5. 课堂结尾

【教师】同学们，这节课我们根据系统论观点，站在高三化学基础上，居高临下，把高中化学知识融会贯通地运用于元素化合物知识的复习，并紧紧抓住结构决定性质这一研究物质的有力武器进行了系统复习。

【教师】通过上述复习，大家对今后其他各章节有关元素化合物知识的复习有何启发呢？

【学生】要定复习的框架。

【学生】是不是应该明确哪些是复习的重点？

【学生】应该复习各物质相互转化的化学方程式。

【学生】列出知识网络，列表总结各物质的结构、性质、制法、检验、用途、环保等。

【学生】……

【教师】很好！我想，是不是可以用几个字概括一下？

【教师】学习元素化合物知识可以概括为：

三个"锦囊妙计"六个字：

定位——确定复习哪些物质、哪些性质，列出复习元素化合物知识的框架；

织网——把相互有关联的知识按照一定的方法编织成知识网，便于课后复习；

构性——用物质的结构决定物质的性质这一思路,系统分析、归纳相关知识。

【教师】但是,对具体的不同章节又有不同的"热点",如本节课的热点为:氧化性(浓硫酸)、还原性($SO_2$、$H_2SO_3$、$H_2S$)、环保($SO_2$)、检验($SO_2$)、应用。

## 三、反思

化学新课程教学中,"课时紧"是贯穿整个高中化学课堂教学的重要特征。按理,元素化合物知识的复习,首先是各种物质性质的复习,也就是要引领学生复习、回顾乃至熟记各种物质的各类反应及化学反应方程式、制法、检验、实验操作等基础知识,但我认为让学生体验整个高中化学知识前后联系的整合方法,让学生体验复习元素化合物知识的思维方式,让学生体验用系统论观点思考和处理问题的方法,让学生体验建构知识框架的过程,让学生归纳并总结学习元素化合物知识的方法和手段等,要比简单梳理书本知识重要得多。有限的课堂教学时间,应该安排学习和研究最有价值的教学内容和探究内容。因此,涉及物质间相互转化的化学反应方程式、相关实验等基础知识和内容可以让学生课后自己复习,不要放到有限的课堂内进行。另外,可以再配套增加两节习题课,以巩固并活学活用所学知识。

## 四、板书设计

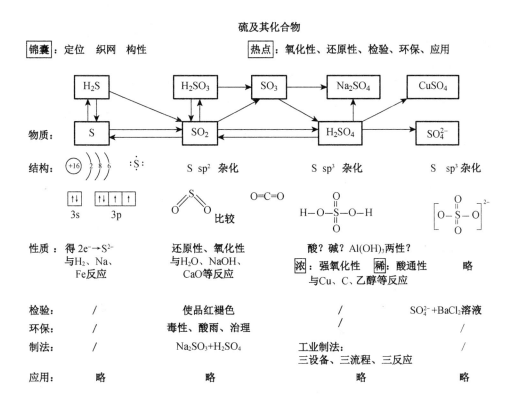

# 《金属的腐蚀和防护》教学设计

**教学目标**：

(1) 知道金属腐蚀的两种类型(化学腐蚀和电化学腐蚀)。
(2) 能解释金属发生电化学腐蚀(析氢腐蚀和吸氧腐蚀)的原因。
(3) 了解防止金属腐蚀的方法。

**教学重点**：

金属的电化学腐蚀。

**教学过程**：

| 教学主线 | 情景创设线 | 情感愤悱线 | 思维灵动线 | 知识达成线 |
|---|---|---|---|---|
| 金属的腐蚀 | 为什么人们喜欢戴金项链而不戴铁项链? | 联系生活。激发学生的求知热情。 | 激起学生思维浪花。 | 铁容易生锈,而黄金不易生锈。 |
| | 那又为什么汽车不用黄金打造而用铁呢? | 学生对上述已有认识产生疑惑。 | 学生探讨、交流,难道是价格因素?稀缺程度? | 价格与稀缺程度有影响,更重要的因素是金属的物理、化学性质。 |
| | 铁为什么容易生锈?是什么物质使铁失去电子? | 学生很讨厌铁生锈。 | 酸?酸性物质? | 铁可以与盐酸、硫酸等酸直接接触并反应失去电子。铁失去电子被氧化: $Fe - 2e^- == Fe^{2+}$。 |
| | 为什么铁遇到NaCl、水、空气等物质时也会生锈呢? | 愤者,心求其通而未解。悱者,口欲言而未能。 | | 用目前知识无法解决。 |
| | 铁究竟是怎样被腐蚀(生锈)的呢? | 展示3组对比实验:<br>实验1:醋酸溶液与铁粉反应。<br>实验2:醋酸溶液与铁粉、活性炭混合物反应。<br>实验3:NaCl溶液与铁粉、活性炭混合物反应。 | | |
| 实验演示 | 化学腐蚀与电化学腐蚀实验对比;3组实验所用溶液浓度相同;3组实验同步进行。 | 图1 实验1装置（醋酸溶液+铁粉，三通管，滴加红墨水的水） | 图2 实验2装置（醋酸溶液+铁粉+活性炭，三通管，滴加红墨水的水） | 图3 实验3装置（NaCl溶液+铁粉+活性炭，三通管，滴加红墨水的水） |
| 实验现象描述 | 实验1:U形管内红墨水慢慢向右移动(即有气体放出),一段时间后,红墨水的位置基本保持不变。<br>实验2:U形管内红墨水立刻向右移动(即有气体放出),放出气体速度比实验1快得多。然而意想不到的是,不一会儿又向相反方向(向左)移动,也就是产生了倒吸现象,而且倒吸速度比实验3还要快。<br>实验3:U形管内红墨水先稍向右移动(即有气体放出),立刻又向相反方向(向左)移动,也就是产生了倒吸现象。倒吸速度反而比实验2慢。 | | | |

续 表

| 教学主线 | 情景创设线 | 情感愤悱线 | 思维灵动线 | 知识达成线 |
|---|---|---|---|---|
| 实验现象分析 | 实验1比实验2放出气体的速度明显慢得多,为什么? | 学生争论。 | 逐渐形成共识。<br><br>析氢腐蚀速度比化学腐蚀快。 | 实验1可以理解为化学腐蚀,实验2是电化学腐蚀中的析氢腐蚀。化学腐蚀:指金属与其他物质直接接触发生氧化还原反应而引起的腐蚀。腐蚀过程中无电流产生。<br><br>这一对比,至少可以让学生联想和明白以下知识:<br>一是纯铁比较稳定,不容易被酸腐蚀;<br>二是钢比纯铁更容易被腐蚀;<br>三是电化学腐蚀速度更快,产生的危害更大。 |
| 金属腐蚀类型 | 为什么加了活性炭反应速度加快了? | 学生都一致认为活性炭对反应有影响。 | 活性炭扮演了什么角色?<br>起了催化作用? | 金属腐蚀可以分为化学腐蚀与电化学腐蚀。<br>铁粉中加入活性炭后,可以与电解质溶液一起形成原电池。活性炭形成原电池的正极,铁形成原电池的负极。<br>原电池的形成加快了铁的腐蚀速度。 |
| 析氢腐蚀 | 实验2中为什么有气体放出?放出的是什么气体?<br>什么是析氢腐蚀? | 铁与醋酸反应有氢气放出。 | 析氢腐蚀电极反应:<br>负极:<br>$Fe-2e^- = Fe^{2+}$<br>正极:<br>$2H^+ + 2e^- = H_2\uparrow$<br>总反应:<br>$Fe+2H^+ = Fe^{2+} + H_2\uparrow$ | 实验2在开始时发生的是析氢腐蚀,由于醋酸的量很少,反应速度又非常快,所以放出氢气的现象在30s左右的时间内就结束了。<br>析氢腐蚀的总反应是:<br>$Fe+2CH_3COOH =$<br>$(CH_3COO)_2Fe+H_2\uparrow$。<br><br>钢铁的析氢腐蚀示意图 |
| 吸氧腐蚀 | 为什么实验3会发生倒吸? | 这里有新的反应产生了。 | 倒吸现象说明锥形瓶内气体减少。 | 吸氧腐蚀:钢铁表面吸附的水膜酸性很弱或呈中性时,氧气参加电极反应,发生吸氧腐蚀。 |
| | 能不能解释生活中看到铁制炒菜锅遇到NaCl且潮湿时特别容易生锈? | | 吸氧腐蚀电极反应:<br>负极:<br>$2Fe-4e^- = 2Fe^{2+}$<br>正极:<br>$O_2+2H_2O+2e^- = 4OH^-$<br>总反应:<br>$2Fe+O_2+2H_2O = 2Fe(OH)_2$<br>最后生成铁锈<br>$Fe_2O_3 \cdot nH_2O$ | |

续 表

| 教学主线 | 情景创设线 | 情感愤悱线 | 思维灵动线 | 知识达成线 |
|---|---|---|---|---|
| 电化学腐蚀分类 | | | | 电化学腐蚀可分为析氢腐蚀与吸氧腐蚀。<br>电化学腐蚀：指不纯的金属或合金发生原电池反应，使较活泼的金属失去电子被氧化而引起的腐蚀。 |
| | 为什么实验2也会发生倒吸？ | 是否也同时发生了吸氧腐蚀？ | 吸氧腐蚀需要什么条件？ | 由于反应铁与醋酸反应生成了醋酸亚铁($CH_3COO)_2Fe$，醋酸亚铁是电解质，于是在电解质醋酸亚铁的存在下，铁作为原电池的负极，活性炭作为原电池的正极，新的原电池又形成了，在氧气的作用下发生了吸氧腐蚀，最终使锥形瓶中的氧气减少，发生倒吸现象。 |
| | 实验2与实验3哪一个倒吸更厉害？ | 把实验2与实验3装置进行对拉实验对比。 | 图5 对拉实验（醋酸溶液——铁粉+活性炭；NaCl溶液——铁粉+活性炭；滴加红墨水的水）<br>实验现象：红墨水向左边移动。表明实验2比实验3倒吸现象更明显。 | |
| | | | 电解质溶液的存在为吸氧腐蚀创造了条件。 | 电解质、水、空气同时存在，才能使铁被腐蚀。 |
| | 为什么实验2比实验3倒吸更厉害？ | 经过讨论，认为可能的原因有以下几个：一是铁与醋酸反应是放热反应，实验2体系内温度比实验3高，吸氧腐蚀的反应速率比实验3大，促使后续的倒吸现象明显；二是由于开始时铁与醋酸发生了反应，与实验3相比，体系中$Fe^{2+}$浓度更大，所以吸氧腐蚀速率更大；三是醋酸根可能有催化作用；四是由于实验2中$Fe^{2+}$浓度大，单位时间内$Fe^{2+}$氧化成$Fe^{3+}$消耗氧气的速率更大。 | | |
| | | 看来电化学腐蚀比化学腐蚀更普遍。 | 电化学腐蚀的发生，需要形成两个电极。活性炭的加入，形成了原电池的正极，加速了电化学腐蚀的发生。 | 日常生活中使用的铁都是含有碳的铁合金，碳的存在为铁的电化学腐蚀提供了条件。 |

续　表

| 教学主线 | 情景创设线 | 情感愤悱线 | 思维灵动线 | 知识达成线 |
|---|---|---|---|---|
| 金属的防腐 | 如何防止铁生锈？ | 铁生锈影响了人们对铁的使用。 | 防腐本质：阻止金属发生氧化反应。只要改变条件，就有可能防止铁生锈。既然是电解质、水、空气对铁的共同作用，我们只要减少其中任一条件，就可以防止铁被腐蚀的发生。 | 金属防腐蚀方法：<br>(1) 改变金属内部结构，如制成合金等。<br>(2) 加防护层，如在金属表面涂油或涂漆，覆盖塑料，镀不活泼金属等。<br>(3) 电化学防护。<br>① 牺牲阳极的阴极保护法。将被保护金属与比其更活泼的金属连接在一起，更活泼的金属作为负极(阳极)被腐蚀，作为正极(阴极)的金属被保护。<br>② 外加电流的阴极保护法(原理如图)。<br>接电源负极——接电源正极<br>被保护钢铁——惰性电极 |
| 思考 | 1. 根据铁腐蚀的本质分析：金属防护的本质是什么？如何防止金属腐蚀？ | | 金属腐蚀的本质是金属被氧化剂氧化变成金属阳离子，因此金属防护的本质是避免金属接触氧化剂，或采取措施使金属不被氧化。在电化学防护中使被保护的金属作原电池的正极或电解池的阴极，不参与电极反应，从而不被氧化。 | |
| | 2. 钢和纯铁，哪一种在空气中更易腐蚀？为什么？ | | 钢更易腐蚀，因为钢不纯，钢中含有一定量的碳，创造了形成原电池的条件，所以钢更易发生电化学腐蚀。 | |
| | 3. 吸氧腐蚀与析氢腐蚀的电极反应有何异同？ | | 负极反应式相同，正极反应式不同。 | |

4. 化学腐蚀与电化学腐蚀有哪些区别和联系？

| 种类 | 化学腐蚀 | 电化学腐蚀 |
|---|---|---|
| 条件 | 金属与非电解质等直接发生化学反应 | 不纯金属或合金跟电解质溶液接触发生原电池反应 |
| 实例 | $2Fe+3Cl_2 =\!\!= 2FeCl_3$ | 钢铁腐蚀 |
| 电流 | 无 | 微弱电流 |
| 结果 | 金属被氧化 | 较活泼金属被氧化 |
| 相互关系 | 化学腐蚀、电化学腐蚀常同时发生，电化学腐蚀更普遍 | |

5. 钢铁析氢腐蚀与吸氧腐蚀有哪些异同？

| 区别与联系 | | 析氢腐蚀 | 吸氧腐蚀 |
|---|---|---|---|
| 相同点 | 腐蚀的本质 | 被腐蚀金属为原电池的负极，其原子失去电子变成金属阳离子，发生氧化反应 | |
| | 电极反应式 | 负极：$Fe-2e^- =\!\!= Fe^{2+}$ | |
| 不同点 | 条件 | 水膜酸性较强 | 水膜呈很弱的酸性、中性或碱性 |
| | 电解质溶液 | 溶有 $CO_2$、$SO_2$ 等的水溶液 | 溶有 $O_2$ 的水溶液 |
| | 氧化剂 | $H^+$ | $O_2$ |
| | 电极反应式 | 正极：$2H^++2e^- =\!\!= H_2\uparrow$ | 正极：$O_2+2H_2O+4e^- =\!\!= 4OH^-$ |
| | 产物 | $H_2$ | $Fe(OH)_2$ |

曹锁海

曹锁海　中学高级教师，江苏省政治学科特级教师。1961年毕业于金坛师范学校并留校从事政治课教学工作，后经组织推荐，被南京师范学院政治系录取，于1969年毕业。从教后，曾先后担任吴县木渎高级中学政治教研组组长、教务处副主任、吴县市教育研究室政治教研员、副主任。1994年被评为江苏省中青年有突出贡献的专家。在专业理论知识方面，他系统地通读了《资本论》《列宁选集》等著作，写了20多万字的读书笔记，出版著作6本，在省级以上刊物上发表论文10余篇。

# "问题导向"和三段式教学

## ——曹锁海的中学政治课教学改革

### 一、"问题导向"的自主学习教改

20 世纪 80 年代,在曹锁海同志的带领下江苏省木渎高级中学政治教研组创造了一种今天叫作"问题导向"的自主学习教改模式,具有"翻转课堂"的意义。这项实验要求教师在备本节课时,设计下一节课学生自学的任务,预习任务必须明确,即今天所谓的任务驱动、问题导向。在下一节课上课前,教师需要了解学生预习的情况,以便在课堂教学中因势利导,还要设计拓展教学深度的问题或案例。在上课的时候,需要控制学习进度,确保时间集中在深度拓展方面。实验要求学生通过预习学会结构化思考,自主解决重点、难点和热点问题,逐步养成今天所说的探究精神和解决问题的能力。

"问题导向"的自主学习教改,关键在教师的备课,那么教师备课需要考虑的问题是什么呢?

(1) 学会结构化的思考:内容可以概括为哪几个方面?
(2) 理解问题:尤其是重点、难点。
(3) 布置预习任务:引导学生课外自习。
(4) 开发潜能:分析问题,解决问题。

### 二、"预习提疑—讲解答疑—综合解疑"的三段式教学

现代教学论主张,学生是学习的主体,教师是学生学习的主导。从教多年来,为发挥学生的主体作用,曹锁海同志深入研究,大胆实践,勇于创新,创立了"预习提疑—讲解答疑—综合解疑"的三段式教学,即在课堂教学活动中,教师根据学生预习情况分配学生交流学习成果的任务,有利于互相启发、触类旁通。教师聆听学生的发言,把握其思维脉络,学会智慧指导。尤其是把时间集中在深度拓展上,发展学生分析问题和解决问题的能力,教学质量不愁得不到提高。

开展"问题导向"的自主学习教改和课堂三段式教学,帮助他取得了优异的成绩,他任教班级的高考成绩连续 13 年在苏州市名列第一。

### 三、青年教师培养成绩显著

他是青年教师的榜样,更是青年教师的引路人和好师傅。在培养青年教师方面,经他指导和培养的青年教师不计其数,如黄生元、朱建平、薛亚春等。很多人被评为市、县区政治学科带头人,有多人获苏州市政治学科评课选优一等奖,薛亚春等人被评为江苏省政治学科特级教师,更有一大批政治学科教师走上了领导的岗位。

# 中学思想政治课教学优化谈

在思想政治课的教学过程中,许多教学内容的教学过程本身就是一个从具体到抽象的过程,即通过一系列政治现象、经济现象、社会现象进行综合分析,揭示出它们本质或者是相互之间的联系(包括内在规律)。

要达到思想政治课教学改革预期的目的,收到应有的效果,必须探索思想政治课教学规律,寻找教学的有效途径,即必须优化基本的教学过程、教学手段和课型。

## 一、政治课教学过程的优化

在高中政治课教学中,高一学生刚从初中升入高中,我们针对他们知识面窄,社会经验少,观察、分析问题能力较差的实际情况,在高一年级采取三段式教学结构,即"预习提疑—讲解答疑—综合解疑"。由于高二、高三的学生有了一定的基础,分析问题的能力也有所增强,因此,我们便采取了四段式的课堂教学结构,即"预习提疑—综合讲解答疑—集中训练解疑—写出小论文"。这些做法在实践中收到了比较好的效果。

## 二、政治课教学手段的优化

必须针对不同年级学生及教材的不同特点,灵活运用读、讲、议、练、写等教学手段,或单独使用,或综合使用。

## 三、政治课课型的优化

必须针对不同教学内容和教学任务设计和选择适当的课型。所谓课型,是指组织教学的不同形式。我们高中思想政治课的课型有以下几种:自学提疑课、讲解答疑课、练习解疑课、讨论辩疑课、教学活动课、写小论文课等。

当然,各种课型不是彼此孤立的,而是有机统一的。它们都必须由教材、学生、教师这三个课堂教学的重要要素支撑。同时不同课型的运用和不同课型在单元教学中的比例以及不同课型前后相继的次序应适应不同的教学目的。

## 四、政治课教学要素的优化

教学的过程是教师、学生、教材、方法多种要素综合作用的结果。在这个过程中,学生是认知的主体,教师是这个过程的主导,教材则是这个过程的依据和凭借,方法是这个过程联结的手段。优化各要素,就是要遵循学生认识发展的规律,增强学生学习的主体意识,发挥教师的主导作用,从而更好地发挥思想政治课的教育功能。

总之,思想政治课教学内容的科学性、广泛性和思想性,要求教师灵活运用多种知识和方式进行教学,优化各要素,才能不断提高教学效率,才能事半功倍,实现既定的教学目标。

薛亚春

　　薛亚春　1983年7月苏州师范专科学校政史科毕业，1983年9月至1985年6月在金庭中学执教，1985年9月至1999年6月，在木渎高级中学教学，1989年7月苏州大学政教系本科函授毕业，1998年9月被省教育委员会授予江苏省优秀德育工作者称号，1999年9月至今执教苏苑中学，中学高级教师。2001年被市教育局授予苏州市中青年政治学科带头人称号，2002年被市教育局评为名教师，2004年被市委教育工作委员会评为苏州市师德标兵，被省教育厅评为江苏省优秀教育工作者，2009年被市政府授予苏州市劳动模范称号，2010年获得吴中区第三届优秀人才奖，2012年参加省高考政治学科审题工作，2013年获得国家二级心理咨询师证书，成为区心理咨询中心的志愿者。2012年被省政府评为江苏省先进工作者，2014年被省政府评为省政治学科特级教师，2016年参加省小高考命题工作，同年9月被区政府授予东吴教育名家称号，被苏州科技大学教育与公共管理学院聘为政治系兼职教授。2017年被苏州市教师发展中心——乡村骨干教师培育站聘为导师，主要研究方向是学科价值及其实现。

　　近5年主持的省级课题有"网络环境下高中生心理健康教育的对策与干预策略研究""中学生思想政治课价值及其现实研究"。作为核心成员参与的省级课题有"中学政治课主题情境探究式教学的实践研究""政治学科核心素养下课堂教学立德树人功能研究"。近5年发表论文12篇，其中核心期刊8篇。

# 我的教学主张——"不要背"的政治老师

小学的我是个敢用拳脚"维权"的小汉子,中学的我是个默默努力、敏感而害羞的小女生,以至于我的老师们都认为我不适合做老师。大学的我则是个每天坚持跑步、乐学好思、敢于开口的师范生,我明白自己要做一名老师。

## 一、十年就磨一剑

1983年参加工作后的10年里,我像个勤快的小松鼠,不停地捡松果,一心想让自己的家底丰厚起来,读教参,重温大学教材,问同行,请教师傅,努力厘清每个基本概念的内涵与外延,尽力明白每个基本观点的来龙去脉,着力探索重大政治、经济、文化事件的前世今生;对着镜子练表情和手势;买了磁带反复听丁建华、乔榛的诗朗诵;一个人在学校操场上踱步,想着课堂流程的衔接,在办公室阅览学生的预习笔记,捕捉学生思维的亮点,思忖:到底是什么?到底为什么?究竟怎么办?

风生水起的课堂教学,滋养了柔情蜜意的师生关系。这份你情我浓的心灵鸡汤,支撑起了强大的职业信仰——做个老师,这是个人性中带着神性的职业,一个真正的师者一定拥有美好的情怀,虔诚地追随学生、发现真实。教育的终极目标是人,是人的发展,唯有教师的持续成长才能成就学生的真正长成,唯有学生的发展才能涵养教师的职业生涯。

我们很容易将焦点集中在别人身上,认为自己的幸福系于某人,痛苦也源自某人。这样归因的话,我们就永远找不到出路,因为别人不是我们的答案,答案只在我们自己心中。真正的善良就是尊重自己的感受,当感受到师生关系的僵硬、课堂活动的停滞、成绩的不如意,一定首先是我自己有问题,从改变自我开始,我始终相信教师在一定程度上可以自由支配自己的行动,可以在受限中求得改变,变则通,通则畅。

质变是瞬间的飞跃,人们往往只看到那流光溢彩的刹那,1994年真的就定格了教学风格:学生预习,提出疑问→立足学生的疑问,依据学科观点,设计课堂思考题→以问题为载体,在互动探究中,层层推进教学进程,以达学科核心素养养成的目标。一路走来,发现居然成了一种大气的教学模式。一个老师不探索学生所思所想,不以学生的困惑为逻辑起点,何以承载教育的本真——以人为本?一个政治老师,不引导学生思考社会的、现实的、生活的问题,何以承载思想、激荡灵魂?

## 二、常年喊叫"不要背!"

曾无数次面对这样的问题:"你是干什么工作的呀?""教师!"回答得神采飞扬。"教小学还是初中?""高中!"回答得底气十足。"那你教什么功课的呢?""政治。"回答得羞羞涩涩,其原因是因为在一般人的印象中,政治是"假、大、空",考试成绩不好是因为不肯背,考得好是因为肯背。其实高中政治哪是可以一背了之的呀!

政治,从核心价值看,是一门进行马克思主义基本观点教育的课程;从基本功能看,是一门提高学生认识社会、参与社会活动的课程;从培养目标看,是一门培养学生思想政治素养的课程。它涵盖经济学、哲学、政治学等诸多科学知识,集理论教育、社会认知和公民教育于一体,相对于一般的学科课程,既具有更为宽泛的学科跨度,还具有波澜壮阔、日新月异的时代背景,更具有"三观"引领的育人功能。

任何学科知识的学习都需要记忆,只是记忆一定是有规律可循、有方法可依的,我的口头禅就是"不要背"。

例1:小红在商店里购买一件打折商品,原标价为人民币50元,实际支付40元,在这购买活动中,货币执行的职能是:

A. 支付手段　　　　B. 流通手段　　　　C. 价值尺度　　　　D. 贮藏手段

这道选择的题干设置了两个陷阱:一是"标价",二是"支付"。与"标价"相联系的是价值尺度,与"支付"相联系的或许是支付手段,而这道题的关键词是"购买"。解答本题需要基础知识的积累:流通手段,是货币充当商品交换媒介的职能,表现为一手交钱,一手交货,钱货两清,流通手段也叫购买手段;而货币执行支付手段职能是随着商品赊账买卖的产生而出现的,在赊销赊购中,货币被用来偿还债务,后来又被用来支付地租、利息、税款、工资等,钱与货并非在同一时间交割两清。当学生真的理解了,是不要背的。

例2:英国首相的权力虽然很大,但仍要受到制约。想一想会受到哪些制约呢?

首先,英国的国家机构主要有国王、议会、内阁——那么首相

① 会受到国王的制约——国王对首相有磋商权、警告权。

② 会受到议会的制约——议会制国家,内阁由议会产生,受议会监督。

③ 会受到来自内阁的制约——首相是内阁首脑,是议会多数党领袖。如果内阁和本党议员多数人认为首相不能胜任,则首相必须下台。

其次,英国是两党制国家,自然还会受到来自在野党的"关注"。

最后,民众和公共舆论当然也是一股监督、制约的力量。

运用已有知识或常识细细推导的过程费力吗?

例3:经济全球化的积极作用有哪些?

真的不要背,可从从经济全球化的主要表现中推导出:生产全球化——生产要素在全球流动,国际分工水平提高;贸易全球化——国际贸易迅速发展;生产全球化、资本全球化——推动世界范围内资源配置效率的提高、各国生产力的发展。

例4:矛盾的共性和个性,到底谁寓于谁之中呢?

平行四边行　　正方形　　长方形

学生一直记不住。先找找这三个几何图形彼此的不同点(即个性)。

再找出它们的共性:都有四条边且有两组平行。那么这个共性有没有涵盖这三个几何图各自的个性特点,如正方形四条边相等。没有。因此,共性寓于个性之中。

借助涂鸦,让学生真正明白一些抽象的哲学观点,还要背吗?

知识的学习都需要积累,积累的方法里肯定有"背",或许有时还真得强记,只是一定不能停留在死记硬背的低层面上。

例5:时事背景:2016年是全球化遭遇重大打击的一年。欧美一些国家推行的贸易、投

资保护主义,让质疑和反对经济全球化的声音从幕后走到台前,在世界范围内形成了一股大规模的"反全球化"思潮。运用政治生活知识简要分析为何欧美一些国家过去是全球化的推手,现在却主张停止甚至逆转全球化进程。

在经济全球化的情境中给出的已知条件:其一,欧美一些国家推行贸易、投资保护主义,停止甚至逆转全球化进程。其二,过去他们是全球化的推手。所求条件:运用《政治生活》知识分析原因。

《经济生活》有言,当今世界是开放的世界,经济全球化深入发展,各国的经济联系日益紧密,但现阶段经济全球化实质上是由发达资本主义国家主导的,他们左右着国际经济的游戏规则。检索《政治生活》的知识:唯第四单元"当代国际社会""欧美一些国家"可以代入,同样一些国家对经济全球化前后不同的态度,是因为什么呢?国际关系中,最主要的是国家与国家之间的关系,各国间存在着复杂的利益关系,国家利益是国际关系的决定性因素,维护国家利益是主权国家对外活动的出发点和落脚点。

欧美一些国家过去是全球化的推手,现在却主张停止甚至逆转全球化进程,都是基于维护国家利益的需要。

不会这样的逻辑推理方法,即便"国家利益是国际关系的决定性因素,维护国家利益是主权国家对外活动的出发点和落脚点"的观点烂熟于心,但不会迁移到此情境中,也是枉然。

同时,学习积累从来不是老师一方的努力,还有学生的努力。

例6:储存了关于我国基本经济制度的思维导图:

我国的基本经济制度
- 公有制为主体(地位)的主要体现
  - 全国而言,公有资产在社会总资产中占优势
  - 国有经济的主导作用及关键领域的支配地位
- 多种所有制经济共同发展
  - 混合所有制经济是基本经济制度的重要实现形式
  - 都是社会主义市场经济的重要组成部分
  - 是社会发展的重要基础

中国特色社会主义制度的重要支柱
社会主义市场经济体制的根基

当遇到相关考题,答案"自动"浮现。

例7:下列选项中,与"年年岁岁花相似,岁岁年年人不同"蕴含哲理相同的是:

A. 宝剑锋从磨砺出,梅花香自苦寒来　　B. 一花独放不是春,百花齐放春满园
C. 天时人事日相催,冬至阳生春又来　　D. 纵使思忖千百度,不如亲手下地锄

题干诗句出自唐代刘希夷的《代悲白头翁》。该诗咏叹青春易逝,世事无常,如同"人面不知何处去,桃花依旧笑春风",蕴含的哲理应该是运动变化。A项的寓意侧重强调人须历经千辛万苦,才能有所成就。B项如同"独木不成林",一花独放不能代表春天,更多表达的是联系的观点。D项的意思是心动不如行动,与"纸上得来终觉浅,绝知此事要躬行"有异曲同工之妙。C项选自杜甫的《小至》,描写的是冬至前后的时令变化,与题干蕴含的哲理相同。

对这些诗句的理解,我以为不是政治课上能达成的,就是说在个人数据库中,除了学科知识,还应有其他的自主积累。说到底,"不要背"只是一种心理战术,意思是说:不要老说这个要背,那个也要背,学生会怕的。有底气说这个不要背,那个不要背,只是找到了比死记硬背更好的方法而已,而且我坚信,这样的策略一定有利于学生的可持续发展。

# 叩问生死矛盾，探寻生命意义

每个人一出生就面对死亡，没有人有把握自己会活多久，生与死是生命的一体两面，德国哲学家海德格尔认为，一个人若要思考生命的意义，就要从生命的终点往前思考。

在我国的传统文化里，生意味着吉利、喜气，死被理解为凶煞、晦气。于是，在世俗世界里，成人在孩子面前对死亡讳莫如深，死亡的黑暗面让人充满了焦虑和疑惑。

## 一、阅读的力量

我在学校图书馆浏览，书架上一本名叫《人生的起点和终站》的小册子吸引了我，怀着好奇心借阅。南怀瑾先生运用佛法原理，阐释生死大事，读罢茫然无助。

生是什么？死又是什么？它们之间有怎样的关系？从小到大，我真的从未认真思考过。之后，阅读了周国平的《尼采》、张晓风的散文集《一一风荷举》，重温了史铁生的《我与地坛》，静读了陆幼青的《生命的留言》，再读了杨绛的《我们仨》，翻阅了《安妮日记》，聆听了莫里·施瓦茨与米奇《相约星期二》的课程以及库伯勒·罗斯的演讲集《你可以更靠近我》，拜读了茨威格的《异端的权利——科斯塔里奥反对加尔文》等，真的只是随意的阅读，但仿佛就像是刻意的选择和安排，居然可以组成一个系列，人世间就有这么说不清道不明的事。

一个女子一生排卵的数目约五百，一个现代女人大概只容其中的一二个成孕，而那一枚成孕的卵子是在亿对一的优势选择后才大功告成的……

一个人，出生了，这就不再是一个可以辩论的问题，而只是上帝交给他的一个事实，上帝在交给我们这件事实的时候，已经顺便保证有它的结果，所以死是一件不必急于求成的事，死是一个必然会降临的节日。

我感觉自己就像走在一条很长很长的幽暗的有着半圆的顶的走廊里，每走过一扇门，那扇门就在背后"砰"地一声关上，永远不再打开，这每一扇门，代表着我所做过的、我所能做的、我所享受过的每一件美好的事情……一样一样的事情在我的背后结束，我就像古代的那个智者，听到自己背后的那个水缸破碎的声音，没有回头，回头也没有用，回头看到的也是残骸和废墟。每个人都会走过这条长廊。

96年11月12日，他看着杨先生背后连声唤"阿圆！阿圆！"杨先生说，"阿圆在医院里呢。"钱先生说，"叫她回家去。"问："回三里河？""那不是她的家。"问："回西石槽？""西石槽究竟也不是她的家，叫她回到她自己的家里去。"杨先生真把钱先生的话转告女儿，钱瑗微笑点头。她领会爸爸的意思。

……

那些文字的冲击是如此强烈，与学生一起分享、品味前辈心底流淌的文字，探寻个体生命的真相。

## 二、生命的叩问

课堂教学是一种生命形态，课堂气氛作为一种教育情境，有显性的(教师热情四射，学生前后左右讨论,然后踊跃发言),也有隐性的(教师字句凝练,逻辑性强,问题设置得好,安静时,学生能听见自己的呼吸声和心跳声)。我确定:课堂气氛是否活跃,一定不在于学生身体的活动,而在于学生思维的调动。

生是什么?死又意味着什么?同学们思考过吗?叩问生死的课堂静悄悄的,但一定拨动心弦,真正的精神金沙就沉淀在寂静的底下,惜字如金的表述就是明证:

生是偶然、奇迹、来、聚、开始、存在、暂时……

死是必然、常态、回、散、终结、消失、永恒……

生与死的差别如此鲜明,作为矛盾斗争性的表现赫然在目。

黑格尔说:"生命本身即包含有死亡的种子。"那么,在生命的统一体中,生死还有着怎样的关系呢?对每一个个体而言,没有生,也就无所谓死,如同不曾拥有,就谈不上失去,其实,没有死,也无所谓生。如同谈不上失去,因为从来就没有过。一方的存在以另一方的存在为前提,双方共处于一个统一体中,生死作为矛盾双方相互依赖着。所以《论语》说:未知生,焉知死。莫里教授则告诉我们:学会了死亡,就学会了生存。死亡不仅映照出生命的脆弱与短暂,也赋予人生以不可抗拒的魅力;也正是因为有了死亡,人类才会思考活着的价值和意义。

人世间的每个人每天、每时、每刻都有细胞的衰老、凋亡,这是正常的生命现象,新陈代谢是生命体不断进行自我更新的过程。在每个生命的统一体中,生与死相互贯通,即相互渗透,相互包含,双方力量不平衡,地位不平衡,其中生处于支配地位,起着主导作用。

诗人臧克家1949年11月1日为纪念鲁迅逝世13周年而写了一首抒情诗《有的人》。那振聋发聩的声音分明在说:生死矛盾双方在一定条件下会相互转化。

"我要活下去,在我死后也继续活着。"这个犹太小姑娘的愿望实现了吗?安妮的日记于1947年首次出版,至今已被译成55种文字。为了纪念她,荷兰成立了安妮·弗兰克基金会,基金会致力于教育下一代反对种族歧视,为此设立了一个国际青少年中心。位于阿姆斯特丹市普林森运河畔的那幢房屋被改造为安妮纪念馆,如今已成为一个重要的旅游景点,她的母校,现改名为安妮·弗兰克学校。

"我的时代还没有到来。有的人死后方生。""总有一天我会如愿以偿,这将是很远的一天,我不能亲眼看到了。那时候人们会打开我的书,我会有读者,我应该为他们写作。"周国平惺惺相惜如此评说尼采:一颗敏感的心,太早太强烈地感受到了时代潜在的病痛,发出了痛苦的呼喊。可是,在同时代人听来,好似疯子的谵语,直到世纪转换、时代更替,潜在的病痛露到面上,新一代人才从这疯子的谵语中听出了先知的启示。

渐渐的,一个生命的核心问题浮现、清晰起来:怎么活比活着本身更重要?

有人说:"思想挽救个人的渺小,蒲苇般脆弱的生命因此获得存在的尊严。"

莫里说:"要使生活有意义,你就得献身于爱,献身于你周围的群体,去创造一种能给你目标和意义的价值观。""只要我们彼此相爱,并且将这种爱珍藏在心上,即使死了也不会消亡。因为你的爱还在,你就会永远活在你所爱的人心里。"

死亡的种子在萌芽生长,死亡的力量在不断增长,不要恐惧,因为有爱和思想。当死亡上升为矛盾的主要方面,消失的只是皮囊,爱的事业和思想则穿越时空,让生获得永恒。

生到底是什么?死到底又意味着什么?我们静静地、久久地咀嚼着、回味着……

### 三、生活的课堂

多少年了,面对一届又一届的学生,哲学矛盾概念的教学总是从漫画"你敢吗?"导入,感觉既生动又形象,用老子、孔子、孙子的观点与爱因斯坦的光的波粒二象性佐证,感觉博古又通今,欣欣然地一次又一次拿着旧门票登堂入室。

给帕尔默印象最深的一个导师:他慷慨地把他的精神生活向学生敞开,他充分表达思想的天分。我想,一个教师的精神生活一定离不开他的阅读,从阅读中汲取持续自我生长的营养。

"教育即生活。"构建"生活化课堂"是政治课教学的内在需要,更是学生成长的必然要求,生死问题是一个古老而又常新、终极而又当下的问题,师生一起叩问生死的矛盾观教学,一定是生活化的课堂,哲学的智慧才能落地生根。

生是活着吗?我们似乎明白:照顾好生理象限,管理好情绪象限,发展好智慧象限,培育好灵魂象限,是一个完整个体生命的必修课程。

死是结束吗?没有人能赋予我们的生命以任何意义,活出自己生命行程的价值和意义,让死亡不是终结,而是新的开始。

生与死是对立统一的……

# 问题教学中的问题从何而来

## ——以"走进文化生活"为例

马赫穆托夫在他的《现代的课》中认为:有一种课是"非问题性"的,是"复现性掌握"(学生并不是始终在"发现");另一种课是"问题性的",是"创造性掌握",即主要靠教师创立"问题情境",而由学生去"发现",去解决"学习上的问题"。

课堂教学离不开课堂提问,许多老师习惯于把教学内容问题化,满足于提问一些教材确认性的问题,或者反问式的非教学性问题,如"走进文化生活"的课堂问题一般是:文化市场和大众传媒的发展,给我们的文化生活带来怎样的影响?什么是我们所倡导的大众文化?如何区分落后的文化和腐朽的文化?为什么在我们社会主义国家,仍然存在落后的文化和腐朽的文化?面对纷繁复杂的文化现象,只需要国家加强管理,正确引导,奏响主旋律吗?

一堂课貌似提出、解决了很多问题,但在本质上都是"非问题性"的,充其量只是教材文本的梳理,是书本知识的"复现性掌握",始终没有"发现"。久而久之,学生奉教材为金科玉律,没有自己的话语,因为没有基于自己的思考,这样的教学与发展人的教育目标南辕北辙。

真正的问题教学,应该是由老师设计"问题情境",刺激学生在设问和释疑的思维活动中,创造性地掌握知识,优化自主学习能力,养成良好的心理品质。

问题教学实现发展性目标的关键则在于问题设计,那么"问题性的"问题从何而来?

### 一、来自学生知识上的困惑

学生在课前自主学习时体验到的模糊、疑难、矛盾和某种混乱,如有学生在预习笔记上写道:书学了一半了,可我还是糊涂,文化到底是什么呀?是啊,尽管教材里专门有"文化是什么"的标题,也有相关的大量解释:文化是人们社会实践的产物。文化是相对于经济、政治而言的人类全部精神活动及其产品,既包括具有意识形态性质的部分,又包括具有非意识形态的部分。文化具有非常丰富的形式,如思想、理论、信念、信仰、道德、教育、科学、文学、艺术等。文化是一种社会精神力量。文化已经成为国家核心竞争力的重要因素。但文化的内涵究竟是啥呢?教科书的表述是模糊的,许多老师的理解也是混乱的,在组织教学时,我就把学生的这个困惑以课堂思考探究题的形式呈现,在你一言我一语后,一致认可台湾地区教育教材对文化内涵三个层次的划分:其一,器物层次,指人们创造出来的如建筑、服饰等或技术,亦即物质文化;其二,制度层次,指人类建立的各种制度,用来约束或指导人们行为的准则,对于促进社会生活的和谐稳定中有着极其重要的功用;其三:理念层次,指人们精神生活中所拥有的各种思想,包括理想、信念、价值等,它影响着人们日常的行为判断。它们之间有着怎样的关系呢?一番讨论之后,一致认为:彼此相互关联,理念层次落实在文化生活中的所有层面上,就如婚戒,是一种器物,更是代表着两个人相亲相爱并遵守婚姻制度的一种承诺。同时,不同层次的文化发展速度不一定是同步的,在文化发展的过程中必须兼顾三者的发展,防止文化失调。

把学生在预习时迸发的思维火花作为老师课堂问题设计时的来源,学生获得一种被重视、被关注之感,更有一种成就感,有利于调动学生读书学习时思考的主动性和积极性。

## 二、来自学生生活中的矛盾

现代大众媒体以其先进的技术、设备和广泛而密集的信息网络、高覆盖率的发射系统,使其成为社会的舆论中心、信息中心、文化传播中心。当代人的文化生活都与大众传媒有着千丝万缕的联系。

许多学生体察过家长和老师对手机、电脑、网络的"仇视":当媒体不断曝光网络色情、骗局、暴力;当学生沉溺于网络而无心上课,考试时用手机上网作弊;当深夜,孩子在被窝里了,可QQ的头像还在闪动……一场监视与反监视的斗智斗勇,真的别有一番滋味在彼此的心头。

我就把学生在现实生活中的这个纠结设计成课堂讨论题:有观点认为,大众传媒,特别是信息网络技术的发展,是低俗、落后、腐朽的文化得以存在和传播的根源。对此你是怎么看的?

学生从书上可以了解到:低俗、落后、腐朽的文化得以存在、传播,有其历史和现实的根源、经济与政治的缘由,但这不是重点。关键是通过讨论,学生明晰了这样的逻辑:当下的文化生活离不开大众传媒、信息网络技术。但大众传媒、信息网络技术只是文化传播的工具,作为工具其性质是中立的。重要的是其传播的内容,这取决于传播人。更为重要的是获取内容的人,要能鉴别,要会取舍。也就是说,手机、电脑撇开它们作为商品的质量好坏之分,本身无所谓性质上的好坏,当人们赋予它们自己的偏好、欲望,烦恼由此滋生。

古希腊哲学家埃皮克迪特斯如此忠告我们:"人不是被事情本身所困扰,而是被其对事物的看法(影响、态度)所困扰。"如果清楚地知道自己想要什么,能要什么,有正确的信念和理性的行为,善用一切工具,身心一定安然,社会一定泰然。

把学生生活中遇到的矛盾设计进课堂问题,为学生提供一个贴近生活的探索、发现的平台,通过讨论厘清认识上的偏差,有利于学生理性客观地想问题、办事情。

## 三、来自当下社会的脉动

脉象有喜亦有忧,现代社会整体节奏加快,物欲汹涌,竞争无处不在,弥漫着心神不宁、急功近利的情绪。流行的时尚的追逐、喧嚣的作秀、快餐式的"悦读",使人的内心浅薄、精神家园荒芜。

我特意设置了这样一个问题:对"经典与流行""流行与主流",我们有怎样的判断和选择?采用同桌对话、班级交流的形式为此我特地展示了梵高的《向日葵》和金廷标的宫廷画。

梵高的《向日葵》,学生脱口而出。只活了37岁的梵高,绘画生涯没超过10年,却留下了大约850件油画和几乎同数目的素描,在当时他的作品很难被人接受,活着时唯一售出的作品是《红色葡萄园》,但他对西方20世纪的艺术有着深远的影响。法国的野兽主义、德国的表现主义以及20世纪初出现的抒情抽象主义等,都从他的艺术中得到启发,形成了各自不同的绘画流派。他的许多画在今天堪称经典。

金廷标在世时,人们争相收藏他的画作,但死后被人淡忘。

从梵高与金廷标的比照中,学生得出的结论非常精彩:在文化史上,经典作品不一定是当时的流行作品;而当时的流行作品也不一定成为后来的经典作品。真正的经典作品一定具有深厚的内涵、普世的价值、超越时空的非凡魅力；优秀的流行作品经过时间的检验和历史的积淀后也就成了后世的经典。

主流文化是一个社会、一个时代倡导的、起着主要影响的文化。流行文化应该是按一定节奏，以一定周期，在一定地区或全球范围内，在不同层次、阶层的人中广泛传播起来的文化。学生们模仿老师具体到抽象的思维方式，自己搜索实例，经前后左右切磋后的判断相当到位：流行文化并不一定能代表主流文化、先进文化；一些流行的东西还会带有旧文化的糟粕。

我们的选择应该是：选择——享受流行，走近——走进经典，奏响中国特色社会主义文化的主旋律。

王开岭认为，中国人的精神家园最缺的几种元素是：爱的意志、法的精神、现代理性、宗教心灵、生命美学、形而上哲学、不利己的自然观。请扪心自问：我，缺什么？请选择起步点，建构一种没有外力逼视的内心秩序，给自己的灵魂安家，努力耕耘自己的精神家园，让自己的灵魂有安放之处。

课堂问题设计时揉进社会的脉动，旨在引导学生修身养性，志存高远，心系天下未来。

佐藤学认为：学校是通过教师的帮助和学生的合作来实现学生独自一人无法进行的学习的场所。课堂是一个生命体，蕴含着的诸多矛盾中，生成与预设之间的平衡与突破是一个永恒的主题，预设体现教学的设计性，它彰显的是教师的思想和价值，预设越充分，生成才越有可能和效果；生成体现教学的动态性，它凸显的是学生的思维和活动。

我也就坚持认为：教师是学生学习活动的设计者，课堂教学的问题是需要设计的，问题从何而来，其实就源自教师的情怀。

沈俊方

　　沈俊方　1962年7月毕业于南京师范学院地理系,先后任教于内蒙古乌兰察布市凉城县中学、吴县东渚中学、吴县中学和吴县(吴中区)教育局教研室。曾任吴县中学校长、吴县市教育研究室副主任,兼任中国地理学会会员和苏州市地理学会理事。中学高级教师、江苏省特级教师。

　　在从事高中地理教学第一线工作时,重视学生能力的培养和智力的发展,强调"教是为了不教",并结合第二课堂的教学,通过多种形式的地理学科活动,取得了良好的教学效果。他曾多次参加地理高考阅卷工作,多次在省内外开设公开课,促进了学术的交流。另外,他还非常重视乡土地理教育,他主编的《乡土地理》教材已出版3次,撰写的6篇论文在有关期刊上发表并获奖。

# 沈俊方的智慧地理教学主张：
# 提高地理课堂教学质量　重在练好教学基本功

## 一、界定

关于教学基本功的概念,早在20世纪80年代就已提出,那时苏州市各学校都有教学基本功竞赛的活动,作为提高青年教师教学水平的重要途径之一。但基本功如何界定,具体内容有哪些,教育界未有定论。基本功,顾名思义,就是最基本的功夫或本领,进一步可理解为从事和完成教育教学任务所必须具备的基本能力或基本素养。

## 二、内容

教学基本功的内容十分丰富和广泛,大致可分为外在的动作基本功和内在的智慧基本功。外在基本功的主要内容有以下几方面：

(1) 语言简洁,清晰流畅;语速适宜,语调有度。
(2) 教态亲切,感情丰富;肢体语言,多样恰当。
(3) 板书精炼完整,设计新颖合理;前后联系,重点突出。
(4) 板图技巧娴熟,课件制作精美;边讲边画,图文并茂。

以上几项基本功,如果把语言表达比作教师的唱功,那么手势、表情、眼神、板书板图、课件制作、教具运用和组织野外考察等,可比作教师的做功,两者结合起来就是外在的动作基本功的主要内容。实际上,备课、确定重难点、板书、设问、课件设计、情感变化等,无不涉及教师对教材的理解和把握,都和教师的专业知识、理论基础水平以及经验积累等密切相关。也就是说,教师必须具备深厚的、内在的智慧基本功素养,这主要有以下几条：

### 1. 正确选择和灵活运用教学方法

教学方法多种多样,"教学有法,教无定法,贵在得法"。如何选择合适的教学方法,或几种方法交替、融合进行,需要教师认真钻研教材,调动自己积累的丰富知识和经验,并根据教材要求、学生特点,认真做好教学设计,这是教师重要的一项基本功。但是,俗话说"戏法人人会变,各有巧妙不同",好的方法,要有好的教师把它转化为良好的教学行为和过程。如果方法选对了,还须运用得当、发挥正常,才能获得最佳效果。所以,这是教师教学内外基本功的综合反映。也可以这样认为,这是教师最高层次的教学基本功及其素养的体现。

我推荐的教学方法是"启发式讨论法",这样的一堂课,往往具有如下特点：重难点突出,层次清晰;语言生动,感染力强;板书精炼,网络结构;设问精巧,启发诱导;讲练结合,讨论探究;纵横联系,拓宽延伸;方法点拨,归纳总结;思维主动,气氛活跃,成为艺术的教学。

### 2. 精心设问,充分调动学生的积极性

上述方法的运用,"精心设问"起着关键作用。设问能力可以体现出教师的内在底蕴,只有问题精准及时,富于思考性,又密切结合教材、学生、社会生活和生产实际,通过启发诱导、激发情趣、步步深入、环环相扣,才能充分调动学生的主观能动性,最大限度地促进学生智力

的发展和解决问题的能力的提高。

3. 应变能力强,有效掌控教学过程

教师在课堂上,要对教学形式和过程进行有效的组织和协调。当课前制订的教学目标和进度与学生的认知水平和心理特点不相符合,课堂设问要求过高或过低影响学生求知情绪,课件和实验操作过程中出现故障等情况时,教师必须及时、果断地采取相应措施,或改变教学要求,或调整教学方法,妥善应付,保证教学过程的正常进行。

### 三、途径

1. 善于学习,与时俱进

谦虚使人进步,骄傲使人落后。只有不断吸收新知识、新理论、新技能,才能跟上时代的步伐,不断进步。

2. 努力实践,大胆创新

个人的认识和觉悟,他人的经验和长处,都需要在教育教学中去体验和实践,并理论联系实际。更重要的是,要结合自身特点进行创造性整合,真正融化为自己的教学行为。

3. 不断反思,推陈出新

古人说:"一日三省吾身。"这说明了反思的重要性。现在提倡反思性教研活动,这是十分重要的。纠正克服存在的问题,继承发扬优点特色,不断反思,不断改进,就能不断进步。

以上仅就教学基本功的主要内容,谈了一些自己的粗浅认识和感悟。限于自己的水平,尚有许多内容未涉及,有些则叙述得较为简略。总之,教学基本功的各项要素是密切联系、相辅相成、相互融合的,共同组成教师应该具备的整体素养。只有练好各项教学基本功,才能真正提升和保障教学质量。

# 《等温线和等压线的判读方法》教学实录

**教学过程：**

沈俊方(以下简称"沈")：同学们，在平常的学习过程中，有不少同学感到等值线图的判读比较困难，但这方面的知识很重要，用处也很大，所以一定要掌握好。这堂课，我们一起来复习等温线和等压线分布图的有关内容，看看如何分析它们的分布特征，由此说明的问题，找出形成的原因，从而提高我们判读等值线图的技能和技巧。

我们先来看等温线分布图。大家知道，空气中的热量实际来源于——

学生(群)：地面长波辐射。

沈：最终来源于——

学生(群)：太阳辐射。

沈：一个地方获得太阳能量的多少主要决定于——

学生(群)：太阳高度角。

沈：太阳高度角是受什么因素制约的？

学生(群)：纬度。

沈：受纬度因素制约。如果我们不考虑其他方面的因素，请同学们想想，等温线应该是怎么样分布的？也就是怎样延伸的？请徐跃国同学讲讲。

徐跃国：应该与纬线平行。

沈：好，应该与纬线平行。我在黑板上画4条东西延伸的等温线，分别是24度、20度、16度、12度。请同学们再考虑，在世界上，哪个地区的等温线这样分布比较典型？就是等温线分布基本上和纬线平行，大家可以把书翻到第51页。

徐跃国：南半球中高纬的海洋上。

沈：南半球中高纬的海洋上，说得对。为什么这个地方就这么典型呢？

徐跃国：因为这个地方是物理性质比较单一的海洋。

沈：所以，纬度这个因素——

徐跃国：就起了决定性的作用。

沈：请坐下。再请同学们看一看，我们国家有没有什么地区等温线基本上也是和纬线平行的？可以把《中国地图册》翻到第11页。

吴向红：我国东部地区一月平均气温等温线基本和纬线平行。

沈：哪一条最为典型呢？

吴向红：是零度。

沈：对的，零度等温线基本上沿着东西向的秦岭淮河一线，由此可看出，我国东部地区冬季1月份气温分布的特征是——

吴向红：南北温差大。

沈：请坐。那也就是说，如果等温线沿纬线分布的话，说明南北温差大。为了突出，我把它圈出来。形成它的原因就是纬度影响。

既然有和纬线平行的等温线,那么有没有和经线平行,也就是南北延伸的等温线呢?请同学们思考,也可以看我们国家的等温线分布图,什么季节、什么地区,这个等温线基本上是南北向的?我们也请一位同学看图后说明。

徐晓明:我国夏季24度等温线基本上与经线平行。

沈:24度等温线,它如何延伸呢?它从——

徐晓明:从我国的东北,一直延伸到西藏的东南部。

沈:到我国西南地区,还有一条呢,比如说是20度等温线,这就说明____

徐晓明:说明我国夏季南北温差小。

沈:南北温差小,南北普遍——

徐晓明:高温。

沈:好,你请坐。这个就说明南北温差小,这是什么原因造成的呢?

朱敏玲:受到夏季风的影响。

沈:夏季风把南方的热量带到了北方,你请坐。我还要请同学们思考,在世界上也找一找这样典型的例子。想不起来的话,可以把《世界地图册》翻到第21页,看看欧洲1月份,哪条等温线是南北走向的?

朱刚:西欧的零度等温线。

沈:西欧的零度等温线,具体怎么说?

朱刚:从斯堪的纳维亚半岛,到地中海沿岸。

沈:经过北海、欧洲的西部,一直到伊比利亚半岛,说明欧洲的西部1月份气温都比较——

朱刚:比较高。

沈:确切讲,比较温和。那是什么原因呢?

朱刚:由于受北大西洋暖流的影响。

沈:暖流的影响,你请坐。我们再请同学们看一下《中国地图册》第11页,看看乌鲁木齐那个地方,不管是1月份还是7月份,那里的等温线都是很密集的。还有塔里木盆地,或者其他地方,你觉得,那儿的等温线应该是怎么走向的?

殷雪芬:塔里木盆地的等温线和等高线平行。

沈:那么乌鲁木齐那个地方怎样?

殷雪芬:乌鲁木齐也是。

沈:它是哪条高大的山脉啊?

殷雪芬:主要是天山。

沈:天山!你请坐,也就是说,这些地方的等温线和等高线相平行,一个是高山,一个是盆地,这说明温度差异是怎样的呢?

学生(群):垂直差异。

沈:垂直差异。那这些地方的温度差异是什么原因造成的呢?请杨育红同学回答。

杨育红:是地形因素造成的。

沈:地形因素,具体一点呢,是地势起伏,或者我们换个词,是地势高低。你请坐。所以根据等温线的延伸,就可以判断温差的大小。大家再考虑一下,在等温线分布图上,还可以从哪个方面判断温差的大小?

吕芳:等温线的疏密。

沈:具体怎么说?

吕芳:等温线疏,就表示温差不大;等温线密,就表示温差大。

沈:好,你请坐。这个是比较容易理解的,现在,我们从书上第51页看到等温线实际上大多不是这样偏直的,而是弯弯曲曲的,很复杂。那么弯曲又说明什么问题?我们具体来分析。大家再看这张图。

这个图上面的下方,如果等温线这样弯曲(画波浪形线条),是向哪个方向凸出了?

学生(群):高纬。

沈:向高纬凸出,那么这个地方的气温就比同纬度两边的气温要——

学生(群):高。

沈:是的,这是一种情况,向高纬凸出,说明比同纬度两侧气温来得高。为了突出,我也把它圈出来。现在要请同学们思考,世界上一些典型的例子,我们先从整个世界上看,就是拿陆地和海洋来比,什么时候陆地比海洋的气温高?

学生(群):夏季。

沈:夏季!我在这儿画一幅图,中间是赤道,左边是陆地,右边是海洋,红线表示7月等温线,白线表示1月等温线。大家知道,陆地上夏季气温比海洋来得高,那么陆地上等温线就应该向——

学生(群):高纬凸出。

沈:北半球7月是夏季,等温线用红线表示向高纬凸出;南半球夏季是1月,等温线用白线表示也向高纬凸出,海洋上什么时候要比陆地来得暖和呢?

学生(群):冬季。

沈:北半球冬季是1月,用白线表示海洋上等温线向高纬凸出(画曲线);南半球海洋上冬季是——

学生(群):7月。

沈:就用红色等温线表示向高纬凸出。这是第一种情况,造成它的原因是海陆热力差异。再请同学们看《中国地图册》第11页,我们来找找我们国家的例子,就是等温线向高纬凸出比较典型的1月份。

袁锡松:在我国,1月份四川的4度等温线向高纬凸出。

沈:什么原因呢?

袁锡松:因为这里受地势的阻挡。

沈:能否更明确些?

袁锡松:山脉的阻挡。

沈:山脉的阻挡作用!秦岭、大巴山阻挡寒冷空气南下,所以四川盆地1月份的气温要比我们这儿暖和。请坐下。这就是山地的屏障作用。还要请同学们思考,还有什么因素影响也可以使等温线向高纬凸出?

学生(群):暖流。

沈:好,我要请一位同学说一说暖流的分布规律,如果忘记的话可以参考《世界地图册》第4页,请黄建鸣同学来回答。

黄建鸣:南半球中低纬度大洋的西部,北半球中低纬度大洋的西部和中高纬度大洋环流的东部。

沈:好,只是你为什么要强调"北半球中高纬度"呢?

黄建鸣:因为南半球中高纬度没有环流。

沈:南半球中高纬度没有环流系统,因为南半球高纬度是南极大陆,请坐。这是向高纬凸出,说明它比两侧地区气温要高,那么如果这条等温线是这样弯曲的呢?就是向什么方向凸出了?

学生(群):低纬。

沈:那说明这个地方的气温比同纬度两侧地区要来得——

学生(群):低。

沈:这是第二种情况,就是向低纬凸出,说明比同纬度两侧地区的气温要低,我们也把"低"圈出来,现在同样也来找几个典型的地区,从海洋和陆地来看,陆地什么时候的气温比海洋低啊?

学生(群):冬季。

沈:北半球冬季是1月,大陆上气温比海洋低,用白色等温线表示向低纬凸出。北半球夏季是7月,海洋上气温比陆地低,用红色等温线表示向低纬凸出。同样道理,南半球陆地上冬季是7月,用红色等温线表示向低纬凸出。南半球海洋上夏季是1月,用白色等温线表示向低纬凸出。

沈:请大家看着全部画好的图,看了后还能够得出什么规律?请陈兵同学分析。

陈兵:1月份等温线陆上向南凸出,海上向北凸出;7月份等温线陆上向北凸出,海上向南凸出。

沈:说得很好。再请问,向北凸出、向南凸出,能不能就此判断出一定是比两侧气温高或者低?

陈兵:不能。

沈:为什么不能?

陈兵:因为有南北半球之分。

沈:有南北半球之分,因此同样向北,一个是向——

学生(群):高纬。

沈:一个是向——

学生(群):低纬。

沈:由此可见,只有是向高纬或者是向低纬,才能得出气温是比较高还是比较低。请坐。这也是海陆差异。请同学看一看我们国家的例子,也可以看冬季4度等温线,在哪个地方向低纬凸出?是什么原因?

李明珍:我国武汉地区的4度等温线向低纬凸出。

沈:什么道理呢?

李明珍:是因为武汉市处于江汉平原,没有山脉的阻挡,北方冷空气可以长驱南下。

沈:长驱南下,因而武汉1月的气温比重庆怎么样?

李明珍:来得低。

沈:来得低!就是这个道理,请坐下。我们可以说这是受冬季风的影响。还要请同学们思考,还有什么因素影响,也可以使得等温线向低纬凸出?

学生(群):寒流。

沈:寒流!也请同学们归纳世界上寒流的分布规律。

蒋晓琴:中低纬大洋的西部是寒流,北半球中高纬大洋的东部是寒流。

沈:有没有听出问题来?寒流的分布规律,蒋晓琴再考虑一下。

蒋晓琴:寒流在中低纬大洋环流系统的东部,在北半球中高纬大洋环流系统的西部。

沈:那就对了,请坐。这个就是弯曲,我们在书上第51页还可以看到不少等温线是闭合的现象。大家考虑一下,整个地球上看起来,任何一条等温线,是不是都能够连起来?

学生(群):能够。

沈:能够连起来的,那我们这个图上,为什么有的地方等温线是开放的、张开的,有的地方是闭合的?

学生(群):图幅的限制。

沈:图幅的限制,画不上去。在前面我们讨论等高线和等温线平行时,有些山区和盆地也有等温线是闭合的。除了地形这个因素以外,等温线闭合表示什么意思呢?往往表示要么气温很高,要么气温很低。我们这里呢,比如说是高温中心。请同学们思考,地球上高温中心在什么地方?

郭晓风:在北非的撒哈拉大沙漠、亚洲的阿拉伯半岛,还有南亚的塔尔沙漠。

沈:在撒哈拉大沙漠、阿拉伯沙漠,还有是塔尔沙漠地区,也就是北纬20度到30度的沙漠干旱地区,为什么这些地方特别热?

郭晓风:因为这些地方的纬度低,在夏季阳光接近直射,太阳高度大,大陆性强,大陆开阔。

沈:对的。还有补充吗?

郭晓风:这些地方夏季天气晴朗,大气对太阳辐射的削弱作用弱。

沈:对,大气的削弱作用弱,太阳辐射作用更强,白天气温就升得高。你坐下。由于这些地方气温高,空气受热膨胀上升,往往在夏季形成——

学生(群):低气压。

沈:形成低压,但是气温很高,我们叫热低压。有些地方呢,就是低温中心,世界上气温最低的是在南极大陆,那么在北半球呢?

吴明:在西伯利亚。

沈:西伯利亚,为什么这个西伯利亚倒是北半球气温最低的地方?

吴明:因为它地处高纬,太阳高度角小;第二,它地势高,是高原,大陆开阔,降温快;第三,它靠近北冰洋、极地,靠近冬季风发源地。

沈:好,讲得很有道理,请坐下,主要是这三个原因。由于气温低,空气要收缩下沉,往往就形成高压,因为气温低,这个高压叫作——

学生(群):冷高压。

沈:这个冷高压,应该是在什么季节势力最强呢?

学生(群):冬季。

沈:冬季!那么热低压呢?

学生(群):夏季。

沈：好的。通过上面的分析，我们可以知道，从等温线的延伸、疏密，可以判断温差的大小，加上弯曲、闭合，就可以知道气温的高低，形成的原因主要是纬度、大气环流、地形、海陆分布，还有洋流。同时，这是各种因素的综合影响，但是其中一个或者两个因素可以起主导作用，我们还可以看出气温高低和气压高低的关系很密切。接下来，我们要讨论等压线分布图如何判读。我们要分析等压线分布图，首先要明确两点，第一点是等压线表示气压高低，在这儿有几条等压线，比如说1 010百帕、1 008百帕、1 006百帕、1 004百帕，它表示气压高低，一定是指在同一个——

学生(群)：水平面上。

沈：水平面上，也就是在同一个海拔——

学生(群)：高度上。

沈：在同一水平面或海拔高度上来表示气压高低。那么，垂直方向上怎么来比较呢？我在这儿假定有四个平面(边画图)，一个、两个、三个、四个，下面是地面，假定这四个平面，每个平面上的气压是相同的，那么你能不能判断a、b、c、d这四个等压面中哪个气压最大？

学生(群)：a。

沈：a最大，因为气压就是空气的压力，最底层当然受到空气的压力最大。换句话说，高度愈高，气压愈低，高度愈低，气压愈高，这是在垂直高度上，这是第二点。现在请看图，如果c等压面向上(边画图)凸出，和d等压面相交处的气压应该高于还是低于两侧地区？

学生(群)：高于。

沈：对，高于。同样道理，如果b等压面向下凸出(边画图)，和a等压面相交处的气压高于还是低于两侧地区？

学生(群)：低于。

沈：正确。现在结合书第56页上的等压面图，可以清晰地看出：A地近地面受热空气影响膨胀上升，密度变小，形成低压(画箭头向上)；上层空气积聚，密度增加，形成高压，空气向B、C两侧扩散(画向东、向西箭头)；而两侧气温较低，空气收缩下沉，形成低压(画向下箭头)；近地面B、C两地因有下沉气流补充，密度增加，形成高压，空气流回A地(画向西、向东箭头)。这样一来，实际上就形成两个热力环流，也就是大气运动最简单、最基本的形式。这里要说明的是，书上把等压面画成一条线，表示等压面向高处凸出和等压面向低处凸出，就是把等压面的正面投影变成一条线了。

现在，我画一幅海平面等压线分布图。也可看书第59页，等压线的分布实际上形状多样，延伸方向差别很大，弯曲程度大小不一，而且也有不少闭合的地方。既然是等压线分布图，它应该在同一个——

学生(群)：水平面上。

沈：是的。我们先看看等压线是怎样延伸弯曲的，高气压延伸出来的狭长区域叫作——

学生(群)：高压脊。

沈：高压脊弯曲最厉害部分的点连起来叫作——

学生(群)：脊线。

沈：大家已经知道，高气压或者高压脊控制，天气应该是——

学生(群)：晴朗、干燥。

沈：晴朗、干燥。我们在这里再画风向，特别是高压脊部位的风向。风受几个力作用呢？

学生(群):三个。

沈:第一个是——

学生(群):气压梯度力。

沈:第二个是——

学生(群):地转偏向力。

沈:第三个是——

学生(群):摩擦力。

沈:在三个力的作用下,风向应该是——

学生(群):斜穿等压线。

沈:好,如果这是北半球的等压线分布图,那么这儿就应该是偏北风(边说边画)。我们再看低气压延伸出来的狭长区域,叫作——

学生(群):低压槽。

沈:弯曲最厉害部分的点连起来的线,叫作——

学生(群):槽线。

沈:低压槽控制的天气应该是——

学生(群):阴雨。

沈:对!就是阴天、多云,或者要下雨。在这里的低压槽区域,我们也来画出风向,看看是怎么变化的。这是北半球,同样道理也应该斜穿等压线,那么这里吹什么风呢?

学生(群):偏北风。

沈:这里是——

学生(群):偏南风。

沈:一个是偏北风,一个是偏南风,温度、湿度实际上都会有较大的差别,两种不同性质的气流在这里交汇,就可能形成——

学生(群):锋面。

沈:如果这是锋面,那么这条线可以叫作——

学生(群):锋线。

沈:这样一来,锋线和槽线重合起来了,如果这边空气势力强,它就是——

学生(群):冷锋。

沈:我们给它一个三角的符号。所以,低压槽如果移过来,天气肯定是多云转阴或要下雨。同学们可在图上其他地方画出相应的风向。有的同学还问,高压脊区域能不能也形成锋面?高气压气流,是中心向四周流出去的,很难形成锋面。所以高压脊控制下,天气是晴朗的。

还请同学们注意,图上这个地方 A,那个地方 B,能不能看出哪个地方的风力强呢?

学生(群):B。

沈:B 处风力强,我们请吴湘讲讲道理。

吴湘:等压线密集,表示气压梯度大,也就是气压梯度力大,所以风力就大。

沈:很好,请坐下。所以从等压线的疏密,就可以判断风力的强弱。我们从海平面等压线的分布图上,还可以看到不少等压线是闭合的地区,如果中间气压比四周高,那就是——

学生(群):高气压。

沈:如果中间气压比四周低,那就是——

学生(群):低气压。

沈:我们已经知道,高压按照气温,还可分成——

学生(群):冷高压和暖高压。

沈:我请一位同学说一说,最有名气的冷高压的名称。

学生:蒙古西伯利亚高压。

沈:蒙古西伯利亚高压又叫?

学生:亚洲高压。

沈:它是什么作用造成的?

学生:热力作用。

沈:什么季节势力最强?

学生:冬季的时候。

沈:它是在陆地上还是海洋上?

学生:在陆地上。

沈:在这个高气压区域,气流流动的形式是——

学生:反气旋。

沈:它控制下的大范围寒冷的气流是——

学生:极地大陆气团。

沈:极地大陆气团的性质怎么样?对我国气候有什么影响?

学生:寒冷干燥,冬季的时候我国南北温差增大。

沈:温差增大,大部分地区寒冷干燥,你请坐下。还请另一位同学想一想,暖高压特别有名气的是——

学生:夏威夷高压和亚速尔高压。

沈:它们是什么作用造成的?

学生:动力作用。

沈:什么季节势力最强呢?

学生:夏季。

沈:在陆地上还是海洋上?

学生:在海洋上。

沈:那空气运动的形式也是反气旋,和前面一个有什么区别呢?

学生:一个是冷,一个是热。

沈:一个是暖性,一个是冷性,那这个暖高压控制下的气流叫什么?性质怎么样?

学生:热带海洋气团,性质温暖湿润。

沈:对我国气候有什么影响?

学生:对我国夏季降水有很大的作用。

沈:很好,请你坐下。我们再来看看低气压,请另一位同学告诉大家特别有名气的低气压有——

学生:阿留申低压和冰岛低压。

沈:什么时候势力最强呢?

学生:冬季。

沈:它处于哪个气压带风带的位置上呢?

学生:处于副极地低气压带。

沈:这个气压带有无高气压?

学生:亚洲高压。

沈:亚洲高压在陆地上,冰岛低压和阿留申低压在海洋上,都是冬季势力强,气压性质却完全不一样,主要原因也是由于海陆热力性质的差异,冬季大陆寒冷,形成冷高压,海洋上暖和,形成低压,这样副极地低气压带被陆地冷高压割断了。你请坐下。

还有一个低压非常有名气,请你来说。

学生:印度低压。

沈:印度低压又叫——

学生:亚洲低压。

沈:亚洲低压是什么作用造成的?

学生:热力作用。

沈:什么季节势力最强啊?

学生:夏季。

沈:在陆地上还是海洋上呢?

学生:在陆地上。

沈:它位于哪个气压带风带的位置上?

学生:副热带高气压带。

沈:上面哪两个高压也位于副热带高气压带位置呢?

学生:夏威夷高压和亚速尔高压。

沈:请坐下。夏威夷和亚速尔高压都在海洋上,印度低压在陆地上,都是夏季势力强,但气压性质不一样,原因也是海陆热力性质的差异。夏季陆地上气温高,所以是热低压,把副热带高气压带割断了,海洋上气温较低,副热带高压带就停留在海洋上。我们再看,四周空气向低气压中心流动,气流流动的形式就叫——

学生(群):气旋。

沈:气旋有温带气旋和热带气旋,我们要注意的是热带气旋,如果热带气旋强烈发展的话,就会形成一种特殊形式——

学生(群):台风。

沈:和它类似的还有——

学生(群):飓风。

沈:对,加勒比海地区的。从上面的分析可以看出,根据等压线的疏密可以判断风力的强弱,加上延伸、弯曲、闭合,我们可以看出气压的高低、风向,还有天气发展变化的状况。

通过上一堂课和今天的复习,我们可以这样认为,判断任何一幅等高线、等温线或者是等压线的分布图,我们都可以从它们的延伸、弯曲、疏密、闭合四个方面着手,去观察分析,这样我们就能够透过现象,得出它们的分布现状;看到本质,就是说明的问题;找出原因,就是相互之间的联系,由此就能得出正确的结论。那么我们可以说,判读等值线图的基本方法和技能技巧就掌握了。

今天这一堂课我们就上到这里。

张洪鸣

张洪鸣 江苏省中小学正高级教师。曾在吴县东山实验小学、苏苑实验小学、叶圣陶实验小学、中小学生综合实践学校工作;先后担任小学自然老师、教导主任、教科室主任、副校长、校长,于2016年9月光荣退休。

36年的教育生涯里,以"动眼、动脑、动手、动口——启发式小学自然教学法"为研究主课题。在启发式教学理论指导下,以学生为主体,以实践为基础,并通过数十年的不懈探索与积累,形成了自己的"四动"教学风格。先后获得县、市、省青年教师评课选优一等奖;发表论文百余篇,出版专著《引领孩子亲历科学》《启发式小学科学教育》;参加小学《自然》《科学》教材的编写工作,参加高校教材《小学科学课程与教学》的编著工作;参加编制20集"怎样教小学自然"系列专题讲座,其中11集担任主讲,中央电视台教育频道于1996年首播,1999年再播,全国反响颇好。

在这一路探索实践的过程中不断获得各类掌声和鲜花:被评为吴县市知名教师、苏州市"十杰"教师、江苏省特级教师、江苏省名教师、全国优秀教师;担任江苏省小学科学专委会理事长、中国陶行知研究会实践教育分会副会长、教育部综合实践活动指导专家库成员。

## "问不倒哥哥"和小学科学启蒙教育

今天,第一次上自然课。几十双好奇的眼睛盯着这位陌生的老师。他个儿不高,不苟言笑。他自我介绍道:"我姓张,叫张洪鸣。我还有一个名字叫'问不倒哥哥'。""嘻,'问不倒哥哥',真有趣。"也有那么几个学生听了不服气:"问不倒,才不相信呢。"就这样,他们跟着张老师开始探索自然界的奥秘。

张洪鸣是江苏省吴县东山实验小学的青年教师。其实他也不算年轻了,在学生面前却总像个大哥哥。

上课了,张老师拿出3只踩瘪了的乒乓球向学生请教怎样使乒乓球鼓起来,马上有几个自告奋勇者献计:"拿开水一烫就行。"果然,开水倒下去,一只乒乓球鼓得滚圆,又一只圆了,但第三只还是老样子,大家傻眼了。张老师请代表上来"诊断","毛病"找到了,原来第三只乒乓球已裂开一条细缝,孩子们立即高兴得手舞足蹈。"且慢高兴!为什么不破的乒乓球能鼓起来,有裂缝的就鼓不起来呢?""问不倒哥哥"的问题把大家问懵了。"为什么?""为什么?"学生们苦苦思考,好像悟出了一点道理,你一言,我一语地讲道:"乒乓球里有空气,空气受热,把瘪凹的地方胀起来了。""有缝的,气漏掉了。"

张老师会心地笑了,因为他设计的教学过程已经把学生引导到学习主人的角色。他一贯主张自然课就是要启发学生"搞科学"。科学不仅仅是指前人积累下来的知识,还包括获取这些知识的过程。教师要千方百计让学生亲身获取科学知识,从实践中学到探究科学规律的本领。几年来,张洪鸣把引导学生"动眼、动脑、动手、动口——启发式小学自然教学法"作为自己的研究课题,初步形成了直观与抽象、动手与动脑、以实践为主的生动活泼的课堂教学风格。功夫不负有心人,他先后获得县、市、省级青年教师优秀自然课评比一等奖,1990年底,被苏州市评为市自然学科教改带头人。

学生跟着"问不倒哥哥",果真发现身边有数不清的"为什么"。"树干为什么圆得不均匀?""白菜心是怎样卷起来的?""热水瓶塞子为什么有时会自己跳出来?"……"问不倒哥哥"总是和颜悦色地讲一番,有时还会提几个问题反问一下,更多的时候是叫他们自己动手做一做实验。一次,一个六年级的男孩子走在街上,突发奇想,街道两边的树枝为什么很有规律地偏向中间?他迫不及待地来问张老师。张老师要他动脑筋,设计一个植物生长的小环境,进一步观察分析。于是男孩子找来两只冰淇淋盒子,装上土,浇上水,放三粒菜籽,上面各盖上一侧面开好孔的大盒盖。数天后,他发现叶片都要往小孔那儿挤,他明白了植物生长的特性——向光性。这种孩子式的"搞科学",尽管幼稚,却也露出探求科学真理的萌芽。1984年春天,五年级的小陆同学发现饲养的小蝌蚪偶尔发生自相残杀的现象,立即来找"问不倒哥哥"。"问不倒哥哥"也疑惑了,经仔细观察,终于搞清楚是受伤的小蝌蚪流出腥味诱发的。这一发现还引起了当地水产研究所的重视。

孩子们"搞科学"的兴趣越来越浓,周围的世界变得越来越奇妙。一个孩子帮妈妈剪活虾时,就发现虾钳和虾脚各自起着舵和桨的作用。大家都说拿铅丝和水滴能组成水滴放大镜,有个孩子却观察到水滴大时是凸透镜,水滴小时是凹透镜。木头能浮在水面上,比水重的物体在水中是否受到浮力？几个同学用自制的弹簧秤做实验，得出了科学的结论……这些孩子们记住了"问不倒哥哥"讲的"苹果落地"的故事，记住了老师的鼓励——"我们同样能发现科学真理"。他们看到了，也相信了自己的智慧与力量。正是这种自信心的驱动，至今已有许多孩子在《小学生周报》《小学生科普报》《苏州日报》等报纸上发表了小论文和观察日记，其中有的获得全国、省、市级奖励，有的被收录进丛书。《小主人报》相继发表了两期东山实验小学自然科学的创造专版，在吴县引起了轰动。

孩子们在"搞科学"上获得点点滴滴的成功，作为耕耘在科学启蒙教育园地上的园丁，功劳不小。但当人们向他投来钦佩的目光和送上赞美的话语时，张洪鸣却非常冷静。他忘不了自己学生时代的"梦"，那是在读了令人痛心疾首的中国近现代史后，他下决心要在科学上有所建树，为国雪耻。"上山下乡"的大潮挟裹着他，学生时代草草结束了。5年的农村生活，又让他读了一本厚厚的社会教科书，他被农村这块缺乏科学知识的贫瘠土壤中滋生出来的愚昧、落后、迷信，深深地震撼了。恢复高考制度的第二年，他报考了师范学校，毕业后到学校担任自然课的教师。他追求当一名科学的鼓手，用自己的青春和汗水改变农村小镇科学文化落后的面貌，以培育具有良好的科学素质的一代新人来追回自己学生时代的"梦"。

为了当一名名副其实的"问不倒哥哥"，他孜孜不倦地攻读《实践论》《矛盾论》《唯物辩证法》《科学发展史》等几十部哲学著作和科普书，写下了大量的读书笔记。他走出校门，拜果农、渔民、药工为师，学习自然知识，了解当地经济，把学校所在地——东山半岛的山山水水、一草一木浓缩在心中，灵活地运用在自然课教学中。10年里，他利用一切机会，聆听了老教师的几百节课，摘录了近千条他们用毕生心血换来的珍贵教学经验，还完成了苏州教育学院的大专函授进修。为了让孩子们能够真刀实枪地"搞科学"，他先后在学校里开辟了植物园、饲养角、气象哨，还与水产养殖场、果树研究所、农科站、蚕桑站、山区水利研究所等单位建立校外科学基地，带领学生去参观考察，培养学生爱家乡、爱祖国的思想感情。他和孩子们一起动手，"集废为宝"，用牙膏皮、雪碧瓶、可乐罐、小药瓶等制作了35个实验所需要的土器材，促成学校建起了一个比较正规的实验室。

也许是教自然课的缘故，他总爱用"植物生长离不开阳光"来讲自己的一切。他叙述了一桩桩、一件件党对自己培养的事例，最难忘的是1986年春天，他光荣地加入了中国共产党。1991年秋天，他受到了国家教委的表彰，捧回了金灿灿、沉甸甸的"全国优秀教师"奖章。他时时感受到国家、民族赋予年轻一代的责任，他仍在追求那个"梦"，期待着孩子们走向"诺贝尔奖"的领奖台。

# 《热胀冷缩》教学实录和评析
## ——启发式"四动"课堂教学案例

**教学目的：**

(1) 指导学生通过实验认识液体、气体、固体都有热胀冷缩的性质。

(2) 使学生初步知道科学认识的基本过程是"通过观察，发现问题—经过思考，做出假设—设计实验，验证假设—得到经过实验证实的科学结论"。

**教学过程：**

师：同学们，先请大家设法帮我解决一个问题好吗？

生：(齐答)好！

师：(出示3只踩瘪了的乒乓球)谁能帮我使这3只踩瘪了的乒乓球重新鼓起来？

生：我能！

师：怎么个法子？请先说说打算。

生：我先把瘪乒乓球放入杯子里，然后倒入热开水，乒乓球被热开水一泡就会鼓起来。

师：真行吗？请你上讲台试试。

生：(泡乒乓球，并将鼓起来的乒乓球一一拿给老师)

师：还有一个呢？

生：鼓不起来。

师：仔细看看，是什么原因？

生：(仔细观察)剩下的这一个，因为有了裂缝，所以鼓不起来了。

师：为什么有裂缝就鼓不起来了呢？

生：这第三只乒乓球有了裂缝，乒乓球里受热的气体可以从裂缝处跑走。

师：真是这样吗？假如我不相信怎么办？

生：(想说又说不清楚……)

(评注：根据小学生的心理和生理特点，使用孩子们日常生活中经常遇到的"泡乒乓球"事例，又精心设置了"破球"一"戏"来激发学生的求知欲，从而引起积极的思维。教师通过演示实验或游戏、举例等来揭露矛盾，引导学生通过观察来发现问题和提出问题。这个问题实际上就是科学探究的课题。)

师：如果别人不相信，那你就拿"事实"给他们看。我先帮你设计一个实验。

(演示)我用这盐水瓶比作乒乓球，这瓶口便可当作"破裂缝"，再用一个气球套住瓶口。然后浸入热开水中，如果瓶里的空气受热后真的会从瓶口挤向气球里，气球就会因此而鼓起来，是吗？

生：是。

师：(浇开水，气球果真鼓起来了)事实怎么样？

生：事实证实了我们的想法是正确的,气体受热体积会增大。

师：那么,我们还能换个角度再提出些问题来研究吗？

生：能！将瓶放入冷水中,瓶里的空气受冷后体积会减小吗？

师：提得好,我们先做个假设怎么样？

生：空气受冷后体积会减小,鼓起来的气球因此也许会瘪下去。

（评注：教师引导学生针对提出的问题给出一个可能的解释,称为假设。没有假设,也就没有了进一步研究的目标和方向。因此,假设在某种意义上是进入未知世界的一个飞跃。鼓励学生大胆地提出假设就是培养学生的科学想象力和判断力。）

师：说得好。尤其是运用的"也许"这个词充分体现了这仅是一个"假设"。

但是光有假设还不够,还应当设计个实验来证实。谁能设计？

生：我能。（将瓶往冷水盆里浸,不一会儿气球果然瘪下去了）事实证实了我们的假设是正确的——气体受冷后,体积会缩小。

教师归纳并板书：

　　十、热胀冷缩

　　动眼——发现问题；动脑——做出假设；

　　动手——实验验证；动口——得出结论。

师：刚才大家对气体具有热胀冷缩的性质进行了一番研究。今天这节课,我们就是要运用"四动"（动眼、动脑、动手、动口）法,通过"发现问题—做出假设—实验验证—得出结论"四步来探究别的物体是否也具有热胀冷缩的特性。

（评注：用典型实例引路后再突出地讲解科学研究的方法显然是适时而必要的。）

师：例如液体——水,具有热胀冷缩的性质吗？

……

（评注：课虽完,但兴趣没完。这堂课将激发兴趣、探求知识、研究方法与培养能力诸方面有机结合联成一体。学生感到自己成了科学研究的主人,体现了"四动"精神,体现了"学生为主体、教师为主导、实验为基础"的教学思想。）

评析：苏州市教育科学研究所　钟鹏明<br>苏州市教学研究室中学物理特级教师　戴恒志

# 《测定脉搏》教学实录

**氛围创设：**

教室前黑板旁挂白大褂、听诊器、红十字。

1. 器材准备

   A. 图钉、火柴梗或细塑料管。

   B. 听诊器、塑料大瓶(去底)。

   C. 秒表、挂钟(电脑课件制作也行)。

2. 多媒体准备

   A. 同学正使用"土脉搏器"测量脉搏的特写图。

   B. 同学正使用"土听诊器"测量心脏跳动，并与脉搏比较的特写图。

   C. 同学正使用听诊器测心脏跳动与脉搏的比较图。

   D.《血液循环》录像片段。

**教学过程：**

师：同学们好！

生：老师好！

师：同学们，看到今天课堂的氛围，有什么感受？

生：有点儿像进了学校医务室。

生：仿佛是医院的布置。

生：我病了去看医生时的感受。

生：老师，给我们看病啊。

（学生们笑）

师：是的，咱们今天的课堂氛围有点医生看病的架势！

同学们，我们都有过去医院或医务室看医生的经历。请回忆医生看病最先的几个步骤是什么？

生：测量体温、摸脉搏。

生：看病人喉咙。

生：用听诊器听病人内脏器官。

生：验血、拍片……

师：是的！医生通过观察病人的外部表现，通过搭脉、听诊感觉身体内部器官的运动，再通过仪器的测量来诊断。

师：今天我们也来学学医生，测定脉搏，然后来分析人体血液循环系统的运动。

（板书：测定脉搏）

师：脉搏在哪？如何测定？

师：脉搏就是动脉的跳动(心脏收缩时,由于输出血液的冲击引起动脉的跳动)。全身动脉都有这种跳动的现象,最明显的是颈动脉和腕动脉处。

师：让我们互相看看同桌同学的颈部(耳根下方区域),是否也能看到有一处的皮肤下面在轻微地跳动?

(同桌同学相互配合。一同学双手扶另一同学头部,仔细观察耳根下方的区域)

生：有跳动的地方!

生：看到了,耳根下方有根筋在跳动。

师：用食指和中指指肚轻轻触摸跳动的地方,有怎么样的感觉?

(学生们相互配合着找颈动脉)

生：手指肚也有起伏的跳动!

师：对！这就是脉搏！脉搏就是在心脏收缩时,由输出血液的冲击引起的动脉的跳动。为了方便,通常是测定腕动脉。

师：再让我们仔细看看自己的手腕内侧,是否能隐隐发现有一块区域的皮肤下面在跳动。

生：哪里?

(学生们左右小声交流,仔细观察自己手腕内侧)

生：看到了,真的有细微跳动。

生：看不清楚。

……

师：为容易找准腕动脉,老师为大家提供了一个工具。在一枚图钉尖上戳上一根火柴或小塑料管,将这个"工具"轻轻放至左手腕区域,像探寻地雷一样,慢慢移动(扫雷)寻找出跳动最剧烈的地方,这"地方"就是脉搏。

(边指导,边巡视,边帮扶,帮助同学们找准手腕动脉处)

师：请一位同学上讲台,将找到的脉搏放入"视频转换台"上[通过放大了的图像,让同学们清晰地看到脉搏器(图钉加火柴梗)随着脉搏的跳动,火柴梗晃动很剧烈]。

【点评】小学五年级学生手腕处的动脉很细,脉搏现象不是很明显,不容易找准。而找准脉搏是本课的前提,如不能准确搭脉,那么后面一系列的研究便不能顺利进行,所以张老师花大力气创造了"脉搏器"这一工具。"工欲善其事,必先利其器。"有了这一工具,既可以让学生找到脉搏,还可以通过这一工具告诉别人自己找到了脉搏,便于老师观察全班学生的脉搏是否"找准"了。同时"脉搏器"底部是图钉的圆弧,一旦接近脉搏区便容易引起晃动,加上在图钉尖上戳了火柴梗,晃动的现象便更加明显。图钉底越接近脉搏处,晃动越明显。这一工具制作简单,操作方便,不仅效果好,而且学生感兴趣。

师：请每个同学在自己的脉搏处,用圆珠笔画个圈做个记号。

师：请同学们举起画脉搏记号的手。

(老师可以查看学生的脉搏有没有找准,同学之间也可以相互看到手腕处的脉搏)

师：好,找准了脉搏,我们就来学习测定脉搏,即一般人们所说的搭脉。我们将另一只手的食指、中指、无名指微微弯曲,用这三根手指的指尖肚轻轻搭在另一只手做记号的脉搏区皮肤上,细细感觉指尖肚上波动的感觉,如感觉不到,则指尖肚向皮下稍稍加力,如果还是感觉不到,则稍稍向周围移动,直到寻找到脉搏在指尖肚下清晰跳动的感觉为止。

(老师边讲边示范,学生边听边模仿)

师:这项工作很细致,找到脉搏跳动的同学,请细细体味脉搏跳动,并用点头的方式,把你的脉搏跳动快慢表现出来。

【点评】课堂教学要注重教学效果反馈,调整教学策略和战术。学生手上的脉搏老师不可能一一去号,但学生自己的号脉是否正确十分关键,老师必须迅速判断。这一环节正确与否,决定本节课后续教学的成败。张老师让学生用点头频率与脉搏频率一致的精彩表现,巧妙地为检测这一教学效果提供了最有效的方式。

(老师边巡视,指点学生动脉处,边给学生号脉,了解学生脉搏的频率)

师:我们找到了自己的脉搏后,就要来学习测量一分钟跳多少次了。先请同学们各自搭好脉,数数脉搏跳动,再让我们来数一分钟跳多少次。老师为大家计时,准备,开始——(一分钟)到!记下数据。

师:为了保证测量数据的正确性,科学上一般必须连测3次以上然后求平均值。为此,我们再来测2次。为了各自的方便,同学们可以听我的口号,也可以看投影屏上的时间显示。

师:准备,开始——时间到!统计数据,求出1分钟脉搏平均值。

师:请同学们汇报各自的数据,按座位序号男生用红粉笔、女生用绿粉笔将1分钟脉搏平均值写在黑板上(汇报结果如下图)。

(汇报)　　××　　××　　××　　××
　　　　　　××　　××　　××　　××
　　　　　　××　　××　　××　　××
　　　　　　××　　××　　××　　××
　　　　　　────────────────────
　　　　　　　　　　　　讲台

师:同学们,让我们仔细看看黑板上大家提供的1分钟脉搏数,你有哪些发现?

生:和我脉搏跳动数一样的有3位同学,都是85次/分。

生:我也发现,跟我一样86次/分的有9位同学。

师:脉搏数跟你一样的9位同学请站起来,噢,8位男同学、1位女同学。

生:老师,我还发现,我们大多数女同学的脉搏数都比男同学多,大多在90次/分以上。

生:脉搏跳动,男女有别!

师:是吗?

生:是的!男生慢,女生快!

师:你是怎么知道的?

生:我从黑板上的数据中发现的。

生:男女分别统计,求平均值。

师:很好,咱们就用这一方法来统计。

师:男生27名,女生21名。也就是男生一分钟脉搏数之和除以27,女生一分钟脉搏数之和除以21。

生:男生平均84.3次/分,女生平均88.4次/分。

师:由此我们可以做出怎样的判断?

生:男生脉搏比女生脉搏跳得慢一点。

生:女生脉搏比男生脉搏跳得快一点。

师:好的。我们此时的判断才是科学的判断。因为我们有数据统计的支持。

【点评】科学探究离不开数据的采集、统计和分析,在教学中适时进行科学的数据采集、处理、统计和分析,比专项训练更有意义,学生自然而然学会了这些基本的科学方法。同时,在该过程中,严谨的科学态度以及实事求是的科学精神都在具体的教学内容中得到加强。

师:脉搏跳动的快慢除了男女有别,还跟什么有关?

生:我觉得跟人的运动有关?（板书）

生:我觉得跟人的年龄有关?（板书）

生:我觉得跟人的健康有关?（板书）

生:我觉得跟人是否受到惊吓有关?（板书）

师:是吗？能否具体说说,怎样时脉搏跳动得快？怎样时脉搏跳动得慢？

生:我体育课上跑一段路后,停下来心口直跳,脉搏也会跳得快吧!

师:(指另一同学)你有过这种经历吗？

生:有过!

师:大家都有过这样的经历吗？

生:有过!

师:那么,假如有人还不相信呢？

生:让他试试!

师:怎么个试法？

生:让他跑一段路,而且要快,急停下,马上测脉搏。

而且要让他反复跑,停、跑、停,测3次。

生:不跑时也要测。

师:很好。刚才老师把同学说的"脉搏的快慢跟人的运动有关?"写到黑板上时之所以用了个问号,因为开始只是一种假设,而现在我们有了实验数据的支撑就变得理直气壮了。因此,开始时的假设最好加一个"也许""可能"之类的词语。后面大家补充的内容,实质上就是对假设的验证。你不相信,我拿实证让你相信,这就是科学探究的基本方法。科学的验证,设计很重要,可操作性要强。

师:"脉搏的快慢跟人的运动有关?"的验证,我们可以设计在教室里座位区域内进行:将椅子塞进桌肚内,一人侧立座位内,一人出位立在过道上。先来2分钟"原地高抬腿跑"。

(学生们准备,开始! 老师击掌,渐渐加快节奏……急停!)

师:测脉搏15秒,然后乘以4,得出1分钟脉搏,反复3次,求得平均值。

(教师指挥和控制时间,学生遵章原地高抬腿和测脉搏)

师:请同学们将处理好的数据,用黄粉笔写在黑板上自己静止时(刚才第一次统计时)数据的旁边。

师:我们发现了什么？

生:运动后人的脉搏跳动得快,快多了!

师:此时此刻,我们得出"快"就理直气壮了。为什么？

生:因为有做过的经历。

生:因为有科学数据的支撑。

师:对!科学探究就是要寻找充分的证据,以理服人。

那么刚才有同学说"脉搏的快慢跟年龄有关?",这个问题有办法研究吗?

生:有!

师:请先说说怎么研究?

生:老师您的年龄比我们大,只要测测您的脉搏就能比较了。

师:很好!

你能给我测吗?

生:能。

师:好!试试。

(一同学走向老师)

师:能先说说怎么测吗?

生:请您伸出手腕,最好手腕处垫一实物,使腕部抬起。我微微弯曲食指、中指、无名指,轻轻搭在您的手腕脉搏区域,找到脉搏跳动后,看秒表,计数。

师:说得很具体。请试着为我测量脉搏,再请一位同学测量我另一只手的脉搏。

师:其他同学也试试互相测量脉搏。

(两位学生实际测量老师的脉搏,其他同学互相测量脉搏)

师:求出老师一分钟脉搏的平均值。

生:76次/分。

师:(板书:老师76次/分)这又说明了什么?

生:说明××同学说的脉搏快慢跟年龄有关是有道理的。

师:但仅测我一位成年人的脉搏还不够。下课后可以邀请其他老师、家长配合你们,再测测。

师:关于"脉搏跳动跟什么有关?"的问题,同学们已经掌握了设计实验、收集数据、用数据这一事实说话的科学研究的基本方法。

【点评】课堂上要充分挖掘一切可利用的教学资源。当学生需要成年人这一研究素材时,老师将自己作为素材提供给学生,未尝不可。张老师曾在省级赛的大型公开课中,大胆地动员听课的成年人给学生当研究对象,让学生为其搭脉,最后还将成年人的脉搏数据写在黑板上同学们的脉搏数据旁,让学生清晰地发现两者脉搏跳动的快慢有差异。这样"真刀实枪地搞科学",探寻"脉搏快慢跟年龄有关"的证据,是小学科学课追求的境界。

师:同学们,知道脉搏为什么会跳动吗?

生:血液流经脉搏才引起动脉的搏动。

师:血液靠什么流动呢?

生:靠心脏这个"泵",每时每刻不停地把血液"泵"向全身。

师:让我们来观察一下,心脏跳动与脉搏的现象。

师:这项研究,老师也提供工具:土听诊器、听诊器。

这"土听诊器"是一个可乐瓶剪去瓶下部后的漏斗状部分。我们将这"听诊器"大口罩着同学左胸的部位,耳朵贴近小口,听到咚咚的心跳声,再一手搭住同学的脉搏,把两种跳动细细辨析,我们能感觉到些什么?

(学生互相配合,边测量脉搏,边听心跳,寻找规律)

生:心脏跳动的频率(快慢)跟手腕处动脉跳动的快慢是差不多的。

生:我也发现心跳与脉搏一致。

师:好! 我们再用听诊器试试。一手拿听诊器,一手搭脉。

(学生两两对听对号脉,老师巡视辅导)

生:心脏跳动和脉搏跳动一样快慢,两者频率是一致的。

生:是一致的。

师:为什么呢?

生:动脉中的血是从心脏中来的。

生:是心脏将血液"泵"向全身时,引起血管动脉的搏动。

师:对! 心脏收缩时,由于输出血的冲击,引起了动脉的跳动。

(配合讲解播放一段心脏搏动、血液循环的影像资料)

师:同学们,测量脉搏实际上就是在测量心脏。本节课开头我们提出的"脉搏男女有别?""脉搏跟年龄有关?""脉搏跟人的运动有关?""脉搏跟人的年龄有关?""脉搏跟人的健康有关?""脉搏跟人是否受到惊吓有关?"等问题实际上都是在研究心脏的秘密。

师:同学们,今天的测定脉搏接近尾声。请大家回想一下学习的过程,互相之间说说。

生:找准手腕处的脉搏,测定静坐时的脉搏一分钟多少次,再测定人高抬腿后的脉搏一分钟多少次,最后又互测了心脏与脉搏。

生:找脉搏—搭脉搏—比较脉搏—脉搏就是心跳。

师:谁还能概括得更好?

生:我们通过测定脉搏发现了脉搏快慢的秘密。

师:什么秘密呢?

生:女生比男生脉搏快,学生比老师脉搏快,人运动时比安静时脉搏快。

师:还发现什么呢?

生:脉搏实质上是心脏这个"泵"的反映,我们通过搭脉就可以知道心脏的跳动情况。

师:对! 心脏是人体的关键器官,决定着人体的健康和强壮,所以医生通常采用先号脉来诊断病人的病情。我们今天只是初步学会了测定脉搏和初步探究脉搏的一些现象。刚才同学们在课上提出的"脉搏的快慢与健康有关""脉搏的快慢与受惊吓有关"等问题,课后我们都能自己探究,寻找答案。

师:今天的课就上到这儿。下课,谢谢同学们。

【点评】一课一得。在课的尾声,老师适时引导学生回忆一课的活动,提炼一课的概要,帮助同学总结收获,同时也是核心概念的强化。课虽完,但意未了。在课的基础上承接学生的思绪和学习的动因,引领他们课后自觉地去探究是很有必要的设计。

【总评】课堂教学应以学生为主体,但老师毕竟起主导作用。是老师"导演着"40分钟,让学生真实地"经历"科学的过程,学生的科学素养得到发展。

张老师这"导演",第一,精心选择"道具"——有结构的材料。①小小图钉,戳上一根火柴梗(套一段细塑料管),变成了一个脉搏器。图钉底呈圆弧形,放在脉搏处放得稳且能随脉搏晃动,加长了图钉尾部,便放大了晃动的摆幅,脉搏现象更明显,学生就很容易发现。有了脉搏器,学生就能找得准脉搏,同时这一仪器是学生自己制作的,一般自己的东西更喜欢。②土听诊器,塑料大瓶剪去底部,材料学生找得到,制作又很方便,往对方同学左胸口一贴,心脏容易找到,耳朵贴近瓶口,心脏跳动的声音在瓶中的空气中传播,又通过瓶口传到耳朵上,有"放大"的作用,因而容易听清。同时避免同学之间在身体的实际接触中会嬉戏取笑,产生不良效果。

第二,精心设计引领——安排学生的活动。例如,开局时的氛围创设:白大褂、听诊器、医院、安静的氛围,自然而然,有利于学生静心搭脉。再如,让学生用脉搏器找到脉搏画个记号,搭到脉搏用点头表示脉搏的跳动……再有,将学生测得的脉搏数据,按座位序列男红、女绿用粉笔写在黑板上……这些安排独具匠心,为老师的效果预测判断、为科学研讨节省了时间,突出了核心内容,既能有效集中学生的注意力,又能有利于学生自己解决问题和提出问题,是实现课堂教学高效而低耗教学效能的"妙招"。

第三,胸中有教学预案,眼中有学生的现状。尽管张老师课前花了大量精力,做了充分准备,写了详细的教案,但是一到真实的课堂还是会出现一些新情况,张老师能及时调整教学策略与方法,生成最佳的学生探究活动,如"顺势而为提供成年人脉搏"。课堂教学活动往往也会形成一股"势",即当学生兴致勃勃学会了测定自己的脉搏,也发现了脉搏的快慢跟人体运动有关、跟性别有关之际,研究脉搏快慢这一问题便成为课堂教学中的"势"。进而把成年人作为研究对象,既让学生学习为别人测脉搏,又开始一个新的问题的探究,听课老师乃至评课评委专家都成了课堂教学的有效素材。当时张老师还要求老师们帮助学生掌控一分钟时间。可想而知,在这样的强"势"惯性下,学生学习测定脉搏的技能、数据处理的技术、分析脉搏快慢的科学思维能不得到最佳的发展吗?

评析:江苏省中小学教学研究室　卢新祁

陈健

陈　健　中共党员。现为体育学科正高级教师、江苏省高中体育特级教师、全国礼仪教育标兵、江苏省教学新时空·名师课堂直播活动特聘专家。获江苏省金钥匙科技竞赛"先进个人"与"教育吴中"品牌建设贡献奖，入选苏州电视台青春风采——阳光体育老师展播活动（首播）。

1983年7月苏州大学体育系本科毕业，1998年修完研究生课程。1983—1998年在江苏省海门师范学校工作，1998年至今任江苏省外国语学校教科室副主任（其中2002年2月—12月借调江苏省第十五届运动会开幕式指挥部，任总编导助理）。

研究方向：艺术类体育（体育舞蹈、校园团体操）、礼仪。

课题研究情况：2012年12月主持完成国家级课题"中学体育教学渗透礼仪教育的可行性研究"的研究，结题报告获课题评审一等奖，并且发表于核心期刊《教学与管理》；2015年主持完成了市级课题"体育教学中渗透礼仪教育的策略性研究"的研究。另外以核心成员的身份参与了江苏省省级课题"特级教师研究（艺体部分研究）""昆舞的生发与本体构建""唤醒：学生自主成长的实证研究"的研究，其研究成果全部正式发表。

专著出版、论文发表及获奖情况：执行编辑了著作《激情演绎"这方水土"——江苏省第15届运动会开幕式大型文体演出创造与实践》《昆韵流芳》；有40多篇论文正式发表，7篇论文获国家级论文评比一等奖；系列论文《校园中小型团体操创编》10期连载，发表于《中国学校体育》期刊2014年第3期至第12期。

# 向着太阳歌唱——我的教育观

我是一名体育教师,这是一份温暖而幸福的职业,说它温暖是因为我们是受日照时间最长的群体,说它幸福是因为我们是太阳最为亲近的人。

清晨,我们迎着朝霞吹响哨音,启动晨练的脚步;

白昼,我们顶着烈日搏击春秋,提倡健康的理念;

傍晚,我们追着晚霞,继续塑造体育专门的人才;

夜晚,我们披着星星,为广场舞拧开音响的按钮。

我们与星星同在,我们与日月同辉,我们是一群向着太阳歌唱的舞者。

这就是我对体育教师这个光荣称号的理解。站在太阳底下吸引广大青少年学生走向操场、走进大自然、走到阳光下,积极参加体育锻炼,强健体魄,发挥体育对青少年的思想品德、智力水平、审美情趣形成中的重要作用。

体育中的体育精神、体育中的艺术精彩、体育中的礼仪精髓,这"三驾马车"齐头并进在学校教育的航道上,把学生导向明天,同时在茫茫大海中去探寻理想教育的第二个自我。

## 一、阳光体育中舞出的体育精神

人类对体育精神的最深理解为"更快、更高、更强",我一直在追求着这种体育精神。生命的本源就是在活动中增强体质,但如何活动,如何科学地活动,这就对我们体育教学提出了很高的要求。我们知道,"过程与方法"是体育课针对教师提出的第二维目标,是上好体育课的根本,而我似乎已经悄然迈向理想教育的康庄大道。

### (一)优化体育教学过程

优化体育教学过程,就是教师在遵循体育教学规律和审美原则的基础上,为取得当时条件下最优化的教学效果,综合运用一套娴熟的教学手段、方法与技巧而进行的卓有成效的创造性教学实践活动。其目的是提高教学的效率,健全学生的各种素质,在有限的教时内取得最大限度的完美结果。

1. 课堂教材组合的优化

仔细分析教材,对教学内容进行认真、合理的编排是一节优质体育课的重要前提,教材的优化提高了教材的自身价值和科学实用性。具体表现为:把握教材内容的实质,强化教材技术的要点和注重教材德育的功效。

2. 课堂讲解示范的优化

讲解示范是体育教学过程中教法的重要组成部分,是教师教学能力的重要体现,是提高教学效率和教学质量的重要保证。

一方面是讲解的优化:教师是以自身对教材的认识和理解为依据来确定其讲述的角度和方法的。具体的要求是:目标明确与内容正确、简明扼要与抓住重点、把握时机与引导启发。

另一方面是示范的优化：体育的学习是以技术模仿为开端的，它以教师的示范为主要方法，使学生直接感知技术的表象，建立和强化正确的技术形象，激发兴趣，提高教学效率。具体的要求是：示范要有目的性、针对性，要正确、流畅、优美，要和讲解有机结合。

3. 课堂组织管理的优化

课堂的组织管理对教学计划的顺利完成和教学效果的提高有着重要的作用。优化课堂组织管理就是对课堂中的各种因素进行分析，增进对各种因素的认识。这些因素主要表现为：时间与秩序因素、教师与学生因素、教材与教法因素等。

### （二）选用体育教学方法

传统的体育教学注重的是教师的教，而忽视了学生的学，教师和教材属于支配地位，学生处于从属和被动的地位。真所谓"教得辛苦，学得痛苦"。为此，我尝试着用"发现式"教学并巧妙结合形象比喻（在教学中打个恰当的比方）共同服务于体育教学。

1. 科学运用"发现教学"

"发现法"为美国心理学家布鲁纳所倡导，他认为：发现，并不限于寻求人类尚未知晓的事物，而应指人们用自己的头脑亲自获得知识的一切方法。我在运用"发现法"后得出如下教学结论：

一是"发现法"是在教师提供一些线索的条件下引导学生一步步地去发现教师预定的任务和方法。二是线索的提供要恰到好处，因地、因时、因人而异，明确问题的指向性。三是人的个性是可以通过教育来培养的。作为实施"发现法"教学的老师，对"教"应有充分的准备，那就是随时地引导、启发、总结。

2. 恰当使用形象比喻

学生的学习过程是新旧知识的同化过程。在技术性讲解时，若教师潜意识地寻觅与学生固有知识、经验的结合点，就可以深入浅出、启发其思维。另外，人类的学习过程是一种长期探索性的认识过程，是一个反复尝试错误的过程。教学时教师有意识地让学生尝试错误，进行"反比演示"，培养学生对错误技术的发现、分析和改正的能力，从而促进反证思维的发展。

### （三）丰硕的体育教学成果

有播种，有耕耘，就一定有收获。1990年我的"芭蕾手位的形象教学"课得到上海市教委体育专家们的高度赞赏，10年后的2000年我的"飞跃彩虹——跨越式跳高教学"课获省级体育课评比一等奖。我指导下的多名青年教师迅速成长为苏州市名教师、苏州市学科带头人等。在"江苏省首届健康教育周"活动中，我一人获"优秀方案奖"、知识竞赛"组织奖"、宣传画"一等奖"，其中《优秀方案》发表在核心期刊《大家》上。

在教科研方面，我参与完成了省级课题"唤醒：学生自主成长的实证研究"，其研究论文《以灵性的体育唤醒学生个性特征的实证例说》发表于《中学课程辅导》；论文《浅谈学校体育的优化教学过程》《030303——体育教师容易忽视的成功密码》等获国家级评审一等奖。

## 二、阳光体育中舞出的艺术精彩

体育在发展过程中与艺术携手共进，是人类文明发展的需要与必然。小时候我学了绘画、弹唱、跳舞，正是这份兴趣与爱好在我以后的工作中起了大作用。1990年由我创编的群舞《长城魂》获得了江苏省中学生、中师生文艺调演一等奖；我3次担任江苏省级运动会团体操表演的总导演，从那时起，我就用自己的实践促进着艺术与学校体育的有效联合。

### （一）水性灵动的体育课

一节具有艺术（以舞蹈为例）元素的体育课，必定是一节水性灵动的体育课。把舞蹈作为发展学生素质的内容之一，并通过学校体育教学的方式进行推广，既是依据课程标准进行课程资源开发利用的探索，也是加强和改进学校体育教学内容、抒发情感、培养文明行为的有力举措。

**1. 强化学生身体多部位的可塑性和协调性**

舞蹈在要求学生掌握各种体态、动律、节奏和呼吸的同时，也训练了学生整体的灵活性与协调性，充分挖掘了人体运动的潜能，强化了学生身体多部位的可塑性。

**2. 扩充学生的文化视野和肢体的表演技法**

舞蹈内涵的丰富性以及表现范围的广泛性，无疑为学生了解风俗民情提供了形象的资料，开拓了学生的文化视野。舞蹈道具是手臂的延伸，不仅可以培养学生的灵巧、机敏，还可以扩充学生肢体的表演技法。

**3. 培养学生"身情并茂"的表现能力**

体育课通过舞蹈学习，强化了学生对节奏和呼吸的感应能力，对学生达到"身情并茂"无疑是大有裨益的。舞蹈教学强调"动之以情"，即强调通过情感的诱导来增添舞蹈的表现能力。

### （二）丰富多样的大课间

将美观、实用的校园团体操汇集体育与艺术教育于一体，是学校大课间活动的首选内容。校园团体操可以任意衍生的动作内容和多变的路线与队形，能满足学生们猎奇的心理和较高的运动强度。学生们有了兴趣，提高了运动量和强度，在身体活动的同时充分感受心理的愉悦，自然会更大程度上促进健康。

校园团体操的对象和审美的主体是成千上万的学生和老师，而每个人的审美意识、审美经验、审美修养、审美感官和心理结构以及思维和想象能力不尽相同。校园团体操对学生的审美能力创造了许多有利的条件和机会，它提供了学生审美活动的具体内容，把学生的审美理想和生活结合起来，形成艺术的具体表现内容。

音乐、队形（图案）、动作是校园团体操的三要素。悠扬的旋律可以愉悦身心，神奇的队形让人惊叹不已，优美的动作独显肢体的力量，校园团体操到处都充盈着艺术的风韵。学生不论是欣赏，还是参与，都会极大程度地提升各自的审美能力和艺术素养。

### （三）光耀闪烁的小舞台

舞台是呈现艺术成果的平台。我在体育教学中融入艺术因素，取得了理想的效果，获得了无数荣誉。曾多次受到不少体育教学专业院校的邀请，展示了"体育课民间舞教学"的课例；由我编导的舞蹈《长城魂》《希望的旅程》《全速前进》等分别获省级文艺汇演的表演、创作一等奖；艺体作品《体育基本功撷英〈海之诗〉》、舞蹈《红旗颂》等节目多次在省级电视台播放。

我的系列论文《校园中小型团体操创编》发表于《中国学校体育》期刊2014年第3期至第12期。其他论文《中学体育课开展民间舞教学路径探幽》《校园16人团体操队形微探》等分别发表于《中国校外教育》和《体育教学》等期刊。2013年参与并完成了省级课题"昆舞的生发与本体构建"的研究,研究论文《昆舞的内意外形与养生健体》发表于《剧影月报》。论文《团体操队形变化例说》《论音乐在韵律与舞蹈教学中的作用》获国家级评审一等奖。

### 三、阳光体育中舞出的礼仪精髓

虽然体育教学和礼仪教育两者的具体内容有差异,但它们有一个共同的目的,就是培养学生的良好气质和优良作风。正因为如此,在中学体育教学中巧妙地渗透礼仪教育,将礼仪教育有机地纳入中学体育的教学过程中,就成为一种实际的需要和必然,这也是中学体育教育的内在要求。为此,我思考并实践着在体育教学中渗透礼仪教育的研究。

#### (一)体育课礼仪教育的内在逻辑

第一,体育教学的价值不仅仅在于增强学生的体质和体能,还在于培养学生的品德,这一点也正恰恰符合礼仪教育的要求。也就是说,在中学体育教学中渗透礼仪教育正是学生道德社会化的必然过程。

第二,体育教学能够促进学生的心理健康,进而可以达到有效地规范学生的言谈举止的作用,使他们具备礼仪风范。规则、竞技、拼搏、互勉与合作是中学体育教学的关键目标。

第三,在中学体育教学中渗透礼仪教育,具有明显的教化功能。它作用于中学生的情感状态,影响和改变中学生的价值观、人生观和世界观等,其最终目的是要教会中学生做具有高素质的文明人。

#### (二)体育课礼仪教育的的要素分析

其一,客观来说,虽然激烈竞争是体育运动的重要属性,但在体育的道德纪律、意志精神以及礼仪风范等方面是另一种身心的较量。其二,体育中队列练习、形体训练等与举止礼仪、形体礼仪内容相吻合,两者完全可以有机地自然联合。其三,体育教学组织形式灵活多样,学生相互间的接触频繁,很容易暴露不文明的行为,此时体育教师礼仪的现身说法非常有效。

在中学体育教学中渗透礼仪教育,不但不会削弱中学体育教学的活力和魅力,反而对体育教学提出了更高的要求,更有利于达成体育教学的目的。

总之,在中学体育教学中渗透礼仪教育,可以充分发挥体育教学的教育功能(提升体育的教学质量,提高学生的身体素质),促使学生掌握符合社会主义道德要求的礼仪规范,把内在的道德品质和外在的礼仪形象有机地统一起来,同时也为中学体育教学闯出一条新的改革路径。

#### (三)体育课礼仪教育的实施体系

在《中学体育课程标准》的指导下,首先要明确课堂教学目标在于体育教学与礼仪教育相结合;其次可以以体育教学为基础,开展礼仪渗透的理论研究,也可以从选修课(体育舞蹈、体育武术、体育民族舞等)设置出发,开展以"形体礼仪"为主的实证研究,还可以在体育必修课(如球类教学)中就避免野蛮冲撞、创造良好的竞赛球风,开展以行为礼仪为主的案例研究。因此,在中学体育教学中渗透礼仪教育的实施体系就是围绕目标体系、根据内容体系、按照教育规律开展礼仪教育的过程。

### （四）体育课礼仪教育的成果显现

20世纪80年代，我创建江苏省第一支师范生礼仪示范队伍，第一个大胆地走上了礼仪讲台，拍摄了由江苏省教委出资的全国第一个电视礼仪教育片《师范学生礼仪常规》。编写了中等教育教材《实用礼仪》和昆山市人手一册的《中学生文明礼仪》读本。2007年我被评为全国"礼仪教育标兵"。2007年和2008年应全国青少年文明礼仪普及活动组委会之邀，分别在江苏无锡和浙江杭州做了礼仪方面的学术报告。

通过研究得知，体育课堂是渗透礼仪教育的有效阵地，体育教师理应成为学校礼仪教育的先行者。经过3年的实践与研究，我的课题"中学体育教学渗透礼仪教育的可行性研究"在2011年通过了国家级鉴定，结题报告发表在核心刊物《教学与管理》上；多篇论文正式发表，论文《礼仪养成教育ABC》《问渠哪得清如许，为有源头活水来》等获得全国论文评比一等奖。

在体育教学中"重体育精神，展艺术精彩，铸礼仪精髓，追求力、舞、礼的融合"，这就是我的三Z体育教学观。

一个忠于并坚守自己那片体育教学阵地的教师，必定是太阳的忠实伙伴。一个体育教师对太阳的态度就决定着他在体育这条大道上奋斗的状况。如果你始终背对着太阳，那么你一直活在自己的影子里；如果你朝着太阳奋力向前，那么你会将长长的黑影和无穷的烦恼远远甩在身后；如果你向着太阳纵情歌唱，那么你浑身的每一个细胞都会散发出无穷的力量与希望。我是这样想的，也是这样做的。我们身上每一片黝黑的皮肤代表着我们与太阳的那份亲近，我们脸上的每一道皱纹都深深镌刻着我们对学校体育的无限忠诚。

# "走"出来的舞步
## ——体育舞蹈华尔兹的教学实录

### 第一部分:课的设计说明

舞蹈对培养学生的动律美具有重要的意义,它以美为核心,以人体自然动作为基础,以节奏律动为生命的特有的表现形式,使受教者养成良好的体态和动作的韵律美,这些无疑在教学中以美的号召力去感染学生对美的追求和渴望,从而激发他们的学习热情。

高三学生接触舞蹈的不多,学习体育舞蹈的更少。如何在第一课时中基本教会学生体育舞蹈华尔兹的组合舞步,解决的方法分两步走:第一步,降低难度,提升兴趣;第二步,回升难度,规范舞步。也就是说,用走路的形式进入舞蹈状态,再用舞步的规范实现教学目标。

本节课运用"形象比喻"与"发现法"进行教学。所谓"形象比喻",说俗了就是在教学中打个恰当的比方。"发现法"教学是在教师提供一些线索的条件下引导学生一步一步地去发现教师预定的教学任务和采用的方法,它能使学生学会如何学习,怎样发现问题,怎样加工信息等。

**教学对象:** 普通高中三年级学生(男 20 人,女 20 人)。
**教学地点:** 体育馆或大舞蹈房。
**教学内容:** 芭蕾手位教学(上肢练习)、华尔兹教学(下肢练习)。
**教学目标:** 能够基本掌握体育舞蹈华尔兹的基本技术与组合套路,通过自身体验,培养运动行为(表演)能力。

运用手位教学的"形象控制"以及华尔兹的"发现法"教学,促进学生对所教技术基本知识和技能的加速掌握。

通过对体育舞蹈的教学,提升学生的审美能力和共同合作的能力;重视人际交往,丰富社会经历和阅历。

### 第二部分:课的过程记录

(一)启迪情绪,导入教材(准备部分)2 分钟

关于课前想说的话:

体育舞蹈与体育课其他教学内容有很多相似之处,但也有较多不同之处。就拿场地来讲,最好要在舞蹈房,或者在有大镜子的体育馆进行;对于服饰,最好也要是便于舞蹈的练功服,这样做好让学生在上课的一开始就进入到舞蹈学习的情境中。这些要点事前都要和学生们交代清楚。

1. 集合整队,师生问好
2. 布置教学任务,处理见习学生
3. 学习动员(教师对学生进行学习体育舞蹈的技术的必要动员)

(1) 体育舞蹈教学不仅能强身健体,能发展身体的可塑性和协调性,而且还能使心理健康,提高审美情趣,扩充文化视野,培养表演能力,引发创造意识和提升校园文化品位。

(2) 芭蕾基础训练是体育舞蹈中的形体训练,是学习体育舞蹈的必须与前奏(无缝对接到下面一个环节"芭蕾手位的形象教学")。

(二) 发展能力,合作探究(基本部分)36 分钟

1. 芭蕾手位的形象教学(8 分钟)

(1) 教学依据:在体育教学中有些技术的基本概念、内容比较抽象,特别是体育课舞蹈(或形体)教学,很多技术造型要找"感觉",这就为难了学生,一句"感觉不到位"让不少学生无所适从。所以说恰当地运用"比喻"教学,使抽象空洞的"感觉不到位"转化为学生熟知的鲜活事例,就能营造出轻松、活泼的教学气氛,有利于学生掌握知识,同时有助于消除学生心理上的疲劳,提高学习效率,达到事半功倍的教学效果。

(2) 教学方法:

① 讲解示范,解释挂图(见图 1)。

图 1

② 同技术挂钩的形象提示。

a. 用吊绳提示"身段、头的位置"　　f. 用下切刀提示"四位手"
b. 用端碗提示"手型"　　　　　　　g. 用抒麦浪提示"五位手"
c. 用夹球提示"一位手"　　　　　　h. "六位手"下切同"四位手"
d. 用双手前递水提示"二位手"　　　i. "七位手"打开同"五位手"
e. 用扶顶水罐提示"三位手"　　　　j. 用波浪提示回到"一位手"

注:手臂不论在静态还是在动态时都呈弧线形(从上臂一直到手指)。

(3) 方法步骤:比喻讲解、示范、跟练、分组练习,互相帮助。

(4) 教学反思:"教无定法求良方、艺无止境创佳境。""工欲善其事,必先利其器。"比喻是教学的需要,更是培养学生学习兴趣的需要。芭蕾手位教学,光解决动作的"形"是一点都不难的,但要饱满地做到技术的"神",就必须细心观察、认真思考、注意积累,只有这样,巧妙的比喻才能信手拈来,课堂气氛才会活跃,学生才能以轻松、愉快的心情去学习舞蹈。

2. 华尔兹的"发现法"教学(28 分钟)

(1) 教学依据:布鲁纳说过,"发现不限于寻求人类尚未知晓的事物,确切地说,它包括用自己的头脑亲自获得知识的一切方法"。这一教学模式的目标在于发展学生的探究思维

能力,让学生从已知事实或现象中推导出未知,形成概念,从中发现事物发展变化的规律性,并培养学生的科学态度和独创精神,掌握科学研究的方法。

(2)教学方法:本教材运用"发现法"教学的三个步骤:

第一步,教师进行全面优美的华尔兹基本舞步的动作技术示范,让学生建立起动作技术的完整印象,让学生既感到兴奋、憧憬,又怀疑如此高难的技术能否学会。教师在同学们既好奇又胆怯的心态驱使下,为了排除学生学习的心理压力,抛出第一组教学的关键词"走路就是跳舞"。

第二步,走路就是跳舞(本环节对舞姿不做要求)。体育舞蹈的任何一个舞种其两腿运动始终是交替进行的,也就是说,如果对两腿没有舞姿的要求,那么和平常走路是没有什么两样的。从"会走路+会听音乐的节拍=会跳舞"说起,为学生树立信心、打消学习的畏惧心理是体育舞蹈入门的关键,具体做法如下。

① 教师的第二次示范(比较示范,从标准舞步过渡到走路)。

教师只是通过比较示范把信息传递给了学生,面对此技术要领没有在理论上做任何解释,这就要求学生通过观察把信息传到大脑的相应部位进行识别、交换处理和储存,然后自己去领会其动作要领。

② 学生进行尝试性跟练和自主练习(4—6次完整技术)。

学生将输入的信息内化为输出信息,再传到效应器引起相应的活动,外化为反馈信息,教师根据反馈信息可从中进一步了解学生的技术掌握情况。

在本节要求学生能用走步的形式完成华尔兹基本舞步后,教师抛出第二组教学的关键词"跳舞不是走路"。

第三步,跳舞不是走路(接下来的示范要提出华尔兹基本舞步舞姿的要求,即一蹲,二移,三踮)。

③ 教师第三遍示范(2次+2次)并做突出难点部分的慢速度演示。而后讲解方形步图例(见图2)

学生可以跟着做,并且再次将输入信息反映到大脑,进行自我评价和判断。找出传输信息的偏差,这样造成传输信息偏差的原因就成了学生们迫切要求解决的问题。

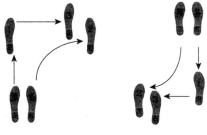

图 2

④ 教师在学生强烈求知与求解的恰当时机出示并解释华尔兹基本舞步教学一览表(见表1)。

表 1 华尔兹基本舞步教学一览表

| 动作<br>要领 | 技术<br>要点 | 规格<br>要求 | 典型错误 | 产生原因 | 教 学 方 法 |
| --- | --- | --- | --- | --- | --- |
| 立地出脚要跨大<br>落地压腿沉底注<br>后跟上微屈腿<br>三拍终了踮脚跟 | 跨<br>压<br>跟<br>踮 | 协<br>调<br>流<br>畅<br>稳<br>定 | 1. 落地僵硬<br>2. 首拍回升<br>3. 首次不分<br>4. 踮脚不足<br>5. 过程摇摆 | 1. 膝关节无屈伸<br>2. 下压没有沉底<br>3. 回升反差不清<br>4. 提踵缺乏高度<br>5. 重拍下落过快 | 1. 原地下蹲起立屈伸膝练习<br>2. 重拍下压稳定练习<br>3. 一步下蹲,二步半直腿<br>4. 提踵踮地组合练习<br>5. 弹簧步练习,在帮助下完成 |

教学一览表的展示正好能使学生对造成技术传输信息偏差的原因及改正的方法得到解答,所以它作为强化技术的理论输入信息,也最容易被学生接受。

学生再次练习(数次)

学生通过练习,互相观察,不断反馈,实现自我调节,改进学习方法(要根据自己的特点运用适合自己的教法进行练习),提高学习质量;教师巡回指导,进一步解决学生的疑难问题。

(3) 方法步骤:

① 讲解华尔兹的起源与发展。

起源:Waken(华尔兹),在古德语中,是旋转、滚动的意思。它起源于12世纪德国巴伐利亚和奥地利维也纳一带,来自民间,据说是当地农民在劳动之余的自娱性舞蹈。18世纪传入宫廷,成为欧洲宫廷舞。19世纪取代了当时广为流传的小步舞,风靡世界各地,为各阶层的人们所接受和喜爱。华尔兹大胆地采取男女拥抱式舞姿,这是对当时社会的极大挑战,但它顽强地生存下来了……

② 华尔兹基本舞步"发现法"教学互动。

教师讲解示范,学生跟练、自练、组合练习(a. 前进方形步×4+后退方形步×4,以上练习共4组;b. 分组练习提示"互相帮助,团队协作,步调一致")

③ 华尔兹的套路教学。

在华尔兹基本舞步学习完成后,开始进行套路的组合教学。其方法还是先用走路记住组合,再用舞步展现风采。运动路线见下图(解释图例)。路线口诀为"左前方形步,右前右转身,左退方形步,右退左转身(共4个华尔兹基本舞步为一套路组合,一个口诀应对一个华尔兹)"。最后学生分组、分段、分批进行练习。

**华尔兹组合套路路线图**

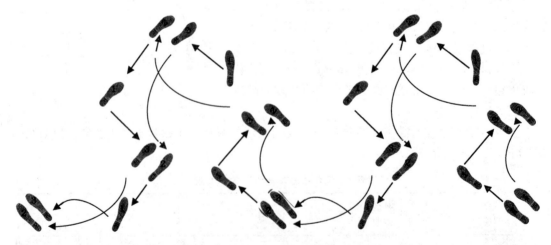

(4) 教学反思:在运用"发现法"进行体育教学以后,我们发现学生的体育认知素质和学生的行为素质得到有效的培养,和以往的传统教学相比,其结果有较大差异。具体表现在:

① 摆脱了严格遵循示范、讲解、练习这种传统模式,学生的主观意识得到很大发挥,加上"发现法"特别注重教材技术的完整性,所以学生基本上都能完成规定的教材内容。

② "发现法"是以问题解决为中心,注意学生独立活动,着眼于创造性思维能力和意志

培养的教学模式。一部分基础好的学生进步较快,这样也就传带一批基础差的学生,使整个组的技术掌握水平稳步上升。

③ 在完成规定的动作中,学生表现得很好。具体表现在对动作技术的理解比较透彻,并对自己存在问题的纠正充满信心。

④ "发现法"教学还有利于培养拔尖人才,因为学生个体差异的不同,不能按统一教法同步进行,选用适合学生特点的教法,加快了技术掌握和提高的进程。

(三)稳定情绪,退出教材(结束部分)7分钟

1. 素质练习

第一组屈臂平板支撑1分钟做2次;第二组直臂平板支撑1分钟做2次。

2. 放松练习(手臂摆动绕环组合)

只要求学生跟着老师做,也许学生不一定做得很好,手臂的摆动体现着一种懒洋洋的感觉,这正是放松的需要,也许学生做得非常滑稽,那么相互大笑更是一种放松。

3. 课堂小结

百分之百的学生能运用走路的形式完成华尔兹的基本技术与组合套路。另运用"发现法"教学绝大部分学生,促进他们对该技术有了深度了解,规范了舞步,具备了一定的表演能力;提升学生的审美取向和相互配合的合作能力。

4. 布置作业

进一步提升对本次课技术的掌握与运用;根据芭蕾手位、华尔兹的基本素材进行芭蕾手位与华尔兹组合创作。

5. 退课

**第三部分:课的总结**

本节课华尔兹教材教学是根据舞蹈的相关特点,结合体育技能教学的一般规律和体育舞蹈的特殊教学方法,从"发现法"和"形象比喻"入手,探索了体育舞蹈教学规范化效果的途径和方法,发挥教师的主导作用,调动学生学习的积极性。对提高学生学习体育舞蹈的教学质量和效果,具有十分重要的现实意义。

总之,体育舞蹈教学既有一般体育技术传授的特点,又有艺术教育的特点。因此,教学过程的设计不能完全套用一般体育课的教学模式。"发现法"也好,"形象比喻"也好,包括跟练、自练、小组组合练(集体探究)等都不是独立的个体,而是你中有我,我中有你,相辅相成,可以同时或交替作用于体育舞蹈教学的整体思路。教师所采用的教法与手段采用体育教学和艺术教学相结合的方式,它是加速学习进程的有效措施。体育教师只有较好地掌握体育舞蹈的表演技巧,熟练地驾驭体育舞蹈的教学规律,才能更加有效地激发学生的学习兴趣,在中学体育教学中实现体育舞蹈教学的目标。

# 走进多彩的世界

## ——"体育与健康"夏令营活动教学设计

目前,我国大部分学生普遍存在着体质水平和活力因素下降的趋势。究其原因,除了大环境的社会因素以外,我们的体育与健康课也出现了问题。其一,体育与健康课只上体育,几乎很少谈到健康;其二,45分钟的体育与健康课的课堂教学设计远远满足不了学生对健康知识、意识和科学用脑、身体锻炼以及活力塑造等的诸多需求。因此,我认为还要进行一系列走出体育与健康课课堂的大教学设计,使学生在掌握运动技能的基础上养成健康的行为,培养良好的体育品德,全面提升体育与健康学科的核心素养。

在江苏省外国语学校建校20周年之际,我为学校设计的"体育与健康"夏令营教学活动,在实施过程中取得较好的效果,作美芹之献,以期大方之家批评指正。

本文包括教学的设计目的、组织形式、方法内容、时间安排和汇报表演。

红色代表生命与智慧,黄色代表运动与能力,蓝色代表快乐与朝气。这都是我们体育与健康课所倡导的。红、黄、蓝三原色能调制天下所有的色彩,身临"红、黄、蓝",就是走进多彩的世界,而多彩的世界必定给予我们丰富的回报。

### 一、教学的设计目的

为进一步全面推进素质教育,与时俱进,深入贯彻落实《学校体育工作条例》和《学校卫生工作条例》,江苏省外国语学校决定举办"走进多彩的世界""体育与健康"夏令营教学活动。通过教学活动,让"健康第一"的指导思想根植校园、深入人心、融入社会,促进学生的全面发展和人与自然的和谐;学生通过参加社会实践,去触摸、感知多彩的健康生活,激发学生崇尚科学、追求知识、热爱自然的美好情感,培养学生的团队意识、抗挫能力和创新精神。

在本次夏令营教学设计中,我们按"红、黄、蓝"三原色分别建制三个营,即红营(脑力与健康)、黄营(体力与健康)、蓝营(活力与健康)。每个营围绕不同的主题开展丰富多彩的教学活动,开阔视野,增长知识,陶冶情操。引导广大学生对脑力与健康概念的科学认识,培养他们为健康而锻炼身体的良好习惯,提高其生命活力和缓解心理压力的能力。

### 二、教学的组织形式

| 组别 | 人数 | 活动主题 | 活动内容 | 营地 | 参观单位 | 指导老师 | 备注 |
| --- | --- | --- | --- | --- | --- | --- | --- |
| 红营 | 50 | 脑力与健康 | 桥牌围棋 | 上海 | 上海市体育局棋牌运动管理中心 | 李老师(桥牌)<br>黄老师(围棋)<br>陶老师(生物) | 红营旗<br>红帽子<br>红汗衫 |
| 黄营 | 50 | 体力与健康 | 体操球类 | 南京 | 江苏体育科研所<br>江苏省体工大队 | 陈老师(体操)<br>吴老师(篮球)<br>朱老师(生物) | 黄营旗<br>黄帽子<br>黄汗衫 |

续表

| 组别 | 人数 | 活动主题 | 活动内容 | 营地 | 参观单位 | 指导老师 | 备注 |
|------|------|----------|----------|------|----------|----------|------|
| 蓝营 | 50 | 活力与健康 | 舞蹈轮滑 | 苏州 | 苏州市歌舞剧院 英派斯健身轮滑 | 徐老师(舞蹈) 张老师(轮滑) 金老师(生物) | 蓝营旗 蓝帽子 蓝汗衫 |

### 三、教学的方法内容

**（一）学校开营仪式**

(1) 学校大本营广场集中主题活动(领导发言、开营式授旗、宣誓仪式)；

(2) 学校大会堂播放学校体育与健康教育视频(体育卫生、健康、法律法规等)。

**（二）分营分类培训**

(1) 考察报告的立项(命题)过程操作、考察报告的撰写；

(2) 摄影的操作技巧(认识照相机，作品主题、构图与后期制作)；

(3) 主题展板的创作构思以及展板的实物展示制作；

(4) 主题文艺节目的构思与创作(根据分营特点准备声乐、器乐、舞蹈、小品，组成一个小演出板块)。

**（三）分营主题活动**

(1) 学校体育卫生与健康教育资料学习(结束时参加知识竞赛)；

(2) 课题考察，摄影(结束时参加课题考察报告评审附照片)；

(3) 主题展板构思、案头创作(结束时参加主题展板评比附照片)；

(4) 主题文艺节目构思、创作(结束时参加主题晚会的演出附照片)。

**（四）回校结营仪式**

江苏省外国语学校"体育与健康"夏令营教学活动结营仪式暨颁奖晚会合并红、黄、蓝三个营为一大演出板块，其中穿插夏令营总结发言和颁奖仪式，主题为"走进多彩的世界"。

### 四、教学的时间安排(一周)

| 日期 | 时间 | 活动内容 | 备注 |
|------|------|----------|------|
| 第一天 | 上午 | 1. 开营仪式  2. 学校体育与健康教育知识电视讲座 | |
| | 下午 | 分营进行体育卫生与健康教育专题的分类培训 | |
| 第二、三、四天 | 上午 | 分营活动 | 第四天晚回大本营 |
| | 下午 | | |
| 第五天 | 上午 | 1. 知识竞赛(每人必须参加) 2. 课题考察报告(每营5份，10人一组)准备 3. 主题展板制作(每营一组，由5小块组成)准备 | |
| | 下午 | 1. 课题考察报告交流，评估 2. 主题展板展示，评估 3. 文艺节目排练 | |
| | 晚上 | 结营仪式(教学活动总结、专题演出、竞赛颁奖) | |

### 五、教学的汇报表演

"体育与健康"夏令营结营仪式暨颁奖晚会活动设计。

（一）指导思想

本次江苏省外国语学校"体育与健康"夏令营教学活动,是在本省全面深入贯彻落实《学校体育工作条件》和《学校卫生工作条例》条例上取得的显著成效,是在学校体育与健康教育工作呈现新局面的现实背景下进行的。它是推动学校素质教育再上新台阶的重大举措,也是宣传和繁荣学校体育与健康教学工作的极好机遇。

本台演出的总体风格,应是热烈、欢快、隆重的,表演内容应体现学校体育与健康教育特色。活动设计以"走进多彩的世界"为主题,整场演出分三个不同颜色的营地来演绎,即红营、黄营、蓝营。红营活动主题"脑力与健康",主色调是红色,由红营来组织演出;黄营活动主题"体力与健康",主色调是黄色,由黄营来组织演出;蓝营活动主题"活力与健康"主色调是蓝色,由蓝营来组织演出,"开营"与"结营"由三个组共同承担演出。

本场表演通过诗、歌、舞、操、乐的交融整合,加上现代声光技术的运用,使整场演出融运动、健康与品德为一体,着力营造气势宏大、意境广阔的艺术效果,力争出新出奇,为江苏省外国语学校"体育与健康"夏令营教学活动的成功进行画上了一个圆满的句号。

（二）节目主持

本场节目演出的主持人由1女3男共4人组成。女主持人贯穿整场演出,除演出的"开营"与"结营"正常主持外,其他3个部分分别以记者采访各个营地带队老师的身份出现;3位男主持为演出的嘉宾,由棋牌老师、球类老师和舞蹈老师组成,他们以带队老师的身份分别主持红营"脑力与健康"、黄营"体力与健康"、蓝营"活力与健康";女主持人采访带队老师的对白即为本营的节目串词。3位男嘉宾主持身着体育教师的职业装,颜色为红、黄、蓝,代表所带队营地的主色调。

（三）基本结构

走进多彩的世界

江苏省外国语学校"体育与健康"夏令营教学活动结营仪式暨颁奖晚会

开　营　走进多彩的世界

  a.《走进多彩的世界》大屏幕主题视频
  b."体育与健康"夏令营教学活动总结发言

红营篇　脑力与健康

  a. 表演内容
   1. 群　　舞：　　黑子白子
   2. 队 列 歌：　　步调一致
   3. 单口评书：　　楚河汉界
   4. 学生讲坛：　　品德养成
  b. 健康知识竞赛颁奖　（个人奖）

### 黄营篇　体力与健康

a. 表演内容
　　1. 球类技巧表演：　　艺精品高
　　2. 男女声小合唱：　　牵手健康
　　3. 现场乒乓表演：　　银球舞动
　　4. 武　术　表　演：　　中国功夫

b. 考察报告评审颁奖（班小组奖）

### 蓝营篇　活力与健康

a. 表演内容
　　1. 华尔兹表演：　　起舞在三步
　　2. 女　声　独　唱：　　春天的芭蕾
　　3. 小　品　演　绎：　　合作与和谐
　　4. 器乐与轮滑：　　溜冰圆舞曲

b. 主题展板评比颁奖　　（营集体奖）

### 结　营　健康快乐动起来

a. 宣布"体育与健康"夏令营教学活动闭幕
b. 歌舞、轮滑、球技表演　　健康快乐动起来

从纯粹的课堂体育与健康知识教学到由开展教学活动进入社会接受体育与健康的大环境教学,这是一种与社会对话式的交流,它引导学生从不知到知,从不完全知到比较完全知,并把前人认识转化为自己认识的过程;它能在更大程度上激发学生的学习兴趣,将被动教育变为主动学习并积极参与,它使学生懂得如何用脑、如何运动、如何快乐的方法。体育与健康不仅仅是拘于操场教室的小学科,还应该是互动社会的"大概念"。

李建红

李建红 汉族，江苏吴县人，毕业于常州技术师范学院财务会计专业，本科学历。1994年8月参加工作，正高级讲师、会计师、经济师、信息化工程师。江苏省财会学科特级教师、江苏省教学名师、江苏省"333工程"第三层次培养人才、江苏省职业教育李建红信诚名师工作室领衔人、苏州教育领军人才、苏州市名教师、苏州市财会学科带头人、苏州市"十佳"双师型教师、苏州市技能大赛优秀教练、吴中教育领军人才、苏州市李建红信诚财会工作室领衔人、苏州市职业教育财经名师工作室共同体牵头人。现任江苏省吴中中等专业学校财会学科教师、发展处兼科研处处长、校会计专业负责人。

主要从事会计学教育及师资队伍的培养研究。其教科研成果获江苏省职业教育教学改革研究优秀课题二等奖、全省办学系统优秀科研成果评选活动三等奖、苏州市教育教学成果一等奖。主持或参与省级课题15项、苏州市级课题6项，主持苏州市财政会计学会课题3项。发表论文70多篇，有2篇刊登在核心期刊上，应邀主编、参编教材和教参10余部。

应邀担任了全国中职教师资格面试官、苏州市财经商贸中心组组长、江苏城市职业学院五年制高职会计专业教研中心组组长、江苏省职业教育会计研究会理事、苏州市职教学会学术委员会秘书长、吴中区财政会计学会副秘书长。系江苏省职业教育教研中心组财政商贸中心组和江苏省中等职业学校学生学业水平考试研究组会计类成员。

# 学思践悟知行融合的教学追求

## 一、以德育人，做事先做人

**行万事，德为先**。我从事教学工作24年，担任班主任工作14年，教研组长12年，专业负责人21年，始终坚持育人为首，关注学生的全面发展，做到既教书又育人。围绕会计专业培养什么人、怎样培养人，以德高技强为目标，通过换位思考、反思提升，引导学生学会思考、学会总结、学会合作、学会感恩。通过班主任管理、社会感知、专业课程教学、专业实践等活动，培养学生树立"爱岗敬业、诚实守信、廉洁自律、客观公正、坚持准则、提高技能、参与管理、强化服务"的职业道德观念和意识，树立"会计人"应有的道德品质。

**爱为本，行为先**。在职业教育过程中，以爱为本。面对义务教育中的"后进生"，作为教师，我怀着对学生真挚的爱，对学生严格要求，热情关心，严在当严处，爱在细微中；充分肯定学生的进步，尊重学生的合理需求；引导学生进行自我审视，善于接受他人的批评和意见，保持正常、良好的心态，形成良好的学习氛围；做到尊重和引导相结合、关心与严教相结合、理解与批评相结合，从而使学生日有所进，学有所长，谨记做事先做人，提高学生的综合素质。言传身教，以身作则。谨记教师的劳动对象是有思想、有情感、有个性的现实中的人，以自身的人格力量来影响、教育学生。新生班第一节劳动课，手把手教学生打扫卫生、布置教室；准时守信布置工作，履行承诺；公平对待优秀生与学困生；对"问题学生"有宽容心……在教育方面做到动之以情、晓之以理，做出榜样。以自己的行为、人格作为榜样，帮助学生养成良好的生活习惯，塑造学生高尚的人格。"此时无声胜有声"，教师的人格精神，可以使学生受到感染，对学生产生影响。

## 二、实践育人，服务终身发展

**深入浅出，联系实际**。讲究方法，培养学生的自学能力。课前做好充分准备，深入广泛地研究教材，吃透教材，把握大纲，剖析教学的重点、难点，合理安排教学。通过精心备课，做到备教材、备学生、备教法。教学中采取有效的教学策略，创设教学情境，利用教学资源和信息技术，加强师生互动与相互建构，激发学生的学习兴趣，发挥学生的主体作用，实现课程内容在教学中有效的展开与动态的生成。"以学生为主体，教师为主导，实践为主线"，求实创新，扎实做好教学七认真。追求"有效课堂"与"学生课堂"，实现变"重师"为"重生"的教学观念，变"学会"为"会学"的教学目标，变"知识掌握"为"意义构建"的教学策略。讲懂、讲活、讲实课堂。培养学生创新精神、自主学习能力和职业判断能力，提高教学质量，实现职业教育与终身教育的对接。近5年中开设江苏省级公开课1次，苏州市级公开课5次，吴中区级公开课3次，省级说课展示2次。在江苏省职业学校专业技能课程"两课"评比中获评"示范课"。

**教学做合一，循序渐进**。尊重学生主体，指导学生学会学习，是培养创新能力的操练。围绕会计"教、学、做"一体化的教学模式，通过调研会计岗位的能力需求，合理剖析会计各岗位的职业标准、岗位要求和发展前景,将实训室各功能细化为各工作任务或单元,并在平时的实训教学中加以推广。利用建成"会计认知中心、会计基本技能中心、会计岗位实训中心、会计信息化中心、金融税务中心、拓展服务中心"的一基地六中心,让学生"学中做、做中学",引导学生改进学习的方法,让学生愿学、想学、乐学、会学。对所任教的专业课,结合职业学校学生的特点,实行以能力为本位的会计理论与实训教学的融合,改革考核模式,实施适合学生特点、形式多样的过程化考核,变单一考核为综合考核,变终结性考核为过程性考核。坚持考核形式的多样化、实效性改革;坚持会计理论与会计实践能力考核相融合,并注重加强对会计职业道德的引导和培育,全面合理评价学生。

**理实一体,锤炼岗位能力**。会计工作源于实践,会计教学必须适应企业岗位需求。由"学校人"向"职业人"的角色转换,"走进企业,参与实战,提高技能"。在会计教学中加强会计实践技能的演示和操作训练,突出会计实践的实用性,扭转理论教学抽象、与实际脱钩的弊端。让学生在教师的指导下,借助会计精品课程等信息化资源,动脑动手,让学生置身于职业环境中,培养职业习惯,缩短学生实际能力与岗位要求的差距,增强就业本领。实现理实一体化教学,让师生双方边教、边学、边做,全程构建素质和技能培养框架,丰富课堂教学和实践教学环节,突出学生动手能力和专业技能的培养,实现做中教、做中学,达到教、学、做合一,充分调动和激发学生的学习兴趣,实现课程内容与职业标准的对接、教学过程与工作过程的对接、毕业证书与职业资格证书的对接。

### 三、知行合一,推动专业发展

**双证融通,工学结合**。研究专业建设,加快专业现代化步伐。以苏州市"十二五"规划重点课题"会计从业资格教学实效性的研究""会计专业'双证融通、工学结合'人才培养模式的实践研究"为研究抓手,围绕会计专业人才培养的"入口"和"出口",坚持以服务发展为宗旨、以促进就业为导向,以能力为主线,借鉴国内外经验,借助行业指导、校企合作平台,落实工学结合、校企合作、顶岗实习过程,创新人才培养模式,改革教学模式和评价模式,丰富资源库素材。做到边研究边总结,边总结边完善,推动专业发展。构建"双证融通、工学结合"的会计专业人才培养模式,建设知识、技能、职业素养"三位一体"的课程体系,形成"双模块、双循环"的课程模式。所在学校会计专业成为江苏省的会计示范、品牌专业。

**科研引领,服务教学**。科研服务教学,科研支撑教学。省职业教育研究优秀课题"中职专业课课堂评价标准重构和运用策略的研究"采取量化与质性评价相结合,研制中职专业课评价系列测评分析表,形成了一套课堂教学评价标准和运用标准策略体系,以推动课堂教学改革的实践。"'成本核算实务'核心课程及数字资源建设的实践研究"以信息化资源建设为亮点,注重校企合作,理论和实践相结合地进行专业课程系列资源建设,服务于教学质量的提升。市财政会计学会重点课题"记账公司校企合作运行研究"通过会计实体建到学校,学生参加代理记账实践,搭建了以学生为主体的实训平台,完善了教师去企业实践的窗口。"职业院校专业带头人培养机制研究"着重探讨现代职教体系下专业带头人的培养,由此引领专业的发展、提升。

**建立机制,形成梯队**。名师是在过程约束和激励中成长的。建立从见习教师、青年教师到骨干教师、双师型教师,再到专业带头人、名教师的培养制度,形成系列化、针对性的培养机制。以省级"职业学校青年教师专业成长的实践研究""职教名师成长机制与培养途径的实践研究""职业院校专业带头人培养机制研究"为研究平台,对青年教师、名师、专业带头人进行"师德、教育、教学、科研、实训"等系列培养,包括制定个人规划,实施目标引领;机制制度保障,推进名师发展;搭建多种平台,实施分类培养;落实年度考核,做好总结反思。经过研究,确立了青年教师、名师培养的途径,形成了培养的措施,取得了良好的培养成果,学校青年教师实现"一年入门,二年成才,三年成骨干",学校现有省特级教师2名,苏州市名教师2名,苏州市学科带头人16名,吴中区学科带头人、班主任带头人、区骨干120余名,形成了青年教师、骨干教师、名师梯队。

"名师是在团队中成长的。""一个人可以走得很快,但是只有一个团队才可以走得更远。"我领衔成立了苏州市李建红信诚财会工作室,带领财经专业教师研究课堂、课程和课题,磨炼会计技能,提升课堂教学能力;立项成立省教育厅的江苏省职业教育李建红信诚名师工作室,带领骨干优秀教师立足苏州,面向全省,交流专业建设,运筹教师发展和专业发展;组建了由苏州市5个市级会计名师工作室组成的苏州市职业教育财经名师工作室共同体,成为牵头人,以点带面,将师资培养、专业建设辐射到全大市。

# 《库存现金日记账的设置和登记》教学设计

**教学目标**

  **知识目标：**(1) 了解库存现金日记账的概念和格式。
      (2) 把握库存现金日记账的填制方法。
  **能力目标：**(1) 具有自主探究学习新知识的初步能力。
      (2) 锻炼实践技能，会登记库存现金日记账。
  **情感目标：**(1) 感知学习的乐趣，养成细心操作的习惯。
      (2) 激发潜能，树立学习的信心。
**教学重点：**库存现金日记账的登记方法。
**教学难点：**遵循记账规则，据会计凭证登记库存现金日记账。
**教学时间：**1课时。

**教学过程**

**一、创设情景，引入新课**

(1) 提供少量典型的原始凭证及收、付、转凭证，展示三栏式、多栏式账页。
(2) 投影出班费的收支情况。

**二、项目教学，任务实施**

1. 任务一：现金日记账的概念
(1) 利用原始凭证填制记账凭证。
企业日常采用5~8笔业务的原始凭证。
(2) 依据记账凭证，学习基本概念。
与现金日记账相关的概念：出纳人员，现金收款，现金付款，部分银行存款付款凭证，逐日逐笔登记。
(3) 挑选出库存现金日记账中须登记的记账凭证。
(4) 登记库存现金"T"字形账。
2. 任务二：现金日记账的格式
格式：三栏式(常用)、多栏式。
外形特征：订本账。

**库存现金日记账**

| 20××年 | | 凭证号数 | 摘要 | 对方科目 | 借方（收入） | 贷方（支出） | 借或贷 | 余额 |
|---|---|---|---|---|---|---|---|---|
| 月 | 日 | | | | | | | |
| | | | | | | | | |
| | | | | | | | | |
| | | | | | | | | |
| | | | | | | | | |
| | | | | | | | | |
| | | | | | | | | |
| | | | | | | | | |
| | | | | | | | | |

3．任务三：现金日记账的登记方法

(1) 日期栏：据记账凭证的日期填列。

(2) 凭证栏：据收、付款凭证种类及号数填列。有"现收(付)""银收(付)"。

(3) 摘要栏：据记账凭证中的摘要登记经济业务内容。

(4) 对方科目栏：据库存现金的对应科目填列，登记现金收入或现金支出的对应科目。

(5) 收入栏：登记现金收入的数额，据现金收款凭证和部分银行存款付款凭证中的金额填列。

(6) 支出栏：登记现金支出的数额，据现金付款凭证中的金额填列。

(7) 结余栏：登记每笔收付业务后的现金结余数额。

日清：每日营业终了，分别计算出当日现金收入和现金支出的合计数，结出余额，并与库存现金实有数核对相符。摘要中注明"本日合计"。

月结：每月终了，分别计算当月现金收入和支出的合计数及余额。摘要中注明"本月合计"，并在本月合计下面画通栏单红线。

(8) 每一账页登记满时，要办理转页，结出本页合计数及余额(现金日记账为自本月初起至本页末止的发生额合计数)，写在本页最后一行和下一页第一行金额栏内，并在摘要栏内注明"过次页"和"承前页"字样，以保持账簿记录的连续性。

4．任务四：仿真模拟登记

实训一：简单业务及登记工作(做较简单的工作)

(展示登记好的库存现金日记账)

实训二：较复杂业务及登账、转页、结账工作(独立完成全部工作)

### 三、评价总结，布置作业

每一组推选1~2位学生填制的库存现金日记账进行展示。学生看优秀作品，学习他人的长处，思考自身存在的问题。根据项目评价表完成评价。

## 四、教学回顾

| 现金日记账 | |
|---|---|
| 期初余额<br>(1) 现收凭证<br>(2) 部分银付凭证 | (1) 现付凭证 |
| 期末余额 | |

## 五、作业布置

(1) 晒一晒个人日记账。
(2) 习题集巩固拓展。

附:板书设计

```
        模块二  库存现金日记账的设置和登记
   任务一:现金日记账的概念
       依据:记账凭证(收、付款凭证)
       概念:出纳员,逐日逐笔
   任务二:现金日记账的格式
       三栏式、多栏式、订本式
   任务三:现金日记账的登记方法
       收款、付款凭证——→日记账
   任务四:仿真模拟登记
```

## 教学反思

**成功点:**

(1) 理论与实践相结合,既让学生掌握基本概念,同时也完成了对学生动手能力的培养。
(2) 系统完成日记账建账、登记、转页、结账操作。
(3) 帮助学生自主学习,培养学生学习的兴趣。

**不足处:**

受实物条件限制,多栏式日记账只能通过图形表示,加上学生对会计分录掌握并不全面,对多栏式的理解比较狭隘;另外,从"T"字形账和"现金日记账"两个方面进行处理的过程难以理解。

# 《通用记账凭证的填制与审核》教学设计

## 教学目标

**知识与技能：** 掌握记账凭证的填制和审核方法。

**过程与方法：** 倡导自主、合作、探究的学习过程。通过记账凭证填制和审核方法的学习，掌握职业技能考核相关题型的操作技能与企业实际经济业务的操作技能。

**情感态度与价值观：**

(1) 培养学生诚实守信、严谨务实的职业素养和团队协作的意识。

(2) 让学生在探索中体会学习的乐趣，感受成功的喜悦。

(3) 培养学生竞争和突破意识。

**教学重点：** 填制通用记账凭证时会计科目、金额的填写。

**教学难点：** 通用记账凭证的审核。

**教学时间：** 2课时。

## 教学过程

### 一、创设情境，导入新课

导入新课：通过创设公司财务科情境，动画演示公司单据填制、审核与传递的过程。

(1) 播放视频。

(2) 组织学生讨论企业单证的填制与审核流程。

(3) 过渡到本课课题：通用记账凭证的填制与审核。

### 二、自主学习，培养能力

1. 领任务

挑选有代表性的12张凭证（每组两张）。

2. 跟我学

9个任务的操作演示：凭证日期、编号、摘要、科目、金额、附件、入账标记填写及空白行处理和签章。

（引导学生看视频，观察学生学习情况，发现问题，及时提供帮助）

3. 看成效

切换"极域电子教室"转到学生机，让学生进行操作演示。

引导小组互评，教师综合点评。

（小组代表对凭证错误之处进行分析、讲解、互评）

4. 再学习

会计岗位业务中所使用的实际单证填写的完整性、真实性、正确性3个任务的动画演示。

(学生看动画进行操作,反复学习)

5. 展成果

切换"极域电子教室"转到学生机,让学生进行操作演示。

(小组代表对凭证审核过程进行分析、讲解)

### 三、及时练习,巩固提高

1. 练一练

根据原始凭证填制并审核记账凭证,并利用错题重做功能,加强学生对知识的掌握与巩固。

2. 闯一闯

学生根据自身掌握情况选择闯关难度进行闯关练习。

3. 赛一赛

完成闯关的小组可先领取通用记账凭证进行填制,并上传至平台。

### 四、归纳小结,全面提升

准确完整地填制记账凭证;审核凭证的完整性、真实性、正确性。

### 五、课后拓展,巩固提高

1. 项目考核(必选)

2. 考证训练(可选)

对学有余力的学生增强理论难度,模拟会计从业资格证标准化考试。

3. 闯关训练(可选)

**教学反思**

趣:融入学生喜欢的游戏式闯关练习,激发学生的学习兴趣;连线行业专家,现场点评,提高学生的学习热情。

渔:充分运用基础会计学习平台、QQ聊天、抽签软件等工具,培养学生学习与运用的能力。

鱼:任务的分发,使学生在真实的学习情境中带着任务进行学习,并持续驱动和维持学生的学习兴趣和动机,使其最终学会记账凭证的填制与审核。

补缺:有一个小组没完成闯关练习,导致课堂未能完成纸质通用记账凭证的填制与审核。通过课后了解原因有:①个别同学心里紧张;②会计科目未能灵活运用。解决办法:①对紧张的同学多给予锻炼机会;②对小组成员进行适当调整;③对基础差的同学多辅导,并推荐相关专业书籍,激发其学习兴趣。

蒋俊祁

蒋俊祁 中国矿业大学工业电气自动化专业硕士研究生。江苏省特级教师、苏州市名教师、苏州市学科带头人、苏州市姑苏高技能重点人才、维修电工高级技师。现任江苏省吴中中等专业学校电气工程系主任、支部书记。同时兼任中国教育技术协会会员、中国职业技术教育学会教学工作委员会委员、工业和信息化职业教育教学指导委员会委员、苏鲁皖高校电子技术教学研究会理事、江苏省单招联考委特聘专家。

工作期间,先后主持、参与 4 项省级课题,在省、市级刊物发表论文 10 余篇,两篇刊登在核心期刊上。主持了江苏省"太阳能与沼气技术利用"专业人才培养方案和核心课程标准的制定工作,其科研成果曾获得江苏省人民政府颁发的省科技进步二等奖。先后主编多本教材,其中《光伏组件制造工艺及应用》被评为教育部改革创新示范教材,负责编写的《电工技术基础与技能》和《电子产品结构与工艺》成为国家规划教材。辅导学生参加全国技能大赛获一等奖,创新大赛作品在苏州市职业学校创新大赛获中职组一等奖。

# "工匠"精神的教学主张和教学追求

校企融合是当前经济社会发展对职业教育和行业企业的一个重要期待,央视曾经推出《大国工匠》系列节目,就歌颂了匠心筑梦的钻研与专注。1991年大学毕业后我直接来到了吴中中等专业学校,开始了我的教师生涯。期间一直坚持在教学一线工作,先后担任电工基础、维修电工、可编程逻辑控制器(PLC)、光伏技术等多门课程的教学任务,从苏州市学科带头人成长为苏州市名教师、江苏省特级教师。数以千计的学生接受了我的教育走上了社会,也与许多的企业结下了不解之缘。回首几十年的教学生涯,其实就忙成了一件事,就是成为一名校企融合的"工匠"。

## 一、做教书育人的"工匠"

多年来,我在平凡的教育岗位上,任劳任怨,乐于奉献。在工作中,我始终热爱学校,关心、热爱学生,把学生看成自己的孩子。1992届家电班的蔡强同学目前已是上市公司的技术研发总监。回首当年,蔡强刚进入班级时,给大家的印象是沉默寡言、不善言辞,成绩老是处于中游水平。我经常和他谈心、聊天,鼓励他要多看到自己的长处,如工作细心、踏实,能吃苦,还安排他做生活委员。结果他的工作得到了同学们的一致肯定,更成为激发他不断学习、不断进取的动力。毕业考取大学后,他一直保持着艰苦朴素、虚心好学的作风,这种优良品质一直保持到现在,成就了他成为上市公司的优秀员工。

自从内地西藏中职班开办以来,我更是牺牲了几乎所有的假期,坚持和学生打成一片,做学生的朋友。为更好地工作,我3次进藏,对学生进行家访,对西藏的企业进行考察,一系列有效的工作保证了内地西藏中职班的稳定运行,我也在同学中赢得了较高的威望。2010届太阳能与沼气技术班的阿望多吉同学来自西藏达孜县。刚到学校那阵,因为一次打架事件我认识了他。有人说他不求上进,不讲卫生,不可理喻。我主动与他拉近了距离,利用晚自习等时间找他聊天,了解他。通过谈心,我了解到他的家庭有经济困难,整个家庭没有什么收入,再加上语言交流、学习都有困难,他对自己的前途很迷茫。了解情况后,我就特别关注该名同学,还经常给他买衣物等生活用品,关心他的生活,稳定他的情绪。针对他的学习困难,我给他出了个主意:先在动手实践上下功夫。没想到,学习思维不强的他在这方面表现出了较好的水平。我立刻在全班同学面前表扬了他,并进一步在实践上提出了更高的要求。每次成功都让他有了更多的自豪感。从此,他的学习兴趣日益高涨,水平很快进入班级前列,甚至他的作品被人社局列为样板。毕业后回西藏工作,他又在工作中表现突出,一年时间,就升为技术副总。后来,当我到西藏进行家访的时候,他们老板一再对我表示感谢,感谢我们为他们培养了阿望多吉这样优秀的员工。2012年,我被评为苏州市爱生模范,先进事迹在苏州市电视台专题播出。

## 二、当教学科研的"工匠"

在工作中我注重教学实践与教育科研有机结合,能自觉、不断地更新专业知识和技能;

利用休息日和暑期深入企业实践,开展对相应行业的调研;研究制定了专业建设的实施方案,以专业课程改革带动专业的发展,形成了真实场景下实施专业课教学的先进课改理念。在西藏山南考察时,我发现当地光伏路灯寿命偏低的情况。回来后,我们组织力量攻关,集中研究了温度、水分、控制规律等方面的影响,通过改变充放电控制规律,改进有关材料,有效地解决了问题,也提高了教师解决实际问题的能力以及市场意识与质量意识。2010年,我组织教师开发太阳能篝火灯,获苏州市创新大赛一等奖。2003年,省教育厅派我到新加坡南洋理工学院学习,在那里系统学习、实践了项目化课程体系的开发与管理。回来后,我就组织教研组同行对电子技术应用专业的课程进行改革实践,在认真调研、学习的基础上,形成了基于工作过程,融素养、技能于一体的模块化项目课程体系。在对课程进行了模块化的改革后,不仅学生乐于学习,企业也乐于接受经过训练的员工,老师更是在这一课程改革中获益匪浅,吴晨霞、王玲玲等多位老师先后在省、市课改比赛和教学评优等活动中获一等奖。2012年和2014年,我先后给苏南五市的职教专家、苏州大市的同行上了教学观摩课,在国家、省、市、县举行公开课13次、讲座10次,推广了我们学校的课改特色;主持的苏州市工作室于2017年被确认为江苏省名师工作室培育对象。另外,我带领教师编写了6种能充分体现先进职教理念的教材,分别由高等教育出版社等3家出版社出版,其中《光伏组件制造工艺及应用》还被教育部评为国家改革开放示范教材,《电工技术基础与技能》成为国家规划教材,被许多学校使用。自主编的教材出版以来,出版量累计已达几十万册,其中具有苏州市电子专业教改特色的《电子产品结构与工艺》也成为国家规划的配套教材,这些都在国内产生了广泛的影响。作为专业教师,我平时自觉锻炼自己的实践能力,与企业开展项目合作,辅导学生参加创新大赛、技能大赛。学生多次在全国、江苏省和苏州市比赛中获一、二、三等奖,我也被评为全国技能大赛优秀指导教师、姑苏高技能重点人才。

我先后参加了专业负责人、实训基地负责人的培训,先后获得了工程师、高级技师等资格证书。2013年,我作为省单招联考委特聘专家参加了单招综合考试大纲与技能考试大纲的修订工作;2012年成为江苏省光伏职教集团专业开发与建设委员会委员;2013年参加了江苏省电子技术应用专业课教学指导方案的制订工作;2015年参加了江苏省电子技术应用专业学业水平测试考试大纲和考试题库的制订工作;2016年主持了江苏省太阳能与沼气技术专业人才培养方案的制订工作。不断学习、不断实践的经历推动着我更有效地为职业教育和社会企业服务。

### 三、成了专业建设的"工匠"

从多年的职业教育实践中,我深深感悟到:专业建设要面向社会,建设好专业;面向岗位,开发好课程;面向学生,培育好学生的素质;面向教师,引领好队伍。

我校是首批承接内地西藏中职班办班的学校之一,为了使专业建设能面向社会相关行业,我校研究了本区域支柱产业的发展方向,开设了光伏技术专业,受到了社会的一致好评。光伏技术专业被评为苏州市优秀新专业,学校成为苏州市光伏职教集团的牵头单位,电子实训基地和光伏实训基地先后被评为省级优秀实训基地,光伏实训基地被认定为省高水平示范性实训基地,光伏专业被评为省特色专业。至今已为雪域高原培养200名左右的光伏专业人才,使光伏技术专业得到了更广阔的发展空间,该基地目前已稳定成为西藏高原光伏技术的人才培养基地,专业发展趋势良好。

坚持以就业为导向,深化与企业的融合,促进与电子行业开展全方位、深层次的合作,充分利用光伏职教集团,加强与社会企业的沟通联系。我组织带领成员下企业实践,选派骨干教师到光伏企业挂职锻炼,进行课程开发培训,搭建与同行交流的平台,解决技术难题,参与研发项目,进一步提升骨干教师的研发能力、服务能力和创新能力;组织工作室成员协同参与来自企业的课题。2015年起,我与苏州宁虹电子科技有限公司进行了深入的接触。该公司是一家有着几十年历史、实力雄厚的高新技术企业。公司主要进行集成电路及电子功能模块的研发、设计、生产和销售,拥有现代化的PCBA、SMT生产车间,先进的生产设施和完备的检测设施,所有员工都经过严格的培训,管理人员具有大专以上学历,或在各自的领域里拥有多年的工作经验。经过共同努力,公司已具备专业的设计、开发能力,公司开发的产品如今已被广泛运用于多种领域,公司已经成为多家国际知名大企业的产品供应商。经过多轮谈判,学校与公司终于签订了校企双方联合办学的协议。学校专门建设了宁虹电子生产实习车间,2017年起正式招生,并进行了教学试点。教学工作不仅在教育形式上强调"师傅"教"徒弟",继承了原有学徒制的种种优势,而且结合学生将来就业的行业和岗位,创造性地在招生、课程、评价和培养环境等诸方面引入了全新的模式。校企一体化育人,极大程度地调动了学生的学习积极性,培养的目标与企业的要求无缝对接,切合当今时代发展的需求。这项工作更是把校企融合的工作落到了实处。

　　在工作中我注重吸收国内外先进的职教理念,进行了面向职业岗位群对技能及人才需求的研究,通过"三化四结合"(教学内容岗位化、教学环境企业化、教学模式情境化;教学文件的制订与企业的生产文件相结合,教学步骤的设计与企业的工艺流程相结合,教学项目的形成与企业的生产任务相结合,教学对象的培养与企业员工的要求相结合),以工作任务为载体,进行系统化工作过程分析,确定学习情境,提炼、分析出基于工作过程,融素养、技能于一体的模块化项目课程体系。在这一背景下主持的"电工技术基础与技能""光伏技术应用"两门课程被评为苏州市精品课程。2016年,我又成功申报了省级课题"做学教一体的光伏专业实践与研究"。

　　作为学科带头人,我在不断提高自身业务水平的基础上,依托名师工作室等平台,开设公开课,关心青年教师的成长,坚持带领青年教师共同提高。从课内教育、教学活动组织入手,经常给予具体的指导;对教学业务上的疑难问题,积极与青年教师切磋、讨论,并做好青年教师特长的挖掘工作;指导青年教师将职教课改理念灵活运用到课堂教学中,并要求他们及时反思与总结,从而有效地提高教学效能;鼓励与指导青年教师在工作中锐意改革、大胆创新,从而不断地提升青年教师的教科研能力。经过多年的努力,王玲玲、吴晨霞等7名教师先后在国家、省、市比赛中获一等奖,获得技师资格,其中王玲玲被评为苏州市学科带头人,其他5名教师成为吴中区学科带头人,6名教师成为姑苏区高技能重点人才。自担任苏州市电子电工中心组长以来,我组织与指导多名教师参加省两课评比,先后2人获评示范课,4人获评研究课,为校企融合工作的深入推进实现了必要的人力储备。

# 《日光灯电路的安装与认识》教学设计

**教学目标：**

(1) 理解日光灯电路的原理,能看懂电路图。
(2) 掌握日光灯电路的安装与检测的方法。
(3) 熟悉安装日光灯电路的基本操作,能深入研究分析启辉器的作用。
(4) 掌握电工安全操作规程。
(5) 学会与他人合作,共同完成工作任务,养成良好的工作素养。

**教学课时：**

2教时。

**教学过程：**

## 一、导入

提问：
(1) 搬进新居后,发现了一个问题,需要安装一个日光灯,如何实施？
(2) 如果少了启辉器,能想个办法完成以上任务吗？

## 二、分析任务

提出任务：通过尝试解决生活中碰到的问题,学会日光灯电路的安装操作。
(1) 分析日光灯电路的安装任务单。
小组分析、讨论,特点是模拟室内安装。
(2) 学习分析日光灯电路图。
小组回忆、学习电路工作原理,了解日光灯亮的条件、亮的过程,重点理解瞬间高压的产生过程。

提问：电路工作原理。
提问：整流器的作用——电磁感应、降压限流。
练习：绘制电路图。
练习：填写元器件清单。

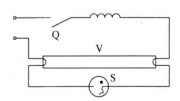

(3) 通过查找资料了解日光灯电路操作的基本规范。
叙述：电源连接要求。
小组讨论：导线并头分析。
示范：日光灯固定与导线引出。
(4) 学会使用YL-156进行室内线路安装,熟练使用常用电工仪表及工具。

### 三、分析并确定工作方案

(1) 分析采用什么样的方式方法安装和检查日光灯电路,初步确定工作任务方案(包括具体位置确定、通电要求等)。

(2) 小组讨论并完善工作任务方案。

小组讨论启辉器缺失条件下的通电方案、接线要求,并进行原理分析。

点评:瞬间、突然变化。

### 四、计划

制订实施工作任务的计划书。

### 五、实施过程

(1) 分析日光灯电路的安装任务单。
(2) 学习操作计划方案。
(3) 熟悉安全规范与操作要领。
(4) 明确个人分工要求。
(5) 熟悉 YL-156 环境,会看电工仪表,使用电工工具。
(6) 开始操作。
(7) 小组检查,申请通电,观察现象。

### 六、检查

(1) 学生自己独立检查或小组之间互相交叉检查。

注意预防短路,遵守安全规范。

(2) 检查学习目标是否达到以及安装与检测任务是否完成。

### 七、评估

(1) 对学生的操作过程进行评价,指出学生错误的地方,讨论哪些错误会重复出现,可能导致哪些后果,如何避免。

(2) 评估整个操作过程,是否有需要改进的方法。

(3) 学生操作的合作评价,点评。

### 八、拓展思考与练习

(1) 启辉器在电路中起什么作用?
(2) 导线连接应注意哪些问题?

# 《照明电路的安装》教学设计

**教学目标:**

(1) 理解照明电路的原理,能看懂电路图,分析与估算线路主要电量。
(2) 掌握照明电路安装与检测的方法。
(3) 熟悉安装照明电路的基本操作,掌握照明电路安全操作规程。
(4) 学会与他人合作,共同完成工作任务。

**教学时间:**

2教时。

**教学过程:**

## 一、导入

导入情境:各位同学,家里搬进了新居之后,往往会发现一个问题,房间的开关在门口,晚上喜欢看书或看电视的时候有点麻烦,熄灯后要摸黑上床睡觉,很不方便。能不能想个办法,为解决这个问题,把它改装一下?

## 二、分析任务

(1) 小组讨论分析并填写照明电路的安装任务单。

引导性问题:一个常见的照明电路是如何组成的?导线、插座和灯具各自的作用是什么?有何区别?提示本电路的关键——互通性。

(2) 通过课件学习本次安装的主要内容。

引导性问题:导线与器件的选择应考虑哪些原则?电路总体布置应考虑哪些要求?为什么不同电压等级的用电线路应分别安装?为什么导线的横截面积应能满足线路最大载流量和机械强度的要求?室内配线时对接头、受力等有什么要求?

(3) 学习分析照明电路图。

分析工作过程。

(4) 通过查找资料了解照明电路操作的基本规范。

引导性问题:开关一般应安装在哪根线上?

(5) 学会使用YL-156进行室内线路安装,熟悉使用常用电工仪表及工具。

## 三、分析确定工作方案

(1) 分析采用什么样的方式方法安装和检查照明电路。

初步确定工作任务的方案。

(2) 小组讨论并完善工作任务方案。

### 四、计划

制订实施工作任务的计划书。

### 五、实施过程

(1) 分析照明电路安装的任务单。
(2) 学习操作计划方案。
课件播放,仿真演示,熟悉过程。
(3) 熟悉安全规范与操作要领。
学习准备的规范;示范导线并头要领与选择;互检操作要领。
(4) 明确个人分工要求。
(5) 熟悉 YL-156 环境,会看电工仪表,使用电工工具。
(6) 开始操作。
(7) 小组检查,申请通电,观察现象。

### 六、检查

(1) 学生自己独立检查或小组之间互相交叉检查。
(2) 检查学习目标是否达到以及安装与检测任务是否完成。

### 七、评估

(1) 对学生的操作过程进行评价,指出学生错误的地方,讨论哪些错误会重复出现,导致哪些后果,如何避免。
鼓励发生错误的学生动脑改进。
(2) 评估整个操作过程是否有需要改进的方法。

### 八、拓展思考

(1) 大容量时,为什么要使负载尽量平衡?
(2) 导线连接应注意哪些问题?

钱家荣

钱家荣　1989年毕业于南京师范大学学校教育专业，获教育学学士学位，2007年获苏州大学教育管理专业教育硕士学位。主要研究方向为教师教育、心理健康教育等。

1989年8月参加教育工作，教授级中学高级教师，获江苏省特级教师、苏州市教育领军人才、苏州市名教师、苏州市学科教改带头人、苏州市教科研学术带头人、吴中区教育名家、吴中区知名教师等称号。入选江苏省第四期"333高层次人才培养工程"第三层次培养对象、教育部"国培计划"专家库第三批成员；苏州科技大学兼职教授、江苏省教育学会中小学心理教育专业委员会理事、江苏省心理学会会员、苏州市教育学会中小学幼儿园心理健康教育专业委员会副会长。曾获苏州市自学考试工作先进个人、苏州市海外联谊会周氏德育奖、吴县市优秀教育工作者、吴县市双十佳青年教师等表彰。

1989年8月至1989年11月，工作于吴县教育科学研究室；1989年11月至2003年8月，工作于吴县教师进修学校（苏州吴中教师进修学校）；2003年8月至2017年8月，工作于江苏省木渎高级中学；2017年8月起工作于苏州市吴中区教研教科室。民进苏州市吴中区区委委员、秘书长；吴中区第三届和第四届人大代表、常委会委员。

参与全国教育科学"九五"规划国家重点课题"面向21世纪我国中小学教师队伍研究"子课题"运用现代教育技术，提高教师整体素质研究"，全国教育科学"教师队伍建设研究"子课题"创新教师教育模式，构建校本特色教师教育体系研究"；执行主持江苏省教育科学规划课题"以陶行知终身教育思想指导小学教师继续教育的实践研究""以人为本，构建新时期创新型教师模式的探索"研究和"为人生整体教育观指导下的学校心理教育探索"研究；主持省级课题"学校内交互式心理交流平台的构建与研究"，主持苏州市市级课题"叶圣陶教育思想指导下的自能教育探索"研究，主持苏州市教育科学规划课题"心理视野下的生命教育探索"研究等。

主编出版《家庭教育教程》《小学语文教学指导与训练》《家园同步教育指南》《中学生心理教育》等书，执行主编《自能教育探索》，副主编《少儿记忆读本》，参编《小学生心理琐谈》《让你的孩子更聪明》《初中生学习指导》《现代教学教育理论选讲》《中小学教育科研导论》《现代小学语文、数学教学研究选讲》《小学生心理教育指导选讲》《运用现代教育技术、提高教师素质研究》等书。在《外国中小学教育》《电化教育研究》《当代教育科学》《教学与管理》《现代中小学教育》《中小学心理健康教育》等刊物发表教育论文70多篇，在教育报纸杂志发表教育随笔60多篇。

教育教学成果和科研成果中，获江苏省优秀教学成果（基础教育类）二等奖1项，苏州市优秀教学成果（基础教育类）二等奖1项，江苏省教育科学优秀成果三等奖1项，江苏省优秀校本课程三等奖1项，苏州市优秀校本课程一等奖1项，苏州市教育科研优秀成果一等奖1项，苏州市哲学社会科学优秀成果二等奖1项（参与）、三等奖1项（参与），苏州市自然科学优秀学术论文三等奖2项，吴中区哲学社会科学优秀成果一等奖1项、三等奖1项，吴中区自然科学优秀成果三等奖2项。

# 钱家荣的"全人教育"主张及实践探索

钱家荣主张"全人教育"。钱家荣眼里的全人,也可称之为全健体人才。他认为:

全健体人才,首先是全人、完整的人,是德、智、体全面发展的人,是学习、运动、交往、生活全域发展的人,是今天、明天全人生都能自主发展的人。这样的人才,身体和灵魂,道德和智慧,学习与健修,事业和生活,都能处于平衡、和谐的状态。

全健体人才,其次是身体、心理、道德、人格健全的人,是生理、心理、社会健康的人,是智慧、体能、运动灵健的人,是感觉、体验、审美稳健刚建的人。一句话,健全、健康、健壮、健美,能适应未来环境的变化。

全健体人才,最后是独立自主的个体,是自信自性的个体,是丰富、圆满、完整的个体,是最有机的个体,是最智能的个体。

在29年的教育生涯中,他从多个角度、多个侧面探索着体现全人发展理念的"全人教育"。

## 一、在苏州市教育界首提"为人生"整体性学校心理教育的主张

2003年,钱家荣针对当下教育人为的分裂处境,无法有效地实现人的完整的、全面的、健康的发展,在苏州心理健康教育界首次提出了"为人生"整体性学校心理健康教育的主张,这不仅成了学校心理健康教育界里一个新的"学术声音",也让人们对中小学校的心理老师有了全新的认识。这份认识更多地为心理老师亲和、轻松的暖色调中增添上了学术科研的色彩。

### (一)心理教育的整体设计思想

心理教育的整体设计思想体现在心理教育的目标、内容、过程、环境设计、评价等方面。

教育目标的整体性。心理教育是根据心理活动的规律,采用各种方法与措施,以维护个体心理健康及培养其良好心理素质的教育活动。心理教育必须以马克思主义关于人的全面发展学说为指导,注重学生素质的全面整体发展,包括开发人的潜能,塑造人的个性,实现人的价值。三者构成人的发展的三位一体结构。心理的和谐发展,是其他素质发展的基础性条件,它与个体的德、智、体、美、劳全面和谐发展融为一体,因此,心理教育与对学生进行的思想品德、科学文化、身心等方面素质的开发、培养和训练不可分割。而且,这种全面整体的发展还应体现学生的一般发展与特殊发展的统一、群体发展与个体发展的统一、现在发展与未来发展的统一。

教育内容的整体性。心理教育包括两个方面的基本内容:一是心理素质的教育,主要是教育与培养个体形成各种良好的心理素质,以助其学业、事业成功。二是心理健康的教育,主要是使个体形成健康的心理,从而能适应社会,正常地成长、发展。在实际的心理教育过程中,这两种教育常常是交织在一起、难以截然分开的,也是不能分开的。同时身心健康教育还必须与道德教育、知识教育、全健体教育等融为一体。

教育过程的整体性。实施心理教育,首先要求树立正确的心理教育观,形成明确的指导

思想,并有效地转化为教育实践,采取有效的教育途径和方法,以及创设良好的教育环境和建立科学评估体系,这一过程是一个系统流向、系统集成、渐行渐近的过程,涉及许多重要的环节,是一项教育的系统工程。

教育环境的整体性。心理教育的对象是人,人生活在复杂的环境之中,学校只是个体生命成长的最重要的环境之一,而不是全部。实施心理教育必须考虑环境的整体性,必须通盘考虑包括学校、家庭、社区、个体在内开展的各种教育活动的精神意蕴及其整体效益,创建全人成长的环境。一是影响学生心理成长的学校内部环境的整体性建构;二是家庭环境的整体性建构;三是社会环境的整体性建构;四是发展主体的整体建构。四者构成统一的教育网络,同时要加深学生同家人、老师、同学之间的交流,以实现对学生心理发展产生整体的积极影响,培养更复杂的整体存在。

教育评价的整体性。必须将心理教育置于素质教育的全框架之中来评价,也必须将人置于发展的全框架之中来评价。把握人的核心发展要素,把握心理发展的核心要素,充分全面协调学生认知、情感、意志、人格的发展,以及交往、做事能力的培养,使评价真正成为促进全人发展的重要杠杆。

### (二)心理教育整体推进的系统方法论

整体心理教育的理论依据和方法论就是系统科学。系统科学的思想原则和方法主要体现在整体性、有序性、动态性、开放性和最优化等几个方面。主张在建构心理教育的体系时,要有整体的观点和全局的眼光,用大心理教育的思路来统整分科视野的心理教育。

### (三)心理教育的整体建构策略

整体建构心理教育就是要完整研究心理教育系统,把心理教育作为一个联系的、动态变化的反应系统,把系统内各学科视野、各种取向、各要素,通过有机联系、渗透、互补、重组整合起来,形成科学、合理的结构体系,实现整体优化、协调发展,发挥心理教育整体的最大功能。心理教育的整体优化既是过程,又是结果。作为过程,心理教育整体化是指整体联系,渗透互补,有机衔接,相互促进等;作为结果和目标,心理教育整体化是指整体协调,共荣共进,完整育人,和谐发展。

整体推进心理教育,首先要协调好心理教育与其他各育的关系,必须牢记心理教育是在素质教育旗帜下的心理教育,不是单个的、单独的心理教育。其次是确保心理教育的课程设置,构建完整的心理教育专业体系。由此心理教育必须有专业的人(心理教师)、专门的室(心理活动室、心理咨询室等)、专题的活动(心理活动课、专题教育活动、专题拓展训练、团体辅导等)、专业的考核等。最后要整体协调学校、家庭、社会和学生个人的教育安排。在学校层面,既关注学生的心理发展,也关注教师的心理发展。就学生的心理教育实施而言,既有课程介入,也有学科渗透;既靠学校专门心理教育机构运作,也需环境育心;既需课堂主唱,更需活动延伸;既要专业引领,也要全体动员。在社会家庭层面,既要关注学生的心理发展和心理健康,也要关注家长心理发展和整个社会人际互动的和谐与共融。在学生个人层面,要启发学生自我发展的意识,更要提高自我发展、自我修复的能力,建立同伴互助的机制。

### (四)心理教育的整体建构实践

从2003年秋季开始,钱家荣带领木渎高级中学相关老师探索实施整体性心理教育,经过10多年时间的探索,初步构建了以心理健康教育课为核心的整体性心理教育体系。这一教育体系既有核心课程,又有外围课程,既有显性课程又有隐形课程。

这一教育体系的核心课程就是每两周一节的心理辅导课——中学生心理教育。中学生心理教育是学校开设的一门重要的选修课程。它贯穿高一至高三,采用活动、体验、讨论、研究、训练、拓展等教学方式。其内容主要包括入学辅导、学习辅导、自我探索、智力开发、情绪辅导、人际交往辅导、自我管理辅导、生涯辅导8个部分。通过本课程的学习,学生掌握自我探索、自我修养与自我调整的方法,培养处理自身心理问题的能力,提高心理素质,为终身发展奠定基础。除了核心课程,还有外围课程,包括:(1)心理咨询活动,(2)心理健康教育专题讲座,(3)学生心理社团活动,(4)心理健康教育普及活动,(5)学生心理小课题研究活动,(6)心理对话活动,(7)心理拓展训练,(8)学科渗透教育,(9)心理读书活动,(10)心理班会教育等。

如果说核心课程和外围课程是学校心理教育体系中的显性课程,那么贯穿在校园生活中以砥砺人心为目的的各种人、物、事,就是学校整体性心理健康教育不可分割、不可缺少的隐形课程。从晨练、国旗下讲话,到课间体育活动、学科渗透;从每日的师生交流,到读书节、艺术节等重大活动,他们着力构建着为人生、为健康、为发展的大心理教育体系。

课程的实施离不开学科的建设。学科的建设除了学科课程的建设,还包括学科教材的建设、学科教师的发展、学科科研活动、学科基地建设等方面。

为了便于学生学习、探究心理健康知识和技能,便于心理活动课的开展,他带领相关教师边实践边学习边研究,编写了校本教材《中学生心理教育》,该教材于2005年由江苏人民出版社出版。同时他编写了《中学生心理教育》配套的辅助读本《心理麽麽茶·青春无悔》。此外他还定期出版《心理世界》校报,供学生参阅。另外,学校心理教育中心还订阅了大量心理读物,包括《青年心理》《中学生心理》《做人与处世》《中小学心理健康教育》《思维与智慧》《大众心理学》等刊物,购买了数百本心理学书籍,以方便学生阅读。

心理教师的专业发展是学科建设的重要方面。为了促进心理健康教育教师的发展,他鼓励教师参加各种业务培训,尤其是参加心理教师的上岗培训和专业心理咨询师的培训。到目前为止,有三位专职心理教师都取得了国家二级心理咨询师职业资格证书和苏州市心理教师上岗证书。同时他积极组织专兼职心理教师开展课堂教学研讨活动、心理健康教育专题研讨活动、心理健康教育读书活动、心理教育课题研究活动等,提高其专业能力和教育教学能力。

在整体推进学校心理健康教育活动中,他十分重视心理健康教育的课题研究,他以课题研究为抓手,着力探索适合本校学生的心理健康教育活动,"十五"期间他主持探索的重点是"学校交互式心理沟通平台的构建"(上海市教科院立项课题),"十一五"期间他主持探索的是"为人生整体教育观指导下的学校心理探索"(江苏省教育科学规划立项课题),"十二五"期间他又主持探索了"心理视野下的生命教育"(苏州市规划课题)。到目前为止,学校教师已经发表心理论文100多篇,完成心理课题5项。

加强心理健康教育的基础设施建设和基地建设是搞好心理健康教育的重要保证。自2003年以来,他在学校带领相关教师加强心理咨询中心建设,开辟了120平方米的室内心理活动中心,包括办公室、心理咨询室、团体辅导室、宣泄室、沙盘室等,添置了沙盘、宣泄人、放松椅等设备,购买了数千元的读物。

## 二、自能教育的探索助力学生主动积极成长

独立是人成长的客观规律和本质要求,自能是教育的必然要求和必须达成的最终结果。教育的目的在于立人,即要帮助学生立德、立言、立志、立智、立身、立心,一句话就是要引导学生成为一个独立的、人格健全的合格公民。培养学生自主学习、自主管理、自能发展是一切教育工作的出发点和最终归宿。自 2003 年起,钱家荣带领学校教师以"自我教育、自主管理"为突破口,以"自能学习、学会学习"为中心内容,深入开展自能教育探索,帮助学生养成良好的学习习惯、生活习惯和发展习惯,培养自能教育的精神,提高自能教育的能力,从而达到"教是为了达到不需要教"和"助人自助",让学生能"自为研索,自求解决"的教育目的。他们的主要举措是:

1. 引入自能教育课程,实施自能训练

这是该项目在教学内容上的一个变革。在课程层面上实施自能教育,这是学校自能教育实践的一个创新。2003 年以来,木渎高级中学以心理健康教育课为平台,推动自能教育的课程实施,积极引导学生认识自我、开发自我、管理自我、发展自我。本课程包括 6 个模块:自我学习管理、自主生活管理、自主道德管理、自主体育活动管理、自主社会实践活动管理、自主性社团活动管理。每个模块又分为若干个小节。如学习管理模块有:①注意集中训练;②记忆增强训练;③自信心增强训练;④研究性学习训练;⑤自主阅读训练;⑥学习自查训练;⑦自纠错误训练等。自主生活管理模块有:①时间管理;②情绪管理;③人际交往管理;④生涯规划等。心理教育课程每两周 1 课时,高中三个年级同时开设。涉及自能教育方面的训练为 18 课时。他们希望通过这些课程的实施,引导学生适应学校、学会学习、探索自我、开发智力,并学会情绪调节、人际交往、自我管理、生涯规划,实现在德育上注重自治,在智育上注重自学,在体育上注重自强,以更好的状态和素质接受教育和自我教育,奠定终身发展的基础。

2. 各学科自编自主学习教材,引导学生自主学习

这是该项目在教学内容上的又一变革。2003 年起,他们针对自能教育实践需要,组织全校各科教师,深入研究新课程,学习自能教育理论,挖掘学校资源,编写各学科校本教材。至 2006 年年底,共编辑出版《新课程、新学案》系列学科教材 45 本,由江苏人民出版社出版,供学校师生及其他学校师生使用。

3. 实施自能课堂教学,加强教学方法改革

这是该项目在教学方法上的一个变革。课堂是教学改革的主阵地。让学生成为课堂的主人,充分发挥学生的主观能动性,在教师引导下自主学习、自能学习、自能教育和成长,正是本教学改革的重点。在课堂教学方式的转变方面,他们重点探索了以下几种类型的课堂教学:自学引导课、研究性学习课、网络自主学习课、班会自我教育课等。

4. 各学科开展自能教育引导,深化教学方法和教学组织改革

这是该项目在教学方法上的又一个变革。他们的探索主要表现在:

(1) 语文学科的自能教育引导,包括:"导学型"课堂教学的探索,"快乐语文"的教学探索,自能阅读探索,个性化阅读探索,语文学习习惯的培养探索,自批、互批、自能作文探索等。

(2) 地理学科的自能教育引导,包括:一是创建学案导学模式,即根据学情编制学案,引导学生自主学习,主要有两种形式:母图导航引领地理学习和母题导航引领地理学习;二是开创 Google earth 导学模式,Google earth 导学是依据地理学科的区域性和综合性特征,借

助 Google earth,最大限度地促进学生自主学习的一种方式,能激发和引导学生自主探索问题和自主解决问题。

(3) 政治学科的自能引导:培养学生对政治学科的兴趣,把功夫做在课前而不是在课后,是该校政治组老师的一贯做法。在他们的政治课上,课后没有作业,课前却有预习作业。

(4) 竞赛辅导中的自能探索:竞赛的起点高,教师的辅导有限,必须发挥学生的主观能动性,培养学生的自主学习能力。对参加竞赛的学生他们更加注重其自能教育。如该校的鲁昊骋同学学习自觉程度很高,不仅自学了高中的全部生物课程、理化课程,而且已经自学了很多大学生物教材,在省、国家奥林匹克生物竞赛中屡屡获奖。他不仅能自学,而且善于管理自我和发展自我,并能督促同学一起进步。

5. 引导自能教育的实践体验,拓展、巩固、深化自能教育

这是该项目在教学组织上的又一个转变。他们设计实施的自能教育探索平台有以下几种。

① 自我探索平台。认识自我才能改造自我、管理自我和发展自我。为了引导高中生探索自我、了解自我、发展自我,他们通过学生心理社团、学生心理小课题研究、心理剧的自编自演活动、《心理世界》小报及心理手抄报的编辑等,以引导学生探索自我。

② 自主阅读平台。他们创建的自主阅读平台包括各种形式的互助合作学习小组、读书节活动、建立校—班级—个人三级书库等。

③ 自主性管理实践平台。他们充分发挥团委、学生会的积极作用,构建学生自主德育体系,引导学生积极参与学校管理活动和自主性社会实践活动,让学生所学有应用的机会,兴趣有发展的可能,个性有发挥的余地。

④ 自主性社团活动平台。现代中学生的主体意识、参与意识、竞争意识越来越强,参与社团活动的积极性越来越高,社团活动正是学生自主管理、自能发展的重要形式之一,也是学生十分喜爱的校园生活之一。

6. 转变教学评价方式,鼓励学生自能发展

这是该项目在教学评价上的转变。他们强调的学生素质培养目标是:美好的心灵,健康的体魄,活泼的个性,学会做人,学会学习,学会创造。因此他们鼓励学生自我教育,自能发展。每学期他们都要评出"四会"学生,隆重表彰。四会即"会自学、会自德、会自炼、会自理"。对某一项进步较大的学生,他们也给予积极的鼓励。

## 三、生命教育的探索换发学生的生命活力

钱家荣认为,学校培养的人不应是仅仅会考试却从不关心真理、道德、价值的人。学校应该培养到达生命存在更高层次的心智健全的人。"教育的出发点是人,教育的归宿点也是人。"教育首先应关怀人的生命,关注人的价值,关注人性的完善。他提出:

1. 教育是唯一基于生命、为了生命、张扬生命、追寻生命意义的社会实践

过去的教育,太过强调其工具性的一面了。工具理性的教育,难免强调社会价值本位。工具理性的教育,难免轻视生命,这造成当下的学校教育对生命教育严重忽视,这跟教育的根本宗旨在于促进人的生命成长、彰显人的生命价值相距甚远。教育的目的是培养人,他强烈呼吁教育应关注人的发展、人的解放,应引导人追求生活的美好和生命的完善,进而追寻生命存在的意义。

2. 课程必须成为为了生命、依靠生命、彰显生命的实践平台

课程是实现教育目的的支撑。当然课程必须是为了生命、依靠生命、彰显生命的实践载体和平台。因此新课程在教育理念上主张以人为本,以人的发展为本,关注每一个学生的全面发展,并尊重人的差异,开发人的潜能,实施素质教育,让每一个人都能得到充分的发展,为人的终身发展奠定良好的基础。

为了生命、依靠生命、彰显生命的课程,一方面要设计好其必要的维度。通过课程整合,把生命教育、死亡教育、生存教育、健康教育、品格教育、安全教育等内容,在遵循心理学与教育学、伦理学、社会学等诸多学科规律下融合在当下的中小学课程体系之中。

另一方面要完善课程资源。既要为生命教育预留课程和课时的空间,也要设法解决当前实施生命教育条件严重缺乏的问题,尤其是教材、师资、课程、资源、组织等方面的不足。

3. 教学必须是体验生命、提升生命能量和价值的有意义建构

生命教育必须注重实践性。学校生命教育必须把书本的学习和人生的体验完美地融为一体。应该倡导并实践一种为学生快乐而成功地生活做准备、并以提升学生的精神生命为目的的渗透式教育活动。

4. 生活必须是丰润生命、砥砺生命的有意安排

生命的娇艳并不能自然达成生命的灿烂,获得生命的存在感、成就感和意义感,而在每个生命体的生活之中,操控在生命主体的创造性意义活动的手上。

生活即教育,关注学生的生活世界,引导青少年善用"生命",更好地"生活"和获得身、心、灵的全面发展,是全社会都必须关注和解决的重要问题。生命的价值高于一切,教会学生珍惜生命、敬畏生命、热爱生命、掌握防灾避险知识与相应的生存技能,是教育本源的回归,更是生活教育亟待探索研究并予以科学实施的重要内容。

在生活中渗透生命教育,可通过形式多样的活动安排,学生在实践中掌握生命知识,从而形成正确的生命态度、生命意识。生活中进行生命教育,真正体现了生命教育是系统工程的正确理念,把学校、社会与家庭有机结合起来,充分体现生命教育的实践性和终身性。要注意的是,在生活中对学生进行生命教育时,也应采取灵活有效的教学方法。一方面,采取阅读指导法、欣赏讨论法、活动体验法、研究性学习等,即提供生动、活泼、有趣的专门材料或视听资料,如选定一些图书教材、故事或短诗等,指导学生阅读,然后公开讨论,分享心得,通过这个过程认识生命的可贵,了解生命的内涵;或者是通过对各种主题的影片、幻灯、音乐、文学作品、报纸杂志的欣赏与讨论,促使学生对生命进行思考。另一方面,采用亲身体验法,即以学生为主体,通过分享各种经验和情绪,引导学生探索生命的价值。成人可安排学生参加旅游休闲活动,接触和认识大自然;也可安排学生种植花草、饲养小动物等,使其从中体会生命的奥妙;还可组织学生参观产房、婴儿室、手术室、安宁病房等,使之了解生命的诞生,体验生命诞生时的喜悦和理解生命的尊严。同时通过各种生活历练,不断提升其生命的能量和创造性。

怀揣着平民情怀,坚持民主教育,在"全人"心理辅导理念引导下,他创造性地构建"为人生"的整体性学校心理教育模式,引导未成年人健康成长。坚持"全面发展"和"全人发展"的教学理念,在个别和团体辅导过程中,他充分信任学生,充分尊重学生,通过"体验—感悟—成长"的贴心教学,以"接纳每个人"的胸怀,让学生充分参与、积极思考、深层感悟、真实成长。同时以自己的人格魅力和亲和力,赢得同学的尊重与爱戴,实现平等互信双赢。

这就是钱家荣老师一生不懈的教育主张和教育追求。

# 《人生拍卖》教学设计

### 一、教学目的

（1）使学生了解自己的价值观；引导学生树立正确的人生观、价值观。

（2）通过活动让学生体会在人生当中做出选择的重要意义，启发学生思考在人生当中该如何做出选择。

### 二、教学重点

学生了解何为正确的价值观，让学生体验选择的意义。

### 三、教学难点

启发学生思考在人生当中该如何做出正确的选择。

### 四、教学方法

讲述法、讨论法、游戏法。

### 五、教学准备

（1）制作多媒体课件演示活动内容。

（2）游戏中需要使用的道具：拍卖品、小槌、记录纸等。

### 六、教学过程

（1）课题导入：你知道吗？（播放第一张幻灯片——你知道吗？）

同学们，你们在生活当中见过或听说过拍卖会吗？谁能说说它是什么样的？

（学生自由发言，描述他们所知道的拍卖会）

对于拍卖会，我们多少知道一点。同学们都说得很好，在拍卖会上我们可以拍到自己喜欢的东西。而在今天的心理课上，我们也将进行一场"拍卖"，只不过我们要拍卖的不是货品，而是你所期盼的未来、你的人生。或者人生当中的一些经历、人所应具有的一些品质等。同学们同样可以在这场拍卖会中选择自己希望拥有的东西。

（2）课题揭示。（播放第二张幻灯片——揭示课题：人生拍卖）

（3）"选择"的意义。（播放第三张幻灯片——关于"选择"）

说到竞拍，当然是要挑选自己所喜欢的东西。鱼，我所欲也，熊掌，也我所欲也，然而两者不能同时兼得。面对选择，你会怎么做？我不知道同学们有没有留意过自己的选择。

你觉得生活中选择多吗？你是一个认真选择的人吗？

人生当中的选择不可避免，无数次的选择构成了我们的人生。也许日常的选择是繁多琐碎、毫不起眼的，但它们在控制着我们的心绪、情感，并在不知不觉中决定和影响着我们的命运和发展,面对选择我们所做出的决定将使我们走上不同的人生道路,使我们的人生呈现出不同的色泽和价值,最终收获不同的果实。

一个审慎而明智地对待选择的人,他的生命会因此变得充实而无悔。当然也有人无所谓地面对选择,因此他的生命变得轻飘飘的不值一文、甚至充满了懊悔。

(4) 竞拍规则:由幻灯片展示。

① 每人可有 6000 元资金参加竞买。代表你一生的心血与精力(100 元＝1 年,6000 元为 60 年的精力)。

② 所有的拍卖项目底价均为 1000 元,每次竞价以 500 元为单位,价高者得。每件物品的最高出价喊价 3 次后无人加价则击槌成交。

③ 若一次出价 6000 元,则立即成交。

④ 货品一经售出,概不退换,不得互换。

⑤ 若某件物品叫卖 3 次仍无人竞投,转入下一件物品拍卖。

⑥ 若某件物品多人竞价 6000 元,最先出价者得。

(5) 拍卖品展示:共 22 项拍品。

(6) 拍卖开始:逐一竞拍,有些东西可能流拍。

(7) 竞拍采访:①拍到你喜爱的东西,心情怎么样?②你为什么拍走这一项?说说你的理由。③再给你一次选择的机会,你会选择什么?为什么?或者:①为什么一件物品都没有拍到呢?②现在后悔不后悔?为什么后悔?③面对人生的机遇,你勇敢争取了么?你觉得你是一个怎样的人?④再给你一次选择的机会,你会选择什么?为什么?

(8) 小组讨论:为什么_____项没有人竞拍,说说理由。为什么_____这么便宜?

(9) 深层探索。(本课的升华部分,也是最重要的部分,帮助学生从感性认识上升到理性认识,促进本课成果的迁移)

刚刚我们分享了同学们的竞拍心得与内心想法,无论是拍到物品的同学,还是没有拍到物品的同学,都向我们展示了他们的喜悦和内心的渴望,谢谢大家!我的心情从来没有像今天这样的高兴,因为你们让我看到了不一样的人生思考。

任何选择都没有绝对的正确和错误,也没有绝对的高低之分。我们今天通过拍卖这种形式,让大家来选择自己所需要的东西。

我只是希望大家通过拍卖这种形式,以及在和同学们的交流分享中,来对人生进行更深入的思考,学会做出恰当的判断。

还有一点,大家有没有看到:人生选择的背后是我们的价值观,不同的价值观,就会有不同的选择。

价值观:是指一个人对周围的客观事物(包括人、事、物)的意义、重要性的评价和看法。

表现为:我认为……是重要的,我在乎……,我喜欢……,我需要……是它决定了客观事物对你是否重要、是否有意义、是否有价值,价值观是我们人生的过滤器。

价值观决定我们的选择,决定我们的行动,正确的价值观是正确行动的指南,我们谁也不能忽视价值观的重要性。

当然,有时候我们的价值观会有冲突,所以说人生有得必有失,我们要懂得珍惜眼前拥有的,还要规划好自己的人生,这样才能在人生当中做出正确的选择,才能更深入地感悟生命的真谛,让一辈子过得没有遗憾。

面对人生,你做好了选择的准备了吗?

(10) 教学反馈:如果你是记者,参加了本次拍卖会,你有什么样的感想和收获,你会写出什么样的新闻稿?

新闻稿标题的基本要求:简洁凝练、题文相符、态度鲜明、生动活泼。如巨富、友谊迅速拍出,90后的人生追求等。

(11) 作业布置:从_____流拍说起(写300—500字的感言),或者"我的人生,我的选择"。

### 七、教学反思

这个活动在某些意义上对于中学的孩子来说是早了点,因为他们的心智还未完全成熟,现在选择的也不表示以后还会继续选择。可是这个活动对学生心理有着潜移默化的影响,特别是每一个买主分享的竞拍心得,往往能使学生有所启发。这堂心理课在以下几个方面有较好的作用。

第一,促使学生积极思考一些有关人生本源、生活本源的问题。在这个活动中,由于僧多粥少,每一个同学都要把自己希望得到的东西在心中一一排序,这个过程其实就是一个积极思考生命价值和人生意义的过程。

第二,促使学生反观自身,增强对自我的了解。在活动过程中,学生所迫切希望买下的往往是他们所缺少的。这时教师的及时总结让教育发生在最直接的时间里,起到了很好的效果。

第三,了解90后心理、思想动态,也促使同学之间、师生之间的相互理解。活动之后,学生往往会对他朝夕相处的同学们有新的认识,每拍卖掉一个项目就使学生间多一分理解,而作为教师对学生也多了一份了解和责任感。

第四,促使学生思考一些深层次的人生命题,达到学生终身受益的目的。

这个活动对心理发展及思想品德提升都能发挥良好的效果。通过这个活动,学生对人生追求、亲情、爱情、友情等一系列问题都有所收获、有所思索,而正确的人生观和价值观就在其中一点一滴地形成了。

[点评]

本堂心理辅导课教学目标明确,教学理念先进,教学方法灵活,教学氛围活跃,课堂教学的效益好。具体有以下几个特点:

1. 教学切入点很好。通过"拍卖会"的形式,联系学生实际生活,帮助学生从中感悟出人生价值。

2. 组织形式生动活泼,学生学习兴趣很浓,积极参与学习和体验过程。教师的主导作用与学生的主体作用得到充分的发挥。

3. 恰当运用现代教学手段,从具体到抽象,由现象到本质,使学生充分理解确立正确价值观对人生选择的重要意义。

这个心理辅导活动对高中生心理发展及其思想品德的提升都能发挥良好的效果。通过这个活动,学生对人生追求、亲情、爱情、友情等一系列问题展开了思考,是堂形神皆备的好课。

评析:江苏省政治学科特级教师,原苏州市教育科学研究院院长　张维元

江苏省政治学科特级教师,原苏州市吴中区教研室教研员　曹锁海

# 《记忆方法训练》教学设计

## 一、教材分析

心理教育包括心理素质教育和心理健康教育。记忆力是心理素质的重要组成部分。所谓记忆,是人将感官输入的信息加以保持,并在一定的时候将这种信息重新提取出来的过程。记忆过程包括识记、保持和再认或重现三个阶段。记忆力是每个人都具有的基本认知能力,通过后天的训练,掌握良好的记忆方法和技巧,就能使记忆力有所提高。人在10—17岁是记忆力旺盛的时期,在18岁时可达到记忆力发展的最高峰。由于记忆力对于学生的学习极其重要,有必要在中学阶段开设记忆力的训练课程,帮助学生掌握记忆的方法和技巧,促进记忆力的发展。

## 二、教学目标

(1) 知识目标。①使学生了解自己的记忆力情况;②让学生知道一些记忆规律,初步掌握几种提高记忆力的方法。

(2) 能力目标。切实有效提高学生的记忆力。

(3) 情感、态度价值观目标。培养学生探索记忆方法的兴趣,增强认识自我的意识,树立调整自己学习方法的信念。

## 三、教学重点

记忆规律、记忆方法和技巧。

## 四、教学难点

记忆方法和技巧。

## 五、教学过程

(一) 测一测

你的记忆力如何?我们不妨自己测测自己的记忆力。

(1) 看题板上的 12 个词汇,依次看一遍不重复,看能记住多少。(flyer, wait, thin, dancer, smile, fat, singer, digger, planter, washer, boss, fifty)

你记住的测验 1 的内容是_____。

(2) 你用一本书将一组图片全部覆盖,然后移动盖上的书,每次呈现一张图片,看一秒,如此看完全部图片(不要重复)。你能依次记住几张图片的名称?(图片见后面归类记忆法所用的图片)

你记住的测验 2 的内容是_____。

## （二）探索与体验一

(1) 一张5元的人民币，它的反面是什么图案？＿＿＿＿＿＿＿＿＿＿＿＿＿＿＿＿。

(2) 同学向你借了50元钱，你会忘记吗？＿＿＿＿＿＿＿＿＿＿＿＿＿＿＿＿。

讨论：为什么我们大多没有记住5元人民币的反面，却不会忘记别人借我们的50元钱？

小结：记忆的第一个诀窍，就是记忆要有明确的目的性。

## （三）探索与体验二

(1) 请同学们记：华市东学六重省点中一。

你记住的是＿＿＿＿＿＿＿＿＿＿＿＿＿＿＿＿＿＿＿＿＿＿＿＿＿＿＿＿。

(2) 请同学们再记：华东六省一市重点中学。

你记住的是＿＿＿＿＿＿＿＿＿＿＿＿＿＿＿＿＿＿＿＿＿＿＿＿＿＿＿＿。

讨论：为什么我们大多没有记住上一条，而都记住了下一条？

小结：记忆的第二个诀窍，就是要在理解的基础上记忆。

## （四）探索与体验三

下面这个曲线图是著名的艾宾浩斯遗忘曲线，看了这个曲线，你得到什么启发？

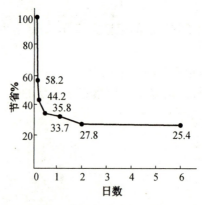

德国著名心理学家艾宾浩斯经过反复实验，发现遗忘是有规律的，即先快后慢，先多后少，识记过的事物，一天内被遗忘的最多，遗忘率达55％以上，一个月后的遗忘率为72％左右，自此以后就基本上不会再遗忘了。根据这条规律，我们当天所学的功课要当天及时复习，学好一个单元后进行复习，考试前再复习，这样就容易记住所学的知识了。

请你归纳记忆的第三个诀窍：及时复习，经常复习，是提高记忆力的重要方法。

请你回答：在你的学习活动中，你认为是及时复习有利于提高学习效率，还是以后某个阶段集中复习有利于提高学习效率？你平时是怎么安排复习的，学习效果怎么样？

## （五）探索与体验四：不同的记忆方法及其效果

记忆有许多具体、实用的方法。学一学这些实用的记忆方法，你会发现你的记忆力在不知不觉中提高了。

(1) 下面这组数字，请你看一遍，看看能记住多少。

2 7 3 1 8 4 9 6 7 3 1 5

请你背出：＿＿＿＿＿＿＿＿＿＿＿＿＿＿＿＿＿＿＿＿＿＿＿＿＿＿＿＿＿。

请同学们把下列这组数字分四组来记,也是看一遍,看能记住多少。
1 4 9 1 6 2 5 3 6 4 9 6 4 8 1

在短时间内要记住一列长数字并不容易,因为受短时记忆容量的限制,一般只能记7±2个单位。要想在短时间内增加记忆数量,可以通过组块方式来记,如上列数字分成四段记就容易多了。这就是组块记忆法。

练习:77582583651681194910120031121。

你记住的是_____。

应用:用组块法记英语单词 dictionary 和 congratulate。

(2) 请同学们记一记这则朝代口诀,你觉得这样记容易吗?对你的学习有什么启发?

  唐尧虞舜夏商周    春秋战国乱悠悠
  秦汉三国晋统一    南朝北朝是对头
  隋唐五代又十国    宋元明清帝王休

小结:口诀法也是可以常用的记忆方法,不仅朗朗上口,容易记住,而且有助于回忆。

(3) 有一种记忆方法叫归类记忆法。请同学们跟老师用这种方法记下组图片。

以上12样物品可以分成4类来记忆:

三种动物:    猫、猪、猫头鹰
三件日常用具:   梳子、剪子、叉
三件圆的东西:   苹果、球、月亮
三样都有木的东西: 旗杆上的旗帜、房子、树

(4) 还有一种方法叫数形挂钩法。请同学们跟老师用这种方法记:

① 交响曲  ② 祈祷  ③ 西瓜  ④ 火山  ⑤ 摩托车
⑥ 日光  ⑦ 苹果  ⑧ 果树花 ⑨ 空中飞船 ⑩ 麦田

数字1—10的挂钩物举例如图:

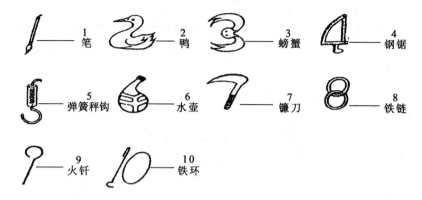

(5) 还有一种记忆方法叫联想连锁记忆法。请同学们跟老师用这种方法记下列单词:

flyer(飞鸟)　　wait(等待)　　thin(瘦弱的)　　dancer(舞蹈家)
smile(微笑)　　fat(肥胖的)　　singer(歌唱家)　　digger(挖掘机)
planter(花盆)　　washer(洗衣机)　　boss(老板)　　fifty(五十)

练习:用联想连锁法记下列20样东西。

飞机　　大树　　信封　　耳环　　水桶　　唱歌　　篮球　　腊肠　　星星
鼻子　　手榴弹　　电视机　　鸡蛋　　汽车　　学校　　警察　　手表　　老鹰
眼睛　　狗洞

(六) 活动延伸

(1) 请你想一想,为什么听老师讲过的东西记得不是太牢,自己再看过后记得要牢些,如果再抄写几遍,印象就更深了呢?你有没有这样的经历,自己亲身经历过的事要比听来的或报纸上看到的记得更牢?

_____

这也是记忆的一个诀窍,就是记忆要与操作结合起来。

(2) 请你再想一想,在你的记忆中什么内容最容易记?什么内容最难记?

_____

请你归纳记忆的这个诀窍。

(3) 记忆还有许多具体的方法,你能讲出几种好的记忆方法?

_____

(4) 同座的两个人各自准备一套识记材料,用数形挂钩法来记一记。

(七) 小结

通过学习,我们知道在掌握记忆规律的基础上,通过记忆训练,是可以增强记忆力的。记忆方法要灵活运用,这里我们归纳一下记忆的10个要诀,供同学们参考。

背诵——记忆的根本　　理解——记忆的基础
趣味——记忆的媒介　　应用——记忆的动力
卡片——记忆的仓库　　争论——记忆的益友
重复——记忆的窍门　　联想——记忆的捷径

简化——记忆的助手　　整理——记忆的优策

## 六、板书设计

略(以 PPT 形式展现)。

## 七、教学反思

以班级为单位的心理教育活动是学校发展性心理辅导的重要形式之一,它不同于个别心理辅导,与团体心理辅导也有一定的差别。以班级为单位的心理教育活动基于当前的学校教育教学现实,班级设置既可发挥群体动力的影响功能,又可能限制学生的探索与自我开放,否则容易陷入形式,影响活动的整体实效。因此在活动设计上,既有别于个别辅导的深入引导,也有别于 10 来人团体的活动组织。本活动仍采用传统班级授课制的活动组织形式,活动的安排、课堂教学的结构、动静的搭配等基本借鉴传统课堂教学的组织方式,以保证教学的效率;在辅导目标的设定上,注意到了目标设定共同性、目标的明确性、目标的集中性和目标的可操作性;但学生的主体作用的发挥、富有生命感的探索性活动深度和广度都与传统教学有很大的差别。

以班级为单位的心理教育活动以学生的心理发展需要为目的,面向全体学生,强调全体学生的参与和体验。因此在活动设计上,关注学生的需要,关注学生的现实生活,关注学生的探索和体验,关注学生的认知、情感与意志行为,关注心理辅导活动的可行性、参与性。本活动针对学生的记忆现状,有针对性地训练学生的记忆方法,在有限的时间里,最大限度地掌握记忆方法,培养学习的兴趣。

以班级为单位的心理教育活动是在教师引导下的自我发现、自我探索、自我发展的过程。因此在活动设计上,需要教师适当的引导,但不是教师在整个活动中喧宾夺主,更多还是要靠学生自己的参与和积极探索。教师的引导不是只顾自己,只有活动设计,而没有学生,没有变化与发展;教师的设计既是预谋的,也是发展的;既是预设的,也是生成的;既解决预料中的问题,也解决现场出现的问题。交互式心理沟通贯穿于整个活动之中。

教学是有限的,探索是无限的。教师是有限的,学生是无限的。方法是有限的,发展是无限的。生命是有限的,求上的精神是无限的。愿借一节记忆训练课,给学生一生的财富。

# 后 记

特级教师是国家为表彰优秀中小学教师而特设的体现先进性与模范性、专业性与学术性的称号。自1978年我国设特级教师制度并开展评比特级教师以来，苏州市吴中区已有27位教师被评为江苏省特级教师，他们是：

第三批（1990）　　叶惠民（数学）　　沈俊方（地理）
第四批（1994）　　赵季康（数学）　　周永沛（语文）　　张善贤（物理）
第五批（1996）　　徐德郁（语文）　　曹锁海（政治）
第六批（1998）　　吴金根（数学）　　陈伟骏（英语）　　张洪鸣（自然）
第七批（2000）　　高本大（语文）　　陈泽诞（英语）
第八批（2002）　　王海赳（数学）　　胡长树（语文）
第九批（2005）　　李建邡（语文）　　周　岳（语文）
第十批（2008）　　唐晓芳（语文）　　郭瑞春（化学）
第十一批（2010）　孟晓庆（数学）　　徐正黄（物理）　　钱家荣（心理）
第十二批（2012）　张　飞（物理）　　陈　健（体育）　　李建红（财会）
第十三批（2014）　薛亚春（政治）　　蒋俊祁（电子）
第十四批（2016）　金复耕（语文）

他们是苏州市吴中区教师中的师德表率、育人模范、教学专家，他们的教育教学思想和教学实践弥足珍贵，他们的榜样示范影响深远。为了总结、记录、留存他们的教育思想和教育实践经验，充分发挥特级教师的模范带头作用，鼓励广大教师立足本职、教书育人、敬业奉献、全面推进素质教育，也为了启迪与引导我区年轻教师的教学实践，促进教师的专业发展，特组织编写《苏式教育·吴中样本——苏州市吴中区特级教师教育思想录》一书。

本书的编撰体例和要求是：每人独立成一体，包括三部分：个人简介、个人教育教学思想、个人代表性教学设计或教学实录。部分特级教师因时间、身体原因，已无法提供材料，特别是课堂教学材料，就用论文代替，以尽可能保留他们的教学思考、主张或研究。

本书的编撰特色是：

1. 体现权威性。所选的个人教育思想和教育经验尽量代表吴中区教育的最高水平。

2. 体现思想性。所选的教育思想来自他们个人的经验，但有一定的先进性、学术性、思想性，尽可能高于一般性的经验。

3. 体现指导性。所选的教育教学思想和教学实践有现实意义和推广价值，可为基础教育的一线教师专业成长提供借鉴，对课堂教学的创新和优化提供指导。

全书由钱家荣统稿，由钱家荣、梁莉、李彤彤、顾琴华校对。由于本书的编辑过程比较仓促，也限于作者时间、精力、健康的原因，加上编者水平有限，书中难免有疏漏和不到之处，恳请读者谅解，并诚望及时指正。

编者

2018年6月18日